Abtretungsverbote im deutschen
und französischen Recht

Saarbrücker Studien
zum Privat- und Wirtschaftsrecht

Herausgegeben von Johann Paul Bauer,
Michael Martinek (geschäftsführender Herausgeber)
und Helmut Rüßmann

Band 24

PETER LANG
Frankfurt am Main · Berlin · Bern · Bruxelles · New York · Oxford · Wien

Joël Benjamin Münch

Abtretungsverbote im deutschen und französischen Recht

Rechtsvergleichende Untersuchung der Übertragungshindernisse im deutschen und französischen Forderungsverkehr als Beitrag zu einer weiteren Schuldrechtsvereinheitlichung in Europa

PETER LANG
Europäischer Verlag der Wissenschaften

Die Deutsche Bibliothek - CIP-Einheitsaufnahme

Münch, Joël Benjamin:

Abtretungsverbote im deutschen und französischen Recht : Rechtsvergleichende Untersuchung der Übertragungshindernisse im deutschen und französischen Forderungsverkehr als Beitrag zu einer weiteren Schuldrechtsvereinheitlichung in Europa / Joël Benjamin Münch. - Frankfurt am Main ; Berlin ; Bern ; Bruxelles ; New York ; Oxford ; Wien : Lang, 2001
(Saarbrücker Studien zum Privat- und Wirtschaftrecht ; Bd. 24)
Zugl.: Saarbrücken, Univ., Diss., 2000
ISBN 3-631-38030-5

D 291
ISSN 1433-8866
ISBN 3-631-38030-5

www.peterlang.de

Saarbrücker Studien zum Privat- und Wirtschaftsrecht

Die Schriftenreihe "Saarbrücker Studien zum Privat- und Wirtschaftsrecht" bildet in erster Linie ein Forum für rechtswissenschaftliche Doktorarbeiten der Universität des Saarlandes auf zwei juristischen Schwerpunktgebieten. Zum einen sollen Dissertationen im klassischen Privatrecht, vor allem im bürgerlichen Vermögensrecht der ersten drei Bücher des BGB und ihrer Nebengesetze vorgestellt werden. Zum anderen findet das Wirtschaftsrecht im Sinne des Wirtschaftsprivatrechts besondere Berücksichtigung, womit namentlich die Gebiete des Handelsrechts einschließlich des Bilanzrechts, des Personen- und Kapitalgesellschaftsrechts einschließlich des Konzernrechts, des Gewerblichen Rechtsschutzes sowie des Wettbewerbs- und Kartellrechts bezeichnet sind. Es versteht sich, daß nicht nur rechtsdogmatische Studien, sondern auch rechtstatsächlich, rechtspolitisch oder interdisziplinär angelegte Arbeiten in die Schriftenreihe Aufnahme finden. Denn die Rechts- und Wirtschaftswissenschaftliche Fakultät der Universität des Saarlandes vereinigt unter *einem* Dach die Fachbereiche Rechtswissenschaft und Wirtschaftswissenschaft und regt damit Studenten und Hochschullehrer in besonderer Weise zu fachübergreifender Lehre und Forschung an. Die Schriftenreihe steht aber nicht nur sehr guten und ausgezeichneten Dissertationen, sondern auch anderen "Studien" zu privat- und wirtschaftsrechtlichen Themen offen, bis hin zu Materialien und Skripten des akademischen Unterrichts. Die drei Herausgeber, die zugleich stellvertretend für ihre anderen Saarbrücker Fakultätskollegen des Privat- und Wirtschaftsrechts handeln, verbinden mit den "Saarbrücker Studien zum Privat- und Wirtschaftsrecht" den Wunsch, daß die hier veröffentlichten Arbeiten die verdiente Resonanz in der breiteren juristischen Fachöffentlichkeit finden.

für Nicole

Vorwort

Der Verfasser der vorliegenden Dissertation ist Rechtsanwalt in Berlin. Nach dem Studium des deutschen und französischen Rechts mit Schwerpunkt Wirtschaftsrecht an der rechtswissenschaftlichen Fakultät und am Centre Juridique Franco – Allemand CJFA der Universität des Saarlandes folgte das Referendariat am Landgericht Saarbrücken, das im Dezember 1998 mit dem zweiten Staatsexamen abgeschlossen wurde.

Mit der Wahl des Dissertationsthemas sollten vor dem deutsch – französischen und wirtschaftsrechtlichen Hintergrund das erworbene Wissen und die verschiedenen fachlichen Interessen des Verfassers im Rahmen der wissenschaftlichen Bearbeitung einer aktuellen Fragestellung zusammengeführt werden.

Die Arbeit wurde von Prof.Dr.Dr.Michael Martinek MCJ (New York), Lehrstuhl für Bürgerliches Recht, Handels- und Wirtschaftsrecht, Internationales Privatrecht und Rechtsvergleichung, Institut für Europäisches Recht, wissenschaftlich betreut. Weitere wichtige Impulse habe ich von Prof.Dr.Claude Witz, Lehrstuhl für Französisches Zivilrecht und Direktor des Centre Juridique Franco – Allemand erhalten. Mein Dank gilt an dieser Stelle besonders dieser wissenschaftlichen Betreuung und Unterstützung durch beide Lehrstühle an der Universität des Saarlandes.

Mein persönlicher Dank gilt außerdem meinen lieben Eltern, die mir mein Studium ermöglicht haben und ganz besonders meiner lieben Frau Nicole, die mich liebevoll und mit viel Geduld während der entbehrungsreichen Zeit der wissenschaftlichen Arbeit begleitet und unterstützt hat.

Die Dissertation wurde durch ein Stipendium für Graduierte der Konrad-Adenauer-Stiftung gefördert und mit dem Carl-Sonnenschein-Gedächtnispreis [1] des Kartellverbandes katholischer Studentenvereine in Deutschland ausgezeichnet.

Berlin, im Mai 2001

---

[1] Carl Sonnenschein, 1876 – 1929, kath. Priester in Berlin, sozialer Reformer und engagierter Pragmatiker mit Wirkungskreis in der damaligen Reichshauptstadt

Inhaltsverzeichnis

Verzeichnis wichtiger Internet-Adressen

www.bdb.de	Bundesverband der deutschen Banken
www.beck.de	Verlag C.H.Beck, München
www.betriebs-berater.de	Betriebs – Berater
www.crpgl.lu	Laboratoire du droit économique de Luxembourg
www.djt.de	Deutscher Juristentag
www.government.de	Bundesministerien Deutschland
www.creditreform.de	Verband der Vereine Creditreform e.V.
www.dalloz.fr	Éditions Dalloz-Sirey, Paris
www.europa.eu.int	Europäische Union
www.eurofactor-net.com	Eurofactor, bedeutendstes französisches Factoringunternehmen
www.factoring.de	Deutscher Factoring Verband DFV e.V.
www.factorscan.com	BCR-publishing, Informationen über Factoringmärkte weltweit
www.flf.de	Finanzierung-Leasing-Factoring
www.jura.uni-sb.de	Universität des Saarlandes, Juristische Fakultät
www.recherche.lemonde.fr	Recherchedienst der Zeitung Le Monde
www.archive.lemonde.fr	Archiv der Zeitung Le Monde
www.sorbonne.fr	Universitäten der Sorbonne Paris mit weiteren nützlichen Links
www.uncitral.org	United Nations – UNCITRAL
www.unidroit.org	United Nations – UNIDROIT

Abkürzungsverzeichnis [1]

A	Auflage
aA	anderer Ansicht
aaO	am angegebenen Ort
AbgG	Abgeordnetengesetz
ABGB	Österr. Allgemeines Bürgerliches Gesetzbuch
abgedr	abgedruckt
ABl	Amtsblatt
Abs	Absatz
Ac Dr int	Acadèmie de droit international
AcP	Archiv für die civilistische Praxis
ADHGB	Allgemeines Deutsches Handelsgesetzbuch
ADSp	Allgemeine Deutsche Spediteurbedingungen
aE	am Ende
aF	alte Fassung
AFG	Arbeitsförderungsgesetz
AG	Aktiengesellschaft (auch Zeitschrift), Ausführungsgesetz, Amtsgericht
AGB	Allgemeine Geschäftsbedingungen
AGBG	Gesetz zur Reglung der Allgemeinen Geschäftsbedingungen (AGB-Gesetz)
AKB	Allgemeine Bedingungen für die Kraftfahrtversicherung
AktG	Aktiengesetz
al	alinéa
ALR	Allgemeines Landrecht für die Preußischen Staaten
Alt	Alternative
aM	anderer Meinung
Anh	Anhang
Anm	Anmerkung
AO	Abgabenordnung
App (mit Ortsangabe)	Cour d`appel
ARB	Allgemeine Bedingungen für die Rechtsschutz-Versicherung
Art	Artikel
Ass Plén	Assemblée plénaire
AT	Allgemeiner Teil
Aufl	Auflage
BAT	Bundesangestelltentarif
BAföG	Bundesausbildungsförderungsgesetz
BaufdgG	Bauforderungssicherungsgesetz
BauGB	Baugesetzbuch
BauGBMaßnG	Maßnahmengesetz zum Baugesetzbuch
BB	Betriebs-Berater
BBauG	Bundesbaugesetz
BBesG	Bundesbesoldungsgesetz
BBG	Bundesbeamtengesetz
Bd	Band
BDatenSchG	Bundesdatenschutzgesetz

[1] Zu weiteren Abkürzungen vgl. Doucet – Fleck, Beck'sche Rechts- und Wirtschaftswörterbücher, Deutsch/Französisch, 4. Auflage 1988, C.H.Beck Verlag München.

BdB	Bundesverband der Deutschen Banken
BDI	Bundesverband der Deutschen Industrie
Bearb	Bearbeiter, Bearbeitung
Beil	Beilage
Bem	Bemerkung
BetrVG	Betriebsverfassungsgesetz
BFH	Bundesfinanzhof
BGA	Bundesverband des Deutschen Groß- und Außenhandels
BGB	Bürgerliches Gesetzbuch
BGBl	Bundesgesetzblatt
BGH	Bundesgerichtshof
BHO	Bundeshaushaltsordnung
BiRiLiG	Bilanzrichtliniengesetz
BMWi	Bundesminister der Wirtschaft
BRAGO	Bundesrechtsanwaltsgebührenordnung
BRAO	Bundesrechtsanwaltsordnung
BSHG	Bundessozialhilfegesetz
BT	Besonderer Teil; Bundestag
BT Dr	Bundestagsdrucksache
Bull Civ	Bulletin des arrêts de la Cour de Cassation, chambres civiles (I,II,III), commerciale (IV), sociale (V)
BVerfG	Bundesverfassungsgericht
BW	Baden-Württemberg
BZRegG	Bundeszentralregistergesetz
bzw	beziehungsweise
C	Code
C Ass	Code des Assurances
C assur	Code des assurances
C civ	Code civil
C com	Code de commerce
CMCC	Crédit de mobilisation des créances commerciales
C pén	Code pénal
C Pr C	Code de procédure civile
C Pr C nouv	Nouveau code de procédure civile
C pr civ	Code de procédure civile (ancien)
C Pr Pén	Code de procédure pénale
C propr intell	Code de la propriété intellectuelle
C rur	Code rural
C Séc Soc	Code de la sécurité sociale
C trav	Code du travail
CA	Cour d`appel (+ ville)
Cass 1re (2e ou 3e civ.) civ	Arrêt de la Chambre civile de la Cour de cassation (1re, 2e ou 3e Chambre)
Cass ass plén	Arrêt de l`Assemblée plénière de la Cour de cassation (anc. chambres réunies)
Cass ch mixte	Arrêt de la Chambre mixte de la Cour de cassation
Cass Civ	Cour de Cassation, chambre civile
Cass com	Arrêt de la Chambre commerciale de la Cour de cassation
Cass Crim	Cour de Cassation, chambre criminelle
Cass Plén	Cour de Cassation, Assemblée pléniaire
Cass req	Arrêt de la Chambre des requêtes de la Cour de cassation

CC	Code civil
CE	Arrêt du Conseil d`État
CGI	Code Général des Impôts
Chap	Chapitre
Chr	Chronique
Cons Const	Conseil Constitutionnel
Cons Et	Conseil d`Etat
CSS	Code de la sécurité sociale
D	Doctrine
D; DA; DC; DH; DP	Recueil Dalloz: analytique; critique; hebdomadaire; périodique et critique
Dall	Dalloz
Dalloz, Nouv Rép	Nouveau Répertoire Dalloz
Dalloz, Rép Dr civ	Répertoire civil Dalloz
Dalloz, Rép Dr com	Répertoire commerciale Dalloz
DB	Der Betrieb
Décr	décret
ders	derselbe
DFV	Deutscher Factoring-Verband
dh	das heißt
DIP	Droit international privé (=IPR)
Diss	Dissertation
DJT	Deutscher Juristentag
DZWir	Deutsche Zeitung für Wirtschaft
E	Entwurf
Ed	Edition
EFZG	Entgeldfortzahlungsgesetz (vormals Lohnfortzahlungsgesetz)
EG	Europäische Gemeinschaft
EGBGB	Einführungsgesetz zum Bürgerlichen Gesetzbuch
Einf	Einführung
Einl	Einleitung
Encycl jur rép	Encyclopédie juridique, répertoire de ...
ErbSchStG	Erb- und Schenkungssteuergesetz
EStG	Einkommensteuergesetz
EStDV	Einkommensteuerdurchführungsverordnung
EuGH	Gerichtshof der Europäischen Gemeinschaften
EuGHE	Europäische Gemeinschaften. Sammlung der Rechtsprechung des Gerichtshofes
EuGVÜ	Europäisches Gerichtsstands-und Vollstreckungsübereinkommen
EVÜ	Europäisches Übereinkommen über das auf vertragliche Schuldverhältnisse anwendbare Recht
FamRZ	Zeitschrift für das gesamte Familienrecht
Fasc	Fascicule
FAZ	Frankfurter Allgemeine Zeitung
FF	Francs Français
FLF	Finanzierung, Leasing, Factoring
FN/Fn	Fußnote
FS	Festschrift
G	Gericht, Gesetz
Gaz Pal	Gazette du Palais

GbR	Gesellschaft bürgerlichen Rechts
gem	gemäß
GenG	Genossenschaftsgesetz
GenTG	Gentechnikgesetz
Ges	Gesetz
GeschmMG	Geschmacksmustergesetz
GesO	Gesamtvollstreckungsordnung (DDR)
GewO	Gewerbeordnung
GG	Grundgesetz
ggf	gegebenenfalls
GmbHG	GmbH-Gesetz
grds	grundsätzlich
GRUR	Gewerblicher Rechtsschutz und Urheberrecht (m. Zusatz Int.: Internationaler Teil)
gutgl	gutgläubig
GüKG	Güterkraftverkehrsgesetz
GWB	Gesetz gegen Wettbewerbsbeschränkungen (Kartellgesetz)
Hdb	Handbuch
HGB	Handelsgesetzbuch
hL	herrschende Lehre
hM	herrschende Meinung
HOAI	Honorarordnung für Architekten und Ingenieure
HRR	Höchstrichterliche Rechtsprechung, Entscheidungssammlung
HRRG	Handelsrechtsreformgesetz
Hrsg, hrsg	Herausgeber, herausgegeben
idF	in der Fassung
idR	in der Regel
ieS	im engeren Sinne
insb	insbesondere
InsO	Insolvenzordnung
IPR	Internationales Privatrecht
IPRax	Praxis des Internationalen Privat- und Verfahrensrechts
IR	Informations rapides oder impôts sur le revenue
IRS	Impôts sur le revenue des sociétés
iS (v) (d)	im Sinne (von) (des)
iVm	in Verbindung mit
iwS	im weiteren Sinne
J	Journal
J	Jurisprudence
JA	Juristische Arbeitsblätter
Jcl	Jurisclasseur
JCP	Jurisclasseur périodique, La semaine juridique (Zeitschrift)
JCP éd CI; éd E; éd N	Jurisclasseur édition: commerce et industrie (jusqu`en 1983); entreprise (à partir de 1984); notariale
JhJb	Jherings Jahrbücher für Dogmatik des bürgerlichen Rechts
JO	Journal officiel
JO (Doc)	Journal Officiel (édition des documents administratifs)
JO déb Ass nat	Débats de l`assemblée nationale, Verlag des Journal officiel
Jura	Juristische Ausbildung
JuS	Juristische Schulung
JZ	Juristenzeitung

Kap	Kapitel
KG	Kammergericht, Kommanditgesellschaft
KindUG	Kindesunterhaltsgesetz
KO	Konkursordnung
L	Législation
LandesG	Landesgesetz
LFZG	Lohnfortzahlungsgesetz
Lit	Literatur
lit	Buchstabe
LM	Lindenmaier-Möhring, Entscheidungssammlung
MDR	Monatsschrift für Deutsches Recht
mE	meines Erachtens
MinG	Ministergesetz
mwH/mwN	mit weiteren Hinweisen/Nachweisen
N	Note
Nachw	Nachweis (e, en)
NCPC	Nouveau code de procédure civile
Neubearb	Neubearbeitung
nF	neue Fassung, neue Folge
NJW	Neue Juristische Wochenschrift
NJW-RR	NJW-Rechtsprechungs-Report Zivilrecht
Nr/n	Nummer
nu	nations unies (UN)
NVwZ	Neue Zeitschrift für Verwaltungsrecht
o	oben
obs	observations
OHG	Offene Handelsgesellschaft
OLG	Oberlandesgericht
Ord	Ordonnance
p	Page
PartGG	Gesetz zur Schaffung von Partnerschaftsgesellschaften
PBefG	Personenbeförderungsgesetz
PCG	Plan de comptable général
PME	Petites et moyennes entreprises
Prot	Protokolle der Reichstagsberatungen zum BGB
PatG	Patentgesetz
PKH	Prozeßkostenhilfe
PostG	Postgesetz
PostSchVO	Postscheckverordnung
RabelsZ	Zeitschrift für ausländisches und internationales Privatrecht, gegründet von Rabel
Rapp Cass	Rapport de la Cour de cassation
RD bancaire et bourse	Revue de droit bancaire et de la bourse
RdNr	Randnummer
Rec	Recueil
Recht	Das Recht, Zeitschrift
Rép civ	Répertoire de droit civil Dalloz
Rép com	Répertoire de droit commercial Dalloz
Rev Dr banc	Revue de droit bancaire et de la bourse
Rev trim dr	Revue trimestrielle de droit civil bzw. droit commercial

civ/com/eur	droit européen
RG	Reichsgericht
RGZ	Entscheidungen des RG in Zivilsachen
RGRK	Kommentar zum BGB, hrsg. von Reichsgerichtsräten und Bundesrichtern
RIW	Recht der internationalen Wirtschaft
RIW/AWD	Recht der Internationalen Wirtschaft/Außenwirtschaftsdienst des Betriebs-Beraters
RJ	Revue de jurisprudence commerciale
Rspr	Rechtsprechung
RTD civ	Revue trimestrielle de droit civil
RTD com	Revue trimestrielle de droit commercial
RVO	Reichsversicherungsordnung
S	Recueil Sirey
s	siehe
ss	suivants/suivantes
S	Seite, Satz (bei Rechtsnormen)
SA	Société anonyme
SARL	Société à responsabilité limitée
ScheckG	Scheckgesetz
SGB	Sozialgesetzbuch
Sem jur	La Semaine juridique (Jurisclasseur périodique)
SMIC	Salaire minimum interprofessionnel de croissance
sog	sogenannt
somm	Sommaire
somm com	Sommaire commenté
st Rspr	ständige Rechtsprechung
StBG	Steuerberatergesetz
StBGebVO	Steuerberatergebührenverordnung
StGB	Strafgesetzbuch
StPO	Strafprozeßordnung
str	streitig
T com	Tribunal de commerce
TGI	Tribunal de grande instance
TKG	Telekommunikationsgesetz
TranspR	Transport- und Speditionsrecht
Trib I	Tribunal d`instance
trim	trimestriel/le
TRG	Transportrechtsreformgesetz
TVA	Taxe sur la valeur ajoutée
TVG	Tarifvertragsgesetz
Tz	Textziffer
u	unten
ua	und andere, unter anderem
uä	und ähnliches
Überbl	Überblick
umstr	umstritten
UmwG	Gesetz über die Umwandlung von Kapitalgesellschaften
UN	United Nations
UrhG	Urheberrechtsgesetz
uU	unter Umständen

UWG	Gesetz gegen den unlauteren Wettbewerb
v	vom
VerbrKrG	Verbraucherkreditgesetz
VerlG	Verlagsgesetz
VerglO	Vergleichsordnung
VersR	Versicherungsrecht, Juristische Rundschau für die Individualversicherung
vgl	vergleiche
VO	Verordnung
VOB	Verdingungsordnung für Bauleistungen
VOL	Verdingungsordnung für Leistungen, ausgenommen Bauleistungen
Voraufl	Vorauflage
Vorbem	Vorbemerkung
VVaG	Versicherungsverein auf Gegenseitigkeit
VVG	Versicherungsvertragsgesetz
VwGO	Verwaltungsgerichtsordnung
VwVfG	Verwaltungsverfahrensgesetz (des Bundes bzw. der Länder)
WarnR	Rechtsprechung des RG, hrsg von Warneyer
WEG	Wohnungseigentumsgesetz
WG	Wechselgesetz
WIB, WiB	Wirtschaftsrechtliche Beratung
WM	Zeitschrift für Wirtschafts- und Bankrecht, Wertpapier-Mitteilungen, Teil IV
WPO	Wirtschaftsprüferordnung
WoBauG	Wohnungsbaugesetz
WoBindG	Wohnungsbindungsgesetz
WoGG	Wohngeldgesetz
WoVermG	Gesetz zur Regelung der Wohnungsvermittlung
WPflG	Wehrpflichtgesetz
WuB	Entscheidungssammlung zum Wirtschafts- und Bankrecht
zB	zum Beispiel
ZEuP	Zeitschrift für Europäisches Privatrecht
ZGB	Zivilgesetzbuch
ZfgK	Zeitschrift für das gesamte Kreditwesen (heute ZKW)
ZHR	Zeitschrift für das gesamte Handelsrecht und Wirtschaftsrecht
ZHR	Zeitschrift für das gesamte Handels- und Wirtschaftsrecht
ZIP	Zeitschrift für Wirtschaftsrecht
zit	zitiert
ZPO	Zivilprozeßordnung
zT	zum Teil
ZVG	Zwangsvollstreckungsgesetz
ZZP	Zeitschrift für Zivilprozeßrecht
zzT	zur Zeit

Alfandari	Droit des affaires, Éditions Litec Paris, 1993
Altenburg	Die neuere Entwicklung des Urheberpersönlichkeitsrechts in Deutschland und Frankreich, Diss. Universität München, 1993
André	Les contrats de la grande distribution, Éditions Litec Paris, 1991
Armbrüster	Abtretung künftiger gesellschaftsrechtlicher Vermögensansprüche bei anschließendem Verlust der Gesellschafterstellung, NJW 1991, 607
Aubin	Zur Qualifikation der „Signification" (Art.1690 CC) im deutschen IPR, Festschrift für Neumayer zum 65. Geb., Nomos Baden-Baden, 1. Auflage 1985
Aubin – Becker	Internationales Privatrecht : Die mißglückte Abtretung einer „französischen" Forderung, JuS 1985, 126
Aynès	La cession de contrat et les opérations juridiques à trois personnes, Économica Paris, 1984
Aynès	Cession de contrat : nouvelles précisions sur le rôle du cédé, D.1998, chron. 25 ff.
Bachelot	Le banquier et le sous-traitant, Banque et Droit 1989, 155
Backhaus	Befreiende Leistung des „bösgläubigen" Schuldners im Falle des § 407 II BGB und verwandter Vorschriften, JA 1983, 408
Bähr	Zur Zessionslehre, JherJb 1 (1857) 350 ff.
Balz	Zur Reform des französischen Insolvenzrechts, ZIP 1983, 1153
Basedow	Internationales Factoring zwischen Kollisionsrecht und Unidroit-Konvention, ZEuP 1997, 615
Baumann	Einführung in die Rechtswissenschaft, C.H.Beck München, 8. Auflage 1989

Baumbach – Hefermehl	Wettbewerbsrecht, C.H.Beck München, 20. Auflage 1998
Baumbach – Hopt	Handelsgesetzbuch, Kommentar, C.H.Beck München, 29. Auflage 1995
Baumgärtel	Die Unzumutbarkeit der Forderungsabtretung, AcP 156 (1956) 265
Baur-Stürner	Sachenrecht, C.H.Beck München, 17. Auflage 1999
Becqué – Cabrillac – Rives-Lange	Institutions des factures protestables, Rév.trim.dr.com.1967.1110
Becqué – Cabrillac – Rives-Lange	Les factures et les bordereaux protestables, JCP 1968.I.2131
Bénabent	Droit civil – les obligations, tome 1, Montchrestien Paris, 6e éd.1997
Bénabent	Droit civil – Contrats spéciaux, tome 2, Montchrestien Paris, 4e éd.1999
Benöhr	Die Grundlagen des BGB – Das Gutachten der Vorkommission von 1874, JuS 1977, 79
Bérando	Les principes d'Unidroit relatifs au droit du commerce international, JCP 1995.3842, doctr.p.189 ss.
Berger	Die Abtretung ärztlicher Honorarforderungen, NJW 1995, 1584
Berger	Anwaltliche telefonische Rechtsberatung unter der „Service-Nummer 0190", NJW 1999, 1353
Bernstorff	Forderungsabtretung in den Staaten der EU, Kreditpraxis 1997, 25
Bertel-Couliboeuf – Saint-Alary	Relation entreprises-banques, Éditions Lefebvre Paris, 1992
Bette	Abtretungsverbot, FLF 1993, 138
Bette	Vertraglicher Abtretungsausschluß im deutschen und grenzüberschreitenden Geschäftsverkehr, WM 1994, 1909
Bette	Abtretung von Auslandsforderungen, WM 1997, 797

Blaum	Das Abtretungsverbot nach § 399 2. Alt. BGB und seine Auswirkungen auf den Rechtsverkehr, Diss. Universität Freiburg i.Br., Peter Lang Frankfurt a.M., 1983
Böhm – Spietz – Steinherr – Sponer	BAT, Kommentar zum Bundesangestelltentarif, R.v.Deckers Verlag Heidelberg, 3. Auflage 1996
Böhner	Factoring im deutsch-französischen Rechtsverkehr, IPRax 1985, 15
Bonafoux	La créance de crédit d'impôt recherche peut être cédée à un établissement de crédit par la voie du bordereau Dailly, D. Aff. 1999.1141
Bork	Einführung in das neue Insolvenzrecht, J.C.B.Mohr (Siebeck) Tübingen, 2. Auflage 1998
Braun	Die Unabtretbarkeit konkursrechtlicher Anfechtungsansprüche – ein unverrückbares Dogma? ZIP 1985, 786 ff.
Brink	Mitgliederversammlung des Deutschen Factoringverbandes 1994, FLF 1994, 102
Brink	Zum Ende des Abtretungsverbots, FLF 1994, 212
Buffelan – Lanore	Droit civil première année, 7e éd. Masson Paris, 1990 deuxième année, 4e éd. Masson Paris, 1991
Bülow	Recht der Kreditsicherheiten C.F.Müller, 3. Auflage 1993
Bülow	Grundprobleme des Schuldnerschutzes bei der Forderungsabtretung, JA 1983, 7
Bundesministerium der Justiz	Abschlußbericht der Kommission zur Überarbeitung des Schuldrechts, Bundesanzeiger Köln, 1992
Burdeau – Hamon – Troper	Droit constitutionnel, LGDJ, 22e éd Paris, 1991
Cabrillac	Droit des obligations, Éditions Dalloz, 3e éd.1998
Cabrillac	Les conflits entre les cessionnaires d'une même créance transmise par bordereau, D. 1990, chron. 127

Cabrillac	Réserve de propriété, bordereau Dailly et créance du prix de revente, D. 1988, chron. 255
Canaris	Handelsrecht C.H.Beck München, 22. Auflage 1995
Canaris	Die Verdinglichung obligatorischer Rechte, Festschrift Flume zum 70.Geb., Otto Schmidt Köln, 1978, Bd. 1 S. 371 ff.
Capitant	Les grands arrêts de la jurisprudence civile, Éditions Dalloz Paris, 10e éd.1994
Cashin-Ritaine	Les cessions contractuelles de créances de sommes d'argent, Diss. Universität Nancy – Saarbrücken 1998
Chapus	Droit administratif général, tome 2, 5e éd.Montchrestien Paris, 1991
Chatain – Ferrière	Le surendettement des particuliers et des familles, D. 1996, som. 77
Chatain – Ferrière	Le nouveau régime de traitement des situations de surendettement des particuliers issue de la loi n.95-125 du 8 fév.1995, D. 1996, chron. 39
Cuypers	Bauvertragsrecht, C.H.Beck München, 1997
Dekeuwer	Les mobilisations de créances fictives à l'épreuve des qualifications pénales de faux et d'escroquerie, JCP éd.E 1995.I.451
Denck	Die Relativität im Privatrecht, JuS 1981, 9
Denis	La cession de bail immobilier, D. 1976, chron. 265
Derleder	Absatzorganisation durch verlängerten Eigentums-vorbehalt, BB 1999/1561
Derleder	Teilzession und Schuldnerrechte, AcP 169(1969)97
Derrida	Indivisibilité, Rép.civ., Encyclopédie juridique, Éditions Dalloz Paris, 2e éd.1970-1999, 1987
Dohm	Die Inhaberschaft bei der Blankozession von Forderungen, WM 1973, 886

Drobnig	Empfehlen sich gesetzliche Maßnahmen zur Reform des Rechts der Mobiliarsicherheiten?, Gutachten F des 51.DJT 1976 S.F 79, C.H.Beck München, 1976
Dumas	„Interpretation de la Loi Dailly par la jurisprudence", D. Aff.1996.251
Eickmann, Flessner u.a.	Insolvenzordnung, Kommentar, C.F.Müller Heidelberg, 1. Auflage 1999
Enneccerus – Lehmann	Recht der Schuldverhältnisse, J.C.B.Mohr (Siebeck) Tübingen, 15. Auflage 1958
Enneccerus – Nipperdey	Allgemeiner Teil des Bürgerlichen Rechts, 2 Bände, J.C.B.Mohr (Siebeck) Tübingen, 15. Auflage 1959 (Band 1) und 1960 (Band 2)
Erichsen	Allgemeines Verwaltungsrecht, de Gruyter Berlin, 11. Auflage 1998
Erman	Handkommentar zum Bürgerlichen Gesetzbuch, 2 Bände, Aschendorff Münster, 9. Auflage 1993
Esser – Schmidt	Schuldrecht Allgemeiner Teil, C.F.Müller Heidelberg Band I : Teilband I/1 8. Auflage 1995, Teilband I/2 7. Auflage 1993
Fenyves	Die „Vinkulierung" von Versicherungsforderungen, Österreichisches Bankarchiv (ÖBA) 1991, 13
Ferid	Das französische Zivilrecht Band I und II, Alfred Metzner Frankfurt/Berlin, 1971
Ferrier	Droit de la distribution, Éditions Litec Paris, 1995
Fezer	Markenrecht, C.H.Beck München, 2. Auflage 1999
Fikentscher	Schuldrecht, de Gruyter Berlin, 9. Auflage 1997
Flaven u.a.	Dossier titrisation, Banque n.581, 1997.19 ss.
Flume	Allgemeiner Teil des Bürgerlichen Rechts, 2. Band, Das Rechtsgeschäft, Springer-Verlag Berlin, 3. Auflage 1979

Führlbeck	Bankrecht in Frankreich, Bertelsmann Bielefeld, 1. Auflage 1996
Gavalda	La cession et le nantissement à un banquier des créances professionnelles, D. 1981 chron. 199
Gavalda	„Subrogation" und „Cession de Créance dite Dailly" – ihr Einfluß auf Factoringverträge in Frankreich, Factoring-Handbuch, Fritz Knapp Frankfurt a.M., 3. Auflage 1997, S.309
Gavalda – Stoufflet	Droit bancaire, Éditions Litec Paris, 1997
Gernhuber	Das Schuldverhältnis, J.C.B.Mohr (Siebeck) Tübingen, 1989
Ghestin – Goubeaux	Droit civil – Introduction générale 3e éd. LGDJ Paris, 1990
Goergen	Das Pactum de non cedendo Nomos Verlagsgesellschaft Baden-Baden, 1.Auflage 2000
Gottwald – Riedel	Praxishandbuch Insolvenzrecht, Verlag Recht und Praxis Heidelberg, Stand 03/98
Goyet	Remarques sur la cession de créances au fonds commun de créances, Rev.jur.com.1990.241
Grub	Der neue § 354 a HGB – ein Vorgriff auf die Insolvenzrechtsreform, ZIP 1994, 1649
Guillot – Vangasse	La complémentarité de la traite et du „bordereau_Dailly", Banque 1991.267
Guingand	Affacturage et Loi Dailly, Banque et Droit 1988.15
Hadding – Schneider	Die Forderungsabtretung insbesondere zur Kreditsicherung in der Bundesrepublik Deutschland und in ausländischen Rechtsordnungen, Duncker und Humblot Berlin, 1. Auflage 1986, 2. Auflage 1999
Hadding – Van Look	Vertraglicher Abtretungsausschluß, Überlegungen de lege lata und de lege ferenda, WM 1988 Sonderbeilage Nr. 7
Hagenmüller – Sommer – Brink	Factoring-Handbuch, Fritz Knapp Verlag Frankfurt a.M., 3. Auflage 1997

Hakenberg — Juristische Aspekte der Exportfinanzierung, RIW 1998, 906

Halaczinsky — Abtretung, Verpfändung und Pfändung von Steuererstattungs- und Steuervergütungsansprüchen, ZIP 1985, 1442

Halaczinsky — Wirksamkeit von Pfändung und Abtretung im Steuerrecht, BB 1981, 1270

Hauptmann — La cession „Dailly" en disgrâce auprès des juges suprêmes, Rev.jur.com. 1992.45

Henseler — Die Neuregelung des Abtretungsverbots, BB 1995, 5

Henssler – Prütting — Bundesrechtsanwaltsordnung, Kommentar C.H.Beck München, 1. Auflage 1997

Heuer — Das künftige deutsche Frachtrecht, TranspR 1998, 45

Hönn — Zur Problematik der Privatautonomie, Jura 1984, 57

Honorat — Redressement et liquidation judiciaires, D. 1996, som. 81

Hoffmann — Grundzüge des belgischen Handels-, Gesellschafts- und Wirtschaftsrechts, C.H.Beck München, 1996

Huber — Gefahren des vertraglichen Abtretungsverbots für den Schuldner der abgetretenen Forderung, NJW 1968, 1905

Hübner — Allgemeiner Teil des Bürgerlichen Gesetzbuchs, de Gruyter Berlin, 2. Auflage 1996

Hübner – Constantineso — Einführung in das französische Recht, C.H.Beck München, 2. Auflage 1988

Hubrecht — Das französische Zivilrecht – Eine Einführung, de Gruyter Berlin, 1974

Immenga – Mestmäcker — Gesetz gegen Wettbewerbsbeschränkungen, Kommentar, C.H.Beck München, 2. Auflage 1992

Ingenstau – Korbion — VOB A und B, Kommentar, Werner Verlag Düsseldorf, 13. Auflage 1996

Jakobs	Die Verlängerung des Eigentumsvorbehalts und der Ausschluß der Abtretung der Weiterveräußerungsforderungen – BGHZ 56, 228, JuS 1973, 152
Jarass – Pieroth	Grundgesetz, Kommentar C.H.Beck München, 2. Auflage 1992
Jasef	Art.29 EGBGB und grenzüberschreitende Verbraucherkreditverträge, FLF 1995, 103
Jauernig	Trennungsprinzip und Abstraktionsprinzip, JuS 1994, 721
Jork	Factoring, verlängerter Eigentumsvorbehalt und Sicherungsglobalzession in Kollisionsfällen, JuS 1994, 1019
Karollus	Unbeschränkter Schuldnerschutz nach § 409 BGB JZ 1992, 557
Kegel – Schurig	Internationales Privatrecht, C.H.Beck München, 8. Auflage 2000
Kersting	Umgehung von Abtretungsverboten – ein Problem des Factoring, ZfgK (heute ZKW) 1969, 95
Kilger – Schmidt	Konkursordnung, Kommentar, C.H.Beck München, 16. Auflage 1993
Klein – Orlopp	Abgabenordnung, Kommentar, C.H.Beck München, 5. Auflage 1995
Koch – Magnus – Winkler – v.Mohrenfels	IPR und Rechtsvergleichung, C.H.Beck München, 2. Auflage 1996
Koller – Roth – Morck	Handelsgesetzbuch, Kommentar, C.H.Beck München, 2. Auflage 1999
Kornblum	Schuldnerschutz bei der Abtretung, BB 1981, 1296
Lambert, Guy	Cours de droit civil, 2e livre , Droit du patrimoine, Maisonneuve Paris, 1971
Lambert – Faivre	Droit des assurances, Éditions Dalloz Paris, 9e éd.1996
Larenz	Methodenlehre der Rechtswissenschaft, Springer-Verlag Berlin, 6. Auflage 1991

Larenz	Lehrbuch des Schuldrechts, C.H.Beck München, Band I – Allgemeiner Teil, 14. Auflage 1987, Band II – Besonderer Teil, 12. Auflage 1981
Larenz – Canaris	Schuldrecht Besonderer Teil, Teilband II/2, C.H.Beck München, 13. Auflage 1994
Larenz – Wolf	Allgemeiner Teil des bürgerlichen Rechts, C.H.Beck München, 8. Auflage 1997
Laubadière – Gaudemet – Venezia	Manuel du droit administratif, LGDJ Paris, 14e éd. 1992
Laubadière – Gaudemet – Venezia	Traité du droit administratif – tome I, LGDJ Paris, 12 éd. 1992
Lebrun	Cession de droits litigieux, Rép.civ., Encyclopédie juridique, Éditions Dalloz Paris, 2e éd. 1970-1999, 1970
Lebrun	Cession de droits successifs, Rép.civ., Encyclopédie juridique, Éditions Dalloz Paris, 2e éd. 1970-1999, 1970
Lebrun	Cession de de dette, Rép.civ., Encyclopédie juridique, Éditions Dalloz Paris, 2e éd. 1970-1999, 1970
Lehmann	Der Einfluß des Konkurses auf Unterlassungsansprüche, ZZP 38 (1909) 81
Llorens	Contrat d'entreprise et marché de travaux publics, LGDJ Paris, 1981
Loïc Cadiet	Vente Art.1689-1695 Code Civil – cession de créance, Éditions du Juris-Classeur, Paris 1996
Lorvellec	Subrogation, Art.1249-1252 Code Civil, Éditions du Juris-Classeur, Paris 1997
Loussouarn – Bourel	Droit international privé, Éditions Dalloz Paris, 5e éd.1996
Löwe – v.Westphalen	Kommentar zum Gesetz zur Regelung des Rechts der Allgemeinen Geschäftsbedingungen, Recht und Wirtschaft Heidelberg, 1. Auflage 1977
Lüke Gerhard	Die Anwendung der bürgerlichen Zessionsvorschriften auf die Forderungsübertragung durch Hoheitsakt, JZ 1959, 270

Lüke, Wolfgang	Das rechtsgeschäftliche Abtretungsverbot, JuS 1992, 114
Lyon-Caen – Pélissier	Droit de travail, Éditions Dalloz Paris, 15e éd. 1990
Maines	Ancient Law, its connection with the early history of society and its relation to modern ideas, John Murray London, 1915 (10th edition 1884)
Malaurie – Aynès	Droit Civil – Tome VIII, Les contrats speciaux, Éditions Cujas Paris, 13e éd. 1999
Malaurie – Aynès	Droit civil, Les obligations, Tome VI, Éditions Cujas Paris, 10e éd. 1999
Martin	Du conflit relatif à la créance du prix de revente d'une marchandise acquise sous réserve de propriété, D. 1986, chron. 323
Martinek	Moderne Vertragstypen Bd.1 Leasing und Factoring, C.H.Beck München, 1991
Martiny	Europäisches internationales Vertragsrecht – Ausbau und Konsolidierung, ZEuP 1999, 246
Marty – Raynaud – Jestaz	Droit civil, Les obligations, tome 2, Édition Sirey Paris, 2e éd. 1989
Matthies	Abtretungsverbot und verlängerter Eigentumsvorbehalt – zugleich Anmerkung zu BGH (WM 1980, 933); WM 1981, 1040
Malaurie – Aynès	Cours de Droit Civil, les obligations, tome VI, Éditions Cujas Paris, 5e éd. 1994
Mayer	Debitorenmanagement mit Factoring, BB 1998 Sonderbeilage Nr. 5 S. 21
Mayer	Droit international privé, Montchrestien Paris, 5e éd. 1995
Mazeaud – Chabas	Leçons de Droit Civil Tome II, Obligations – théorie générale, Montchrestien Paris, 8e éd. 1991
Medicus	Schuldrecht I, Allgemeiner Teil, C.H.Beck München, 10. Auflage 1998
Medicus	Durchblick : Drittbeziehungen im Schuldverhältnis, JuS 1974, 613

Mennicke – Radtke	Die Abtretung von Honorarforderungen aus strafrechtlicher Sicht, MDR 1993, 400
Mercadal – Macqueron	Le droit des affaires en France, Éditions Lefebvre Levallois, 1997
Mestre – Putman – Vidal	Grands arrêts du droit des affaires, Éditions Dalloz Paris, 1995
Mezger	Das neue französische Gesetz über die erleichterte Mantelzession, RIW 1981, 213 ff.
Mezger	Das französische Gesetz vom 12. Mai 1980 über den Eigentumsvorbehalt, ZIP 1980, 406
Mink	Abtretung von Steuererstattungs- und Steuervergütungsansprüchen, DB 1994, 702
Mogenet	Les marchés de l'État et des collectivités locales, Publications du Moniteur, 6e éd.1991
Moury	L'indivisibilité entre les obligations, Rev.trim.dr.civ. 1994.255
Moxter	Zur neuen Bilanzrechtsprechung des I. BFH – Senats DStR 1997, 434
Mugdan	Die gesamten Materialien zum Bürgerlichen Gesetzbuch für das Deutsche Reich, Band II – Recht der Schuldverhältnisse, v.Deckers Berlin, 1899
Mummenhoff	Vertragliches Abtretungsverbot und Sicherungszession im deutschen, österreichischen und US-amerikanischen Recht, JZ 1979, 425
Münchner – Kommentar	Kommentar zum BGB, C.H.Beck München, 3. Auflage 1994
Münchner – Kommentar	Kommentar zur ZPO, C.H.Beck München, 1. Auflage 1992
Nörr – Scheyhing	Sukzessionen J.C.B.Mohr (Siebeck) Tübingen 1983
Oertmann	Bürgerliches Gesetzbuch, 2. Buch Recht der Schuldverhältnisse, Carl Heymanns Berlin, 5. Auflage 1928
Palandt	Bürgerliches Gesetzbuch, Kommentar C.H.Beck Verlag München, 58. Auflage 1999

Paul	Vorrechte der Preisbinder? NJW 1964, 129
Peisse	L'action directe du sous-traitant en concours avec une cession de créances „Loi Dailly", Gaz.Pal.1989.1.doctr. 146
Peltzer	Forderungsabtretung im internationalen Privatrecht, RIW 1997, 893
Pérochon – Bonhomme	Entreprises en difficulté, Instruments de crédit et de paiement, LGDJ Paris, 4e éd.1999
Périnet – Marquet	Le fabricant sous-traitant : une hybridation difficile, JCP 1989.I.3399
Peters	Kauf und Übertragung – zum sog. Abstraktionsprinzip Jura 1986, 449
Peters	Übertragung von Gesellschaftsvermögen und „Freezeout", BB 1999, 801
Pfeiffer	Die Entwicklung des Internationalen Vertrags-, Schuld- und Sachenrechts 1997 – 1999, NJW 1999, 3674
Pick	Die neue Insolvenzordnung – ein Überblick NJW 1995, 992
Piédelièvre	Instruments de crédit et de paiement, Éditions Dalloz Paris, 1999
Prölss – Martin	Versicherungsvertragsgesetz, Kommentar, C.H.Beck München, 26. Auflage 1998
Reckert	Factoring und Abtretungsverbot, FLF 1987, 26
Repgen	Europäisierung des Privatrechts durch Wiederbelebung des jus commune? in Jahrbuch junger Zivilrechts-wissenschaftler, Boorberg Stuttgart, 1998, S. 9 ff.
RGRK	Das Bürgerliche Gesetzbuch mit besonderer Berücksichtigung des Reichsgerichts und des BGH, de Gruyter Berlin, 12. Auflage 1976
Richard	Comptabilités et pratiques comptables, Éditions Dalloz Paris, 1996
Ricker	Droit des contrats administratifs, manuel, LGDJ Paris, 1995

Rieg | Cession de créance, Rép.civ., Encyclopédie juridique, Éditions Dalloz Paris, 2e éd. 1970-1999, 1970

Rieg | Cession de contrat, Rép.civ., Encyclopédie juridique, Éditions Dalloz Paris, 2e éd. 1970-1999, 1987

Rinze – Cornelius | Securitisation – praktische Bedeutung eines Finanzierungsmodells, BB 1998, 1697

Rivero – Waline | Droit administratif, Éditions Dalloz Paris, 17e éd. 1998

Rives-Lange – Contamine-Raynaud | Droit bancaire, Éditions Dalloz Paris, 6e éd. 1995

Rohe | From contract to status ? Jahrbuch junger Zivilrechtswissenschaftler, Boorberg Stuttgart, 1996, S. 145

Romani | La protection des sous-traitants de marchés privés titulaires de l'action directe dans le conflit les opposant aux banquiers bénéficiaires de transferts de créances, D.1990, chron. 179

Rother | Die Erfüllung durch abstraktes Rechtsgeschäft, AcP 169 (1969) 1

Saar | Zur Rechtsstellung des Schuldners nach § 354 a HGB, ZIP 1999, 988

Savaux | Subrogation personnelle, Rép.civ., Encyclopédie juridique, Éditions Dalloz Paris, 2e éd.1970-1999, 1998

Schaub | Arbeitsrechtshandbuch, C.H.Beck München, 8. Auflage 1996

Schellhammer | Zivilprozeß, C.F. Müller Heidelberg, 7. Auflage 1996

Schering | Allgemeines Landrecht für die preußischen Staaten, 7 Bände, Nauck Berlin, 1876

Schlegelberger – Hefermehl | Handelsgesetzbuch – Kommentar, 6 Bände, Franz Vahlen München, 5. Auflage 1973-1992

Schmidt | La cession de créances professionnelles au regard des art.107 et 108 de la loi n. 85-98 du 25 jan.1985, Rev.droit bancaire 1987.83

Schmidt	Einkommensteuergesetz, Kommentar, C.H.Beck München, 17. Auflage 1998
Schmidt, K.	Das Handelsrechtsreformgesetz, NJW 1998, 2161
Schmidt, K.	Gutgläubiger Eigentumserwerb trotz Abtretungsverbots in AGB, NJW 1999, 399
Schmidt, K.	Gesellschaftsrecht, Carl Heymanns Köln, 2. Auflage 1991
Schmidt, K.	Handelsrecht, Carl Heymanns Köln, 4. Auflage 1994
Schmidt-Aßmann	Verwaltungsrecht Besonderer Teil, de Gruyter Berlin, 11. Auflage 1999
Schmidt – Gramling	La loi n.81-1 du 2 jan.1981 facilitant le crédit aux entreprises, D. 1981 chron. 217
Schneider	Abtretung und Verschwiegenheitspflicht, MDR 1992, 640
Scholz	Die verbotswidrige Abtretung, NJW 1960, 1837
Schreiter	Verlängerter Eigentumsvorbehalt und Ausschluß der Forderungsabtretung im Baugewerbe, BB 1958, 1227
Schubert	Die Einführung der Allgemeinen Deutschen Wechselordnung und des Allgemeinen Deutschen Handelsgesetzbuchs, ZHR 144 (89) 484
Schuhmann	Die Forderungsabtretung im deutschen, französischen und englischen Recht, Elwert'sche Verlagsbuchhandlung Marburg, 1924
Schulte	Patentgesetz – Kommentar, Carl Heymanns Köln, 5. Auflage 1994
Schütz	Inaliénabilité, Rép.dr.civ., Encyclopédie juridique, Éditions Dalloz Paris, 2e éd. 1970-1999, 1999
Schütz	Inaliénabilité, Rép.civ., Encyclopédie juridique, Éditions Dalloz Paris, 2e éd. 1970-1999, 1999
Schwab – Prütting	Sachenrecht, C.H.Beck München, 28. Auflage 1999

Sériaux — Droit des obligations, Presses universitaires de France Paris, 1e éd. 1992

Serick — Eigentumsvorbehalt und Sicherungsübertragung, Bd.I-IV, Recht und Wirtschaft Heidelberg, 1965-1986

Siggemann — Sicherung und Beitreibung von Forderungen im Ausland – Frankreich –, FLF 1995, 97

Simler — Les clauses d'inaliénabilité (Code Civil art.900-1 nouveau), D. 1971.L.416-1

Simler – Delebecque — Droit civil, les sûretés et la publicité foncière, Dalloz Paris, 2e éd. 1995

Soergel — Bürgerliches Gesetzbuch – Kommentar, Kohlhammer Stuttgart, 12. Auflage 1987 ff.

Sonnenberger — Französisches Handels- und Wirtschaftsrecht, Recht und Wirtschaft Heidelberg, 2. Auflage 1991

Sonnenberger — Affacturage (Factoring) und Zession im deutsch-französischen Handelsverkehr, IPRax 1987, 221

Sonnenberger – Schweinberger — Einführung in das französische Recht, Wissenschaftliche Buchgesellschaft Darmstadt, 2. Auflage 1986

Sonnenberger – Ferid — Das französischen Zivilrecht, 5 Bände, Alfred Metzner Frankfurt/Berlin, 2. Auflage 1987 ff.

Spickhoff — Die Restkodifikation des Internationalen Privatrechts : Außervertragliches Schuldrecht und Sachenrecht, NJW 1999, 2209

Staudinger — Kommentar zum Bürgerlichen Gesetzbuch, Arthur/Sellier – de Gruyter Berlin, 12.Auflage 1978 ff. und 13. Auflage 1993 ff.

Stein – Jonas — Kommentar zur Zivilprozeßordnung, J.C.B.Mohr (Siebeck) Tübingen, 21. Auflage 1998

Stober — Zur Abtretbarkeit öffentlich rechtlicher Forderungen an Private, JuS 1982, 743

Stöber — Die Forderungspfändung, Gieseking Bielefeld, 8. Auflage 1987

Stöckler	Zur Frage der Rechtsgültigkeit und Wirkung von Abtretungsverboten, die in Vergabebedingungen enthalten sind, BB 1970, 1379
Stoufflet – Chaput	„L'allègement de la forme des transmissions de créances liées à certaines opérations de crédit", JCP 1981.I.3044
Strieder	Übertragung einzelner Geschäftsanteile bei Genossenschaften – ein Lösungsvorschlag, BB 1999, 1567
Strobel	Aktuelles zum HGB – Bilanzrecht und zum Offenlegungsproblem, BB 1994, 1293
Synvet	Nouvelles variations sur le conflit opposant banquiers et sous-traitances, JCP 1990.I.3425
Tallon	Le surprenant réveil de l'obligation de donner, D.1992, chron.67
Terré – Simler – Lequette	Droit civil, Les obligations, Éditions Dalloz Paris, 7e éd.1999
Tiedtke	Einkommenssteuer- und Bilanzsteuerrecht NWB Berlin, 2. Auflage 1995
Tipke – Lang	Steuerrecht, Otto Schmidt Köln, 14.Auflage 1994
Tschöpe	Anwaltshandbuch Arbeitsrecht, Schmidt Köln, 1998
Tröndle – Fischer	Strafgesetzbuch, Kommentar C.H.Beck München, 49. Auflage 1999
Trotabas – Cotteret	Droit fiscal, Éditions Dalloz Paris, 8e éd.1997
v.Maydell – Ruland	Sozialrechts-Handbuch, Luchterhand Neuwied, 2. Auflage 1996
v.Olshausen	Gläubigerrechte und Schuldnerschutz bei Forderungsübertragung und Regreß, Carl Heymanns Köln, 1988
v.Olshausen	Zur Aufrechnung gemäß § 406 BGB gegen Geldschuldbefreiungsansprüche und deren Abtretung an Drittgläubiger, AcP 182 (1982) 256

v.Olshausen	Der Schutz des guten Glaubens an die Nicht-Rechtshängigkeit, JZ 1988, 584
v.Olshausen	Konkursrechtliche Probleme um den neuen § 354 a HGB, ZIP 1995, 1950
Valder	Das künftige Speditionsrecht, TranspR 1998, 51
Véron	Droit pénal special, Armand Colin Paris, 7e éd. 1999
Wagner	Abtretung, Verpfändung und Pfändung von Leistungen nach dem Unterhaltssicherungsgesetz, RPfleger 1973, 206
Wagner	Die formlose Abtretung eines Postsparguthabens, NJW 1987, 928
Wagner	Zur Kollision von verlängertem Eigentumsvorbehalt und eingeschränktem Abtretungsverbot, JZ 1988, 698
Wagner	Neue Rechtslage bei vertraglichen Abtretungsverboten im kaufmännischen Geschäftsverkehr, WM 1994, 2093
Wagner	Abtretbarkeit von Geldforderungen aus beiderseitigen Handelsgeschäften und Aufträgen der öffentlichen Hand nach § 354 a HGB, NJW 1995, 180
Wagner	Materiellrechtliche und prozessuale Probleme des § 354 a HGB, WM 1996 Sonderbeilage Nr.1
Walter	Steigende Nachfrage nach Kredit-Alternativen, Handelsblatt 09.08.1999
Wassermann	Alternativ-Kommentar zum Bürgerlichen Gesetzbuch, 6 Bände, Luchterhand Darmstadt 1980
Weill – Terré	Droit civil – Introduction générale, Éditions Dalloz Paris, 4e éd. 1979
Weller	Die UNIROIT-Konvention von Ottawa über internationales Factoring, RIW 1999, 161
Wenzel	Urheberrecht für die Praxis, Stuttgart, 3. Auflage 1996
Wiegand	Die Entwicklung des Sachenrechts im Verhältnis zum Schuldrecht, AcP 190 (1990) 113

Witz	La fiducie en droit privé français, th. Strasbourg, Economica Paris, 1981
Witz – Bopp	Vertragsrecht für deutsche Exporteure, Recht und Wirtschaft Heidelberg, 1989
Witz – Wolter	Das neue französische Verbrauchergesetzbuch, ZEuP 1995, 35
Wöhe	Einführung in die Allgemeine Betriebswirtschaftslehre, Verlag Vahlen München, 18. Auflage 1993
Wolf	Reform des Kaufrechts durch EG-Richtlinie – ein Vorteil für die Wirtschaft ? RIW 1997, 899
Wolf – Raiser	Sachenrecht, J.C.B.Mohr (Siebeck) Tübingen, 10. Auflage 1957
Wolter	Treuhandrecht im Umbruch, Diss. Saarbrücken, Saarbrücker Studien zum Privat- und Wirtschaftsrecht Band 6, Peter Lang Frankfurt/Main, 1999
Wussow	Unfallhaftpflichtrecht Gesamtdarstellung, Carl Heymanns Verlag Köln, 14. Auflage 1996
Zaccaria	Internationales Factoring nach Inkrafttreten der Konvention von Ottawa, IPRax 1995, 279
Zöller	Zivilprozeßordnung, Verlag Otto Schmidt, 20. Auflage 1997
Zöllner	Wertpapierrecht, C.H.Beck München, 14. Auflage 1987

Einführung

Die vorliegende Dissertation widmet sich der Untersuchung des Forderungsverkehrs in Deutschland und Frankreich. In beiden Ländern wird der Grundsatz der freien Abtretbarkeit durch vielfältige Übertragungshindernisse relativiert. Leitidee der im Wege der Rechtsvergleichung entwickelten Lösungsansätze ist daher die Liberalisierung des Forderungsverkehrs im Lichte der Europäisierung des Zivilrechts. Die Arbeit versteht sich als wissenschaftliche Grundlagenarbeit, deren systematische und rechtsgebietsübergreifende Darstellungen auch als Leitfaden für die praktische Rechtsanwendung gedacht sind.

Der ursprüngliche Ansatz zu Beginn der Arbeiten für die vorliegende Dissertation im Jahre 1997 bestand in einer umfassenden Untersuchung der drei Jahre zuvor erlassenen und teilweise selbst in der Fachöffentlichkeit zunächst kaum bemerkten Neuregelung des § 354 a HGB. Nach ersten vertieften Recherchen zur Entwicklungsgeschichte der Vorschrift und der Untersuchung ihrer Einbettung in das bestehende Regelungssystem von BGB und HGB zeigte sich die Problematik in ihrer gesamten Tragweite. Die dogmatischen, systematischen und praktischen Schwierigkeiten, die die neue Vorschrift materiell- und prozeßrechtlich aufwarf, konnten in der bis dahin beabsichtigten kommentierenden Totalanalyse der Regelung nicht mehr sinnvoll erfasst werden.

Die Konzeption

Der Blick über die Neuregelung hinaus führte zur Literatur über das Abtretungsrecht insgesamt. Überraschenderweise fand sich auf der Suche nach umfassenden Darstellungen des Abtretungsrechts zwar umfangreiche Literatur zu den einzelnen Fragestellungen zum Abtretungsrecht, beispielsweise zum Schuldnerschutz oder zur Sicherungszession, dagegen existieren kaum ganzheitliche, geschweige denn grenzüberschreitende Untersuchungen zum Recht der Forderungsübertragung. Auf drei dieser Untersuchungen will ich im folgenden kurz eingehen.

Die zeitlich am weitesten zurückliegende und dennoch äußerst lesenswerte Darstellung des Abtretungsrechts stammt von Otto Bähr. Seine rund 150 Seiten lange Arbeit zum deutschen Abtretungsrecht ist als Aufsatz mit dem Titel "Zur Zessionslehre" im Jahre 1857 im ersten Band der Reihe „Jherings Jahrbücher" erschienen. Bähr beschreibt die Entwicklung der Zession im römischen Recht, die wechselvolle Geschichte der Übernahme in das deutsche Recht und die damals aktuellen wissenschaftlichen Auseinandersetzungen um das Recht der Forderungsübertragung Mitte des vorletzten Jahrhunderts. Den von ihm behandelten Theorien, unter anderem hinsichtlich der Fragen, ob das Recht selbst oder nur seine Ausübung übertragen werden könne und wann sich eine Übertragung einer Obligation vollendet, fügt er instruktive Beispiele aus der damaligen Rechtsprechung und Praxis an.

Die zweite Veröffentlichung zum Thema Abtretungsrecht stammt von Schumann und ist rund siebzig Jahre jünger. Sie ist im Jahre 1927 in der von Heymanns herausgegebenen Reihe "Arbeiten zum Handels-, Gewerbe- und Landwirtschaftsrecht" der Elwert'schen Verlagsbuchhandlung in Marburg erschienen. Die Arbeit trägt den Titel "Die Forderungsabtretung im deutschen, französischen und englischen Recht" und ist eine für die damalige Zeit moderne Darstellung, die bereits auf die Kodifikation des Abtretungsrechts im BGB zurückgreifen kann. Schumann beschreibt zunächst das ältere Recht getrennt nach Ländern und Rechtskreisen, um darauf aufbauend das damals geltende Abtretungsrecht in den drei Rechtsordnungen integrativ auf Unterschiede und Gemeinsamkeiten zu analysieren.

Die einzige Studie aus unserer Zeit, die dem Anspruch einer das Abtretungsrecht insgesamt beleuchtenden Untersuchung genügt, wurde erstmals 1986 und als zweite Auflage 1999 von Hadding und Schneider in der Reihe "Untersuchungen über das Spar-, Giro- und Kreditwesen" unter dem Titel "Die Forderungsabtretung insbesondere zur Kreditsicherung in der Bundesrepublik Deutschland und in ausländischen Rechtsordnungen" im Verlag Duncker & Humblot in Berlin herausgegeben. Dieses Werk enthält gleich eine beachtliche Vielzahl von Länderberichten zum Abtretungsrecht in mehreren europäischen Staaten, Japan und den USA. Im Gegensatz zum integrativen Ansatz von Schumann werden die Länderberichte, die übrigens von verschiedenen Autoren stammen, trotz vergleichender Hinweise in den Einzelberichten leider nicht umfassend rechtsvergleichend gegenübergestellt.

Mit dem Ergebnis dieser ersten Bestandsaufnahme stand für mich fest, daß es für die abschließende Beurteilung der Neuregelung des § 354 a HGB unabdingbar war, das aktuelle Abtretungsrecht in Deutschland (Kapitel 1) umfassend darzustellen und rechtsvergleichend einer ausländischen Rechtsordnung (Kapitel 2) gegenüberzustellen, wobei der höchste Grad der Erkenntnisgewinnung nur durch die Erstellung zweier selbständiger Länderberichte und ihrer anschließenden rechtsvergleichenden Auswertung (Kapitel 3) erreicht werden konnte.

Die Wahl hinsichtlich des zweiten Länderberichts fiel nicht zufällig auf die französische Rechtsordnung. Neben dem besonderen persönlichen Interesse des Verfassers, der auch unter dem Eindruck der vielfältigen Bemühungen um die Entwicklung einer deutsch-französischen Freundschaft beider Völker nach den Katastrophen des 20. Jahrhunderts groß geworden und mit dem Nachbarland Frankreich eng verbunden ist, war die wechselseitige Beeinflussung der beiden Länder, ihre gemeinsame und wechselvolle Geschichte sowie ihre politische, kulturelle und wirtschaftliche Bedeutung im europäischen Verbund entscheidend.

Beide Rechtsordnungen haben gemeinsame Ursprünge im römischen Recht und zeichnen sich doch durch unterschiedliche Rechtsentwicklungen im Laufe ihrer Geschichte aus. Die Wechselwirkungen zwischen beiden Rechtsordnungen reichen dennoch von einer engen rechtswissenschaftlichen Verbundenheit bis hin zu konkreten gegenseitigen rechtspolitischen Beeinflussungen. Die markantesten Beispiele hierfür sind die Auswirkungen des Code Civil auf die Diskussion um die Kodifizierung in Deutschland im 19. Jahrhundert und die Auswirkungen der zivilrechtlichen Systematik des BGB auf die Systematisierung des Zivilrechts durch Wissenschaft und Praxis in Frankreich im 20. Jahrhundert.

Das erste Kapitel

Mit der Entscheidung für die rechtsvergleichende Untersuchung in drei Kapiteln stand jedoch erst der konzeptionelle Rahmen der Arbeit fest. Die Einbettung der Neuregelung des § 354 a HGB in das Abtretungsrecht im deutschen Länderbericht konnte nicht nur in einer Darstellung des Abtretungsrechts erfolgen. Da der § 354 a HGB den Bereich der rechtsgeschäftlichen Abtretungsverbote betrifft, mußte seiner abschließenden kritischen Analyse eine Untersuchung der Abtretungsverbote im deutschen Recht vorausgehen.

Das erste Kapitel beginnt daher zunächst mit einem kurzen Überblick zum deutschen Abtretungsrecht (A). Hier sollte der Stand der umfangreichen wissenschaftlichen Literatur zu den Einzelfragen des Abtretungsrechts skizziert werden. In Loslösung von den überwiegend an den Kommentierungen der §§ 398 ff. BGB orientierten klassischen Darstellungen in der zivilrechtlichen Literatur wollte ich statt einer wiederholenden Zusammenfassung einen rechtsgebietsübergreifenden Überblick zum deutschen Abtretungsrecht mit einer der ökonomischen Bedeutung der Abtretung gerecht werdenden wirtschaftsrechtlichen Ausrichtung geben. Nach der dogmatischen und gesetzlichen Standortbestimmung zwischen Schuld- und Sachenrecht werden daher nicht nur die Regelungsmechanismen der Abtretung im BGB, sondern auch ihre Bedeutung im öffentlichen Recht, im Strafrecht, im Insolvenzrecht sowie im Steuer- und Bilanzrecht dargestellt. Neben der Behandlung der Abtretung im Prozeß wird auf die Spielarten der Abtretung durch Abwandlung der Voraussetzungen und Wirkungen sowie die wirtschaftlich bedeutenden Arten des Factorings und der Sicherungszession eingegangen, bis hin zur Abhandlung des Sonderfalls der Vertragsübernahme.

Den zweiten Abschnitt des ersten Kapitels widmete ich den Abtretungsverboten, insbesondere dem rechtsgeschäftlichen pactum de non cedendo gemäß § 399 2. Fall BGB als dem zentralen Regelungsobjekt des § 354 a HGB (B). Bemerkenswerterweise kam die Literaturrecherche des Verfassers auch hier zu dem Ergebnis, daß es keine zusammenhängende Untersuchung zu den Abtretungsverboten im deutschen Recht, geschweige denn eine Systematisierung derselben gibt. An Studien zu einzelnen Abtretungsverboten, wie etwa der an dieser Stelle erwähnenswerten Dissertation von Blaum mit dem Titel "Das Abtretungsverbot nach § 399 2. Alt. BGB und seine Auswirkungen auf den Rechtsverkehr" aus dem Jahre 1983, erschienen in den Europäischen Hochschulschriften des Peter Lang Verlages in Frankfurt am Main, mangelt es dagegen nicht.

Die Aufgabe, die ich mir für diesen zweiten Teil stellte, galt daher der dogmatischen Abgrenzung der Abtretungsverbote von den Unübertragbarkeiten und der Systematisierung der jeweiligen Fälle unter Berücksichtigung ihrer unterschiedlichen Rechtsnatur. Da die Abtretungsverbote traditionell in Verbindung mit den Regelungen der §§ 399, 400 BGB dargestellt werden, wird der Blick auf diese übergeordnete Differenzierung verstellt, so daß es mir ein wichtiges Anliegen wurde, erstmals die Systematik der Übertragungshindernisse im deutschen Recht herauszuarbeiten.

Die so gewonnene Grundlage des Rechts der Übertragungshindernisse wird um eine ebenfalls rechtsgebietsübergreifende Zusammenstellung der meisten Übertragungshindernisse ergänzt, bei der die Unübertragbarkeiten und Abtretungsverbote des deutschen Rechts mit dem Ziel weitgehender Vollständigkeit zusammengetragen werden. Bei den Abtretungsverboten lag es nahe, die Systematisierung nach Rechtsgrundlagen und Rechtsgebieten vorzunehmen, so daß nach den Unübertragbarkeiten die gesetzlichen, die hoheitlichen und die rechtsgeschäftlichen Abtretungsverbote beschrieben werden. Letztere enthalten mit den Ausführungen zur rechtstatsächlichen Entwicklung des § 399 2. Fall BGB bereits den inhaltlichen Anknüpfungspunkt für den dritten Teil des ersten Kapitels, der kritischen Analyse des § 354 a HGB.

In dieser sich nun anschließenden Untersuchung zu § 354 a HGB im dritten Abschnitt des ersten Kapitels (C) konnten die Erkenntnisse aus den Vorstudien zur Totalanalyse der Neuregelung eingebracht werden. Mit der wachsenden Erkenntnis, daß die Neuregelung alles andere als einen Beitrag zur Modernisierung des Abtretungsrechts darstellt, bot sich neben der Begutachtung der Entwicklungsgeschichte die Analyse der Rechtslage und der umfangreichen Lösungsansätze bis zum Inkrafttreten der Neuregelung an, um dann die aktuellen Probleme zu beleuchten, die durch die Anwendung des § 354 a HGB entstehen. Dabei wird deutlich, daß die Interessenkonflikte seit der frühen dogmatischen Diskussion über die Zeit des Interessenkampfs hinweg bis zur Verabschiedung des Gesetzentwurfs hin zur heutigen Rechtsprechung und Vertragspraxis bestehen geblieben sind. Die materiellrechtlichen Probleme der Neuregelung setzen sich außerdem in Erkenntnisverfahren, Vollstreckung und Insolvenz fort.

Das zweite Kapitel

Im französischen Länderbericht konnte es nicht darum gehen, eine Vorschrift ausfindig zu machen, die der des § 354 a HGB entspricht, um eine analoge Untersuchung vorzunehmen, denn die Rechtslage in Frankreich unterscheidet sich trotz aller Gemeinsamkeiten fundamental von der in Deutschland. Schon ein erster Blick in das französische Zessionsrecht zeigt, daß sich die der deutschen Abtretung im BGB am ehesten vergleichbare cession des Code Civil durch das Publikationsmodell in Art.1690 CC, das Konsensprinzip des französischen Zivilrechts und die hohen Anforderungen an die Bestimmtheit deutlich von der Regelung im BGB abhebt. Die cession civile, wie sie auch genannt wird, hat damit eine völlig andere dogmatische Ausgestaltung erfahren und darüber hinaus in ihrer Anwendung bis heute einen der deutschen Abtretung ebenfalls nicht bekannten praktischen Bedeutungsverlust erlitten.

Der erste Abschnitt dieses Kapitels gibt einen Überblick über die klassische Forderungsübertragung gem. Art. 1689 ff. CC. (A). Auch wenn diese cession civile heute nur noch für die Einzelübertragung nicht privilegierter rein bürgerlich rechtlicher Forderungen eingesetzt wird, so bildet sie doch sowohl den rechtspolitischen Grund als auch die dogmatische Grundlage für die später entwickelten alternativen Möglichkeiten der Forderungsübertragung. Diese Zusammenhänge sind für das Verständnis des französischen Abtretungsrechts insgesamt von grundlegender Bedeutung und sollen durch die vorliegende Arbeit, die das französische Recht aus deutscher Perspektive analysiert, dem Leser nähergebracht werden. Deshalb wurden auch die wichtigsten Vorschriften übersetzt und in den Text aufgenommen.

Auch in der französischen Literatur sind umfassende Veröffentlichungen zum Abtretungsrecht spärlich. Zu nennen ist hier insbesondere die Darstellung von Rieg mit dem Titel "Cession de créance" im Répertoire civil der Encyclopédie juridique von Dalloz in Paris aus dem Jahr 1973. Rieg grenzt darin die Forderungsübertragung von anderen Rechtsinstituten ab und beschreibt bei den Voraussetzungen und Wirkungen der cession de créance auch der Übertragung von Forderungen entgegenstehende Hindernisse. In diesem ersten Abschnitt des zweiten Kapitels werden schon grundsätzliche Unterschiede zwischen beiden Rechtsordnungen deutlich. Trotzdem gelang es, auch die französische Darstellung des Droit de la cession umfassend und rechtsgebietsübergreifend auszugestalten, um dadurch eine strukturelle Parallelität der beiden Länderberichte als Grundlage der späteren Rechtsvergleichung herzustellen.

Die weitere Sichtung der rechtswissenschaftlichen Literatur führte zu der Erkenntnis, daß es auch in Frankreich keine umfassende Analyse der Abtretungsverbote gab. In diesem Zusammenhang muß neben der vom Code Civil nicht vorgegebenen, jedoch von der Wissenschaft entwickelten Systematisierung des französischen Zivilrechts unter Verwendung schuld- und sachenrechtlicher Kategorien berücksichtigt werden, daß das französische Recht den Begriff des Abtretungsverbots in einer dem deutschen Begriff vergleichbaren Ausformung nicht kennt. Stattdessen verwendet der Code Civil die sich teilweise überschneidenden Begriffe der incessibilité, der intransmissibilité, der indisponibilité und der inaliénabilité.

Der Systematisierung der Übertragungshindernisse des französischen Rechts im zweiten Abschnitt (B) kam es entgegen, daß der Code Civil ein pragmatisches Regelwerk mit offener Terminologie ist. Als zentrales Abgrenzungskriterium der unterschiedlichen Begriffe und Verbote des französischen Rechts habe ich mich für den Begriff der Übertragungsspezifik entschieden, mit dessen Hilfe danach differenziert wird, ob ein Verbot auch übertragungshindernde Wirkung hat. Die auf diese Weise ermittelten Übertragungshindernisse wurden den klassischen französischen Darstellungen zum objektiven Recht folgend nach Rechtsgrundlagen geordnet und dem praktischen Bedürfnissen des Forderungsverkehrs entsprechend nach Rechtsgebieten geordnet und untergliedert.

Ganz anders als in Deutschland hat die wissenschaftliche Durchdringung des Rechtsinstituts der cession de contrat als dem Pendant zur Vertragsübernahme, eigentlich besser als Übertragung von vertraglichen Rechtspositionen zu übersetzen, Bedeutung für das Abtretungsrecht erlangt. In der Studie von Aynès "La cession de contrat et les opérations juridiques à trois personnes" im Économica Verlag Paris aus dem Jahre 1984 werden unter anderem die Unübertragbarkeiten im Rahmen der cession de contrat ausführlich untersucht und systematisiert. So differenziert Aynès zwischen der incessibilité légale und der incessibilité conventionnelle und grenzt beide von der clause d'agrément ab. Außerdem wird von ihm die Unübertragbarkeit aufgrund Höchstpersönlichkeit (intuitus personae) im Zusammenhang mit der cession de contrat hergeleitet und in die Systematik aufgenommen.

Während mit der dogmatischen und gesetzlichen Einordnung der cession in das französische Zivilrecht und die Untersuchung der Übertragungshindernisse mit jeweils rechtsgebietsübergreifendem Bezug eine strukturell vergleichbare Grundlage für die Rechtsvergleichung geschaffen werden konnte, weichen die Feststellungen zu den Besonderheiten des französischen Abtretungsrechts im dritten Teil des

zweiten Kapitels (C), den alternativen Übertragungsmöglichkeiten, vollkommen von den Feststellungen zum deutschen Recht ab. Bei diesen abschließenden Betrachtungen ist das Ausweichen der französischen Rechtspraxis auf das Rechtsinstitut der subrogation gem. Art. 1249 ff. Code Civil und die vom Gesetzgeber auf der Grundlage der vormaligen Ordonnance von 1967 zur Verfügung gestellte Mantelzession nach der sogenannten Loi Dailly Gegenstand der abschließenden kritischen Analyse im französischen Recht.
Eine immer wieder auftretende Schwierigkeit lag darin, französische Rechtsbegriffe, für die es keine Entsprechung in der deutschen Rechtsterminologie gibt, in die deutsche Sprache zu übertragen. Ein Beispiel für einen nur in der französischen Terminologie vorkommenden Rechtsbegriff ist der der "créance professionnelle". Für diese Forderungen, die Gegenstand der Abtretung nach der Loi Dailly sind, habe ich die deutsche Bezeichnung der "beruflich veranlaßten Forderung" gewählt. Ein weiteres Beispiel ist die sogenannte „propriété de créance", die nicht im deutschen Sinne als Eigentum an der Forderung verstanden werden kann, sondern eine umfassende Rechtsinhaberschaft an der Forderung ist.

Das dritte Kapitel

Das letzte Kapitel meiner Dissertation widmet sich zunächst der klassischen Rechtsvergleichung unter Auswertung der Erkenntnisse aus den beiden Länderberichten (A). Hier werden zunächst die Unterschiede und Gemeinsamkeiten im jeweiligen Recht der Forderungsübertragung und der Übertragungshindernisse gegenübergestellt, wobei auch die tragenden Grundsätze, das deutsche Abstraktionsprinzip und das französische Konsensprinzip, sowie die unterschiedlichen Spannungsverhältnisse zwischen Schuld- und Sachenrecht beziehungsweise zwischen objektivem Recht und subjektiven Rechten beschrieben werden. Die in den Länderberichten dargelegten landesspezifischen Probleme werden auf Lösungsmöglichkeiten durch nationale Maßnahmen überprüft.

Daran anschließend werden die verschiedenen Möglichkeiten einer weiteren Vereinheitlichung des europäischen Abtretungsrechts mit dem Ziel einer Stärkung der allgemeinen Verkehrsfähigkeit von Forderungen beleuchtet und grenzübergreifenden Lösungsmodellen zugeführt (B). Neben einem eigenen Vorschlag zur Harmonisierung des Abtretungsrechts in Europa kommen speziell für den grenzüberschreitenden gewerblichen Forderungsverkehr die Anwendung internationaler Abkommen (insb. UNIDROIT), die verschiedenen Mittel der Refinanzierung (insb. Securitisation) sowie als unternehmensinterne Maßnahme das qualifizierte Kreditmanagement in Betracht.

Das dritte Kapitel schließt sodann mit Anmerkungen zur Forderungsübertragung im internationalen Zivil- und Verfahrensrecht beider Länder (C). Diese Hinweise sind als Ausblick gedacht und enthalten zwei Entscheidungen der deutschen Rechtsprechung, die dem Verfasser im Zusammenhang mit dem grenzüberschreitenden Forderungsverkehr zwischen Deutschland und Frankreich insbesondere deshalb aufgefallen sind, weil sie die Schwierigkeiten bei der Lösung derartiger Fälle in der Rechtsprechung sichtbar machen.

Die ersten beiden Kapitel enden jeweils mit einer Zusammenfassung der Länderberichte, das dritte Kapitel schließt mit der Zusammenfassung der rechtsvergleichenden und internationalrechtlichen Untersuchung (D). Die wesentlichen Erkenntnisse der vorliegenden Studie werden im Anschluß an das dritte Kapitel kurz rekapituliert und abschließend in Form ausführlicher Schlußthesen zur Verfügung gestellt.

Schlußbemerkungen

Insgesamt liegen die Schwerpunkte der Länderberichte auf der einführenden rechtsgebietsübergreifenden Darstellung des Abtretungsrechts und der daran anschließenden Systematisierung der Übertragungshindernisse, die durch eine umfangreiche Sammlung von Abtretungsverboten ergänzt wird. In der Rechtsvergleichung liegen die Schwerpunkte in der Betrachtung der landesspezifischen Lösungen und der Harmonisierung des Zessionsrechts unter Berücksichtigung der aktuellen Alternativen, ergänzt durch einen Ausblick ins internationale Recht.

Innerhalb der Länderberichte wurden wichtige Novellierungen berücksichtigt, die sich auf das Recht der Forderungsübertragung ausgewirkt haben. In Deutschland handelt es sich dabei vor allem um die eng mit der Neuregelung des § 354 a HGB zusammenhängenden Reformen des Handelsrechts und des Insolvenzrechts. In Frankreich ist neben den bereits etwas länger zurückliegenden Änderungsgesetzen Loi Nr. 94-475 bzgl. des Insolvenzrechts und Loi Nr. 93-1444 bzgl. Änderung der Loi Dailly die neuste Entscheidung der Cour de Cassation vom 21.11.2000 zu nennen. Diese Entscheidung ist deshalb bemerkenswert, weil sich der französische Revisionsgerichtshof hier erstmals wieder seit seiner letzten Entscheidung aus dem Jahre 1857 über die Wirkung vertraglicher Abtretungsverbote geäußert hat.

Die während des Promotionsverfahrens bis zur Drucklegung zu diesem Thema zwischenzeitlich neu erschienene Literatur wurde nachträglich eingearbeitet und die Arbeit so auf den neusten Stand gebracht. Beispielsweise betrifft dies die Aufsätze von Bruns (WM 2000, 505 ff.) und Hegerbekermeier (BB 2000, 786 ff.) sowie die kürzlich erschienenen Neuauflagen von Malaurie – Aynès zum Droit civil sowie von Pérochon – Bonhomme zum Droit commercial mit dem Titel "Entreprises en difficulté, instruments de crédit et de paiement" und schließlich die aktuelle 8. Auflage von Kegel – Schurig zum IPR. Für die rechtsgeschäftlichen Abtretungsverbote konnte die soeben erst unter dem Titel „Das Pactum de non cedendo“ bei Nomos erschienene rechtsvergleichende Dissertation von Goergen (1.Auflage 2000) nur noch punktuell berücksichtigt werden.

Bei der auch in diesen Zeitraum gefallenen Neukommentierung der §§ 398 ff. BGB von Busche in der kürzlich erschienenen 13. Auflage des Staudinger, Kommentar zum Bürgerlichen Gesetzbuch, und der Neuauflage des Werkes „Die Forderungsabtretung“ von Hadding – Schneider bin ich partiell anders verfahren. Beide Werke weichen vor allem im Aufbau teilweise deutlich von ihren Vorauflagen ab und wurden daher nur dort eingearbeitet, wo sie auch neue Erkenntnisse enthielten. Die nach wie vor gültigen Zitate aus den Vorauflagen habe ich im übrigen belassen und nur in Ausnahmefällen zusätzlich mit dem Hinweis auf die Neuauflage versehen, wenn es für die vorliegende Untersuchung von Bedeutung war.

In der Notwendigkeit, die Übersicht zum jeweiligen Abtretungsrecht (jeweils A) nicht ausufern zu lassen und die systematischen Untersuchungen (jeweils B) zügig auf das Ziel der kritischen Analyse der landesspezifischen Probleme (jeweils C), hinzuführen und in die Rechtsvergleichung münden zu lassen, steht auch das Bemühen um sprachliche Präzision. Die in der rechtsvergleichenden Literatur gelegentlich anzutreffende ausschweifende Art der Darstellung sollte zugunsten möglichst prägnanter und eindeutiger Aussagen auch im dritten Kapitel nach Kräften vermieden werden. Der dadurch bedingte nüchterne und teilweise knappe Stil erschien mir wissenschaftlich wie praktisch sachdienlich und daher vorzugswürdig.

Erstes Kapitel Übertragungshindernisse im deutschen Recht

Der Überblick zum deutschen Abtretungsrecht im ersten Abschnitt des ersten Kapitels (A) beginnt mit der Standortbestimmung der Abtretung (I), aus der heraus die Rechtsnatur der Forderung und deren grundsätzliche Übertragbarkeit hergeleitet werden (II). Nach der sich anschließenden Übersicht zu den rechtlichen und ökonomischen Möglichkeiten der Abtretung (III) wird der Gläubiger- und Schuldnerschutz beschrieben (IV) und abschließend auf die Bedeutung der Abtretung in den verschiedenen Rechtsgebieten eingegangen (V).

Im zweiten Abschnitt (B) wird an die im ersten Abschnitt erfolgte Untersuchung der Grundlagen der Übertragbarkeit von Forderungen angeknüpft und die Systematik der Übertragungshindernisse entwickelt (I). Nach den Unübertragbarkeiten (II) werden sodann die gesetzlichen (III), die hoheitlichen (IV) und die rechtsgeschäftlichen Abtretungsverbote (V) jeweils nach Rechtsgebieten untergliedert zusammengestellt und einzeln besprochen. Die Probleme um die rechtsgeschäftlichen Abtretungsverbote leiten zum letzten Abschnitt dieses Kapitels über.

Dieser dritte und letzte Abschnitt im ersten Kapitel befaßt sich mit der kritischen Analyse der die rechtsgeschäftlichen Abtretungsverbote betreffenden Neuregelung des § 354 a HGB (C). Hier wird zunächst die Entstehungsgeschichte der neuen Vorschrift erläutert (I). Nach dem Rückblick auf die Rechtslage vor dem Inkrafttreten der Neuregelung (II) werden die aktuellen Probleme nach Inkrafttreten des § 354 a HGB analysiert (III).

Die im ersten Kapitel gewonnenen Zwischenergebnisse zum deutschen Länderbericht werden am Ende dieses Kapitels zusammengefaßt (D).

A Überblick zum deutschen Abtretungsrecht

Forderungen können im deutschen Recht durch Vereinbarung (rechtsgeschäftliche Abtretung), kraft Gesetz (cessio legis) oder durch staatlichen Hoheitsakt auf eine andere Person als den ursprünglichen Gläubiger übertragen werden [1]. Die rechtsgeschäftliche Abtretung erfolgt gem. § 398 BGB durch Vertrag zwischen dem alten Gläubiger (Zedent) und dem neuen Gläubiger (Zessionar), ohne daß es einer Mitwirkung oder Kenntnis des Schuldners (debitor cessus) bedarf [2]. Die cessio legis erschöpft sich im wesentlichen in den gesetzlichen Tatbeständen. Auf sie finden gem. § 412 BGB die meisten Vorschriften über die rechtsgeschäftliche Abtretung Anwendung [3].

Innerhalb des BGB enthält § 268 III BGB eine cessio legis zugunsten des Dritten, der auf eine fremde Schuld leistet und § 426 II BGB zugunsten des Gesamtschuldners, der den Gläubiger befriedigt. Gleiches gilt auch für den in Anspruch genommenen Bürgen gem. § 774 I BGB sowie im Hypothekenrecht für den Eigentümer gem. § 1143 I BGB und den ablösenden Dritten gem. § 1150 BGB. Die letzten beiden Vorschriften greifen wegen § 1191 I BGB nicht für die durch Grundschuld gesicherte Forderung [4], finden jedoch ihre Entsprechung bei den Pfandrechten an beweglichen Sachen und Rechten in §§ 1225, 1249 BGB. Abschließend sind im Unterhaltsrecht noch die §§ 1607 III, 1608 S. 3 BGB [5] zu nennen.

Außerhalb des BGB gibt es den gesetzlichen Forderungsübergang in zahlreichen Spezialgesetzen. So geht gem. § 130 BRAGO der Gebührenanspruch bei Befriedigung des Anwalts durch die Bundes- oder Landeskasse auf diese über. Gleiches gilt gem. §§ 37 f. BAföG für Unterhaltsansprüche des Auszubildenden. Schadensersatzansprüche des Arbeitnehmers wegen Verdienstausfalls können nach § 6 EntgeldFZG auf den Arbeitgeber übergehen. Ähnliches gilt für Beamte und Versicherungsnehmer gem. § 87 a BBG und gem. § 67 VVG. Im Sozialrecht enthält § 116 SGB X (vormals § 1542 RVO) eine entsprechende Regelung. Im Strafrecht ordnen die §§ 73 e, 74 e StGB bei Einziehung und Verfall einen Rechtsübergang an [6].

Keinen Fall der cessio legis, sondern einen Fall des gesetzlichen Schuldbeitritts, regeln die §§ 25, 28 HGB bei Firmenfortführung und Eintritt in das Geschäft eines Einzelkaufmanns. Danach gelten die im Betrieb begründeten Forderungen den Schuldnern gegenüber als auf den Erwerber des Unternehmens beziehungsweise

---

1 Fikentscher, Schuldrecht, Rdnr. 582; Medicus, Schuldrecht I, § 61 I.
2 Palandt-Heinrichs, BGB, § 398 Rdnr. 1.
3 Palandt-Heinrichs, BGB, § 412 BGB Rdnr. 1;
Vgl. auch die Aufzählung bei Zöller-Stöber, ZPO, § 727 Rdnr. 7.
4 Palandt-Bassenge, BGB, § 1143 Rdnr. 10 und § 1150 Rdnr. 7.
5 Für das nichteheliche Kind galt bisher § 1615 b BGB. Diese Vorschrift wurde mit Inkrafttreten des KindUG v. 06.04.1998, BGBl. I. 1998, 666 aufgehoben.
6 Tröndle-Fischer, StGB, § 73 e Rdnr. 4 und § 74 e StGB Rdnr. 1.

auf die Gesellschaft übergegangen [7]. Gleiches gilt auch für den Bereicherungsrückgriff und beim Wechselregreß [8].

Forderungen können auch kraft Hoheitsakt der Verwaltung oder der Justiz (im letzteren Fall sog. cessio judicialis) übertragen werden [9]. Wichtigster Fall der cessio judicialis ist der Pfändungs- und Überweisungsbeschluß gem. § 835 I ZPO. Sobald der Beschluß des Vollstreckungsgerichts, der die Überweisung an Zahlung statt anordnet, wirksam wird, geht die gepfändete Forderung auf den Vollstreckungsgläubiger als Zessionar über [10]. Als spezieller Forderungsübergang kraft gerichtlicher Anordnung bestimmt § 118 ZVG, daß die Forderung gegen den Ersteher der versteigerten Immobilie bei Nichtzahlung des Erlöses an die Berechtigten übergeht. Im Sozialrecht enthalten die §§ 50 SGB I, 90 BSHG, 74 EstG die Rechtsgrundlage für die behördliche Überleitung von Forderungen des Leistungsberechtigten. Diese kann insbesondere durch Verwaltungsakt erfolgen [11].

Die hoheitliche Forderungsübertragung steht der cessio legis grundsätzlich gleich. Ausdrücklich ist das zwar nur in § 408 II BGB geregelt. Für die Gleichbehandlung spricht jedoch die gleiche Interessenlage der Beteiligten des Forderungsübergangs [12]. Abzugrenzen sind sie danach, ob das Gesetz den Forderungsübergang anordnet (dann cessio legis) oder lediglich die Rechtsgrundlage für die hoheitliche Anordnung enthält (dann hoheitlich). Probleme bereitet demgegenüber die rechtsgeschäftliche Abtretung im Hinblick auf ihre gesetzliche und dogmatische Einordnung.

I Die Abtretung im Spannungsfeld zwischen Schuld- und Sachenrecht

Die rechtsgeschäftliche Forderungsübertragung steht gesetzlich wie dogmatisch in einem Spannungsfeld zwischen Schuld- und Sachenrecht. Beide Rechtsgebiete sind als Ergebnis der historischen Entwicklung über den Trennungs- und Abstraktionsgrundsatz miteinander verbunden.

1. Das Trennungs- und Abstraktionsprinzip

Im deutschen Recht erfolgt die Übertragung eines Rechts oder einer Sache nicht durch ein einheitliches Rechtsgeschäft. Anders als beim Einheits- und Konsensprinzip des französischen Rechts [13], unterscheidet das deutsche Zivilrecht

---

7 Vgl. zur h.M. Baumbach-Hopt, HGB, § 25 Rdnr. 10; Str., vgl. zur a.A. K.Schmidt, Handelsrecht, § 8 I 6., II 2.b mwN.

8 Münchner-Kommentar-Roth, BGB, 398 Rdnr. 7; v.Olshausen, Gläubigerrechte und Schuldnerschutz, S. 363; Zöller-Stöber, ZPO, § 727 Rdnr. 7.

9 Staudinger-Busche, BGB (13. Aufl.), Einl. zu §§ 398 ff. Rdnrn. 190, 191.

10 Zöller-Stöber, ZPO, § 835 Rdnr. 8.

11 Münchner-Kommentar-Roth, BGB, § 412 Rdnr. 21.

12 Vgl. zur h.M. RGRK-Weber, BGB, § 412 Rdnr. 50; BAG NJW 1971, 2094; differenzierend v.Olshausen, Gläubigerrechte und Schuldnerschutz, § 8 mwN.

13 Sonnenberger-Schweinberger, Einführung in das französische Recht, Tz. 34; Hübner-Constantinesco, Einführung in das französische Recht, § 23-1.a; siehe dazu auch unten Kap. 2 A I.

zwischen dem Verpflichtungsgeschäft und dem Verfügungsgeschäft. Allerdings werden beide in der Praxis oft verbunden, ohne daß sich deshalb ein einheitliches Rechtsgeschäft ergäbe [14].

Während das Verpflichtungsgeschäft den Grund (causa) und damit die Verpflichtung für die spätere Übertragung eines Rechts oder einer Sache enthält, erfolgt diese Übertragung als Erfüllung der Verpflichtung durch das Verfügungsgeschäft. Schnittstelle zwischen Verpflichtung und Verfügung ist im Gegensatz zum Einheits- und Konsensprinzip das Trennungs- und Abstraktionsprinzip [15]. Das bedeutet, daß das Verpflichtungsgeschäft (z.B. die Verpflichtung zur Abtretung einer Forderung durch Forderungsverkauf gem. § 433 BGB) vom Verfügungsgeschäft (z.B. der Übertragung der Forderung auf den neuen Gläubiger durch Abtretung gem. § 398 BGB) getrennt betrachtet wird [16]. Beide Geschäfte hängen in ihrer Wirksamkeit grundsätzlich nicht voneinander ab; sie sind abstrakt [17].

Ob in diesem Zusammenhang das Trennungsprinzip und das Abstraktionsprinzip als ein Gesamtgrundsatz oder zwei sich ergänzende Einzelprinzipien verstanden werden müssen, ist allerdings streitig. Richtigerweise wird man von zwei verschiedenen Grundsätzen ausgehen müssen, denn erst aus der Trennung folgt die Abstraktion [18]. Nur ausnahmsweise kann diese Trennung von Verpflichtungs- und Verfügungsgeschäft überwunden werden. So in den Fällen der Geschäftseinheit gem. § 139 BGB, des Bedingungszusammenhangs gem. § 158 BGB oder der sogenannten Fehleridentität [19].

Mit der Entscheidung für die Trennung von Schuld- und Sachenrecht hat der Gesetzgeber des BGB den einheitlichen Vorgang der wirtschaftlichen Güterbewegung in zwei Bereiche zerlegt. Verpflichtungen sind daher grundsätzlich dem Schuldrecht und Verfügungen grundsätzlich dem Sachenrecht zuzuordnen. Das somit erzeugte Spannungsfeld mit der Schnittstelle des Trennungs- und Abstraktionsprinzips durchzieht in besonderer Weise auch das Recht der Abtretung. Signifikant wird dies schon am Standort der gesetzlichen Regelung und erst recht in der dogmatischen Behandlung, denn die Trennung von Schuld- und Sachenrecht ist dem Gesetzgeber aufgrund der Sachzusammenhänge nicht vollständig gelungen [20].

2. *Die gesetzliche Regelung der Abtretung*

Der gesetzliche Standort des Abtretungsrechts ist der vierte Abschnitt im zweiten Buch des BGB und dort die §§ 398-413 BGB. Die Abtretung ist also im Recht der

---

14 Enneccerus-Lehmann, Recht der Schuldverhältnisse, § 78 II.

15 Larenz-Wolf, Allgemeiner Teil, § 23 Rdnrn. 74 ff.; Flume, Allgemeiner Teil, Bd. 2 § 12 II 3.; Rother AcP 169 (1969) 1; Peters Jura 1986, 449; Schwab-Prütting, Sachenrecht, Rdnrn. 22, 24 ff.

16 Vgl. zum Anspruch auf Abtretung die Regelungen in den §§ 255, 281 BGB.

17 Jauernig JuS 1994, 721 ff.

18 Für Gesamtgrundsatz vgl. Martinek JuS 1993, 615 mwN; zur aA. vgl. Jauernig JuS 1994, 721mwN.

19 Staudinger-Kaduk (12. A.), § 398 Rdnrn. 76, 141; Im einzelnen jedoch str., vgl. Jauernig JuS 1994, 722-724 mwN.

20 Gernhuber, Das Schuldverhältnis, § 1 I 1. - 3.

Schuldverhältnisse geregelt worden, obwohl sie die Rechtsnatur einer Verfügung teilt und insoweit dem Sachenrecht unterliegt [21].

Die Abtretung einer Forderung ist eine Verfügung, wie die Verfügung über ein absolutes Recht [22]. Denn eine Verfügung ist definiert als ein Rechtsgeschäft, das unmittelbar darauf gerichtet ist, auf ein bestehendes Recht einzuwirken, es zu verändern, zu übertragen oder aufzuheben [23]. Nach der Legaldefinition der Abtretung in § 398 S. 1 BGB kann eine Forderung von dem Gläubiger auf einen anderen Gläubiger übertragen werden. Durch dieses Auswechseln des Gläubigers wird die Forderung fast wie eine bewegliche Sache umlauffähig und damit sozusagen verdinglicht, indem die persönliche Bindung zwischen Gläubiger und Schuldner des ursprünglichen Schuldverhältnisses aufgelöst wird. Die Forderung tritt dann als vermögenswerter Gegenstand in den Rechtsverkehr [24].

Damit hätte die Abtretung auch im dritten Buch des BGB, dem Sachenrecht, geregelt werden können. Dort finden sich nämlich die meisten Verfügungen [25]. Dies ist jedoch kein Widerspruch. Auch im Schuldrecht finden sich außer der Abtretung noch weitere Verfügungen, wie zum Beispiel der Erlaß in § 397 BGB oder die Schuldübernahme in den §§ 414 ff. BGB. Für eine systematisch korrekte Regelung im Sachenrecht spricht jedoch, daß sich dort auch die Regeln über die der Abtretung sachlich nahe stehende Bestellung von Nießbrauch und Pfandrecht an Forderungen gem. §§ 1074, 1279 BGB befinden [26]. Hier wurde vorgeschlagen, die Verfügungen über Forderungen in einem eigenen Abschnitt als „Recht der dinglichen Vermögenszuordnung" im Sachenrecht des BGB zusammenzufassen [27].

3. *Die dogmatische Einordnung der Abtretung*

Auch die dogmatische Einordnung der Abtretung setzt an der Trennung von schuldrechtlicher Verpflichtung und sachenrechtlicher Verfügung an. Diese Zweiteilung zeigt sich in der Anwendbarkeit von Schuld- und Sachenrecht sowie den ihnen zugrundeliegenden Prinzipien. Auf das kausale Schuldverhältnis einer Abtretung findet grundsätzlich Schuldrecht Anwendung. Im übrigen gilt für die dingliche Einigung des Abtretungsvertrages und die Abtretung als Verfügung grundsätzlich Sachenrecht [28].

---

21 Zu den Besonderheiten in den einzelnen Rechtsgebieten siehe unten Kap. 1 A V.

22 Fikentscher, Schuldrecht, Rdnr. 580; Münchner-Kommentar-Roth, BGB, § 398 Rdnr. 2; Staudinger-Kaduk, BGB (12. A.), Einl. zu §§ 398 ff. Rdnr. 18.

23 Larenz-Wolf, Allgemeiner Teil, § 23 Rdnr. 36; Palandt-Heinrichs, BGB, Überbl. vor § 104 Rdnr. 16 mwN.

24 Larenz, Schuldrecht I, § 33 I; Münchner-Kommentar-Roth, BGB, § 398 Rdnr. 1; Soergel-Zeiss, BGB, vor §§ 398 ff. Rdnr. 1 ff.; Alternativ-Kommentar-Ott, BGB, vor §§ 398 ff. Rdnr. 1.

25 Palandt-Heinrichs, BGB, Überbl. vor § 104 Rdnr. 16; Palandt-Bassenge Einl. vor § 854 Rdnr. 11.

26 Larenz, Schuldrecht I, § 33 I; Staudinger-Kaduk, BGB (12. A.), Einl. zu §§ 398 ff. Rdnr. 22.

27 Staudinger-Busche, BGB (13. A.), Einl. zu §§ 398 ff. Rdnr. 14; Larenz, Schuldrecht I, § 33 I mwN.

28 Larenz-Wolf, Allgemeiner Teil, § 23 Rdnr. 25, 27; Esser-Schmidt, Schuldrecht I, § 3 II; Baur-Stürner, Sachenrecht, S.27 ff.

Schuld- und Sachenrecht werden von verschiedenen Prinzipien getragen. Während die schuldrechtliche Verpflichtung in den weiten Grenzen der Privatautonomie frei möglich ist, stellt das Sachenrecht strenge Prinzipien auf. Auch dieser Gegensatz strahlt in das Recht der Abtretung aus. Die Privatautonomie dominiert das gesamte bürgerliche Recht. Sie ist die zivilrechtliche Konkretisierung des Selbstbestimmungsrechts des Menschen (vgl. Art. 1 und Art. 2 GG). Das Mittel zur Verwirklichung der Privatautonomie ist das Rechtsgeschäft. Ihre wichtigste Ausprägung ist die Vertragsfreiheit. Die Verpflichtung zur Abtretung ist daher ohne weiteres in den Grenzen der Vertragsfreiheit möglich [29].

Dagegen unterliegt die Durchführung der Abtretung der Prinzipienstrenge des Sachenrechts. Die sachenrechtlichen Prinzipien sind der numerus clausus, die Absolutheit, die Publizität, die Spezialität und die Abstraktheit [30]. Durch den damit verbundenen Ausschluß der Privatautonomie sichern sie unter Anerkennung des Privateigentums die Güterzuordnung [31]. Die sachenrechtlichen Prinzipien gelten jedoch nicht uneingeschränkt für die Abtretung. Obwohl Gegenstand einer Verfügung, ist die abzutretende Forderung kein absolutes Recht [32].

Der Abtretungsvertrag bedarf trotz seiner dinglichen Rechtsnatur keiner Publizität. Deshalb gibt es grundsätzlich auch keinen gutgläubigen Forderungserwerb [33]. Denn entgegen der sonst üblichen Verknüpfung der dinglichen Einigung mit einem tatsächlichen Element, z.B. der Übergabe in § 929 S. 1 BGB oder der Grundbucheintragung in § 873 BGB, fehlt ein solches bei der Abtretung. Ausnahmen dazu bestehen jedoch namentlich in § 405 BGB und im Wertpapierrecht [34]. Hier erhält die Forderung durch die Verbriefung ein dingliches Element, wodurch auch der gutgläubige Erwerb ermöglicht wird [35].

4. Zur rechtshistorischen Entwicklung der Forderungsübertragung

Die Regelung der Abtretung im dargestellten Spannungsverhältnis zwischen Schuld- und Sachenrecht ist Ergebnis einer rechtshistorischen Entwicklung, die von einer fortschreitenden Abstrahierung gekennzeichnet ist.

Im römischen Recht gab es ursprünglich keine Einzelrechtsnachfolge, denn im römischen Recht war die Forderung unlösbar mit der Person verbunden. Um denselben wirtschaftlichen Erfolg zu erzielen, entwickelte man die Novation und später das mandatum agendi, wodurch insgesamt aber nur eine Art Einziehungs-

---

29 Hübner, Allgemeiner Teil, § 30 I; Fikentscher, Schuldrecht, Rdnr. 84; Larenz-Wolf, Allgemeiner Teil, § 1 Rdnr. 2; Medicus, Schuldrecht I, § 10 I, II.3; Flume, Das Rechtsgeschäft, § 1; Hönn Jura 84, 57.

30 Baur-Stürner, Sachenrecht, § 4 I-V; Münchner-Kommentar-Quack, BGB, Einl. vor §§ 854 ff. Rdnrn. 1, 25 ff.

31 Baur-Stürner, Sachenrecht, § 1 I, II; Palandt-Bassenge, BGB, Einl. vor § 854 Rdnrn. 1, 3; RGZ 88, 160.

32 Siehe dazu unten Kap. 1 A II.

33 Larenz, Schuldrecht I, § 34 I.; Fikentscher, Schuldrecht, Rdnr. 583; siehe auch unten Kap. 1 A III 1.b.

34 Vgl. z.B. §§ 792, 1154, 1192 BGB, Art.16 WG, Art.19 ScheckG, § 365 II HGB.

35 Palandt-Heinrichs, BGB, § 405 Rdnrn. 1, 2; Fikentscher, Schuldrecht, Rdnrn. 584, 585.

ermächtigung entstanden war [36]. Erst als mit der actio utilis ein selbständiges Klagerecht des Einziehungsberechtigten entstand, näherte sich das römische Recht einer Art Zession im Sinne des Gläubigerwechsels [37].

Ob im deutschen Recht Forderungen schon immer ein verkehrsfähiges Rechtsgut waren, ist aufgrund des erst spät aufblühenden Handels unklar. Während manche die Übertragbarkeit im alten Recht mangels historischer Beweise ablehnen, wird sie von anderen mit Hinweisen auf alte deutsche Rechtsgewohnheit bejaht, wobei teilweise die Zustimmung des Schuldners verlangt wurde [38]. Später ab Mitte des 15. Jahrhunderts, fand die Zession immer noch unter dem Einfluß des römischen Rechts allgemeine Anerkennung und im 18. und 19. Jahrhundert Eingang in die großen europäischen Kodifikationen [39]. Dabei blieb die Frage nach dem Zeitpunkt der Vollendung des Forderungsübergangs umstritten [40].

Während das preußische Allgemeine Landrecht (ALR) die Übertragung noch als „Überlassung des Eigentums eines Rechts" bezeichnete [41], sah im geltenden Recht bereits der erste Entwurf zum BGB die Regelung der Abtretung in der heutigen Form vor [42]. Umstritten war lediglich das Erfordernis der Abtretungsanzeige gegenüber dem Schuldner, das jedoch schon im zweiten Entwurf nur noch fakultativ vorgesehen war und so in die endgültige Fassung des BGB übernommen wurde [43]. Seit seinem Inkrafttreten am 01.01.1900 hat das Abtretungsrecht in den §§ 398 ff. BGB, von marginalen Ausnahmen abgesehen, keine grundsätzliche Änderung erfahren [44]. Weitere Änderungen sind derzeit auch nicht beabsichtigt [45]. Das deutsche Abtretungsrecht blickt damit auf eine beachtliche und über einhundertjährige Kontinuität zurück. Dennoch befindet sich das Verhältnis von Schuld- und Sachenrecht in einer stetigen dogmatischen Diskussion zwischen Trennung und Verbindung beider Rechtsgebiete [46]. Inmitten dieser Diskussion steht auch die Frage nach der rechtlichen Qualität der Forderung als Gegenstand der Abtretung.

II Die Forderung als Gegenstand der Abtretung

Bei der Forderung als dem im Wege der Abtretung zu übertragenden Gegenstand zeigt sich das Spannungsverhältnis zwischen Schuld- und Sachenrecht besonders deutlich in der Frage nach ihrer Übertragbarkeit.

---

36 Bähr, Zur Zessionslehre, § 2.

37 Enneccerus-Lehmann, Recht der Schuldverhältnisse, § 78 I.1.

38 Schumann, Die Forderungsabtretung, S. 2 ff., 6ff. mwN.

39 Enneccerus-Lehmann, Recht der Schuldverhältnisse, § 78 I.2., 3; Schumann, Die Forderungsabtretung, S. 65 ff.

40 Bähr, Zur Zessionslehre, § 9.

41 Allgemeines Landrecht für die preußischen Staaten, ALR I. 11 § 376.

42 Motive II, S. 118 f.(Mugdan II, 65); Protokolle S. 764 ff. (Mugdan II 571 f.).

43 Münchner-Kommentar-Roth, BGB, § 398 Rdnr. 11.

44 § 401 I BGB wurde geändert durch VO v. 21.12.1940 (RGBl. I. S. 1609) und
§ 411 S. 1 BGB wurde geändert durch Beurkundungsgesetz v. 28.08.1969 (BGBl. I. S. 1513).

45 Vgl. Abschlußbericht der Schuldrechtskommission 1992, S. 1 ff., 39; Wolf RIW 1997, 899.

46 Wiegand AcP 190 (1990) 113 ff., 132, 133.

1. Zur Rechtsnatur der Forderung

Das oben gezeigte Spannungsverhältnis zwischen Schuld- und Sachenrecht wirkt sich nicht nur in Bezug auf die rechtliche Einordnung der Abtretung, sondern auch im Hinblick auf die abzutretende Forderung selbst aus. Die abzutretende Forderung ist ein subjektives Recht, weil sie einer Person als einem Rechtssubjekt zugeordnet ist. Stellt man darauf ab, daß die Forderung dem Schuldverhältnis entspringt und eine Verpflichtung begründet, spricht man von einem obligatorischen Recht. Dieses ist zugleich auch ein persönliches Recht, da der Verpflichtungsgrund in der Person liegt, die die Verpflichtung eingegangen ist. Das obligatorische Recht ist fest an die Person des Verpflichteten geknüpft [47].

Davon abzugrenzen sind die dinglichen Rechte, die zwar auch subjektive Rechte sind, weil sie einem Rechtssubjekt zugeordnet sind. Sie sind nicht persönlicher beziehungsweise obligatorischer Natur, denn sie enthalten keine Verpflichtung einer Person, sondern die Rechtsmacht oder Rechtszuständigkeit einer Person über eine Sache [48]. Während nun die Forderung als obligatorisches Recht eine Leistungsbeziehung darstellt, werden die dinglichen Rechte aufgrund ihrer Übertragbarkeit als vermögenswerte Gegenstände qualifiziert. Die Forderung als Gegenstand der Abtretung ist jedoch beides, Leistungsbeziehung und Vermögensgegenstand [49].

a Die Forderung als Leistungsbeziehung

Die Forderung ist Leistungsbeziehung, weil sie einem Schuldverhältnis im engeren Sinne (ieS), dem sogenannten Verpflichtungsverhältnis, entstammt. Dieses beschreibt die rechtliche Forderungsbeziehung, die den Gläubiger des einzelnen Anspruchs mit dem zur Leistung verpflichteten Schuldner verbindet [50]. Schuldverhältnisse im weiteren Sinne (iwS) erfassen darüber hinaus sämtliche Rechtsverhältnisse zwischen den Beteiligten [51]. Dabei kommt es für die Leistungsbeziehung nicht darauf an, ob es sich um ein rechtsgeschäftliches oder gesetzliches Schuldverhältnis handelt [52]. Der deutsche Gesetzgeber hat den Begriff der Forderung nicht ausdrücklich geregelt. In § 241 BGB wird lediglich die Wirkung eines Schuldverhältnisses ieS mit der Berechtigung beschrieben, eine Leistung fordern zu können [53].

Als Leistungsbeziehung gilt für die Forderung der schuldrechtliche Grundsatz der Relativität. Danach wirkt das forderungsbegründende Schuldverhältnis grundsätzlich nur zwischen den Personen, durch die es zustande gekommen ist; sogenannte Wirkung inter partes. Außerhalb des Schuldverhältnisses stehende Dritte werden

---

47 Gernhuber, Das Schuldverhältnis, § 3 I; Larenz-Wolf, Allgemeiner Teil, § 14 Rdnr. 1, 10, 11.

48 Baur-Stürner, Sachenrecht, § 3 vor I, II.

49 Larenz, Schuldrecht I, § 33 vor I; Staudinger-Kaduk, BGB (12.A.), Einl. zu §§ 398 ff. Rdnr. 9; Soergel-Zeiss, BGB, vor § 398 Rdnr. 1.

50 Die Legaldefinition des Anspruchs findet sich in § 194 BGB.

51 Gernhuber, Das Schuldverhältnis, § 2 I; Münchner-Kommentar-Kramer, BGB, Einl. vor § 241 Rdnr. 12; Staudinger-Kaduk, BGB (12. A.), Einl. zu §§ 398 ff. Rdnrn. 7 ff.

52 Vgl. zur Unterscheidung Gernhuber, Das Schuldverhältnis, § 6 I 3.

53 Gernhuber, Das Schuldverhältnis, § 3 I 1.; Münchner-Kommentar-Kramer, BGB, Einl. vor §§ 241 ff. Rdnr. 2.

weder einbezogen, noch können sie Rechte daraus für sich herleiten [54]. Im BGB wurde der Relativitätsgrundsatz nicht ausdrücklich geregelt. Der Grundsatz ergibt sich jedoch aus den Vorschriften, die die Wirkungen des Schuldverhältnisses beschreiben. Hierzu gehören insbesondere die Vorschriften der §§ 241, 305, 328, 333 BGB [55].

b Die Forderung als Vermögensgegenstand

Die Forderung als Vermögensgegenstand anzuerkennen, weil ihr Wert durch die Möglichkeit der Abtretung realisiert wird, ist eine der Hauptschwierigkeiten in der schuld- und sachenrechtlichen Einordnung der Abtretung [56]. In erster Linie sind Vermögensgegenstände alle körperlichen Gegenstände und damit alle beweglichen und unbeweglichen Sachen, an denen dingliche Rechte bestehen können. Ihr Vermögenswert liegt in ihrer Übertragbarkeit, wobei der Wert durch die Übertragung realisiert wird [57].

Im Gegensatz zum Relativitätsgrundsatz der obligatorischen Rechte gilt für die dinglichen Rechte der sachenrechtliche Grundsatz der Absolutheit. Absolute Rechte sind von der eindeutigen Zuordnung einer Sache zu einer Person gekennzeichnet. Aufgrund der Absolutheit erlangt die Person absolute Rechtsmacht. Diese absolute Rechtsmacht des Rechtssubjekts wirkt gegenüber allen anderen Rechtssubjekten; sogenannte Wirkung erga omnes [58]. Die dinglichen Rechte des Sachenrechts können somit unproblematisch übertragen werden, weil ihre eindeutige Zuordnung zu einem Rechtssubjekt und dessen ausschließliche Rechtszuständigkeit dies ermöglichen [59]. Anders liegt es bei den Forderungen als relativen Rechten. Die scheinbar eindeutige Trennungslinie zwischen obligatorischen und dinglichen Rechten und ihre Zuordnung zum Schuld- beziehungsweise Sachenrecht und den korrespondierenden Grundsätzen der Relativität und Absolutheit verschiebt sich in Ansehung der Übertragung einer Forderung.

Obwohl die Forderung als obligatorisches Recht nur relativ ist, hat sie auch einen absoluten Charakter. Dieser liegt darin, daß die Rechtszuständigkeit des Rechtsinhabers letztlich auch von allen anderen Rechtssubjekten beachtet werden muß. Dieser Charakter verstärkt sich bei der Übertragung einer Forderung. Denn dabei wechselt die Rechtszuständigkeit unter Auflösung der ursprünglichen persönlichen Beziehung auf ein anderes Rechtssubjekt [60]. Dieser absolute Charakterzug beseitigt jedoch keinesfalls die Relativität der Forderung. Während nämlich absolute Rechte ohne Wesensänderung übertragen werden können, führt

---

54 Hübner, Allgemeiner Teil, § 22 II; Larenz-Wolf, Allgemeiner Teil, § 15 Rdnrn. 44 ff.; Esser-Schmidt, Schuldrecht I, § 5 V; Münchner-Kommentar-Kramer, BGB, Einl. vor §§ 241 ff. Rdnr. 14; Vgl. zu den Ausnahmen Medicus JuS 1974, 613 ff.; Denck JuS 1981, 9 ff.

55 Münchner-Kommentar-Kramer, BGB, Einl. v. §§ 241 ff. Rdnr. 14.

56 Larenz-Wolf, Allgemeiner Teil, § 15 Rdnr. 50.

57 Larenz, Schuldrecht I, § 33 I; Staudinger-Kaduk, BGB (12.A.), Einl. zu §§ 298 ff. Rdnrn. 1, 2.

58 Baur-Stürner, Sachenrecht, § 4 I; Larenz-Wolf, Allgemeiner Teil, § 15 Rdnr. 2; Hübner, Allgemeiner Teil, § 22 I; Vgl. zu den Ausnahmen Baur-Stürner, Sachenrecht § 4 I 2; Schwab-Prütting, Sachenrecht, Rdnr. 15.

59 Staudinger-Kaduk, BGB (12. A.), Einl. zu §§ 398 ff. Rdnr. 4.

60 Larenz, Schuldrecht I, § 33 I, II; Staudinger-Kaduk, BGB (12. A.), Einl. zu §§ 398 ff. Rdnrn. 3, 8.

der Wechsel in der Rechtszuständigkeit eines relativen Rechts immer zu einer Veränderung der ursprünglichen Leistungsbeziehung. Nach der Übertragung einer Forderung besteht diese nicht mehr im ursprünglichen Schuldverhältnis, sondern in dem neuen, durch die Übertragung begründeten Verhältnis. Die Wesensänderung liegt also in der Identitätsänderung des ausgewechselten Rechtssubjekts [61].

Man kann in diesem Zusammenhang von einer Verdinglichung [62] sprechen, wenn man auf den absoluten Charakter abstellt. Hat man dagegen die Auflösung der persönlichen Bindung im Visier, kann man auch von einer Objektivierung [63] des subjektiven Forderungsrechts sprechen [64]. Ein Recht oder gar Eigentum an einer Forderung scheidet nach heutiger Auffassung jedoch aus, weil Sachen physisch existent sind, während Forderungen nur in unserer Vorstellung bestehen und nur durch ihre rechtliche Geltung und Wirkung, die wir ihnen über unsere Rechtsordnung zuerkennen, wahrnehmbar werden [65].

2. *Zur Abtretbarkeit der Forderung*

Zentraler Begriff der abzutretenden Forderung in diesem Zusammenhang ist die Frage nach der Möglichkeit ihrer Abtretung, der sogenannten Abtretbarkeit. Abtretbarkeit setzt Übertragbarkeit und Bestimmtheit der abzutretenden Forderung voraus [66].

a *Übertragbarkeit*

Übertragbarkeit bedeutet, daß die abzutretende Forderung aus dem ursprünglichen Schuldverhältnis herausgelöst und auf ein anderes Rechtssubjekt übergeleitet werden kann. Grundsätzlich sind alle Forderungen übertragbar. Das gilt sogar für Forderungen aus natürlicher Verbindlichkeit, obwohl gerade hier eine besondere persönliche Bindung vorliegt [67]. Es gibt jedoch Forderungen, die nicht übertragbar sind. Dabei ist grundsätzlich zwischen Unübertragbarkeiten und Abtretungsverboten zu unterscheiden. Keine Frage der Übertragbarkeit ist die nach der Wirksamkeit der Abtretung. Durch eine unwirksame Abtretung wird die abgetretene Forderung nicht unabtretbar, sondern kann durch eine weitere wirksame Abtretung nach wie vor übertragen werden [68].

---

61 Staudinger-Kaduk, BGB (12. A.), Einl. zu §§ 398 ff. Rdnrn. 12, 13 mwN.

62 Gernhuber, Das Schuldverhältnis, § 3 III; Larenz-Wolf, Allgemeiner Teil, § 15 Rdnr. 62; Münchner-Kommentar-Roth, BGB, § 398 Rdnr. 2; Canaris in FS Flume 1978 Bd. 1 S. 371.

63 Enneccerus-Lehmann, Recht der Schuldverhältnisse, § 78; Staudinger-Kaduk, BGB (12. A.) Einl. zu §§ 398 ff. Rdnr. 26 mwN.

64 Wiegand AcP 190 (1990) 112 ff., 133.

65 Hübner, Allgemeiner Teil, § 22 II; Enneccerus-Lehmann, Recht der Schuldverhältnisse, § 78; Larenz, Schuldrecht I, § 33 III; Zur früheren Vorstellung des Rechts oder Eigentums an Forderungen vgl. Bähr, Zur Zessionslehre, § 1 und insb. § 8.

66 Münchner-Kommentar-Roth, BGB, § 398 Rdnrn. 58, 63.

67 Soergel-Zeiss, BGB, vor § 398 Rdnr. 2; Staudinger-Kaduk, BGB (12. A.), Einl. zu §§ 398 ff. Rdnr. 47 mwN; Münchner-Kommentar-Roth, BGB, § 398 Rdnr. 58.

68 Vgl. hierzu im einzelnen unten Kap. 1 B.

b Bestimmtheit

Der Bestimmtheitsgrundsatz des Schuldrechts unterscheidet sich inhaltlich nicht von dem des Sachenrechts hinsichtlich der Bestimmtheitsanforderung. Er besagt, daß der zu übertragende Gegenstand, ob körperlich (dingliches Recht) oder nicht körperlich (Forderung), bestimmt oder wenigstens eindeutig bestimmbar sein muß. Der Unterschied liegt in den jeweiligen Bezugsobjekten. Im Schuldrecht bezieht sich die Bestimmtheit auf den Inhalt der Forderung und die sie begründenden Rechtssubjekte des Schuldverhältnisses [69]. Im Sachenrecht bezieht sich die Bestimmtheit dagegen auf die Zuordnung der dinglichen Rechte zu bestimmten Sachen, sogenannte Spezialität [70].

Der Abtretung vorgelagert gilt der schuldrechtliche Bestimmtheitsgrundsatz für das abstrakte und kausale Schuldverhältnis, durch das die Forderung entsteht [71]. Für die Forderung als Abtretungsgegenstand gilt der Grundsatz in seiner sachenrechtlichen Ausprägung. Das heißt, daß die Forderung als Gegenstand der Verfügung in dem Zeitpunkt, in dem sie übergehen soll, hinsichtlich Person des Schuldners sowie Gegenstand und Umfang der Forderung bestimmbar sein muß [72].

III Die Möglichkeiten der Abtretung

Es gibt verschiedene Möglichkeiten, Forderungen abzutreten. Durch die Variierung der rechtlichen Anforderungen sind zunächst verschiedene Abtretungstypen entstanden. Nach ihrer wirtschaftlichen Verwendung lassen sich außerdem weitere Arten der Abtretung unterscheiden.

1. Abtretungstypen

Ist eine Forderung abtretbar, weil sie im vorgenannten Sinne übertragbar und bestimmbar ist, dann richtet sich ihre Abtretung im weiteren nach den gesetzlichen Voraussetzungen. Eine Besonderheit des Abtretungsrechts ist, daß sich die Durchführung der Abtretung nicht auf ein starres System von Tatbestand und Rechtsfolge beschränkt. Vielmehr lassen sich verschiedene Voraussetzungen und Wirkungen der Abtretung modifizieren. Insbesondere durch variable Anforderungen der Bestimmtheit und der Formerfordernisse haben sich wichtige Abtretungstypen gebildet.

a Modifikation der Voraussetzungen der Abtretung

Zu den Voraussetzungen der Abtretung zählen gem. § 398 S. 1 BGB der Abtretungsvertrag und die abzutretende Forderung. Sowohl beim Abtretungsvertrag

---

69 Gernhuber, Das Schuldverhältnis, § 9; Larenz-Wolf, Allgemeiner Teil, § 15 Rdnr. 48; Larenz, Schuldrecht I, § 2 I, § 11.

70 Baur-Stürner, Sachenrecht, § 4 III; Schwab-Prütting, Sachenrecht, Rdnr. 20.

71 Hübner, Allgemeiner Teil, § 22 II.

72 Medicus, Schuldrecht I, § 62 I 2. b; Münchner-Kommentar-Roth, BGB, § 398 Rdnr. 63.

als auch bei der abzutretenden Forderung hat der Rechtsverkehr insbesondere im Rahmen der Bestimmbarkeit verschiedene Spielarten der Abtretung hervorgebracht.

aa Unterschiedliche Abtretungsverträge

Der Abtretungsvertrag kommt durch Einigung zwischen dem ursprünglichen Gläubiger, dem Zedenten, und dem neuen Gläubiger, dem Zessionar, zustande [73]. Dabei müssen sich beide Parteien gem. §§ 145 ff. BGB durch Angebot und Annahme einigen. Mindestbestandteile ihrer Einigung sind die sogenannten essentialia negotii. Diese wesentlichen Vertragsbestandteile sind die Parteien des Abtretungsvertrages, die Forderung und die Übertragung der Gläubigerstellung [74]. Für diese Elemente gilt der Bestimmtheitsgrundsatz, wobei es genügt, wenn die Bestimmtheit des Antrages im Auslegungswege ermittelt werden kann oder die Bestimmung dem Angebotsempfänger gem. §§ 315 ff. BGB überlassen wird [75].

So ist bei der Blankozession der Empfänger berechtigt, die Person des Zessionars zu bestimmen. Bis er die Person des Zessionars bestimmt, bleibt diese jedoch nicht immer bestimmbar. Wirksam ist diese Abtretung dennoch, da die Forderung bis zur Bestimmung des Zessionars kein subjektloses Recht sein kann. Diese steht nämlich entweder noch dem Zedenten oder dem jeweiligen Inhaber des Blanketts als treuhänderischer Zwischenperson zu [76].

Der Abtretungsvertrag kann auch unter einer Bedingung oder Befristung gem. § 158 BGB stehen. Dies wird von der Rechtsprechung jedoch nur dann anerkannt, wenn der Zessionar in der Zukunft wenigstens zur Einziehung der Forderung berechtigt sein wird. Andernfalls ist die Abtretung unwirksam [77]. Bei der stillen Zession verabreden Zedent und Zessionar, daß letzterer nur im Sicherungsfall von der Abtretung Gebrauch machen darf [78]. Hier macht der Zedent die abgetretene Forderung grundsätzlich als Berechtigter geltend und führt damit auch die Unterbrechung der Verjährung herbei, auch wenn er die Abtretung nicht aufdeckt [79].

Liegt ein den Bestimmtheitsanforderungen genügender Abtretungsvertrag vor, so richtet sich die Wirksamkeit der Einigung nach den allgemeinen Regeln über die Wirksamkeit von Rechtsgeschäften, insbesondere den §§ 104 ff. BGB und den Nebengesetzen, etwa dem AGBG. Der Abtretungsvertrag ist grundsätzlich formfrei wirksam. Die Formfreiheit ist Ausdruck der Privatautonomie [80]. Der Abtretungsvertrag kann jedoch ausnahmsweise formbedürftig sein. Ausnahmen gelten für die Übertragung einer Anweisung gem. § 792 I S. 2 BGB und die Übertragung von

73 Palandt-Heinrichs, BGB, § 398 Rdnr. 3; Erman-Westermann, BGB, § 398 Rdnr. 2.

74 Staudinger-Dilcher, BGB (12. A.), § 145 Rdnr. 5; Erman-Hefermehl, BGB, § 145 Rdnr. 2; Palandt-Heinrichs, BGB, Einf.vor § 145 Rdnr. 3.

75 Staudinger-Dilcher, 12. A., § 145 Rdnr. 5; Flume, Das Rechtsgeschäft, § 35 I 1.a; Siehe dazu bereits oben Kap. 1 A II (a.E.).

76 Dohm WM 1973, 886, 890; RGZ 90, 279; Staudinger-Kaduk, BGB (12. A.), § 398 Rdnr. 93; Münchner-Kommentar-Roth, BGB, § 398 Rdnr. 31;Larenz, Schuldrecht I, § 33 mwN.

77 Palandt-Heinrichs, BGB, § 398 Rdnr. 6; RG JW 1938, 1330.

78 Palandt-Heinrichs, BGB, § 398 Rdnrn. 6, 22; BGHZ 26, 192; BGH NJW RR 1995, 1369; Staudinger-Kaduk, BGB (12. A.), § 398 Rdnrn. 90, 131.

79 BGH BB 1999, 1030.

80 Vgl. zum Begriff der Privatautonomie oben Kap. 1 A I.

Grundpfandrechten gem. §§ 1154, 1192 BGB sowie die Übertragung von Briefhypotheken und Briefgrundschulden [81]. Die allgemeine Formvorschrift des § 313 BGB gilt dagegen grundsätzlich nicht, da es sich bei der Abtretung nicht um ein Verpflichtungs- sondern um ein Verfügungsgeschäft handelt [82]. Ausnahmsweise greift § 313 BGB jedoch ein, wenn der Abtretungsvertrag Erwerbspflichten hinsichtlich eines Grundstückes enthält. Das ist der Fall, wenn die abgetretene Forderung auf einem formpflichtigen Rechtsgeschäft beruht oder das der Abtretung zugrundeliegende kausale Verpflichtungsgeschäft formbedürftig ist [83].

bb Varianten der abzutretenden Forderung

Die abzutretende Forderung muß im Gegensatz zum Abtretungsvertrag nicht wirksam entstanden sein, da das ihr zugrundeliegende Schuldverhältnis grundsätzlich abstrakt zur Abtretung ist [84]. Die Forderung muß jedoch abtretbar sein. Dies setzt die Erfüllung der bereits hergeleiteten Anforderungen der Übertragbarkeit und der Bestimmtheit in Anbetracht der Forderung voraus [85]. Gerade im Rahmen der Bestimmbarkeit der abzutretenden Forderung haben sich verschiedene Spielarten der Abtretung gebildet.

Da eine zukünftige Forderung bereits bestimmbar sein kann, ist folgerichtig auch ihre Abtretung zulässig. Es handelt sich um die Fälle der Vorausabtretung. Die Abtretung einer zukünftigen Forderung wird gegenstandslos, wenn die Forderung doch nicht entsteht. Entsteht die Forderung aber in der Zukunft, stellt sich die Frage, in welcher Person die Forderung entsteht. Denkbar ist, daß die zukünftige Forderung in der Person des Zessionars entsteht, sogenannter Direkterwerb. Die Alternative ist, daß die Forderung zunächst in der Person des Zedenten entsteht, um danach kraft der Abtretung auf den Zessionar überzugehen, sog. Durchgangserwerb. Eine vermittelnde Ansicht differenziert nach dem Zeitpunkt der Entstehung der Rechtsgrundlage [86]. Richtigerweise ist bei pragmatischer Betrachtung Durchgangserwerb anzunehmen, da dies den Interessen des Schuldners und dessen Schutzbedürfnis am nächsten kommt und Gläubigerinteressen nicht entgegenstehen. Bei der Vorauszession werden zudem dogmatische Schwierigkeiten vermieden, indem mit Entstehung der Forderung die Vorauszession unmittelbar zur Abtretung wird.

Kollidieren Sicherungsrechte mit im voraus abgetretenen Forderungen, gilt grundsätzlich der Prioritätsgrundsatz. Danach ist nur die zeitlich frühere Verfügung wirksam. Diese Frage, welche von mehreren Abtretungen wirksam ist, stellt sich insbesondere bei der Kollision einer Abtretung mit Globalzession und

---

81 Staudinger-Busche, BGB (13. A.), § 398 Rdnr. 22.
82 Siehe dazu oben Kap. 1 A I.
83 Staudinger-Kaduk, BGB (12. A.), § 398 Rdnrn. 100 f.; Palandt-Heinrichs, BGB, § 313 Rdnr. 6.
84 Siehe oben Kap. 1 A I.
85 Siehe oben Kap. 1 A II.
86 Armbrüster NJW 1991, 607; Esser-Schmidt, Schuldrecht II, § 37 I 3.1; Larenz, Schuldrecht I, § 34 III; Erman-Westermann, BGB, § 398 Rdnr. 12; kritisch Serick, Eigentumsvorbehalt und Sicherungsübertragung, Bd. IV § 47 IV; BGHZ 20, 88; BGHZ 49, 205.

Eigentumsvorbehalt. In der Rechtsprechung beherrscht hier nach wie vor der Prioritätsgrundsatz die Entscheidungen [87].

Im Gegensatz zur Teilabtretung setzt bei einer Forderungsmehrheit die Prüfung nicht an der Übertragbarkeit kraft forderungsbegründenden Schuldverhältnisses, sondern wie bei der Vorausabtretung an der Bestimmbarkeit der Forderungsmehrheit an. Voraussetzung für die Bestimmbarkeit von abgetretenen Forderungsmehrheiten ist die mindestens erkennbare Zuordnung von jeweiliger Einzelforderung und ihr zugrunde liegendem Rechtsgeschäft. Dies hat die Rechtsprechung in den Fällen anerkannt, in denen alle Forderungen aus einem bestimmten Geschäftsbetrieb abgetreten werden, oder wenn Forderungen während eines bestimmten Zeitraums abgetreten werden, oder wenn die abgetretenen Forderungen aus einer bestimmten Art von Rechtsgeschäften stammen [88]. Auch Forderungen mit variablem Nennbetrag können abgetreten werden. Bestimmbarkeit muß hier jedoch nicht nur zwischen Zedent und Zessionar, sondern auch im Verhältnis zum Schuldner gegeben sein. Dieser muß erkennen können, an wen er in welcher Höhe wann zu leisten hat [89].

Kombiniert man die Abtretung mehrerer Forderungen mit der Abtretung variabler Forderungen, so liegt eine Mantelzession vor. Dabei wird der Bestimmbarkeit dadurch genügt, daß die abgetretenen Forderungen in Listen zusammengefaßt werden. Erst mit der Übergabe der Liste tritt Bestimmbarkeit und somit Wirksamkeit der Abtretung ein [90]. Dies nähert die Mantelzession der wertpapierrechtlichen Übertragung verbriefter Forderungen an.

Die Abtretung einer abtretbaren und bestimmbaren Forderung unterliegt keinen weiteren Wirksamkeitsvoraussetzungen. Insbesondere gilt auch für die Forderung und das sie begründende Schuldverhältnis der Grundsatz der Formfreiheit. Allerdings können die Parteien hiervon abweichend die Abtretung unter Urkundenvorlegung gem. § 405 BGB vereinbaren. Davon zu trennen ist die Frage des Formerfordernisses bei der Abtretung von verbrieften Forderungen. Inhaberpapiere sind nicht abtretbar, weil sie gem. §§ 929 ff. BGB übertragen werden. Dagegen können Orderpapiere sowohl durch Indossament als auch durch Abtretung übertragen werden. Der Abtretungsvertrag ist formfrei, allerdings muß das Papier übergeben werden. Namenspapiere sind grundsätzlich formfrei abtretbar. Ausnahmen sind die Abtretung einer Anweisung gem. § 792 BGB und die Abtretung von Hypotheken- und Grundschuldbriefen gem. §§ 1154, 1192 BGB; im letzteren Fall bedarf es neben der Schriftform noch der Übergabe des Briefes [91].

---

87 Jork JuS 1994, 1019 ff.; kritisch Serick, Eigentumsvorbehalt und Sicherungsübertragung, Bd. IV § 48 I; Vgl. zur st.Rspr. BGHZ 30, 151; BGHZ 32, 363; BGH NJW 1974, 942; Vgl. zu alternativen Lösungsansätzen Staudinger-Busche, BGB (13. A.) Einl. zu §§ 398 ff. Rdnrn. 105, 106 mwN.

88 Staudinger-Kaduk, BGB (12. A.), § 398 Rdnr. 84 mwN; Palandt-Heinrichs, BGB, § 398 Rdnr. 15 mwN.

89 Palandt-Heinrichs, BGB, § 398 Rdnr. 16 mwN.

90 Münchner-Kommentar-Roth, BGB, § 398 Rdnr. 71; Staudinger-Kaduk, BGB (12. A.), § 398 Rdnr. 14; BGH NJW 1965, 2198.

91 Staudinger-Kaduk, BGB (12. A.), § 398 Rdnrn. 105 ff.; Palandt-Heinrichs, BGB, § 398 Rdnr. 8; Vgl. zum gutgl. Erwerb oben Kap. 1 A I 2.; Zur Behandlung des gutgl. Erwerbs im Prozeß siehe unten Kap. 1 A III 2.

b Die Wirkungen der Abtretung und ihre Abwandlungen

Hauptwirkung der Abtretung ist die unmittelbar in § 398 S. 2 BGB angeordnete Rechtsfolge. Danach tritt der neue Gläubiger mit Abschluß des Vertrages an die Stelle des bisherigen Gläubigers [92]. Zwei Sonderfälle sind hier zu nennen. Handelt es sich bei dem neuen Gläubiger um den Schuldner, erlischt die abgetretene Forderung infolge Konfusion [93]. Teilweise wird eine Abtretung zugunsten Dritter mit der Begründung abgelehnt, das BGB kenne keine Verfügung zugunsten Dritter [94]. Aus der Zulässigkeit von Verpflichtungsgeschäften zugunsten Dritter, etwa in § 328 BGB, kann aber auch auf die Zulässigkeit von Verfügungen zugunsten Dritter geschlossen werden, zumal das BGB Verfügungen zugunsten Dritter nicht ausdrücklich ausschließt. Hierfür spricht auch, daß dem Dritten kein Nachteil entsteht und das gleiche wirtschaftliche Ergebnis andernfalls auch auf Umwegen erreicht werden kann. Die Abtretung zugunsten Dritter ist daher zulässig [95].

Eine weitere Wirkung der Abtretung ist der Übergang von Neben- und Sicherungsrechten gem. § 401 BGB. Nicht ausdrücklich geregelt ist die Frage, wer nach der Abtretung befugt ist, Leistungsstörungsrechte, Gewährleistungsrechte und Gestaltungsrechte geltend zu machen bzw. auszuüben. Grundsätzlich bleiben auch nach der Abtretung die synallagmatischen Verbindungen der beidseitigen Ansprüche bestehen [96]. Bei Leistungsstörungen stehen dem Zessionar grundsätzlich die Rechte aus §§ 280 ff. BGB, aus positiver Forderungsverletzung sowie die Gewährleistungsrechte und die Schadensersatzansprüche wegen Nichterfüllung zu. Zeitliche Zäsur ist der Zeitpunkt der Zession. Bei Leistungsstörungen vor der Abtretung ist nur wegen der Schadenshöhe auf den Zessionar abzustellen, während bei Leistungsstörungen nach der Abtretung die Person des Zessionars auch für die übrigen Rechte und deren Voraussetzungen bestimmend ist [97].

Ein Beispiel für eine ausdrückliche Regelung liefert in diesem Zusammenhang die Vorschrift des § 437 BGB für den Rechtskauf. Danach haftet der Verkäufer einer aufgrund eines Kaufvertrages nach § 433 BGB veräußerten Forderung für den rechtlichen Bestand derselben. Motiv für diese rechtliche Bestandshaftung ist, daß der Verkäufer, der durch den Verkauf eines sinnlich nicht wahrnehmbaren Rechts dessen Bestand behauptet, grundsätzlich auch uneingeschränkt dafür einstehen soll. Die Vorschrift ist jedoch im Wege des Haftungsausschlusses abdingbar [98].

2. Abtretungsarten

Über die verschiedenen Abtretungstypen hinaus lassen sich nach ihrer wirtschaftlichen Bedeutung auch verschiedene Abtretungsarten unterscheiden, bei denen die Forderungen ebenfalls gem. §§ 398 ff. BGB übertragen werden. Im einzelnen gelten jedoch Besonderheiten. Insgesamt kann man zwei verschiedene

---

[92] Staudinger-Kaduk, BGB (12. A.), § 398 Rdnr. 118.

[93] Staudinger-Kaduk, BGB (12. A.), § 398 Rdnr. 98; Palandt-Heinrichs, BGB, § 398 Rdnr. 5.

[94] Staudinger-Kaduk, BGB (12. A.), § 398 Rdnr. 98; Palandt-Heinrichs, BGB, § 398 Rdnr. 4.

[95] Staudinger-Busche, BGB (13. A.), Einl. zu §§ 398 ff. Rdnr. 34.

[96] Palandt-Heinrichs, BGB, § 398 Rdnr. 19; Siehe auch unten Kap. 1 A III 2.b.

[97] Palandt-Heinrichs, BGB, § 398 Rdnr. 18 mwN.

[98] Palandt-Heinrichs, BGB, § 437 Rdnrn. 2, 3; vgl. oben Kap. 1 A II 1 b a.E.

Gruppen erkennen. Zum einen die Arten der Abtretung, die unter Anwendung der Variationsmöglichkeiten im deutschen Recht entstanden sind. Zum anderen gibt es Formen der Abtretung, die aus anderen Rechtskreisen, namentlich dem angloamerikanischen Rechtskreis stammen und dem sich das deutsche Recht gewissermaßen angepaßt hat.

a Sicherungszession und Factoring

Zur ersten Gruppe der rein deutschrechtlichen Abtretungsarten gehören die Sicherungsabtretung und die Inkassozession. Beide verleihen dem Zessionar im Außenverhältnis gegenüber dem Schuldner die volle Forderungsinhaberschaft. Der Zessionar bleibt aber im Innenverhältnis zum Zedenten aufgrund der Abrede treuhänderisch gebunden [99]. Bedeutende Anwendungsfälle der Sicherungszession sind die Globalzession als typisches Sicherungsmittel des Geldkreditgebers und der verlängerte Eigentumsvorbehalt als typisches Sicherungsmittel des Warenkreditgebers [100]. Die Sicherungsabtretung ist sozusagen das Gegenstück zur Sicherungsübereignung und in Ermangelung einer ausdrücklichen Regelung eine Entwicklung der Praxis. Sie setzt im wesentlichen die Verknüpfung der Abtretung mit dem Sicherungszweck durch die sogenannte Sicherungsabrede voraus und hat gegenüber der Verpfändung den Vorteil, daß sie keine Anzeige an den Schuldner voraussetzt und dem Zessionar bereits die volle Gläubigerstellung überträgt [101].

Die zweite Gruppe der Abtretungsarten wird von dem in den USA entwickelten Factoring dominiert. Beim Factoring geht es um gewerbsmäßigen Ankauf und Geltendmachung von Forderungen. Die Übertragung der Forderung erfolgt beim Factoring durch Global-, Mantel- oder Einzelzession [102]. Dabei verkauft und überträgt der Factoringgeber alle gegenwärtigen und zukünftigen Forderungen, die sich aus der laufenden Geschäftstätigkeit gegen den Drittschuldner ergeben, an den Factor. Dieser treibt die Forderungen des Factoringgebers ein. Das Factoring wird von den drei Funktionen Finanzierung, Dienstleistung und Kreditversicherung geprägt. Der Factor bezahlt die übertragenen Forderungen, der Factoringgeber ist also sofort liquide. Der Factor übernimmt die Debitorenbuchhaltung und das Risiko der Bonität hinsichtlich der übertragenen Forderungen. Seine Leistungen läßt sich der Factor durch das Delkredere und die Provision bezahlen [103]. Die wirtschaftliche Bedeutung des Factoring liegt darin, daß dem erhöhten Bedarf an Liquidität und Schutz vor Kreditrisiken Rechnung getragen wird [104].

Es ist ferner zwischen echtem und unechtem Factoring zu unterscheiden. Im Rahmen des echten Factorings übernimmt der Factor auch das Zahlungsrisiko, während beim unechten Factoring die Forderung bei Nichtbeitreibbarkeit rückbelastet wird. Nur beim echten Factoring kann der Vorbehaltskäufer deshalb die Forderungen aus seinem Weiterverkauf verkaufen und abtreten. Seine Globalzession ist in diesem

---

[99] Hadding-Schneider-Zeiss, Die Forderungsabtretung (1. Aufl.), S. 61 ff.; Staudinger-Kaduk, BGB (12. A.), § 398 Rdnrn. 192 ff.

[100] Palandt-Heinrichs, BGB, § 398 Rdnr. 24; Schwab-Prütting, Sachenrecht, Rdnr. 846.

[101] Staudinger-Busche, BGB (13. A.), Einl. zu §§ 398 ff. Rdnrn. 65 ff.

[102] Martinek, Moderne Vertragstypen Bd. 1, S. 258.

[103] Martinek, Moderne Vertragstypen Bd. 1, S. 222 ff.; Schwab-Prütting, Sachenrecht, Rdnr. 858 ff.

[104] Wöhe, Allgemeine Betriebswirtschaftslehre, S. 896; Hagenmüller-Sommer-Brink, Factoring-Handbuch S. 147 ff.

Fall nicht gegenüber dem Vorbehaltsverkäufer und dessen konkurrierenden Eigentumsvorbehalt gem. § 138 BGB sittenwidrig [105].

Daneben gibt es die sogenannte Forfaitierung. Das Forfaitgeschäft wird bei der Exportfinanzierung eingesetzt und unterscheidet sich vom Factoring vor allem dadurch, daß der Forfaiteur die Forderung des Exporteurs aus dem Außenhandelsgeschäft unter ausdrücklichem Verzicht auf jeden Regreß im Falle der Uneinbringlichkeit der Forderung erwirbt [106]. Im Gegensatz zum Factoring fehlen die Serviceleistungen. Dafür ist die Veräußerung einzelner Forderungen möglich. Von der Forfaitierung wird immer dann Gebrauch gemacht, wenn traditionelle Finanzierungsinstrumente nicht anwendbar sind. Durch den Regreßverzicht entstehen jedoch deutlich höhere Kreditkosten als beim Factoring [107].

b Sonderfall Vertragsübernahme

Von den verschiedenen Arten der Übertragung von Forderungen ist der Sonderfall der Vertragsübernahme zu unterscheiden. Im BGB ist nur die Abtretung einzelner Forderungen und die Übernahme einzelner Schulden ausdrücklich geregelt worden. Die Vertragsübernahme als summierte Einzelrechtsnachfolge im Wege der Abtretung gem. §§ 398 ff. BGB und Schuldübernahme gem. §§ 414 f. BGB hat keine allgemeine Regelung im BGB gefunden. Konstruktiv ist die Vertragsübernahme jedoch ein einheitliches Geschäft [108].

Die Übertragung eines gesamten Schuldverhältnisses ist allerdings Gegenstand einzelner Vorschriften wie etwa der §§ 571, 613 a, 1251 II BGB und des § 69 I VVG. Hieraus wird richtigerweise auf die allgemeine Zulässigkeit der Vertragsübernahme geschlossen. Denn was das Gesetz im Einzelfall anordnet, muß auch im Wege privatautonomer Vereinbarung herbeigeführt werden können. Dabei wird entweder ein dreiseitiger Vertrag oder ein Vertrag zwischen Ausscheidendem und Übernehmendem mit Zustimmung des verbleibenden Vertragspartners analog § 415 I BGB vorausgesetzt [109]. Bei der davon abzugrenzenden einzelnen Übertragung einer synallagmatisch verknüpften Forderung ist zu beachten, daß der Zessionar dagegen nur in die Gläubigerstellung und nicht in die Pflichten des Zedenten gegenüber dem Schuldner eintritt. Der Zedent bleibt dem Schuldner ungeachtet der Forderungsübertragung weiterhin verpflichtet [110].

---

105 K. Schmidt, Handelsrecht, § 35 III 4.; Martinek, Moderne Vertragstypen Bd. 1, S. 232 f.

106 Martinek, Moderne Vertragstypen Bd. I, S. 240; Münchner-Kommentar-Roth, BGB, § 398 Rdnr. 180.

107 Wöhe, Allgemeine Betriebswirtschaftslehre, S. 900.

108 Staudinger-Busche, BGB (13. A.), Einl. zu §§ 398 ff. Rdnrn. 196 ff., 201.

109 Enneccerus-Lehmann § 87 III; Larenz § 35 III; Larenz, Methodenlehre, S. 447; Soergel-Zeiss, BGB, vor § 398 Rdnr. 5; Medicus, Schuldrecht I, § 64.

110 Soergel-Zeiss, BGB, vor § 398 Rdnr. 4; Staudinger-Kaduk, BGB (12.A.), Einl. zu §§ 398 ff. Rdnr. 47.

3. *Die Abtretung im Prozeß*

Bei der Abtretung im Prozeß handelt es sich nicht um eine bestimmte Art der Abtretung. Die Möglichkeit des Parteiwechsels im Prozeß korrespondiert lediglich mit der Möglichkeit der Forderungsübertragung durch Gläubigerwechsel im materiellen Recht. Neben den normalen Bedürfnissen im Forderungsverkehr kommt die Abtretung im Prozeß aber auch aus prozeßtaktischen Gründen in Betracht. Durch die Abtretung verliert nämlich der Zedent seine bisherige Parteistellung und kann als Zeuge vernommen werden [111].

a *Unabhängigkeit von materiellem Abtretungsrecht und Prozeßrecht*

Die Abtretung einer Forderung hat gem. § 265 II ZPO auf den Prozeß keinen Einfluß; andererseits schließt die Rechtshängigkeit [112] einer Forderung aber auch nicht das Recht aus, den geltend gemachten Anspruch abzutreten, vgl. § 265 I ZPO. Während also § 265 I ZPO bestimmt, daß der Prozeß die Verfügungsfreiheit der Parteien über ihre Forderung nicht berührt, enthält § 265 II ZPO den Grundsatz, daß die Rechtsnachfolge in eine Gläubigerstellung nichts an der Stellung der bisherigen Parteien des Rechtsstreits ändert [113].

Die Vorschrift erfaßt jede Forderungsübertragung, gleichgültig ob rechtsgeschäftlicher, gesetzlicher oder hoheitlicher Natur. Bei der rechtsgeschäftlichen Abtretung ist aufgrund des Abstraktionsprinzips nicht auf das für die Abtretung kausale Verpflichtungsgeschäft, sondern auf das Verfügungsgeschäft abzustellen. Dies gilt für alle Arten der rechtsgeschäftlichen Abtretung, so daß auch die Sicherungsabtretung unter § 265 ZPO fällt [114]. Entscheidend für die Anwendbarkeit von § 265 ZPO ist der Zeitpunkt der Forderungsübertragung. Die Übertragung vor Rechtshängigkeit der abzutretenden Forderung führt nämlich dazu, daß dem Zedenten bereits die Sachlegitimation fehlt. Dies hat zur Folge, daß sowohl die Klage des Zedenten als auch die gegen ihn gerichtete Klage als unbegründet abzuweisen ist; der Zedent ist ja nicht mehr Inhaber der Forderung [115].

Wird die Forderung nach Rechtshängigkeit übertragen, so steht die Forderung materiellrechtlich dem Zessionar zu, der Zedent bleibt jedoch Partei im Prozeß gegen den Schuldner. Um die materielle Gläubigerstellung und die Parteistellung im Prozeß in Gleichlauf zu bringen, kann der Zessionar den Prozeß aber gem. § 265 II ZPO übernehmen, wenn der Schuldner zustimmt. Wegen § 263 ZPO muß dann aber auch der Zedent zustimmen [116]. Fand die Abtretung auf Beklagtenseite statt, muß der klagende Schuldner seinen Klageantrag folglich auf den Zessionar umstellen, sonst wird seine Klage mangels Sachlegitimation des Zedenten als unbegründet abgewiesen [117].

---

111 Schellhammer, Zivilprozeß, Rdnr. 600.
112 Die Erhebung der Klage ist in § 261 ZPO geregelt.
113 Zöller-Greger, ZPO, § 265 Rdnrn. 2, 6.
114 Zöller-Greger, ZPO, § 265 Rdnr. 5.
115 Zöller-Greger, ZPO, § 265 Rdnr. 5b.
116 Münchner-Kommentar-Lüke, ZPO, § 265 Rdnr. 93.
117 Zöller-Greger, ZPO, § 265 Rdnr. 6; BGH NJW 1986, 1182; RGZ 56, 307; RGZ 155, 51.

Der Zessionar tritt in die prozeßrechtliche Stellung des Zedenten. Er muß daher alle Prozeßhandlungen seines Rechtsvorgängers für und gegen sich gelten lassen. Das Urteil ergeht in der Hauptsache- und Kostenentscheidung nur gegenüber ihm [118]. Gem. § 407 II BGB muß der Zessionar das Urteil nur dann nicht gegen sich gelten lassen, wenn der Schuldner Kenntnis von der Abtretung zur Zeit der Rechtshängigkeit hatte.

b Subjektive Begrenzung der Rechtskraft

Nach dem Grundsatz der subjektiven Begrenzung der Rechtskraft wirkt ein Urteil nur zwischen den formalen Parteien des Rechtsstreits, vgl. § 323 ZPO. In Ausnahme dazu bestimmt § 325 I ZPO, daß sich die Rechtskraft bei der Abtretung im Prozeß auch auf die Rechtsnachfolger der Parteien erstreckt. Dies gilt jedoch dann nicht, wenn der Zessionar die Forderung gutgläubig erworben hat; Ausnahme von der Ausnahme [119]. Das Urteil wirkt dann nicht gegen ihn, weil er sich gem. § 325 II ZPO auf die Vorschriften zum Schutz des gutgläubigen Erwerbers stützen kann [120]; es verbleibt beim Grundsatz der subjektiven Begrenzung der Rechtskraft auf die ursprünglichen Parteien des Rechtsstreits. Hiervon wiederum ausgenommen sind jedoch die Fälle des gutgläubigen Erwerbs gem. § 325 III ZPO; Ausnahme von der doppelten Ausnahme. In diesen Fällen verbleibt es bei der Rechtskrafterstreckung trotz gutgläubigen Erwerbs der Forderung und damit bei der Ausnahme vom Grundsatz der subjektiven Begrenzung der Rechtskraft [121].

Wirkt das Urteil danach nicht gegen den gutgläubigen Zessionar, dann kann dem Schuldner die Fortsetzung des Rechtsstreits mit dem Zedenten, der nicht mehr Inhaber der Forderung, aber Gegner des Schuldners im Prozeß geblieben ist, nicht mehr zugemutet werden. Folgerichtig bestimmt § 265 III ZPO daher, daß der Schuldner dem Zedenten in diesem Fall den Einwand der fehlenden Sachlegitimation entgegenhalten kann [122]. Voraussetzung für diese Privilegierung des gutgläubigen Zessionars ist seine doppelte Gutgläubigkeit, die sich sowohl auf die Berechtigung des Zedenten als auch auf die Rechtshängigkeit der Forderung beziehen muß [123]. Das für oder gegen den Zedenten ergangene Urteil kann der Zessionar gem. § 727 ZPO auf sich umschreiben lassen.

IV Die Systematik der Gläubiger- und Schuldnerschutzvorschriften

Das System der Gläubiger- und Schuldnerschutzvorschriften im Abtretungsrecht ist Folge der Entscheidung zugunsten der grundsätzlichen Umlauffähigkeit von Forderungen. Der BGB-Gesetzgeber wollte hier die Nachteile umlauffähiger Forderungen ausgleichen. Gläubigerschutz und Schuldnerschutz entsprechen sich

---

118 Münchner-Kommentar-Lüke, ZPO, § 265 Rdnrn. 101 ff.

119 Zum gutgläubigen Forderungserwerb vgl. oben Kap.1 A I, II.

120 Zu diesen Vorschriften gehören insbesondere die §§ 135 II, 405, 932 ff., 936, 892 f, 1032, 1138, 1155, 1207 f, 1244, 1357, 1412, 2113 III, 2129 II, 2211 II, 2366, 2368 III, 2370 BGB; 363 f. HGB; Art. 17 WechselG; § 81 InsO (vormals § 7 KO).

121 Zöller-Vollkommer, ZPO, § 325 Rdnrn. 44 ff.

122 Zöller-Greger, ZPO, § 265 Rdnr. 9.

123 Im einzelnen streitig, vgl. v.Olshausen JZ 1988, 584 ff. mwN.

allerdings nicht, sondern haben unterschiedliche Schutzrichtungen. Das Interesse des Gläubigers besteht darin, daß seine Forderung durch die Übertragung nicht an Wert verliert. Das Schutzbedürfnis des Schuldners ist darauf gerichtet, daß sich seine Rechtslage gegenüber dem Gläubiger nicht verschlechtert. Schließlich ist der Schuldner weder zur Mitwirkung an der Abtretung berufen, noch muß er davon in Kenntnis gesetzt werden [124].

1. Zum Gläubigerschutz

Dem Gläubigerschutz dient im weiteren Sinne schon die Regelung des § 401 BGB. Diese Vorschrift hat den Zweck, dem Zessionar mit der Forderung zugleich die zur Forderung gehörenden Neben- und Vorzugsrechte zu übertragen. Unter die Nebenrechte im Sinne des § 401 BGB fallen die akzessorischen Rechte wie Hypothek, Pfandrechte und Bürgschaft, aber auch andere unselbständige Sicherungsrechte und die zur Durchsetzung der abgetretenen Forderung notwendigen Hilfsrechte [125].

Darüber hinaus wird der Zessionar bei verbrieften Forderungen in zwei besonderen Fällen geschützt. Gem. § 405 BGB kann der Schuldner ihm gegenüber weder den Einwand des Scheingeschäfts gem. § 117 BGB erheben, noch kann der Schuldner sich auf ein vereinbartes Abtretungsverbot gem. § 399 2.Alt. BGB berufen [126]. Beide Ausnahmen dienen der Erhaltung der erhöhten Verkehrsfähigkeit verbriefter Forderungen [127].

Zugunsten des Zessionars enthalten die schuldnerschützenden Vorschriften Ausnahmen vom Schutz des Schuldners. Dies ist der Fall, wenn der Schuldner von der Abtretung Kenntnis hatte, vgl. §§ 406, 407, 408 BGB, oder wenn gem. § 406 BGB die zur Aufrechnung gestellte Gegenforderung später als die abgetretene Forderung fällig wird. Gegenüber dem Zedenten enthält § 409 II BGB einen Zustimmungsvorbehalt für die Rücknahme der Abtretungsanzeige zugunsten des Zessionars. Die Vorschrift des § 409 BGB regelt jedoch nur den Fall, daß die Abtretung nicht oder nur zum Schein erfolgt ist. Der Zustimmungsvorbehalt des § 409 II BGB schützt somit den wahren Zessionar nur dann, wenn der Zedent die Abtretungsanzeige mit der Begründung, die Zession sei nur zum Schein erfolgt, zurücknehmen will [128].

Außerhalb des BGB bestehen zugunsten des Zessionars verschiedene Vorrechte. In der Insolvenz hat er das Konkursvorrecht gem. § 51 InsO [129]. Danach kann der Zessionar absonderungsberechtigt sein, das heißt, er kann abgesonderte Befriedigung verlangen. Steht die abgetretene Forderung außerhalb der Insolvenzmasse, versteht sich von selbst, daß der Zessionar kein Insolvenzgläubiger sein kann, vgl. § 47 InsO [130].

124 Vgl. v.Olshausen, Gläubigerrechte und Schuldnerschutz, § 2.
125 Palandt-Heinrichs, BGB, § 401 Rdnrn. 1, 3 f.
126 Palandt-Heinrichs, BGB, § 405 Rdnrn. 1 ff.
127 Larenz, Schuldrecht I, § 66; Brox JA 80, 72; Zöllner, Wertpapierrecht, § 2 II 1, 3; § 4 vor I, IV.
128 Palandt-Heinrichs, BGB, § 405 Rdnrn. 3 ff.
129 Bis zum 31.12.1998: § 49 KO, § 12 GesO, § 27 VglO.
130 Bis zum 31.12.1998: § 43 KO, § 12 GesO, § 26 VglO.

In der Einzelzwangsvollstreckung kann der Zessionar die Pfändungsvorrechte gem. § 850 d ZPO und §§ 54 III SGB I für sich beanspruchen. Diese Vorrechte wurden allerdings modifiziert und abgeschwächt durch die sozialpolitisch intendierten Vorschriften der Pfändungs-, Aufrechnungs- und Verpfändungsverbote der §§ 850 ff. ZPO; der §§ 394 S. 1, 400, 1274 II BGB und der §§ 53, 54 SGB I [131].

2. *Zum Schuldnerschutz*

Aufgabe des Schuldnerschutzes ist es, die Stellung des Schuldners, der auf das Ob und Wie der Abtretung keinen Einfluß hat, vor Verschlechterungen zu bewahren. Dies bewerkstelligen vorwiegend die Vorschriften der §§ 404 ff. BGB [132]. Mit der Entscheidung für die grundsätzliche Umlauffähigkeit von Forderungen hat der Gesetzgeber ein Schutzbedürfnis des Schuldners hinsichtlich der Person des Gläubigers grundsätzlich verneint. Dem Schuldner wird zugemutet, die Unannehmlichkeiten des Gläubigerwechsels hinzunehmen. Ausnahmen bestehen jedoch insbesondere zugunsten des kenntnislosen Schuldners [133].

a *Erhaltung der Einwendungen*

Das Schutzbedürfnis des Schuldners besteht jedoch in der Erhaltung seiner Rechtslage vor der Abtretung und damit insbesondere in der Erhaltung seiner materiellen Einwendungen. In der Zeit können drei Gruppen von Einwendungen unterschieden werden, die dem Schuldner erhalten bleiben. Dieser Schuldnerschutz umfaßt die materiellen Einwendungen des Schuldners und das Vertrauen des Schuldners auf bestimmte Rechtspositionen.

Erstens bestimmt § 404 BGB, daß der Schuldner seine Einwendungen, die vor der Abtretung schon gegen den Zedenten gegeben waren, auch gegen den Zessionar erheben darf. Diese scheinbar selbstverständliche Regelung ist die zentrale Vorschrift des Schuldnerschutzes im Abtretungsrecht, denn sie enthält den Grundsatz, daß der Schuldner in seiner Rechtslage nicht schlechter gestellt werden darf. Deshalb hat die Rechtsprechung diese Vorschrift auch für Einwendungen angewendet, die zwar auf Umständen nach der Abtretung beruhen, die ihrem Grunde nach jedoch im Schuldverhältnis vor der Abtretung angelegt waren [134]. Die Ausnahme hierzu ist in § 405 BGB geregelt und schützt den Gläubiger bei Scheingeschäft und vertraglichem Abtretungsverbot [135].

Zweitens kann der Schuldner jederzeit die Unwirksamkeit der Abtretung selbst einwenden; sogenannte Einwendung aus der Abtretung [136]. In erster Linie kann der Schuldner die Nichtigkeit des Abtretungsvertrages an dieser Stelle einwenden.

---

131 Vgl. dazu v.Olshausen, Gläubigerrechte und Schuldnerschutz, § 7; sowie unten Kap. 1 B.

132 Fikentscher, Schuldrecht, Rdnr. 588; Kornblum BB 1981, 1296; Bülow JA 1983, 7; BGHZ 19, 153; BGHZ 31, 149.

133 Medicus, Schuldrecht I, § 63 I; Fikentscher, Schuldrecht, Rdnr. 588; Vgl. zu weiteren Ausnahmen Baumgärtel AcP 156 (1956) 265 ff.; siehe dazu auch unten Kap. 1 B.

134 Medicus, Schuldrecht I, § 63 II 1; Fikentscher, Schuldrecht, Rdnr. 588; RGZ 124, 111, 124.

135 Siehe oben Kap. 1 A IV 1.

136 Medicus, Schuldrecht I, § 63 III.

Problematisch ist, ob er auch die Unwirksamkeit des der Abtretung zugrunde liegenden Kausalgeschäfts einwenden kann, wenn eine der Ausnahmen vom Abstraktions- und Trennungsprinzip vorliegt [137].

Drittens sind dem Schuldner auch Einwendungen aus Umständen nach der Abtretung eröffnet [138]. Da der Schuldner von der Abtretung seitens der Gläubiger nicht in Kenntnis gesetzt werden muß, kann er gem. § 407 I BGB wirksam an den Zedenten leisten und alle anderen Rechtsgeschäfte in Ansehung der Forderung vornehmen. Für den Bereich der Prozeßführung bestimmt § 407 II BGB, daß das Urteil auch dann gegen den Zessionar wirkt, wenn der Prozeß zwischen dem Schuldner und dem Zedenten rechtshängig wurde, bevor der Schuldner Kenntnis von der Abtretung hatte. Dadurch werden die Regelungen der §§ 265, 325 ZPO ergänzt [139].

Da nichts anderes gelten kann, wenn die Forderung mehrfach abgetreten wird, bestimmt § 408 I BGB folgerichtig, daß die Vorschrift des § 407 BGB entsprechend anzuwenden ist. An dieser Stelle wird die im übrigen stillschweigend vorausgesetzte Gleichbehandlung der Übertragung einer Forderung durch Rechtsgeschäft, Hoheitsakt oder Gesetz für einen Fall ausdrücklich in § 408 II BGB geregelt [140]. Nach § 408 II BGB gilt der erste Absatz auch für die Mehrfachübertragung einer Forderung kraft Hoheitsakt oder Gesetz.

Hat der Gläubiger dem Schuldner die Abtretung angezeigt oder eine Urkunde hierüber ausgestellt, so kann sich der Schuldner gem. § 409 I BGB hierauf berufen, auch wenn die Abtretung nicht oder unwirksam erfolgt ist. Die Rechtsprechung wendet diese Vorschrift auch dann an, wenn der Schuldner von der nicht oder unwirksam erfolgten Abtretung Kenntnis hat. Dies begründet sie damit, daß der Schuldner in der Regel den Beweis der nicht oder unwirksam erfolgten Abtretung selbst bei Kenntnis von der Abtretung praktisch nicht führen kann [141].

b Erhaltung der Aufrechnung

Der Schuldnerschutz erhält dem Schuldner auch die Möglichkeit der Aufrechnung. Vor der Abtretung folgt dies schon aus § 404 BGB. Die Aufrechnung nach Abtretung ist gem. § 407 I BGB solange möglich, solange der Schuldner keine Kenntnis von der Abtretung hat. Sobald der Schuldner Kenntnis von der Abtretung hat, greift § 406 BGB ein [142]. Die Vorschrift ist sprachlich mißglückt. Sie beinhaltet einen Vertrauenstatbestand. Der Schuldner soll gem. § 406 BGB in seinem Vertrauen darauf geschützt werden, daß er sich durch Aufrechnung von der Verbindlichkeit befreien kann, die der abgetretenen Forderung entspricht. Dieses Vertrauen ist in zwei Fällen schutzwürdig.

---

137 Zu diesen Ausnahmen siehe bereits oben Kap. 1 A I 1.

138 Medicus, Schuldrecht I, § 63 IV.

139 Vgl. oben Kap. 1 A III 3.

140 Vgl. dazu bereits eingangs Kap. 1 A vor I.

141 BGHZ 29, 76, 82; differenzierend Backhaus JA 1983, 408; Karollus JZ 1992, 557.

142 Palandt-Heinrichs, BGB, § 406 Rdnr. 1.

Im ersten Fall bestimmt § 406 BGB in Erweiterung von § 404 BGB, daß die Aufrechnung auch gegenüber dem Zessionar erklärt werden kann. Im zweiten Fall erweitert § 406 BGB die Regelung des § 407 I BGB. Solange der Schuldner keine Kenntnis von der Abtretung hat, kann er gem. § 407 I BGB die Aufrechnung gegenüber dem Zedenten erklären. Erwirbt der Schuldner nun eine Forderung gegen den Zedenten nach erfolgter Abtretung und ohne Kenntnis von der Abtretung zu haben, bleibt dem Schuldner die Aufrechungsmöglichkeit erhalten und er kann nachdem er von der Abtretung Kenntnis erlangt hat, auch die Aufrechnung gegenüber dem Zessionar erklären [143].

Die Ausnahme der späteren Fälligkeit der Gegenforderung in § 406 2.HS.2.Alt.BGB schützt in beiden Fällen wiederum den Zessionar, da der Schuldner dann nicht mehr schutzwürdig ist [144]. Schließlich bestimmt die Vorschrift des § 10 VerbrKrG für den Bereich der Verbraucherkredite, daß der Verbraucher nicht durch Vereinbarung auf die Einwendungen aus §§ 404, 406 BGB verzichten kann. Die entgegenstehende Vereinbarung ist unwirksam [145].

V Besonderheiten der Abtretung in ausgewählten Rechtsgebieten

Die Abtretung ist wie jede Übertragung eines Rechts nicht rechtsgebietsspezifisch. Jede Art der Übertragung von Forderungen und Rechten richtet sich wegen §§ 412, 413 BGB grundsätzlich nach den §§ 398 ff. BGB. In den unterschiedlichen Rechtsgebieten gelten jedoch Besonderheiten.

1. Die Abtretung im öffentlichen Recht

Im öffentlichen Recht taucht die Abtretung vor allem in zwei Bereichen auf. Im besonderen Verwaltungsrecht gibt es vor allem im Sozialrecht wichtige Überleitungs-vorschriften. Im allgemeinen Verwaltungsrecht stellt sich die Frage, ob öffentlich rechtliche Forderungen überhaupt nach den §§ 398 ff. BGB abgetreten werden können.

Im Sozialrecht ordnet § 116 I SGB X an, daß Schadensersatzansprüche des Leistungsempfängers auf den Träger der Sozialhilfe oder auf den Versicherungsträger übergehen, wenn der jeweilige Leistungsträger aufgrund desselben Schadensereignisses, aus dem die Schadensersatzansprüche des Leistungsempfängers erwachsen sind, Sozialleistungen zu erbringen hat. Dies gilt gem. § 119 SGB X für den Fall, daß der Schadensersatzanspruch des Sozialversicherten auch den Ersatz von Beitragszahlungen zur Sozialversicherung umfaßt; sogenannter Beitragsregreß. Ebenso geht der Entgeltanspruch des Arbeitnehmers gem. § 115 SGB X auf den Leistungsträger über, wenn dieser dem Arbeitnehmer Sozialleistungen gewährt, weil der Arbeitgeber kein Entgelt gezahlt hat.

---

143 Larenz, Schuldrecht I, § 34 IV; Medicus, Schuldrecht I, § 63 IV 5.a, Fikentscher, Schuldrecht, Rdnr. 592; differenzierend wiederum v.Olshausen, Gläubigerrechte und Schuldnerschutz, § 3 B.

144 Vgl. oben Kap. 1 A IV 1.

145 Der Verbraucherschutz wurde kürzlich durch das Fernabsatzgesetz insbesondere hinsichtlich der Widerrufsfristen vereinheitlicht, vgl. BGBl. 2000 I S. 897 ff.

Für allgemeine Ansprüche und Unterhaltsansprüche gelten die §§ 90, 91 BSHG, die dem Leistungsträger die Überleitung von Ansprüchen des Leistungsempfängers gegen Dritte ermöglichen [146]. Diese Vorschriften dienen dem öffentlichen Interesse, indem sie verhindern, daß an den Leistungsempfänger und Sozialversicherten zweimal geleistet wird. Denn zwischen dem Schädiger und dem Träger der Sozialhilfe oder dem Versicherungsträger besteht kein Rechtsverhältnis, vermöge dessen eine Direktzahlung an den Leistungsträger möglich wäre. Schließlich ist der jeweilige Leistungsträger gegenüber dem Leistungsempfänger zu Leistung verpflichtet und kann diesen nicht an seinen Schädiger verweisen [147].

Grundsätzlich ist auch die Abtretung öffentlich rechtlicher Forderungen zulässig, auch wenn diese Forderungen auf hoheitlichen Maßnahmen beruhen. Ausdrücklich bestimmt dies § 411 BGB für die Übertragung öffentlich rechtlicher Dienstbezüge. Durch die zulässige Abtretung wandeln sich die öffentlich rechtlichen Forderungen in privatrechtliche um [148]. Die Abtretung ist der Verwaltung auch immer dann möglich, wenn sie sich privatrechtlich betätigt. Dies ist der Bereich des sogenannten Verwaltungsprivatrechts. Hier kann die Verwaltung wie ein Privater rechtsgeschäftlich handeln, also auch Forderungen abtreten [149]. Problematisch ist dagegen die Abtretung öffentlich rechtlicher Forderungen aus der hoheitlichen Tätigkeit der Verwaltung. Hier können öffentlich rechtliche Vorschriften insbesondere aus der öffentlich rechtlichen Verfahrens- und Zuständigkeitsordnung der Übertragung entgegenstehen [150].

2. *Die Abtretung im Strafrecht*

Im Strafrecht wird die Abtretung als Vermögensverfügung innerhalb der Vermögensdelikte bedeutsam. So kommt es in § 263 StGB darauf an, daß jemand durch eine Täuschung zur Abtretung einer Forderung veranlaßt wurde.

Hier wird für die Tatbestandsmäßigkeit des Betruges ein korrespondierender Vermögensschaden verlangt, der wertmäßig über einem etwaigen Gegenanspruch liegen muß. Dies beurteilt sich nach dem jeweiligen Kausalverhältnis, so daß ein Betrug immer dann anzunehmen ist, wenn der Übertragung der Forderung entweder keine Gegenleistung oder nur eine wertmäßig geringere Gegenleistung gegenübersteht [151].

Von ganz anderer Bedeutung ist die Frage, ob eine Abtretung selbst einen Straftatbestand erfüllen kann. Diese Frage stellt sich insbesondere bei der Abtretung von Honorarforderungen, die in Verbindung mit dem Berufsgeheimnis im Sinne von § 203 StGB stehen. Durch die Abtretung einer solchen Forderung kann der Tatbestand der Verletzung von Privatgeheimnissen des § 203 StGB verwirklicht werden, wenn etwa der Arzt oder Rechtsanwalt zur Spezifizierung der abgetretenen

---

[146] Vgl. auch § 140 SGB III, vormals § 117 IV 2 AFG.
[147] Wussow, Unfallhaftpflichtrecht, Rdnrn. 2354 ff., 2365, 2377, 2394, 2551.
[148] Staudinger-Busche, BGB (13. A.), Einl. zu §§ 398 ff. Rdnrn. 5 f.; Stober JuS 1982, 743 mwN; BVerwG ZIP 1995, 1698, 1699; BGHZ 75, 23 f.
[149] Erichsen, Verwaltungsrecht Allgemeiner Teil, § 2 Rdnrn. 70 ff., § 11 Rdnr. 2.
[150] Staudinger-Busche, BGB (13. A.), Einl. zu §§ 398 ff. Rdnr. 6; Siehe unten Kap. 1 B.
[151] Tröndle-Fischer, StGB, § 263 Rdnrn. 30 ff.

Honorarforderung Daten seiner Patienten oder Mandanten an den Zessionar weiterleitet [152].

3. *Die Abtretung im Insolvenzrecht*

Im Insolvenzrecht teilt die Abtretung in der Insolvenz des Schuldners ein anderes Schicksal als in der Insolvenz des Gläubigers. Während es bei der Schuldnerinsolvenz um die Frage der Realisierbarkeit der Forderung geht, kann die Forderung in der Gläubigerinsolvenz in die Insolvenzmasse fallen. In beiden Fällen ist die neue Insolvenzordnung zu beachten, die zum 01.01.1999 in Kraft getreten ist [153].

a *Schuldnerinsolvenz*

In der Insolvenz des Schuldners müssen die Gläubiger ihre Forderungen gem. § 174 InsO schriftlich beim Insolvenzverwalter anmelden. Als Insolvenzgläubiger können sie ihre Forderungen gem. § 87 InsO ausschließlich nach den Vorschriften über das Insolvenzverfahren geltend machen. Die Vorschrift gilt für alle Insolvenzgläubiger. Eine Vollstreckung im Rahmen der Einzelzwangsvollstreckung scheidet wegen § 89 InsO aus. Hat die Vollstreckung im letzten Monat vor Verfahrenseröffnung stattgefunden, kann sie unwirksam werden. Mit dem Übergang des Verwaltungs- und Verfügungsrechts auf den Insolvenzverwalter kann der Schuldner nicht mehr an seine Gläubiger leisten. Eine etwaige Leistung kann gem. §§ 130 InsO anfechtbar sein, wobei die Anfechtbarkeit nicht erst bei Leistung ab Zahlungseinstellung, sondern schon bei Leistungen gegeben ist, die der Schuldner während seiner Zahlungsunfähigkeit bewirkt [154].

Mit der Eröffnung des Insolvenzverfahrens geht die Forderungszuständigkeit auf den Insolvenzverwalter über, § 80 InsO. Kann der Gläubiger keine Insolvenzvorrechte für sich beanspruchen, also weder Aussonderung (§ 47 InsO) noch abgesonderte Befriedigung (§§ 49 ff. InsO) verlangen, dann muß er seine Forderung beim Insolvenzverwalter gem. § 174 InsO anmelden, wenn er im Rahmen des Insolvenzverfahrens wenigstens teilweise Befriedigung anstrebt und deshalb am Verfahren mitwirken will [155].

Meldet er seine Forderung nicht an, wird diese bis zum Abschluß des Insolvenzverfahrens nicht mehr berücksichtigt. Er kann wegen §§ 88 ff. InsO insbesondere nicht mehr während des Insolvenzverfahrens vollstrecken. Nach der Aufhebung des Insolvenzverfahrens kann der Gläubiger grundsätzlich wieder nach allgemeinem Recht gegen den Schuldner vorgehen, vgl. § 201 InsO. Aufgrund der fehlenden Teilnahme im Gläubigerausschuß hatte er jedoch keinen Einfluß auf dessen Entscheidungen, die auch gegen ihn wirken. Das gilt allgemein für die Gestaltung und Durchführung von Insolvenzplänen, Eigenverwaltung und Restschuldbefreiung sowie die übrigen Arten des Insolvenzverfahrens. Zu beachten

---

152 Mennicke-Radtke MDR 1993, 400; Tröndle-Fischer, StGB, § 203 Rdnr. 28 a; zu den hieraus entwickelten Abtretungsverboten siehe unten Kap. 1 B III 4 I sowie IV 1.

153 InsO und EinfG vom 05. Oktober 1994, BGBl. I 1994, 2866.

154 Eickmann-Flessner, InsO, § 87 Rdnrn. 1, 2; § 130 Rdnr. 12; § 174 Rdnrn. 1, 7.

155 Eickmann-Flessner, InsO, § 80 Rdnr. 1

ist, daß die Wirkung der Restschuldbefreiung gem. § 301 InsO ausdrücklich auch die Gläubiger erfaßt, die nicht am Verfahren teilgenommen haben.

Das Insolvenzverfahren wird durch Aufhebung oder Einstellung beendet. Danach können die Gläubiger ihre restlichen Forderungen gegen den Schuldner unbeschränkt geltend machen, §§ 201, 215 InsO. Zugunsten der Gläubiger wirkt die Eintragung einer Forderung in die Insolvenztabelle gem. § 201 InsO wie ein vollstreckbarer Titel. Der weiteren Befriedigung der Gläubiger kann jedoch die Restschuldbefreiung gem. § 301 InsO entgegenstehen [156]. Wird ein Zahlungsanspruch im Wege der Globalzession vor Verfahrenseröffnung abgetreten, dann kann der Insolvenzverwalter den Zahlungsanspruch neu zum Entstehen bringen, indem er Erfüllung wählt. Auch dieser Anspruch kann zwar von der Globalzession erfaßt sein, dem Anspruchsübergang steht jedoch § 91 InsO entgegen [157].

b Gläubigerinsolvenz

In der Insolvenz des Zedenten oder Zessionars kommt es zunächst darauf an, ob die abgetretene Forderung zur Zeit der Eröffnung zur Insolvenzmasse iSv § 35 InsO gehört. Ist dies der Fall, dann muß der Insolvenzverwalter zunächst die Forderung zur Sicherung der Insolvenzmasse gem. §§ 148 ff. InsO in einem Vermögensverzeichnis erfassen. Mit dem Verlust der Verfügungsbefugnis gem. § 80 InsO kann der insolvente Gläubiger nicht mehr über seine Forderung verfügen [158].

Es gelten verschiedene Besonderheiten. Ist die abgetretene Forderung noch nicht fällig, gilt sie gem. § 41 InsO als fällig. Ist sie aufschiebend bedingt, gilt sie gem. § 42 InsO als unbedingt. Wird an den insolventen Gläubiger geleistet, so wird der Leistende gem. § 82 InsO frei, wenn er die Eröffnung des Insolvenzverfahrens zur Zeit der Leistung nicht kannte. Im Rahmen der Verwertung kann der Insolvenzverwalter gem. § 166 II InsO eine Forderung, die der insolvente Gläubiger zur Sicherung eines Anspruchs abgetreten hat, einziehen oder anders verwerten. Ist der Insolvenzverwalter zur Verwertung einer Forderung nicht berechtigt, kann der Insolvenzgläubiger selber verwerten, vgl. § 173 InsO [159].

Nach § 51 Nr. 1 InsO kann der Gläubiger einer Sicherungszession zwar keine Aussonderung, sondern nur abgesonderte Befriedigung verlangen, obwohl er materiell Berechtigter ist. Nach der wirtschaftlichen Betrachtung im Insolvenzrecht steht ihm jedoch nicht die Forderung, sondern nur ihr Wert zu [160]. In dem Fall, in dem sich die gesicherte Forderung und die zur Sicherung abgetretene Forderung gegen den Schuldner richten, ist der Gläubiger Insolvenzgläubiger und Absonderungsberechtigter. Er kann die gesicherte Forderung ebenfalls zur Insolvenztabelle anmelden, §§ 52 S. 2, 190 InsO [161].

---

156 Eickmann-Flessner, InsO, § 201 Rdnr. 5; § 301 Rdnr. 3.
157 Vor dem 01.01.1999: § 15 KO; BGH NJW 1989, 1282; Bork, Insolvenzrecht, Rdnr. 158.
158 Eickmann-Flessner, InsO, § 80 Rdnr. 3.
159 Eickmann-Flessner, InsO, § 173 Rdnrn. 1, 3.
160 Bork, Insolvenzrecht, Rdnr. 249; Eickmann-Flessner, InsO, § 51 Rdnr. 5.
161 Bork, Insolvenzrecht, Rdnr. 259.

4. Die Abtretung im Steuerrecht

Im Steuerrecht können steuerrechtliche Ansprüche Gegenstand einer Übertragung sein. Unabhängig davon gelten im Steuerrecht für Forderungen und ihre Übertragung verschiedene Besonderheiten.

a Abtretung von Steueransprüchen

Die Abtretung von Steueransprüchen ist in § 46 AO geregelt. Danach können nur Ansprüche des Steuerschuldners auf Erstattung von Steuern, Haftungsbeträgen, steuerlichen Nebenleistungen und Steuervergütungen abgetreten werden. Die Ansprüche des Steuergläubigers sind unmittelbar gem. §§ 398 ff. BGB abtretbar. In beiden Fällen ist die Abtretung privatrechtlicher Vertrag mit gleichwohl öffentlich-rechtlichen Wirkungen [162].

Diese Abtretung setzt entsprechend §§ 398 ff. BGB einen Abtretungsvertrag voraus. Im weiteren wird sie jedoch nur unter den Voraussetzungen des § 46 AO wirksam. Wichtigste Voraussetzung ist die Anzeige der Abtretung an die zuständige Finanzbehörde. Diese muß schriftlich auf dem amtlichen Vordruck erfolgen. Die Abtretung wird nur dann wirksam, wenn der Steueranspruch auch entsteht. Eine Abtretung nach § 46 AO ist auch zur Sicherung möglich, allerdings kann im Steuerrecht Sicherungsnehmer nur ein Unternehmen sein, das die Erlaubnis zum Betreiben von Bankgeschäften hat [163].

b Steuerliche Behandlung abgetretener Forderungen

Von der Übertragung steuerrechtlicher Ansprüche ist die steuerliche Behandlung der Abtretung einer Forderung zu unterscheiden. Für die Abtretung von Forderungen gibt es im Steuerrecht zahlreiche Sonderregeln. Neben der Übertragung einer Forderung aus wirtschaftlichen Gründen spielt die Abtretung auch eine Rolle bei der Verlagerung von Einkünften, mit dem Ziel, Steuern zu sparen [164]. Dies ist im Rahmen des § 42 AO grundsätzlich zulässig. Unzulässiger Mißbrauch liegt danach erst vor, wenn steuermindernde Gestaltungen weder wirtschaftlich noch aus nichtsteuerlichen Gründen zu rechtfertigen sind [165].

Grundsätzlich gehört der Direktversicherungsanspruch aus einer betrieblichen Altersversicherung in die Vermögenszuständigkeit des Arbeitnehmers, so daß der Arbeitgeber den Versicherungsanspruch nicht aktivieren darf. Für die Abtretung des Anspruchs durch den Arbeitgeber ordnet § 4 b EStG jedoch an, daß die Abtretung dann nicht unter das Aktivierungsverbot fällt, wenn der Arbeitgeber den Bezugsberechtigten so stellt, wie er ohne Abtretung stünde [166].

Auch bei Drittzuwendungen zu Lebzeiten stellt sich die Frage, welchem Steuerschuldner sie zuzurechnen sind. Hier greift gem. § 8 EstG der Grundsatz der

---

162 Klein-Orlopp, AO, § 46 Anm. 1.
163 Halaczinsky ZIP 1985, 1442, 1443-1445; Halaczinsky BB 1981, 1270; Mink DB 1994, 702 ff.
164 Tiedtke, Einkommenssteuer- und Bilanzsteuerrecht, § 7 mwN.
165 Klein-Orlopp, AO, § 42 Anm. 4.
166 Schmidt, EstG, § 4 Rdnrn. 23, 27.

Einkommensverwendung, wonach die Einnahmen dem Steuerpflichtigen auch dann zuzurechnen sind, wenn sie einem Dritten zufließen. Das gilt insbesondere für die unentgeltlich erfolgte Abtretung einer Forderung [167]. Bei der entgeltlichen Übertragung gilt das Surrogationsprinzip. Hier wird der Erlös dem Zedenten zugerechnet, der Zessionar zieht lediglich eine Forderung in seinem Vermögensbereich ein [168]. Dies gilt auch für den Zessionar, dem die Forderung erst nach dem Tod des Zedenten zufließt, vgl. § 24 Nr. 2 EstG [169].

Während der Schuldner der Abtretung als Verfügung steuerlich nicht betroffen ist, werden die Einnahmen für die übertragene Forderung beim Zedenten als Einnahmen zu dem Zeitpunkt angesetzt, zu dem der Zessionar die volle Verfügungsmacht über die Forderung erhält; sog. Zufluß-/Abflußprinzip. Dies gilt grundsätzlich für alle Arten der Forderungsübertragung [170]. Die Abtretung einer Gehaltsforderung führt hingegen nicht zwangsläufig dazu, daß dem Zessionar die abgetretene Gehaltsforderung auch als Einkunft aus nichtselbständiger Arbeit zugerechnet wird [171]. Gleiches gilt auch für die unentgeltliche Abtretung einer Mietzinsforderung, die nicht zum Zufluß als Miete beim Zessionar führt [172]

Dagegen kann bereits die Verpflichtung zur Abtretung eines Rechts die Spekulationssteuer gem. § 23 EStG auslösen, da es hier für die Veräußerung als steuerrechtlich relevantes Merkmal nicht erst auf die Übertragung der Forderung ankommt [173]. Gem. § 24 Nr. 2 EStG werden auch nachträgliche Einkünfte und Ausgaben beim Rechtsnachfolger als Einkünfte im Sinne des § 2 I EStG veranschlagt. Das gilt insbesondere für den Erben oder den Zessionar, dem Einkünfte des Rechtsvorgängers im Wege der Gesamt- oder Einzelrechtsnachfolge zugeflossen sind [174].

Gem. §§ 31, 32 a.F. EStDV wird bei der Abtretung des Anspruchs aus einem Bausparvertrag eine Nachversteuerung durchgeführt. Diese Vorschriften gelten gem. § 84 II a EStDV bis zum Veranlagungszeitraum 2005 für Verträge, die vor dem 01.01.1996 abgeschlossen wurden. Der im EStG geregelte Kindergeldanspruch kann innerhalb der Pfändungsfreigrenzen gem. § 46 AO, §§ 398 ff. BGB abgetreten werden [175].

Umsatzsteuerrechtlich ist die Abtretung einer Forderung neutral, denn das UStG knüpft nicht an Verpflichtung oder Verfügung an, sondern zielt auf die Besteuerung beim Verbraucher. Dabei wird an Leistungen und Lieferungen angeknüpft. Die korrespondierende Geldforderung und Bezahlung derselben ist jedoch keine Leistung oder Lieferung im umsatzsteuerlichen Sinn, so daß auch ihre Abtretung nicht vom UStG erfaßt wird [176].

---

167 Schmidt, EStG, § 8 Rdnr. 17; BFH 143, 252; BFH 150, 555.
168 Schmidt, EStG, § 8 Rdnr. 18.
169 Schmidt, EStG, § 24 Rdnr. 90.
170 Schmidt, EStG, § 11 Rdnr. 30.
171 Schmidt, EStG, § 19 Rdnr. 50: Stichwort "Abtretung".
172 Schmidt, EStG, § 21 Rdnr. 65: Stichwort "Abtretung".
173 Schmidt, EStG, § 23 Rdnrn. 30 f.
174 Schmidt, EStG, § 24 Rdnr. 90.
175 Schmidt, EStG, § 76 Rdnr. 2.
176 Tipke-Lang, Steuerrecht, § 13 C.

Soweit die Übertragung einer Forderung aufgrund einer Schenkung oder Verfügung von Todes wegen erfolgt ist, kann darüber hinaus noch Erbschafts- bzw. Schenkungssteuer anfallen, §§ 3, 7 ErbSchStG.

5. Die Abtretung im Bilanzrecht

Im Bilanzrecht ist zunächst zwischen Handels- und Steuerbilanz zu unterscheiden. Aufgrund des Grundsatzes der Maßgeblichkeit der Handelsbilanz für die Steuerbilanz gem. § 5 I 1 EStG entscheidet für die bilanzrechtliche Behandlung letztlich die materiellrechtliche Einordnung der Abtretung der Forderung [177]. Forderungen sind grundsätzlich aktivierungspflichtig. In der Handelsbilanz können Forderungen im Anlage- oder Umlaufvermögen bilanziert werden [178]. Gem. § 266 II HGB sind Forderungen im Umlaufvermögen zu aktivieren, wenn sie aus Umsatzgeschäften stammen, die bereits von der anderen Seite erfüllt wurden. Ist die Hauptpflicht noch nicht erfüllt, so ist die Forderung nicht zu aktivieren [179].

Die entgeltliche Veräußerung einer Forderung und ihre Abtretung führt zu einem Guthaben, das dann ebenfalls als Umlaufvermögen zu aktivieren ist, wenn der Erlös aus der Veräußerung der Forderung zugeflossen ist. Forderungen sind grundsätzlich zu ihren Anschaffungskosten zu bewerten. Diese errechnen sich regelmäßig aus dem Nennwert der Forderungen zuzüglich der Nebenkosten [180]. Für die Bewertung von Forderungen im Steuerrecht gilt gem. § 12 BewG, daß Forderungen ebenfalls mit ihrem Nennwert zu bewerten sind. Im übrigen gilt das Niederstwertprinzip. Uneinbringliche Forderungen bleiben hingegen außer Ansatz [181].

Bei der Forfaitierung hängt die Bilanzierung entscheidend von der zivilrechtlichen Ausgestaltung ab. Forfaitiert der Leasinggeber künftige Forderungen gegen den Leasingnehmer an den Forfaiteur und übernimmt der Leasinggeber die Haftung für die Zahlungsfähigkeit des Leasingnehmers, dann gilt dies als Darlehen und der Leasinggeber muß die Erlöse passivieren. Haftet der Leasinggeber nur für den rechtlichen Bestand, dann ist zu unterscheiden.

Bezieht sich die Forfaitierung auf die Leasingraten, dann müssen die ihnen entsprechenden Forfaitierungserlöse wegen der Verpflichtung zur Nutzungsüberlassung in einem passiven Rechnungsabgrenzungsposten eingestellt werden, der während der restlichen Grundmietzeit linear gewinnerhöhend aufgelöst wird. Wird dagegen der Restwert forfaitiert, muß der Leasinggeber den Forfaitierungserlös wegen der Verpflichtung zur Eigentumsverschaffung wie eine Anzahlung passivieren, wobei der Passivposten bis zum Ablauf der Grundmietzeit linear bis zur Höhe des Erlöses aufzustocken und danach aufzulösen ist [182].

Problematisch ist die Behandlung des passiven Rechnungsabgrenzungspostens, der gem. § 5 V EStG für Einnahmen vor dem für die Bilanz maßgeblichen Stichtag

177 Tipke-Lang, Steuerrecht, § 9 III 2.
178 Wöhe, Allgemeine Betriebswirtschaftslehre, S. 1140.
179 Baumbach-Hopt, HGB, § 266 Rdnr. 7.
180 Wöhe, Allgemeine Betriebswirtschaftslehre, S. 1141 f.
181 Budde, Beck'scher Bilanzkommentar, § 253 Rdnr. 558 ff.; § 255 Rdnr. 252.
182 BMF-Schreiben vom 09.01.1996, Az: IV B 2-S 2170-135/95, abgedruckt in DStR 1996, 106.

gebildet wird, wenn diese Einnahmen danach den entsprechenden Ertrag darstellen. Diese Abgrenzungsposten sind notwendig, da aufgrund der Periodizität der Bilanzierung eine Vergleichbarkeit der positiven und negativen Erfolgsbeiträge dann nicht möglich ist, wenn die sich entsprechenden Beiträge in verschiedenen Perioden anfallen [183]. Der BFH hat mit seinem sogenannten Forfaitierungsurteil entschieden, daß Einnahmen aus der Forfaitierung von Forderungen passiv abzugrenzen sind und der passive Rechnungsabgrenzungsposten linear aufzulösen ist [184]. In der Literatur wird dagegen zu Recht eine progressive Auflösung propagiert, da nach der Zivilrechtslage in dem vom BFH entschiedenen Fall ein Ablösungsrisiko nicht vollständig ausgeschlossen werden konnte [185].

B Abtretungsverbote im deutschen Recht

In Deutschland wird der Forderungsverkehr der nicht verbrieften Forderungen auf vielfältige Weise eingeschränkt. Einen wesentlichen Teil dieser Einschränkungen machen die Übertragungshindernisse aus. Es lassen sich grundlegend zwei Arten von Übertragungshindernissen unterscheiden; Unübertragbarkeiten und Abtretungsverbote. Während bei den Unübertragbarkeiten die entgegenstehende Rechtsnatur des forderungsbegründenden Schuldverhältnisses die Übertragung verhindert, liegt der rechtliche Grund für diese Wirkung bei den Abtretungsverboten außerhalb des forderungsbegründenden Schuldverhältnisses in der Rechtsgrundlage des Verbots.

Von diesen Übertragungshindernissen abzugrenzen sind die nur mittelbar übertragungshindernd wirkenden Unwirksamkeitsgründe und der Schuldnerschutz. Da bei einer unwirksamen Forderungsübertragung die Forderung weiterhin verkehrsfähig bleibt und nur die konkrete einzelne Übertragung als Rechtsgeschäft nichtig ist, stellen die allgemeinen Wirksamkeitsanforderungen keine Übertragungshindernisse dar [186]. Ähnlich verhält es sich mit schuldnerschützenden Vorschriften. Diese sollen die Nachteile des Schuldners kompensieren, da er bei der Übertragung nicht mitwirkt. Diese Vorschriften haben nur wirtschaftlich übertragungshindernde Wirkung, wenn der Gläubiger von der Übertragung wegen möglicher Einwendungen des Schuldners absieht [187].

Die Übertragungshindernisse des deutschen Rechts wurden bislang nicht umfassend systematisiert. Dies liegt zum einen daran, daß der BGB-Gesetzgeber sich nicht vollständig von den historischen Auffassungen über die Forderungsübertragung gelöst hat [188]. Zwischen der ursprünglich nicht möglichen Übertragung und den verschiedenen Zwischenstufen der später möglichen Übertragung von Forderungen liegen nach wie vor erhebliche Denkschwierigkeiten, um eine Forderung aus der persönlichen Verbindung herauszulösen und zu übertragen [189]. Sicher hat auch die

---

183 Tipke-Lang, Steuerrecht, § 9 III.
184 BFH DStR 1996, 1643.
185 Moxter DStR 1997, 434 ff.
186 Siehe oben Kap. 1 A II 2.a.
187 Siehe oben Kap. 1 A IV.
188 Siehe oben Kap. 1 A I 4.
189 Wiegand AcP 190 (1990) 113 ff.; Staudinger-Kaduk, BGB (12. A.), Einl. zu §§ 398 ff. Rdnr. 6.

Komplexität des Kodifizierungsvorhaben BGB dazu geführt, daß es nicht zu einem eigenen Abschnitt der Übertragung von Forderungen gekommen ist [190].

Zum anderen orientieren sich auch die Darstellungen des Abtretungsrechts in der Literatur überwiegend an den Kommentierungen der §§ 398 ff. BGB [191]. Dies hat zur Folge, daß die Abtretungsverbote allgemein über den Begriff der Inhaltsänderung in § 399 1. Fall BGB erläutert werden [192]. Die Praxis hat sich damit bislang zufrieden gegeben, da sich Abtretungsverbote und Unübertragbarkeiten tatsächlich größtenteils überschneiden. Dadurch wird jedoch der dogmatische Unterschied zwischen Unübertragbarkeiten und Abtretungsverboten übersehen und eine auch im Interesse der Rechtsanwendung übersichtliche Systematisierung der Übertragungshindernisse verhindert. Deshalb wird hier vorgeschlagen, die Systematisierung ausgehend von dieser Grundunterscheidung an den Rechtsgrundlagen auszurichten.

I Rechtsnatur und Systematik der Übertragungshindernisse

Ausgangspunkt der traditionellen Darstellung der Übertragungshindernisse ist der Begiff der Inhaltsänderung in § 399 1. Fall BGB, aus dem heraus sich die klassische Fallgruppensystematik der drei Fallgruppen gebildet hat. Dem liegt die Auffassung des historischen Gesetzgebers zugrunde, daß Forderungen im Fall der unübertragbaren Eigenschaften des Gläubigers, der Unmöglichkeit der Leistung an einen anderen Gläubiger und der Inhaltsänderung unübertragbar sind. Trotzdem hielt der BGB-Gesetzgeber die Verwendung des Begriffs der Inhaltsänderung für ausreichend [193]. Mit dieser Festlegung wurde jedoch übersehen, daß es Fälle der Unübertragbarkeit gibt, die nicht unter diese Definition der Inhaltsänderung fallen und folglich auch nicht von § 399 1. Fall BGB erfaßt werden. Bei diesen Fällen handelt es sich um die Unteilbarkeit und die Rechtsgebundenheit, bei denen teilweise ohne nähere Begründung die Unabtretbarkeit angenommen wird [194]. Bei § 399 1. Fall BGB handelt es sich schon deshalb nicht um die Grundlage aller Übertragungshindernisse, sondern lediglich um ein allgemeines Abtretungsverbot.

Eine umfassende, über die Fallgruppen der Inhaltsänderung hinausgehende und nach Rechtsgrundlagen ausgerichtete Systematisierung muß daher zunächst die Unübertragbarkeiten und die Abtretungsverbote gegenüberstellen und die Bereiche der Überschneidung (Kongruenz) und der fehlenden Entsprechungen (Inkongruenz) darstellen. Über die Systematisierung der Abtretungsverbote hinaus stellt sich noch das weitere Problem der Überschneidung gleichzeitig anwendbarer Abtretungsverbote (Konkurrenz).

---

190 Siehe oben Kap. 1 A I 2.

191 Vgl. statt aller Staudinger-Busche, BGB (13. A.), § 399 Rdnrn. 1 ff.

192 Vgl. z.B. Fikentscher, Schuldrecht, Rdnr. 586; Medicus, Schuldrecht I, § 62 Rnr. 717 ; Larenz, Schuldrecht I, § 33.

193 BGB-Entwurf, § 295 I, Protokolle S. 771 (Mugdan II, 573).

194 Zu den Einzelheiten unten Kap. 1 B II.

1. *Die Überschneidungsbereiche der Übertragungshindernisse*

Unübertragbarkeiten und Abtretungsverbote unterscheiden sich nicht nur dogmatisch sondern auch in ihrer rechtlichen Qualität und Dimension. Die Unübertragbarkeiten lassen sich in drei Kategorien einteilen, die nicht mit den engeren Fallgruppen der Inhaltsänderung verwechselt werden dürfen [195]. Die Kategorien der Unübertragbarkeiten sind durch die Bezugspunkte vorgegeben, die eine Unübertragbarkeit im forderungsbegründenden Schuldverhältnis vorgeben können. Dabei handelt es sich um die Person, die Leistung oder das Recht. Die jeweilige Bindung daran, also Personengebundenheit, Leistungsgebundenheit und Rechtsgebundenheit, steht unter dem Oberbegriff der Unübertragbarkeit aufgrund der Rechtsnatur des forderungsbegründenden Schuldverhältnisses.

Stellt man die Fälle der Unübertragbarkeiten aufgrund Rechtsnatur und die nach Rechtsgrundlagen systematisierten Abtretungsverbote gegenüber, so ist zunächst festzustellen, daß der überwiegende Teil der Unübertragbarkeiten von Abtretungsverboten, und zwar von gesetzlichen Abtretungsverboten, erfaßt wird. Diese Deckungsgleichheit (Kongruenz) hat den Vorteil, daß das jeweilige Abtretungsverbot die übertragungshemmende Wirkung enthält [196]. Schwieriger wird es für den Bereich der Inkongruenz. Bei den Unübertragbarkeiten, die keinen Abtretungsverboten gegenüberstehen, stellt sich vor allem die Frage, wie diese inkongruenten Unübertragbarkeiten ihre Wirkung entfalten [197].

2. *Die Fälle der Unübertragbarkeiten*

Die Fälle der inkongruenten Unübertragbarkeiten sind die der Rechtsgebundenheit und der Unteilbarkeit. Um ihnen zur rechtlichen Wirkung zu verhelfen, kommt entweder die gewohnheitsrechtliche Anerkennung oder die Subsumierung unter ein allgemeines Abtretungsverbot in Betracht.

a Rechtsgebundenheit

Die Fallgruppe der Rechtsgebundenheit einer Forderung findet sich zunächst in der Regelung des § 401 BGB wieder [198]. Diese Regelung entspricht aber nur spiegelbildlich dieser Fallgruppe, denn sie ordnet lediglich den Übergang der unselbständigen Rechte bei der Übertragung des Hauptrechts an [199].

Teilweise wird hier eine Inhaltsänderung angenommen. Da die Unselbständigkeit ihren Grund im Schuldverhältnis hat [200] und eine Übertragung unselbständiger Forderungen und Rechte zu einer Inhaltsänderung iwS, nämlich einer Trennung vom

---

195 Vgl. zu den drei "klassischen" Fallgruppen der Inhaltsänderung iSv § 399 1. Fall BGB unten Kap. 1 B III 1.
196 Dazu noch unten Kap. 1 B I 3.
197 Dazu noch unten Kap. 1 B I 2.
198 Zu den Einzelfällen vgl. unten Kap. 1 B II 1.
199 Palandt-Heinrichs, BGB, § 399 Rdnr. 7.
200 Staudinger-Kaduk, BGB (12. A.), § 399 Rdnr. 67.

Hauptrecht führt, können die Fälle der Rechtsgebundenheit durchaus unter § 399 1. Fall begriffen werden; gegebenenfalls auch analog § 399 1. Fall BGB. Dafür spricht außerdem der Vorteil der ausdrücklichen Rechtsfolge in § 399 BGB, zumal § 401 BGB diesbezüglich nichts anordnet [201]. Auch der Wortlaut steht dieser Ansicht nicht entgegen, da der Begriff der Inhaltsänderung den Begriff der Rechtsgebundenheit weder ein- noch ausschließt.

Richtigerweise wird jedoch in den Fällen der Rechtsgebundenheit von einer Unübertragbarkeit kraft Gewohnheitsrecht auszugehen sein. Gegen das Vorliegen einer Inhaltsänderung spricht, daß der historische Gesetzgeber die allgemeine Verwendung des Begriffs der Inhaltsänderung als Tatbestandsmerkmal für ausreichend hielt [202]. Diesem Begriff lag die allgemein anerkannte Definition zugrunde, wonach Forderungen für unübertragbar erklärte wurden, die von einer nicht übertragbaren Eigenschaft des Gläubigers abhängen, oder bei welcher die Leistung an einen anderen als den ursprünglichen Gläubiger nicht möglich ist, oder deren Inhalt durch die Leistung an einen anderen Gläubiger verändert werden würde [203]. Damit war die Rechtsgebundenheit schon nach historischer Auffassung nicht Bestandteil des Begriffs der Inhaltsänderung.

In der Literatur wird daher überwiegend, allerdings ohne nähere Begründung, eine ungeschriebene Unübertragbarkeit angenommen und nicht auf die Inhaltsänderung des § 399 1. Fall BGB zurückgegriffen [204]. Mit der Begründung, daß der historische Gesetzgeber die unselbständigen Forderungen und Rechte nicht als Inhaltsänderung aufgefaßt hat, spricht daher einiges dafür, die Unabtretbarkeit der unselbständigen Forderungen und Rechte als ungeschriebene Fälle der Unabtretbarkeit kraft Natur des Schuldverhältnisses neben den Fällen der Inhaltsänderung iSv § 399 1. Fall BGB aufzufassen [205].

b Unteilbarkeit

Ebenfalls ungeregelt geblieben ist der Fall der Unteilbarkeit einer Forderung [206]. Hier wird überwiegend und ebenfalls ohne nähere Begründung eine Übertragung eines Teils der Forderung abgelehnt [207]. Teilweise wird dieser Fall aber auch als Unterfall der Leistungsgebundenheit begriffen, da die Unteilbarkeit den Leistungsgegenstand betreffe und eine teilweise Übertragung zwangsläufig zu einer Inhaltsänderung führen würde. Hier gilt jedoch nichts anderes als bei der Rechtsgebundenheit, so daß auch die Unteilbarkeit gewohnheitsrechtlich zu behandeln ist [208]. Ähnliches gilt auch für den Aufhebungsanspruch der Teilhaber einer Bruchteilsgemeinschaft gem. § 749

---

201 Palandt-Heinrichs, BGB, § 399 Rdnr. 7; Oertmann, BGB, Bem. 1 g ß §§ 398, 399.
202 Münchner-Kommentar-Roth, BGB, § 399 Rdnr. 6.
203 BGB-Entwurf, § 295 I, Protokolle S. 771 (Mugdan II, 573).
204 Staudinger-Kaduk, BGB (12. A.), § 399 Rdnrn. 67, 68; Oertmann, BGB, Bem.1 g ß §§ 398, 399; Münchner-Kommentar-Roth, BGB, § 401 Rdnr. 1; Soergel-Zeiss, BGB, § 401 Rdnr. 1.
205 Die Unzulässigkeit der Abtretung ohne Anwendung des § 399 BGB wird vertreten von Staudinger-Kaduk, BGB (12. A.), § 399 Rdnr. 79a; Larenz, Schuldrecht I, § 34 II 3.
206 Zu den Einzelfällen siehe unten Kap. 1 B II 2.
207 Palandt-Heinrichs, BGB, § 398 Rdnr. 10.
208 Derleder AcP 169 (1969) 97 ff.; Münchner-Kommentar-Roth, BGB, § 398 Rdnr. 59.

BGB, da die Gemeinschaft grundsätzlich nicht teilweise, sondern nur insgesamt aufgehoben werden kann [209].

3. *Die Abtretungsverbote*

Die Übertragungshindernisse der Abtretungsverbote entstehen kraft Gesetz, Hoheitsakt oder Rechtsgeschäft. Sie können allgemein oder speziell sein und relative oder absolute Wirkung haben. Grundsätzlich sind alle Abtretungsverbote auf alle Arten der Forderungsübertragung anwendbar. Es gibt jedoch auch zahlreiche Ausnahmen.

Hinsichtlich der Anwendbarkeit eines Abtretungsverbots kommt es entscheidend auf das Rechtsgebiet an, dem es entstammt, da die Frage nach der Anwendbarkeit eines Abtretungsverbots hauptsächlich am Regelungszweck der entsprechenden Anordnung anknüpft [210]. Die meisten Abtretungsverbote werden wegen der Besonderheiten des forderungsbegründenden Schuldverhältnisses, zum Schutz des Schuldners oder im öffentlichen Interesse angeordnet oder vereinbart [211].

Zu unterscheiden sind schließlich die Abtretungsverbote im engeren Sinn (ieS), die ein ausdrückliches Verbot der Abtretung enthalten [212], von den Abtretungsverboten im weiteren Sinn (iwS), die die Abtretung nur in bestimmten Fällen ausschließen oder von bestimmten Voraussetzungen wie der Mitteilung oder Zustimmung abhängig machen [213]; sogenannte modifizierte Abtretungsverbote. Solche modifizierten Abtretungsverbote können auch im Rahmen von § 399 2. Fall BGB vereinbart werden [214]. Nicht zuletzt können auch die Regelungen als Abtretungsverbote iwS aufgefaßt werden, die die Verfügungsbefugnis des Forderungsinhabers über die Forderung beschränken oder entziehen. Denn die Beschränkung oder der Entzug der Verfügungsbefugnis hindert die Forderungsübertragung wie ein Abtretungsverbot, auch wenn dabei an der Person des Forderungsinhabers und nicht an der Forderung selbst angeknüpft wird [215].

Die Terminologie der Abtretungsverbote ist nicht einheitlich. Teilweise wird nur von Verboten [216] oder nur von Ausschlüssen [217] gesprochen. Meistens werden die Begriffe jedoch synonym verwendet [218]. Das BGB selbst spricht nur von Ausschlüssen, ohne zu differenzieren [219]. Für eine Differenzierung zwischen beiden Begriffen spricht, daß der Begriff des Verbots nur echten Abtretungsverboten mit Sanktionscharakter vorbehalten sein sollte, während im übrigen mangels eines solchen Verbotselements lediglich von Ausschlüssen gesprochen werden sollte [220].

---

209 Palandt-Thomas, BGB, § 749 Rdnr. 3.
210 Vgl. im einzelnen unten Kap. 1 B I 4.
211 Soergel-Zeiss, BGB, vor § 398 Rdnr. 2.
212 Zum Verbotscharakter vgl. Blaum, Das Abtretungsverbot nach § 399 2. Alt. BGB, § 1 I.
213 Soergel-Zeiss, BGB, § 399 Rdnr. 7.
214 BGH BB 1990, 588; BGHZ 40, 156, 161; vgl. dazu auch unten Kap. 1 B V.
215 Vgl. dazu im einzelnen unten Kap. 1 B III 4. und V.
216 Henseler BB 1995, 5 ff.
217 Hadding-Schneider-Zeiss, Die Forderungsabtretung (1. Aufl.), S. 55 ff.
218 Palandt-Heinrichs, BGB, § 399 Rdnrn. 1, 2.
219 Vgl. nur §§ 399, 400 BGB.
220 Blaum, Das Abtretungsverbot nach § 399 2. Alt. BGB, § 1 I mwN.

Diese Differenzierung hat sich indessen nicht durchgesetzt, so daß auch im folgenden der Einfachheit halber der Begriff Abtretungsverbot einheitlich für alle Arten von Abtretungsverboten verwendet wird [221]. Dabei soll der Begriff des Abtretungsverbots nicht darüber hinwegtäuschen, daß Abtretungsverbote nicht nur die Abtretung, sondern auch die Forderungsübertragung kraft Gesetz oder Hoheitsakt sperren können.

4. Anwendungsbereiche der Übertragungshindernisse

Während der Anwendungsbereich der speziellen Abtretungsverbote auf den konkret geregelten Einzelfall beschränkt ist, erfassen die allgemeinen Abtretungsverbote der §§ 399, 400 BGB grundsätzlich alle Arten der Übertragung einer Forderung. Dies folgt schon aus der Verweisung in § 412 BGB, wird aber auch mit § 134 BGB begründet [222].

a Vorrang spezieller Abtretungsverbote

Problematisch ist das Verhältnis der speziellen zu den allgemeinen Abtretungsverboten, wenn beide tatbestandlich gegeben sind. Die Frage wird vor allem im Verhältnis zu dem allgemeinen Abtretungsverbot bei Inhaltsänderung gem. § 399 1. Fall BGB relevant. Hier kommt der Grundsatz vom Vorrang der spezielleren Regelung in Betracht. Ähnlich wie im Verhältnis zwischen Unübertragbarkeiten und Abtretungsverboten ist aber auch hier zwischen Wirkung und Inhalt zu unterscheiden. Die Zuordnung eines speziellen Abtretungsverbots zu einem allgemeinen, etwa dem des § 399 1. Fall BGB, kann bei der inhaltlichen Ermittlung des Zwecks des speziellen Abtretungsverbots hilfreich sein. Im Hinblick auf die Wirkung des spezielleren Abtretungsverbotes ist jedoch eine zusätzliche Einordnung unter den Wirkungsbereich eines allgemeinen Abtretungsverbots m.E. nicht notwendig, wenn auch vielfach insbesondere bei der Kommentierung des § 399 1. Fall BGB so verfahren wird [223].

Die Annahme des grundsätzlichen Vorrangs des spezielleren Abtretungsverbots kann sich zunächst auf den auch in der Systematik des BGB zum Ausdruck gekommenen Spezialitätsgrundsatz stützen. Für den Vorrang spezieller Abtretungsverbote spricht außerdem, daß Abtretungsverbote nicht nur deklaratorische Wiederholungen der allgemeinen Regelung des § 399 1. Fall BGB sind, sondern ihre eigene vom Gesetzgeber ausdrücklich beigemessene Bedeutung haben [224].

---

221 So die h.M. und im Ergebnis auch Blaum, Das Abtretungsverbot nach § 399 2. Alt. BGB, § 1 I a.E. mwN.

222 Staudinger-Kaduk, BGB (12. A.), § 399 Rdnr. 125; Soergel-Zeiss, BGB, § 400 Rdnr. 1; Palandt-Heinrichs, BGB, § 134 Rdnr. 1.

223 Vgl. nur die Beispiele bei Palandt-Heinrichs, BGB, § 399 Rdnr. 4.

224 Staudinger-Kaduk, BGB (12. A.), § 399 Rdnrn. 9, 49-51; Enneccerus-Nipperdey, Allgemeiner Teil, Bd. I 2, § 302 III 5; Enneccerus-Lehmann, Recht der Schuldverhältnisse, § 78 IV 6, 315.

Hinzu kommt, daß § 399 1. Fall BGB nicht immer als übergeordnetes allgemeines Abtretungsverbot eingreift. Beispiele dafür waren die spezialgesetzlichen Abtretungsverbote in § 847 a.F. BGB und § 1300 a.F. BGB [225]. Die dortigen Ansprüche wären als reine Geldforderungen nicht höchstpersönlich und daher grundsätzlich abtretbar gewesen, so daß auch § 399 1. Fall BGB nicht einschlägig gewesen wäre. Da der Gesetzgeber die Ansprüche aber nur um der Person des Verletzten willen schuf, sollte das entsprechende Geld auch nur diesem zufließen. Deshalb wurde in diesen beiden Fällen ihre Abtretbarkeit mit Blick auf die höchstpersönliche Ausgleichsfunktion der Ansprüche ursprünglich durch spezielle Abtretungsverbote untersagt [226].

b Die Wirkungen der Abtretungsverbote

Bislang ungeklärt geblieben ist die Frage, ob einem speziellen Abtretungsverbot mit relativer Wirkung dadurch absolute Wirkung verliehen werden kann, daß man es einem allgemeinen Abtretungsverbot mit absoluter Wirkung zuordnet. Diese Frage ist m.E. grundsätzlich zu verneinen, denn dadurch würde die gesetzgeberische Intention hinsichtlich des speziellen Abtretungsverbots mißachtet. Darüberhinaus stellt sich die Frage, welche Abtretungsverbote für welche Forderungsübertragungen gelten und wann ein Abtretungsverbot abdingbar ist.

Grundsätzlich gelten wegen § 412 BGB die allgemeinen Abtretungsverbote der §§ 399, 400 BGB auch für den gesetzlichen und den ihm gleichgestellten Fall der hoheitlichen Forderungsübertragung [227]. Der § 399 BGB gilt grundsätzlich auch für die cessio legis und die cessio judicialis. Aus dem Zweck der Norm, die die Legalzession anordnet, kann sich jedoch ergeben, daß auch unübertragbare Forderungen übergehen sollen, so daß § 399 BGB ausnahmsweise nicht greift. Das gilt beispielsweise für den Lohnanspruch, der trotz § 399 2. Fall BGB auf den Sozialversicherungsträger übergehen kann [228].

Die Regelung des § 400 BGB ist bei rechtsgeschäftlicher Abtretung unabdingbar. Bei der cessio legis ist er dagegen nur dann anwendbar, wenn der Gedanke des Gläubigerschutzes dies erfordert [229]. In den Fällen des Forderungsüberganges nach § 116 SGB X; § 6 EFZG; § 90 BSHG ist der § 400 BGB wegen des Gläubigerschutzes nicht anwendbar [230]. Ähnliches gilt im Steuerrecht, dort steht die Unpfändbarkeit des Steueranspruchs dem gesetzlichen oder hoheitlichen Forderungsübergang nicht entgegen [231].

Abtretungsverbote können sowohl relative als auch absolute Unwirksamkeit der gleichwohl erfolgten Forderungsübertragung zur Folge haben. Relative Unwirksamkeit bedeutet Unwirksamkeit der verbotswidrig erfolgten Abtretung inter

---

225 Zur (teilweisen) Aufhebung der Vorschriften siehe unten Kap. 1 B III 3.a.
226 Staudinger-Kaduk, BGB (12. A.), § 399 Rdnr. 52.
227 Vgl. zur Gleichbehandlung gesetzlicher und hoheitlicher Abtretungsverbote s.o. Kap. 1 A vor I.
228 Palandt-Heinrichs, BGB, § 399 Rdnr. 3; Nörr-Scheyhing, Sukzessionen, § 3 IV 1; BAG NJW 1966, 1727.
229 Palandt-Heinrichs, BGB, § 400 Rdnr. 2; BGHZ 13, 370.
230 Palandt-Heinrichs, BGB, § 400 Rdnr. 2.
231 Staudinger-Kaduk, BGB (12. A.), § 400 Rdnr. 30; RGZ 135, 31.

partes; absolute erga omnes [232]. Welche Art der Unwirksamkeit die jeweilige Rechtsfolge eines speziellen Abtretungsverbots anordnet, ist im Einzelfall zu prüfen und ergibt sich entweder aus dem Wortlaut oder dem Regelungszweck der Norm selbst. Anders bei den allgemeinen Abtretungsverboten der §§ 399, 400 BGB. Die entgegen §§ 399, 400 BGB vorgenommene Abtretung ist immer absolut unwirksam [233].

Streit besteht darüber, ob auch das rechtsgeschäftliche Abtretungsverbot iSv § 399 2. Fall BGB zu einer absoluten Unwirksamkeit führt. Die Mindermeinung begründet ihre Auffassung von der relativen Unwirksamkeit damit, daß das Abtretungsverbot letztlich zum Schutz des Schuldners wirkt und deshalb vereinbart oder angeordnet wird. Deshalb könne es sich nur um ein gesetzliches Veräußerungsverbot im Sinne des § 135 BGB handeln [234]. Dem hält die herrschende Meinung zu Recht entgegen, daß das vereinbarte Abtretungsverbot die Forderung erst gar nicht als verkehrsfähig und damit übertragbar entstehen läßt, so daß die gleichwohl erfolgte Übertragung absolut unwirksam sei [235].

Allerdings kann die verbotswidrige Abtretung wirksam werden. Dies wird mit unterschiedlicher Begründung allgemein anerkannt. Teilweise wird dazu lediglich die Zustimmung des Schuldners verlangt, während andere eine neue Vereinbarung zwischen Gläubiger und Schuldner für erforderlich halten [236]. Zu beachten bleibt, daß die Abtretung hier nur ex nunc wirksam wird [237]. Die Regelung in § 399 BGB ist schließlich dispositiv, denn sie soll den Schuldner schützen und kann daher mit dessen Zustimmung auch abbedungen werden [238].

Ausnahmsweise kann eine Forderungsübertragung auch trotz Abtretungsverbot an bestimmte Personen zulässig sein [239]. Wegen § 413 BGB regelt das Abtretungsrecht im BGB auch die Übertragung anderer Rechte, so daß auch der Übertragung dieser Rechte die allgemeinen Abtretungsverbote entgegen stehen können [240].

II Nicht kodifizierte Fälle der Unübertragbarkeit

Die ungeschriebenen Fälle der Unabtretbarkeit, die als Überhang über das nicht deckungsgleiche Regelwerk der Abtretungsverbote hinausgehen, sind die Rechtsgebundenheit und die Unteilbarkeit einer Forderung.

---

232 Vgl. Kap. 1 A II 1.a, b.

233 Münchner-Kommentar-Roth, BGB, § 399 Rdnr. 34; Staudinger-Kaduk, BGB (12. A.), § 399 Rdnr. 111; Palandt-Heinrichs, BGB, § 400 Rdnr. 1.

234 Enneccerus-Lehmann, Recht der Schuldverhältnisse, § 78 IV 2; Scholz NJW 1960, 1837; Wagner JZ 1988, 698, 705; ders. JZ 1994, 227.

235 Soergel-Zeiss, BGB, § 399 Rdnr. 8; Staudinger-Kaduk, BGB (12. A.), § 399 Rdnr. 112.

236 Soergel-Zeiss, BGB, § 399 Rdnr. 9; Staudinger-Kaduk, BGB (12. A.), § 399 Rdnr. 109; Palandt-Heinrichs, BGB, § 399 Rdnr. 11.

237 Str., vgl. nur Lüke JuS 1992, 116.

238 Staudinger-Kaduk, BGB (12. A.), Einl. zu §§ 398 ff. Rdnr. 52.

239 Soergel-Zeiss, BGB, § 399 Rdnr. 5; dazu noch unten Kap. 1 B III.1.a, dd.

240 Palandt-Heinrichs, BGB, § 413 Rdnrn. 1 ff.

1. Rechtsgebundenheit

Die rechtsgebundene Forderung ist in den Fällen der unselbständigen Forderungen und Rechte unübertragbar, weil sie in diesen Fällen in ihrem Bestand vom Hauptrecht abhängig ist. Das ist insbesondere bei den akzessorischen Rechten, den unselbständigen Sicherungsrechten und den Hilfsrechten der Fall. Für sie bestimmt § 401 BGB, daß sie im Falle der Übertragung des Hauptrechts mit diesem übergehen [241]. Der Ausschlußgrund der Rechtsgebundenheit stimmt somit spiegelbildlich mit dem Anwendungsbereich des § 401 BGB überein [242].

Gleiches gilt gem. § 401 II BGB auch für die Vorzugsrechte des Zwangsvollstreckungs- und Insolvenzrechts. Jedoch gehen weder die Durchgriffsansprüche gem. §§ 24, 69 AO noch im Falle der behördlichen Überleitung des Unterhaltsanspruchs gem. §§ 90 f. BSHG das Pfändungsvorrecht des § 850 d ZPO mit über [243]. Unabhängig davon, ob man bei rechtsgebundenen Forderungen und Rechten eine ungeschriebene Unübertragbarkeit annimmt, oder die Fälle dem Abtretungsverbot des § 399 1. Fall BGB zuordnet, ist eine selbständige Übertragung unwirksam [244]. Es sind unselbständige Hilfsansprüche, streng akzessorische Nebenrechte und sonstige Nebenrechte zu unterscheiden.

a Unselbständige Hilfsansprüche

Unselbständige Hilfsansprüche auf Auskunft, Rechnungslegung oder Vorlegung von Sachen oder Urkunden sowie auf Erteilung einer Quittung können ebensowenig isoliert übertragen werden wie der Anspruch auf Abgabe einer eidesstattlichen Versicherung. Gleiches gilt für Gestaltungsrechte wie Rücktritt, Anfechtung, Widerruf oder Kündigung sowie für die Ermächtigung zur Ausübung der Gestaltungsrechte [245].

b Akzessorische Nebenrechte

Streng akzessorische Nebenrechte, die aufgrund ihrer Unselbständigkeit nicht übertragen werden können, sind der Anspruch aus einer Bürgschaft, aus einer Hypothek und aus einem Pfandrecht [246]. Bei der Bürgschaft ist die Forderung gegen den Bürgen an die Hauptforderung gebunden, da die Bürgschaftsverpflichtung von dem Bestehen und dem Umfang der Hauptverbindlichkeit abhängt [247]. Dasselbe gilt auch im Bereich der Hypothek. Die hypothekarisch gesicherte Forderung gem. §§ 1153, 1159, 1190 IV BGB ist akzessorisch und kann daher nicht ohne die

---

241 Soergel-Zeiss, BGB, § 401 Rdnr. 1; Palandt-Heinrichs, BGB, § 401 Rdnrn. 3, 4.
242 Palandt-Heinrichs, BGB, § 399 Rdnr. 7.
243 Soergel-Zeiss, BGB, § 401 Rdnr. 3; Palandt-Heinrichs, BGB, § 401 Rdnr. 7.
244 Siehe oben Kap. 1 B I 1.
245 Soergel-Zeiss, BGB, § 398 Rdnr. 4; § 399 Rdnr. 3; Staudinger-Kaduk, BGB (12. A.), § 399 Rdnrn. 70-80.
246 Staudinger-Kaduk, BGB (12. A.), § 399 Rdnr. 69.
247 Soergel-Zeiss, BGB, § 398 Rdnr. 4; Palandt-Thomas, BGB, vor § 765 Rdnr. 4; BGH DB 1976, 766.

Hypothek übertragen werden [248]. Da dies aber in § 1153 BGB ausdrücklich angeordnet wird, ist dieser Fall den gesetzlichen Abtretungsverboten zuzuordnen [249].

c Sonstige Nebenrechte

Der Anspruch auf Lieferung von Energie für bestimmte Räume und Grundstücke ist nur an einen Besitzer übertragbar [250]. Der Unterlassungsanspruch und der Anspruch aus Wettbewerbsverbot kann nicht ohne Übertragung des Geschäfts übertragen werden [251]. Auch der Ausgleichsanspruch eines Erben kann nicht ohne Übertragung des Erbteils übertragen werden [252]. Ebenfalls unübertragbar ist der Ausgleichsanspruch des Verkäufers eines hypothekenfreien Grundstückes, das aufgrund des Aufwertungsgesetzes durch rückwirkende Aufwertung von Hypotheken belastet wird [253]. Das gilt auch für die dinglichen Ansprüche des GB-Berichtigungsanspruchs [254] und des Eigentumsanspruch gem. § 985 BGB [255] sowie die negatorischen oder Abwehransprüche, die weder alleine noch mit dem Eigentum abtretbar sind [256]. Schließlich ist auch das subjektiv-dingliche Vorkaufsrecht [257] nicht selbständig abtretbar.

2. Unteilbare Forderungen

Forderungen auf eine unteilbare Leistung können nicht teilweise, sondern nur insgesamt abgetreten werden. Bei ihnen ist die teilweise Abtretung aufgrund der Unteilbarkeit des Leistungsgegenstandes nicht möglich [258]. Ein wichtiges Beispiel stammt aus dem Versicherungsrecht, dort gilt gem. § 40 VVG der Grundsatz der Unteilbarkeit der Prämie. Der Versicherer kann danach bei vorzeitiger Beendigung des Versicherungsverhältnisses seinen Anspruch auf die restliche Prämie nur insgesamt, jedoch nicht teilweise übertragen [259].

III Gesetzliche Abtretungsverbote

Die gesetzlichen Abtretungsverbote sind Normen, die in ihrer Rechtsfolge eine Abtretung untersagen, indem sie die Abtretung für unwirksam erklären. In ihrem Tatbestand können diese Abtretungsverbote an die verschiedensten Umstände

---

248 Soergel-Zeiss, BGB, § 399 Rdnr. 4; Staudinger-Kaduk, BGB (12. A.), § 399 Rdnr. 69.
249 Siehe unten Kap. 1 B III.
250 Staudinger-Kaduk, BGB (12. A.), § 399 Rdnr. 72.
251 Soergel-Zeiss, BGB, § 398 Rdnr. 4; Staudinger-Kaduk, BGB (12.A.), § 399 Rdnr. 71.
252 Staudinger-Kaduk, BGB (12. A.), § 399 Rdnr. 74.
253 Staudinger-Kaduk, BGB (12. A.), § 399 Rdnrn. 83 f.; Larenz, Schuldrecht I, § 34 V; BGH NJW 1969, 1110; a.A. aber OLG Köln MDR 1979, 935.
254 Soergel-Zeiss, BGB, § 399 Rdnr. 3; BGH WM 1972, 384, 385; Staudinger, BGB (12. A.), § 399 Rdnr. 79.
255 Münchner-Kommentar-Roth, BGB, § 399 Rdnr. 7.
256 Staudinger-Kaduk, BGB (12. A.), § 399 Rdnr. 79 a; Larenz, Schuldrecht I, § 34 II 3; Wolf-Raiser, Sachenrecht, § 84 VI 3.
257 Palandt-Bassenge, BGB, § 1094 Rdnr. 5.
258 Palandt-Heinrichs, BGB, § 398 Rdnr. 10.
259 Prölss-Martin, Versicherungsvertragsgesetz, § 40 Rdnr. 2.

anknüpfen. Sie können insbesondere ein Anzeigen- oder Zustimmungserfordernis enthalten. Die gesetzlichen Abtretungsverbote finden sich im BGB und in den Spezialgesetzen [260].

Man kann zwischen allgemeinen und speziellen gesetzlichen Abtretungsverboten unterscheiden. Abtretungsverbote sind allgemeiner Natur, wenn sie auf eine Vielzahl von Forderungsübertragungen anwendbar sind. Daneben stellen auch solche Normen gesetzliche Abtretungsverbote dar, die dem Berechtigten die Verfügungsbefugnis beschränken oder entziehen, denn die Abtretung erfordert als Verfügung die Befugnis, über die Forderung verfügen zu dürfen. Gleiches gilt auch für Normen, die qualifizierte Voraussetzungen für die Abtretung aufstellen [261].

Durch gesetzliche Abtretungsverbote beschränkt der Gesetzgeber die Privatautonomie, indem er Ausnahmen von der grundsätzlichen Verkehrsfähigkeit von Forderungen aufstellt. Häufiges Motiv ist ein besonderes Schutzbedürfnis im Anwendungsbereich des gesetzlichen Abtretungsverbots [262]. Dieses Schutzbedürfnis wird immer dann bedeutsam, wenn es um die Anwendbarkeit des gesetzlichen Abtretungsverbots geht. Dabei entscheidet der Regelungszweck bei der Auslegung darüber, ob das gesetzliche Abtretungsverbot anzuwenden ist, oder ob dies ausnahmsweise nicht der Fall ist [263].

1. Das allgemeine gesetzliche Abtretungsverbot des § 399 1. Fall BGB

Bei § 399 1. Fall BGB wird vom Gesetzgeber anerkannt, daß bestimmte Forderungen aufgrund der Natur des forderungsbegründenden Schuldverhältnisses nicht abtretbar sind. Um der Unabtretbarkeit Wirkung zu verleihen, werden diese Fälle vom allgemeinen Abtretungsverbot des § 399 1. Fall BGB erfaßt, der in tatbestandlicher Hinsicht an die Inhaltsänderung anknüpft [264].

Innerhalb der klassischen Fallgruppen zur Inhaltsänderung hat die Rechtsprechung eine umfangreiche Kasuistik entwickelt, so daß man auch daran denken könnte, diesen Bereich den richterlichen Abtretungsverboten zuzuordnen [265]. Da die Rechtsfolge jedoch hier gesetzlich ausdrücklich in § 399 1. Fall BGB angeordnet ist und die Rechtsprechung ausschließlich auf der Tatbestandsseite den allgemeinen Begriff der Inhaltsänderung zu klären hat, handelt es sich um gesetzliche Abtretungsverbote [266]. Von richterlichen Abtretungsverboten spricht man dagegen, wenn die Rechtsfolge des Übertragungshindernisses erst kraft richterlicher Anordnung entsteht. Dies sind die Fälle der hoheitlichen Abtretungsverbote [267]. Eine Inhaltsänderung im Sinne von § 399 1. Fall BGB liegt nach allgemeiner Ansicht und

260 Baumann, Einführung in die Rechtswissenschaft, § 4 I 1. mwN.
261 Siehe oben Kap. 1 B I.
262 Esser-Schmidt, Schuldrecht I, § 10 II.
263 Palandt-Heinrichs, BGB, § 399 Rdnr. 3; § 400 Rdnr. 2.
264 Siehe oben Kap. 1 B I 1., 3.
265 Nicht zu verwechseln mit den drei Kategorien der übergeordneten Systematik der Übertragungshindernisse, vgl. oben Kap. 1 B I 1.
266 Siehe unten Kap. 1 B IV 1.
267 Sie unten Kap. 1 B III 1.

der Auffassung des historischen Gesetzgebers vor, wenn die abzutretende Forderung personen- oder leistungsgebunden ist [268].

a Personengebundenheit

Die personengebundenen Forderungen sind wegen der besonderen persönlichen Bindung der Parteien des forderungsbegründenden Schuldverhältnisses unabtretbar; die Forderung kann hier nicht aus dem Schuldverhältnis gelöst werden [269]. Von höchstpersönlichen Forderungen spricht man in diesem Zusammenhang, wenn die Forderung besonders eng an die Person gebunden ist [270]. Im übrigen genügt jede persönliche Bindung der Forderung an einen der Beteiligten für die Annahme einer allgemeinen Personengebundenheit. Wichtige Einzelfälle finden sich im Schuldrecht, dem allgemeinen Zivil- und Wirtschaftsrecht sowie dem öffentlichen Recht. In Ausnahmefällen können personengebundene Forderungen dennoch an bestimmte Personen abgetreten werden.

aa Personengebundene Forderungen im Schuldrecht

In den gegenseitigen Verträgen des Schuldrechts kommt es neben dem Vertragsgegenstand regelmäßig auch auf die Person des Gläubigers an. Insbesondere sind dessen Person, sein Kredit und seine sonstigen persönlichen Eigenschaften für den anderen Vertragspartner bedeutsam [271]. Speziell in den nachstehenden Einzelfällen können Forderungen personengebunden sein.

(1) Einzelfälle

Beim Bierlieferungsvertrag (Vertrag sui generis gem. § 305 BGB) liegt keine Inhaltsänderung vor, wenn das Bier nach wie vor von derselben Brauerei unter demselben Braumeister nach dem bisherigen Rezept hergestellt und mit derselben Bezeichnung und Ausstattung der Flaschen vertrieben wird. Eine Änderung dieser Kriterien oder eine Verbindung des Bierliefervertrages mit einem Darlehen, das zum Beispiel der Finanzierung der Ausstattung der Gaststätte dient, führt jedoch zur Inhaltsänderung im Sinne von § 399 1. Fall BGB [272].

Beim Darlehen (§ 607 BGB) ist zwischen dem Anspruch auf Abschluß eines Darlehensvertrages und dem Anspruch auf Auszahlung der Darlehensvaluta zu unterscheiden. Der Auszahlungsanspruch ist abtretbar, wenn durch die Auszahlung der Valuta an den Zessionar der Schuldner dem Zedenten verpflichtet bleibt. Andernfalls greift § 399 1. Fall BGB [273]. Der Anspruch auf Abschluß eines Darlehensvertrages ist dagegen regelmäßig nicht abtretbar, da für den

---

268 Siehe oben Kap. 1 B I.
269 Staudinger-Kaduk, BGB (12.A.), § 399 Rdnrn. 11 ff.; Münchner-Kommentar-Roth, BGB, § 399 Rdnrn. 8, 22.
270 Soergel-Zeiss, BGB, § 399 Rdnr. 1.
271 Larenz, Schuldrecht I, § 34 II 2; Staudinger-Kaduk, BGB (12. A.), § 399 Rdnr. 26.
272 Soergel-Zeiss, BGB, § 399 Rdnr. 1; BGH NJW 65, 1919, 1921; RGZ 64, 120, 123.
273 Staudinger-Kaduk, BGB (12. A.), § 399 Rdnr. 32.

Darlehensgeber die Person des Darlehensnehmers und dessen Zahlungswilligkeit und Zahlungsfähigkeit ausschlaggebend sind [274]. Das gilt auch für den auf Abschluß eines Darlehens gerichteten Vorvertrag [275].
Beim Dienstvertrag (§ 611 BGB) kann der Anspruch auf die Dienstleistung eines Redakteurs auch gegenüber dem neuen Besitzer der Zeitung personengebunden sein, wenn es auf dessen geänderte parteipolitische Einstellung ankommt. Der Anspruch ist dann wegen § 399 1. Fall BGB nicht abtretbar, auch wenn er unabhängig davon entgegen § 613 BGB abtretbar gewesen wäre [276].

Auch die Ansprüche auf Gebrauchsüberlassung von Sachen (§§ 535, 598 BGB) sind personengebunden, da der Überlassende seine Sache in der Regel nur einer bestimmten Person überlassen will, deren Zuverlässigkeit er im Umgang mit den überlassenen Sachen einschätzen kann [277]. Dies gilt beispielsweise für den Anspruch aus einem Beleuchtungsvertrag auf die Benutzung von Straßen und Plätzen einer Gemeinde [278]. Im Miet- und Pachtrecht ist dies für die Gebrauchsüberlassung an Dritte ausdrücklich in § 549 BGB geregelt worden [279].

Der Anspruch auf Bestellung einer Grunddienstbarkeit begründet nur für den Eigentümer ein berechtigtes Interesse, so daß dieser Anspruch auch nur an ihn oder nur mit dem Grundstück zusammen auf den neuen Eigentümer übertragen werden kann. An andere Personen ist dieser Anspruch nicht abtretbar [280].

Im Kaufgewährleistungsrecht (§§ 459 ff. BGB) sind die Ansprüche aus und auf Wandlung sowie der Anspruch auf Minderung und der Anspruch auf Nachbesserung nicht an die Person des Käufers gebunden, so daß sie abtretbar sind [281]. Der Beweggrund für eine Schenkung (§ 516 BGB) ist dagegen wieder höchstpersönlicher Natur, so daß der Anspruch aus einem Schenkungsversprechen nicht abtretbar ist [282].

(2) Ansprüche auf unvertretbare Handlungen

Einen wichtigen und allgemeinen Fall der Personengebundenheit stellen die Ansprüche auf unvertretbare Handlungen dar. Das BGB definiert den Begriff der unvertretbaren Handlung nicht. Eine Definition ist jedoch in § 888 I 1 ZPO enthalten. Danach ist eine Handlung unvertretbar, wenn sie durch einen Dritten nicht vorgenommen werden kann. Daher ordnet § 888 ZPO auch nur Beugezwang und keine Ersatzvornahme an, denn diese ist per definitionem nicht möglich [283]. Ansprüche auf Vornahme unvertretbarer Handlungen beruhen in der Regel auf einem Dienst- oder Werkvertrag. Beispiele sind der Anspruch auf Vornahme einer

274 Soergel-Zeiss, BGB, § 399 Rdnr. 1; RGZ 66, 359, 361; RGZ 68, 355, 356.
275 RGRK-Weber, BGB, § 399 Rdnr. 26.
276 Staudinger-Kaduk, BGB (12. A.), § 399 Rdnr. 18.
277 Staudinger-Kaduk, BGB (12. A.), § 399 Rdnr. 20.
278 Staudinger-Kaduk, BGB (12. A.), § 399 Rdnr. 24.
279 Siehe unten Kap. 1 B III 3.b.
280 Larenz, Schuldrecht I, § 34 II 3; Staudinger-Kaduk, BGB (12.A.), § 399 Rdnr. 36.
281 Soergel-Zeiss, BGB, § 399 Rdnr. 1; Palandt-Heinrichs, BGB, § 399 Rdnr. 4; BGHZ 95, 250, 252; BGHZ 96, 146, 148 f.
282 Staudinger-Kaduk, BGB (12. A.), § 399 Rdnr. 35 mwN.
283 Zöller-Stöber, ZPO, § 888 Rdnr. 1.

ärztlichen Operation oder einer anwaltlichen Beratung, sowie auf Herstellung einer unvertretbaren Sache, etwa eines Portraits [284]. Für die Fälle des Dienstvertrages und des Auftrages ist dies bereits spezialgesetzlich in den §§ 613, 664 BGB geregelt, so daß § 399 1. Fall BGB vor allem die Herstellung unvertretbarer Sachen erfaßt. Ein weiterer Einzelfall ist der Anspruch aus einem Werkförderungsvertrag, der als personengebunden nicht abtretbar ist [285].

Von der auf Vornahme einer unvertretbaren Handlung gerichteten Forderung sind der auf demselben Rechtsgrund beruhende Gegenleistungsanspruch auf Zahlung eines Entgelts sowie der Anspruch auf Leistung einer unvertretbaren Sache abzugrenzen. Diese sind nicht höchstpersönlicher Natur und können daher übertragen werden [286]. Anderes gilt dagegen für den Vorvertrag. Beim Anspruch aus einem Vorvertrag auf Abschluß eines Hauptvertrages ist die Person des Vertragsschließenden so wesentlich, daß dieser Anspruch nicht abtretbar ist [287].

Problematisch ist die Abtretung der Rechtsposition des Empfängers eines Vertragsangebotes. Das Angebot kann an eine bestimmte Person des Empfängers gebunden sein. Überwiegend wird für das Vorliegen einer Inhaltsänderung im Sinne von § 399 1. Fall BGB jedoch auf den Inhalt des Angebots abgestellt. Im Einzelfall kann das Einverständnis des Antragenden für die Übertragung erforderlich sein [288].

bb Personengebundene Forderungen im Zivil- und Wirtschaftsrecht

Im Familienrecht sind die Ansprüche auf Unterhalt (§§ 1360 ff. BGB) und aus Altenteilverträgen unübertragbar, da sie an die Unterhaltsberechtigung und damit an die Person des Gläubigers anknüpfen [289]. Im Erbrecht ist der Vermächtnisanspruch (§ 2174 BGB) dann nicht abtretbar, wenn er einen Anteil an einer Personengesellschaft enthält. Er kann nur übertragen werden, wenn die übrigen Gesellschafter zustimmen [290]. Auch der Anspruch des Miterben auf das Auseinandersetzungsguthaben kann nicht übertragen werden [291].

Allgemein können Unterlassungsansprüche nicht von dem Gegenstand getrennt werden, der ihre Grundlage bildet. Bei Bindung dieses Unterlassungsgegenstandes an eine Person sind sie daher nicht abtretbar [292]. Dies gilt insbesondere für die Unterlassungsansprüche aus den §§ 823 ff. BGB; beispielsweise aufgrund einer Ehrverletzung [293]. Bedeutung haben die Unterlassungsansprüche auch im Marken-

---

284 Staudinger-Kaduk, BGB (12. A.), § 399 Rdnrn. 15 ff. mwN.

285 Staudinger-Kaduk, BGB, (12. A.), Einl. zu §§ 398 ff. Rdnr. 51; BGH NJW 1972, 2036.

286 Staudinger-Kaduk, BGB (12. A.), § 399 Rdnr. 12; Palandt-Heinrichs, BGB, § 399 Rdnr. 4.

287 Larenz, Schuldrecht I, § 34 II 2; Staudinger-Kaduk, BGB (12. A.), § 399 Rdnr. 25; Palandt-Heinrichs, BGB, § 399 Rdnr. 4.

288 Staudinger-Kaduk, BGB (12. A.), § 399 Rdnr. 41; § 398 Rdnrn. 27 ff. mwN.

289 Soergel-Zeiss, BGB, § 399 Rdnr. 1; Münchner-Kommentar-Roth, BGB § 399 Rdnr. 9; Staudinger-Kaduk, BGB (12. A.), Einl. zu §§ 398 ff. Rdnr. 61; RGZ 140, 60, 63; RG HRR 1935 Nr.723.

290 Soergel-Zeiss, BGB, § 399 Rdnr. 1; Staudinger-Kaduk, BGB (12.A.), § 399 Rdnr. 40; BGH JZ 1958, 665; BGH LM Nr. 5 zu § 399.

291 Soergel-Zeiss, BGB, § 399 Rdnr. 1; RGZ 60, 126, 133.

292 Soergel-Zeiss, BGB, § 399 Rdnr. 1; BGH NJW 85, 85, 87.

293 Staudinger-Kaduk, BGB (12. A.), § 399 Rdnr. 58; Staudinger-Schäfer, BGB (12. A.), vor §§ 823 ff. Rdnrn. 46, 126; ders. § 823 Rdnr. 276 ff.

und Wettbewerbsrecht. Dort sind etwa die Unterlassungsansprüche aus Patentrechten oder Patentlizenzen [294], aus Preisbindungsabsprachen [295] und aufgrund von Wettbewerbsverboten [296] nicht abtretbar. Das gilt auch für den Befreiungsanspruch im Konkurs des Befreiungsgläubigers [297].

Im Gesellschaftsrecht können die sogenannten Sozialansprüche zwischen Gesellschaft und Gesellschaftern und umgekehrt unabtretbar sein [298]. So kann eine Genossenschaft den Anspruch gegen einen Genossen auf Einzahlung des genossenschaftlichen Geschäftsanteils aufgrund der Eigenart des genossenschaftlichen Verhältnisses nicht übertragen [299]. Daneben können die Satzungen der Genossenschaften spezielle Regelungen vorsehen [300]. Da die Satzung aufgrund des Beschlusses der satzungsgebenden genossenschaftlichen Versammlung in Kraft tritt, und der Beschluß die Summe der gleichgerichteten Willenserklärungen der Genossen ist, handelt es sich hier jedoch um rechtsgeschäftliche Abtretungsverbote im Sinne von § 399 2. Fall BGB [301].

Im Insolvenzrecht konnte der Anfechtungsanspruch gem. § 37 KO wegen der besonderen Bindung an den Rechtsinhaber nicht abgetreten werden [302]. Auch nach § 143 I S. 1 InsO führt die Insolvenzanfechtung dazu, daß alles, was dem Vermögen des Schuldners durch die anfechtbare Rechtshandlung entzogen wurde, der Insolvenzmasse zurückgewährt werden muß [303]. Da auch nach der neuen Insolvenzordnung der Rückgewähranspruch an die Person des Schuldner anknüpft, spricht nichts dagegen, den Rückgewähranspruch des § 143 InsO als personengebunden und nicht abtretbar einzuordnen.

Im Versicherungsrecht sind die Ansprüche auf Versicherungsleistungen gegen einen Versicherungsverein auf Gegenseitigkeit (VVaG) nicht personengebunden, so daß sie grundsätzlich abgetreten werden können [304]. Das gilt auch für die Bezugsberechtigung aus einer Versicherung. Streitig war an dieser Stelle allerdings, ob das einmal durch den Versicherungsnehmer ausgeübte Verfügungsrecht frei widerruflich ist. Zwar ist die Einsetzung eines Bezugsberechtigten eine höchstpersönliche Rechtsposition, die aber richtigerweise jederzeit vor Eintritt des Versicherungsfalles aufgrund der Verfügungsfreiheit des Versicherungsnehmers widerrufen werden kann [305].

Im Zivilprozeßrecht ist der Anspruch auf Gewährung von Prozeßkostenhilfe nicht abtretbar, da die Gewährung der Prozeßkostenhilfe (PKH) gem. § 122 ZPO

---

294 RGZ 148, 147.
295 OLG Hamburg NJW 1963, 2128; Paul NJW 1964, 129.
296 Baumbach-Hefermehl, UWG, Einl. Rdnr. 259.
297 Staudinger-Kaduk, BGB (12. A.), Einl. zu §§ 398 ff. Rdnr. 51; Kilger-Schmidt, KO, § 3 Anm. 2 d, § 59 Anm. 5 D a.
298 Staudinger-Kaduk, BGB, 12. A., Einl. zu §§ 398 ff. Rdnr. 52 b.
299 Soergel-Zeiss, BGB, § 399 Rdnr. 1.
300 Vgl. z.B. § 6 der Mustersatzung der Volksbanken.
301 Siehe unten Kap. 1 B V; vgl. auch zu § 88 a GenG unten Kap. 1 B III 4. d.
302 Soergel-Zeiss, BGB, § 399 Rdnr. 1.
303 Bork, Insolvenzrecht, Rdnr. 223.
304 Soergel-Zeiss, BGB, § 399 Rdnr. 1; HansOLG Bremen MDR 1955, 555.
305 Staudinger-Kaduk, BGB (12. A.), § 399 Rdnr. 46; Staudinger-Kaduk, BGB (12. A.), § 330 Rdnr. 36.

ausschließlich persönliche Wirkung gegenüber der beantragenden Partei hat. Sowohl Streitverhältnisse als auch Vermögensverhältnisse sind an die Person des Antragsstellers gebunden, so daß der Anspruch auf PKH nicht abtretbar ist [306]. Hiervon zu unterscheiden ist der Fall, daß PKH beantragt wird, um Ansprüche aus abgetretenem Recht geltend zu machen. Hier kann der Antrag auf PKH abgelehnt werden, wenn kein triftiger Grund für die Abtretung vorlag oder wenn hinter dem Antragsteller vermögende Zedenten stehen und durch die Abtretung an einen vermögenslosen Zessionar die Prozeßkosten zu Lasten der Justizkasse erspart werden sollten [307]. Ebenso nicht abtretbar ist der Anspruch auf Prozeßkostenvorschuß gegen den Ehegatten gem. § 1360 a BGB. Ausnahmsweise kann dieser Anspruch jedoch an den Anwalt oder die Gerichtskasse abgetreten werden [308].

cc Personengebundenheit im öffentlichen Recht

Im öffentlichen Recht sind verschiedene Forderungen und Rechte unabtretbar, wenn sie höchstpersönliche Umstände betreffen. Dies ist der Fall bei den höchstpersönlichen Auskunftsrechten, etwa in § 35 GenTG, § 6 BDatenSchG oder dem BZRegG. Hierher gehören auch die an die Person gebundenen Genehmigungen und Erlaubnisse, zum Beispiel die Genehmigung nach § 23 III GüKG a.F. [309].

dd Ausnahmen

Ausnahmsweise kann die personenbezogene Bindung einer Forderung jedoch überwunden werden, wenn die Übertragung an jene Person erfolgt, die aufgrund der personenbezogenen Bindung berechtigt ist, sog. Relativität der Abtretungssperre [310]. Zu den bereits oben erwähnten Fällen der Abtretung des Anspruchs auf Bestellung einer Grundschuld und des Anspruchs auf Prozeßkostenzuschuß gehören insbesondere die nachstehenden Befreiungsansprüche, die grundsätzlich nicht, ausnahmsweise aber auf bestimmte Personen übertragen werden können [311].

Das wurde für die Abtretung des Anspruchs auf Befreiung von einer Verbindlichkeit an den Gläubiger anerkannt. Da sich hier der Befreiungsanspruch in den Anspruch auf die Leistung selbst umwandelt, bleibt die persönliche Bindung letztlich erhalten [312]. Ähnlich steht es mit dem Befreiungsanspruch des Arbeitnehmers in den Fällen der gefahrgeneigten Arbeit und dem Befreiungsanspruch des Haftpflicht-

---

306 Zöller-Philippi, ZPO, § 122 Rdnr. 1.
307 Zöller-Philippi, ZPO, § 114 Rdnr. 9.
308 Soergel-Zeiss, BGB, § 399 Rdnr. 1; BGH FamRZ 1985, 802, 803; BGH FamRZ 1985, 902, 903.
309 Staudinger-Kaduk, BGB (12. A.), § 399 Rdnr. 63; Die Anwendung des § 399 BGB ist in diesem Zusammenhang jedoch str., vgl. etwa Lüke JZ 1959, 270.
310 Münchner-Kommentar-Roth, BGB, § 399 Rdnr. 13; Nörr-Scheyhing § 3 IV 2; Soergel-Zeiss, BGB, § 399 Rdnr. 5.
311 Vgl. oben Kap. 1 B I 4., III 1.a.
312 Soergel-Zeiss BGB, § 399 Rdnr. 5; Staudinger-Kaduk, BGB (12. A.), § 399 Rdnr. 42; Münchner-Kommentar-Roth, BGB, § 399 Rdnr. 13; BGH NJW 1986, 581, 583; BHG NJW 1993, 2232; krit. v. Olshausen AcP 182 (1982) 256, FN 10.

versicherungsnehmers [313]. Gleiches gilt auch für den Befreiungsanspruch des Bürgen, der nur an den Gläubiger abtretbar ist [314]. Auch im Falle des Konkurses oder bei Übertragung an die für die Schadensregulierung zuständige Versicherung ist eine Übertragung ausnahmsweise zulässig [315]. Der Freihaltungsanspruch des § 326 BGB ist aber erst nach Umwandlung in einen Schadensersatzanspruch abtretbar [316].

Ebenso können das Belegrecht [317] aus einem Werkfördervertrag an den begünstigten Personenkreis und der Anspruch einer KG auf Zahlung der Kommanditeinlage [318] oder eine Beitragsforderung einer BGB-Gesellschaft [319] an einen Gesellschafts-gläubiger sowie der Anspruch auf Bestellung einer Grunddienstbarkeit [320] an den Erwerber des Grundstücks abgetreten werden. Gleiches gilt auch für den Anspruch des Versprechensempfängers aus einem Vertrag zugunsten Dritter [321], der nur an den Dritten selbst abgetreten werden kann, sowie für die Forderung des Inhabers eines Erwerbsgeschäfts aus der Konkurrenzklausel [322], die nur an den Erwerber des Geschäfts selbst übertragen werden kann. Das gleiche gilt auch für den Unterlassungsanspruch wegen Verletzung des Rechts am eingerichteten und ausgeübten Gewerbebetrieb [323].

b Leistungsgebundenheit

Zu den Fällen der Personengebundenheit kommen die Fälle der Leistungsgebundenheit, bei der entweder der Leistungsgegenstand selbst nicht übertragbar ist, oder die Leistung in einer bestimmten Art und Weise nur zwischen den ursprünglichen Beteiligten des Schuldverhältnisses erbracht werden kann. Der letztere Fall läßt sich daher auch als personengebundene Unübertragbarkeit auffassen [324]. Die Leistungsgebundenheit kann sich im Einzelfall zum Beispiel bei Forderungen aus Patenten und Patentlizenzen [325] ergeben. Ein modifiziertes Abtretungsverbot ist in § 8 PatentG enthalten, der für die Abtretbarkeit einen Antrag und ein bestimmtes Verfahren voraussetzt [326]. Der Anspruch des preisbindenden Unternehmens gegen den die gebundenen Preise Unterbietenden auf Unterlassung von Preisverstößen ist nicht übertragbar. Dabei bleibt die vermögensrechtliche Natur

---

313 Soergel-Zeiss, BGB, § 399 Rdnr. 5; Schaub, Arbeitsrechtshandbuch, § 52 VII 2,3; Prölls-Martin, Versicherungsvertragsgesetz, § 149 Anm. 1a, § 156 Anm. 5 c.

314 Palandt-Heinrichs, BGB, § 775 Rdnr. 1.

315 Staudinger-Kaduk, BGB (12. A.), § 399 Rdnrn. 43, 42; BGHZ 57, 81; BGH VersR 1985, 753.

316 Palandt-Heinrichs, BGB, § 399 Rdnr. 4; BGHZ 12, 136; BGH NJW 1993, 2232.

317 Soergel-Zeiss, BGB, § 399 Rdnr. 5; BGH NJW 1972, 2036, 2037.

318 Soergel-Zeiss, BGB, § 399 Rdnr. 5; Staudinger-Kaduk, BGB (12. A.), § 399 Rdnr. 39; BGHZ 63, 338, 340; BGH NJW 1982, 35; BGH WM 1984, 50; Baumbach-Hopt, HGB, § 171 HGB Rdnr. 9.

319 Staudinger-Kaduk, BGB (12. A.), § 399 Rdnr. 39.

320 Soergel-Zeiss, BGB, § 399 Rdnr. 5; BGHZ 28, 99, 102.

321 Soergel-Zeiss, BGB, § 399 Rdnr. 5; Münchner-Kommentar-Roth, BGB, § 399 Rdnr. 13; Staudinger-Kaduk, BGB (12. A.), Einl. zu §§ 398 ff. Rdnr. 51; RG Recht 1923 Nr. 177; die Frage wurde dagegen offen gelassen in RGZ 150, 129, 133.

322 Soergel-Zeiss, BGB, § 399 Rdnr. 5; RGZ 102, 129.

323 Soergel-Zeiss, BGB, § 399 Rdnr. 5; Jarass-Pieroth, GG, Art.14 Rdnrn. 8, 14.

324 Siehe dazu oben Kap. 1 B III 1.a.

325 Staudinger-Kaduk, BGB (12. A.), § 399 Rdnr. 59; RGZ 148, 147.

326 Schulte, Patentgesetz, § 8 Rdnr. 2.

des Anspruchs ohne Bedeutung, da hier die Unterlassung zu der geschützten Rechtsposition in einem der Akzessorietät vergleichbaren Verhältnis steht [327].

Wichtigster allgemeiner Anwendungsbereich der Leistungsgebundenheit ist der der besonderen Zweckbindung, die der Übertragung einer Forderung entgegenstehen kann. Die Zweckbindung kann sich aus Gesetz, hoheitlicher Anordnung oder einem Rechtsgeschäft ergeben. Problematisch ist die Abgrenzung der rechtsgeschäftlichen Zweckvereinbarung von den rechtsgeschäftlichen Abtretungsverboten im Sinne von § 399 2. Fall BGB [328]. Bei der Zweckbindung handelt es sich dann nicht um gesetzliche, hoheitliche oder rechtsgeschäftliche Abtretungsverbote, sondern um Fälle der Inhaltsänderung gem. § 399 1. Fall BGB, wenn die Zweckbindung selbst nicht die Rechtsfolgenanordnung eines Abtretungsverbots in sich trägt; in diesem Fall ist die Zweckbindung leistungsbezogen und damit Inhaltsänderung [329].

Wird im Rahmen des forderungsbegründenden Schuldverhältnisses eine besondere Zweckbindung der Leistung vereinbart, so kann diese nur zu diesem Zweck erfolgen. Eine Abtretung der zweckgebundenen Forderung außerhalb der Zweckbindung ist grundsätzlich unzulässig. Ist die Abtretung ausnahmsweise zulässig, bleibt die Zweckbindung trotz Abtretung bestehen und geht auf den Zessionar über [330]. Wichtige zivilrechtliche Einzelfälle sind die Rückforderung wegen Verarmung des Schenkers gem. § 528 BGB [331], die Ausgleichsforderung gem. § 8 III 2 Hausratsverordnung [332] und der Auskunftsanspruch aus dem Bankvertrag gegen die Bank [333].

Im Baurecht und im Recht der Baufinanzierung sind aufgrund des Subventionscharakters Fördergelder und damit verbundene Forderungen zweckgebunden. Dies gilt sowohl für Baugelddarlehen als auch für andere Darlehensarten [334], insbesondere für den Anspruch aus einem Aufbaudarlehen [335], aber auch für Bausparverträge [336]. Ferner enthalten verschiedene Spezialgesetze derartige Zweckbindungen, wie etwa das Bauforderungssicherungsgesetz (BauFdgG), das Zweite Wohnungsbaugesetz (II. WoBauG), das Wohngeldgesetz (WoGeldG) sowie das Wohnungsbindungsgesetz (WobindG).

Weitere Einzelfälle im öffentlichen Recht sind die Forderungen im Bereich der Erschließungskosten [337], der Flutgeschädigtenhilfe [338], der Unterhaltssicherung [339],

327 Staudinger-Kaduk, BGB (12. A.), § 399 Rdnr. 59; ders. Einl. zu §§ 398 ff. Rdnr. 51; ders. § 398 Rdnrn. 45, 65 mwN; Palandt-Heinrichs, BGB, § 399 Rdnr. 4; OLG Hamburg NJW 1963, 2128; Lehmann ZZP 38, 81.

328 Münchner-Kommentar-Roth, BGB, § 399 Rdnr. 12.

329 Staudinger-Kaduk, BGB (12. A.), § 399 Rdnr. 48, 62; BGH BB 1970, 485.

330 Staudinger-Kaduk, BGB (12. A.), § 399 Rdnr. 47; RGZ 158, 6, 12.

331 Palandt-Heinrichs, BGB, § 399 Rdnr. 5; BGH NJW 1995, 323.

332 Palandt-Heinrichs, BGB, § 399 Rdnr. 5; OLG Köln NJW-RR 1993, 1031.

333 Palandt-Heinrichs, BGB, § 399 Rdnr. 5; BGH NJW 1989, 1601.

334 Palandt-Putzo, BGB, vor § 607 Rdnrn. 6 ff.; Münchner-Kommentar-Roth, BGB, § 399 Rdnr. 11; RGRK-Weber, BGB, § 399 Nr. 27.

335 Palandt-Heinrichs, BGB, § 399 Rdnr. 5; BGHZ 25, 211.

336 Soergel-Zeiss, BGB, § 399 Rdnr. 2.

337 Palandt-Heinrichs, BGB, § 399 Rdnr. 5; OLG Hamm NJW-RR 1992, 22.

338 Staudinger-Kaduk, BGB (12. A.), § 399 Rdnr. 62; BGH WarnR 1969 Nr.295.

339 Staudinger-Kaduk, BGB (12. A.), § 399 Rdnr. 62; Wagner RPfleger 1973, 206.

und beim Sanierungskostenvergleich [340]. Das gilt auch für die zugleich höchstpersönlichen Ansprüche wie den Beihilfeanspruch [341]. Hier fallen Zweckbindung und Höchstpersönlichkeit teilweise zusammen. Im Wirtschaftsrecht schließlich ist der Anspruch des Treuhandkommanditisten gegen den Treugeber zweckgebunden und somit nicht übertragbar [342].

c *Abgrenzung zu den Fällen der §§ 242, 134 BGB*

Keine Fälle der Inhaltsänderung sind die Unabtretbarkeit aufgrund Unzumutbarkeit oder Sittenwidrigkeit der Abtretung. Hier wurden in Einzelfällen Abtretungsverbote von der Rechtsprechung anhand der §§ 134, 242 BGB entwickelt. Soweit sich die Rechtsfolge aber nicht aus § 399 1. Fall BGB, sondern aus der Rechtskraft der richterlichen Entscheidung ergibt, handelt es sich bei ihnen um richterliche Abtretungsverbote [343].

2. *Das allgemeine Abtretungsverbot des § 400 BGB*

Das gesetzliche Abtretungsverbot des § 400 BGB knüpft an die Unpfändbarkeit der Forderung an. Die Gründe für die Unpfändbarkeit können sich mit den Fällen der Inhaltsänderung des § 399 1. Fall BGB überschneiden. Hier gewinnen insbesondere die Pfändungsverbote und Pfändungsgrenzen der ZPO ihre Bedeutung für das Abtretungsrecht. Die Vorschrift des § 400 BGB ist zwingend und verhindert im öffentlichen Interesse, daß der Gläubiger die Lebensgrundlage des Schuldners pfändet [344]. Allerdings bleibt die unabtretbare Forderung in den Grenzen von § 851 ZPO pfändbar [345]. Das Abtretungsverbot des § 400 BGB gilt nur solange, wie die Forderung unpfändbar ist. Mit der Pfändbarkeit der Forderung fällt die Unabtretbarkeit gem. § 400 BGB wieder weg [346].

Ein wichtiger Anwendungsbereich des § 400 BGB ist das Arbeitsrecht [347]. Hier sind die Ansprüche auf Urlaubsabgeltung und Urlaubsvergütung an die Person des Arbeitnehmers gebunden, denn sie dienen seiner Erholung und der Erhaltung seiner Arbeitskraft. Sie sind daher unpfändbar und deshalb unabtretbar [348]. Der Lohnanspruch selbst ist dagegen in den Grenzen der §§ 850 ff. ZPO pfändbar und somit auch übertragbar [349]. Von der Unpfändbarkeit sind jedoch gem. § 851 b ZPO die Miet- und Pachtzinsforderungen ausgenommen. Bedingt pfändbare Ansprüche stehen unpfändbaren Forderungen gleich, es sei denn das Vollstreckungsgericht hat die Pfändung gem. § 850 b ZPO ausnahmsweise angeordnet.

---

340 Staudinger-Kaduk, BGB (12. A.), § 399 Rdnrn. 62, 33; BGH Betrieb 1978, 1493.
341 Staudinger-Kaduk, BGB (12. A.), § 399 Rdnr. 62; BAG Betrieb 1970, 1327.
342 Palandt-Heinrichs, BGB, § 399 Rdnr. 5; BGH NJW 1991, 2906.
343 Siehe unten Kap. 1 B IV 1.; Baumgärtel AcP 156 (1956) 265 ff.
344 Palandt-Heinrichs, BGB, § 400 Rdnr. 1; Soergel-Zeiss § 400 Rdnr. 1.
345 Palandt-Heinrichs, BGB, § 399 Rdnr. 10; s.u. Kap.1 B V 1. a.E.
346 Staudinger-Busche, BGB (13. A.), § 400 Rdnr. 3.
347 Übersicht bei Tschöpe, Anwaltshandbuch Arbeitsrecht, Rdnrn. 620 ff.
348 Soergel-Zeiss, BGB, § 399 Rdnr. 1; Staudinger-Kaduk, BGB (12. A.), § 399 Rdnr. 11; BAG AP Nr. 7, 42; LArbG Bremen AP Nr.17 zu § 611 BGB Stichwort "Urlaubsrecht"; BAG Betrieb 1988, 1798, str. vgl. dazu Zöller-Stöber, ZPO, § 850 a Rdnr. 3.
349 Soergel-Zeiss, BGB, § 399 Rdnr. 1; BGHZ 23, 53, 55.

Im Gesellschaftsrecht war früher die Pfändbarkeit des Anspruchs auf Leistung der Einlage an eine Kapitalgesellschaft umstritten. Dies wird heute jedoch überwiegend anerkannt [350]. Auch die Rechtsstellung des Mitglieds gem. § 38 BGB ist höchstpersönlich und daher grundsätzlich sowohl unabtretbar als auch unpfändbar. Dies ist jedoch wegen § 40 BGB abdingbar [351].

Im Sozialrecht bestimmt § 54 I SGB I den Kreis der unpfändbaren Forderungen. Außerdem enthält § 55 SGB I ein auf 7 Tage befristetes Pfändungsverbot [352]. Gem. § 76 EStG kann der Kindergeldanspruch nur beschränkt gepfändet werden. Die Pfändung ist nur wegen gesetzlicher Unterhaltsansprüche und nur in den Pfändbarkeitsgrenzen des § 76 S.2 EstG zulässig und im übrigen untersagt. Dadurch soll sichergestellt werden, daß das Kind in den Genuß des Kindergeldes kommt [353].

Im Insolvenzrecht enthielten die § 14 I KO [354] und § 2 II, III GesO [355] kein Pfändungsverbot. Pfändungsverbote sind jedoch in den § 2 IV GesO [356] und in § 773 ZPO [357] enthalten. Heute bestimmen die §§ 36, 40, 114 InsO die Unpfändbarkeit bestimmter Forderungen und Rechte.

3. Spezielle gesetzliche Abtretungsverbote im BGB

Die Anzahl der speziellen Abtretungsverbote im BGB ist deutlich zurückgegangen. Manche höchstpersönliche Forderung war selbst nicht mehr zeitgemäß, so daß man die Anspruchsgrundlage und mit ihr das gesetzliche Abtretungsverbot aufgehoben hat. In anderen Fällen hat man die Höchstpersönlichkeit der Forderung als überholt betrachtet und deshalb lediglich das Abtretungsverbot unter Aufrechterhaltung der Anspruchsgrundlage aufgehoben.

a Aufgehobene BGB-Abtretungsverbote

Im BGB waren ursprünglich verschiedene spezielle gesetzliche Abtretungsverbote vorgesehen, von denen einige inzwischen ersatzlos gestrichen wurden. Dabei handelte es sich zumeist um Abtretungsverbote, die auf Geld gerichtete Ansprüche betrafen. Diese sollten aufgrund des höchstpersönlichen Zusammenhangs nur einer bestimmten Person zustehen und waren daher unübertragbar. Aufgrund der gewandelten Wertvorstellungen sind diese Abtretungsverbote inzwischen überholt und wurden aufgehoben. Dies betrifft den Schmerzensgeldanspruch, der nur dem Verletzten zustehen sollte, weshalb § 847 I S.2 BGB a.F. ein Abtretungsverbot

---

350 Staudinger-Kaduk, BGB (12. A.), § 399 Rdnr. 39.
351 Palandt-Heinrichs, BGB, § 38 Rdnr. 3.
352 BGHZ 104, 311.
353 Schmidt, EstG, § 76 Rdnrn. 1, 2.
354 Palandt-Heinrichs, BGB, § 400 Rdnr. 3; ders. § 394 Rdnr. 3; BGH NJW 1971, 1563.
355 BGH WiB 1996, 734.
356 BGHZ 130, 76; BGH ZIP 1996, 926.
357 RGZ 80, 25.

enthielt. Der Anspruch war auch nicht vererblich. Beide Übertragungshindernisse sind mit Streichung des früheren § 847 I S.2 a.F. BGB entfallen [358].

Die weiteren Änderungen betreffen überwiegend das Familienrecht. So enthielt der sogenannte Deflorationsanspruch der Verlobten in § 1300 BGB ein Abtretungsverbot. Die gesamte Vorschrift war in jüngerer Zeit heftig umstritten, da zwar einerseits die weibliche Geschlechtsehre geschützt werden sollte aber andererseits der Frau eine verminderte Verantwortungsfähigkeit unterstellt wurde [359]. Die Vorschrift wurde daher vollständig abgeschafft [360]. Zeitlich überholt waren auch die weiteren familienrechtlichen Ansprüche und deren Abtretungsverbote in § 1427 II 3 BGB a.F. [361], § 1585 I 2 BGB a.F. [362] und § 71 EheG a.F., die ebenfalls zwischenzeitlich außer Kraft gesetzt wurden [363]. Auch das gesetzliche Abtretungsverbot in § 1623 a.F. BGB gibt es nicht mehr. Die Vorschrift enthielt den gesetzlichen Anspruch auf die Aussteuer [364] und wurde als nicht mehr zeitgemäß ersatzlos gestrichen [365].

Abgeschafft wurden schließlich auch die §§ 1658, 1655 BGB. Der darin dem Vater eingeräumte Anspruch auf den Reingewinn des von ihm nach altem Recht kraft Nutznießung verwalteten Kindesvermögens war ursprünglich nicht übertragbar [366]. Auch diese Vorschriften sind inzwischen aufgehoben [367].

b Aktuelle BGB-Abtretungsverbote

Heute noch gültig sind die gesetzlichen Abtretungsverbote in den §§ 514 S.1, 549, 613 S.2, 664 II, 717 S.1, BGB [368]. Außerdem enthalten die §§ 38, 1059, 1092 BGB gesetzliche Abtretungsverbote [369]. Die Regelungen in § 411 BGB führen dagegen nicht zwingend zur Annahme eines Abtretungsverbotes.

Im Vereinsrecht bestimmt § 38 BGB, daß weder die Mitgliedschaft noch die Ausübung der Mitgliedschaftsrechte übertragbar sind. Grund hierfür ist die Höchstpersönlichkeit der Rechtsstellung des Mitglieds. Gem. § 40 BGB kann die

---

358 Der § 847 I S.2 BGB wurde aufgehoben durch das Gesetz v. 14.03.1990 (BGBl. I S. 1577); Vgl. zu § 847 a.F. BGB noch Palandt-Thomas, BGB (49.A.), § 847 Rdnr. 1 ff.

359 Vgl. zu § 1300 a.F. BGB noch Palandt-Diederichsen, BGB (56. A.), § 1300 Rdnr. 1 mwN; Zur Reform siehe auch BT-DS 12, 6049.

360 Der § 1300 BGB wurde aufgehoben durch das EheschlRG v. 04.05.1998 (BGBl. I S. 833).

361 Der § 1427 BGB wurde neugefaßt durch das GleichberechtigungsG vom 18.06.1957 (BGBl. I S. 609).

362 Der § 1585 BGB wurde neugefaßt durch das Gesetz v. 14.06.1976 (BGBl. I S. 1421).

363 Staudinger-Kaduk, BGB (12. A.), Einl. zu §§ 398 ff. Rdnr. 55; das EheG wurde aufgehoben durch das EheSchlRG vom 04.05.1998, die Regelungen sind jetzt in den §§ 1310 ff. BGB enthalten.

364 Staudinger-Kaduk, BGB (12. A.), § 399 Rdnr. 55.

365 Der § 1623 wurde aufgehoben durch Art. 1 Ziff. 21 Gleichberechtigungsgesetz vom 18.06.1957 (BGBl. I S. 609).

366 Staudinger-Kaduk, BGB (12. A.), § 399 Rdnr. 56.

367 Die §§ 1658, 1655 BGB wurden aufgehoben durch Art. 1 Ziff. 22 Gleichberechtigungsgesetz vom 18.06.1957 (BGBl. I S. 609).

368 Fikentscher Rdnr. 586; Staudinger-Kaduk, BGB (12. A.), § 399 Rdnrn. 17, 23; Münchner-Kommentar-Roth, BGB, § 399 Rdnrn. 22 ff.

369 Soergel-Zeiss, BGB, vor § 398 Rdnr. 2.

Satzung jedoch Abweichendes bestimmen. [370] Dies wirkt sich auch auf das Recht der Kapitalgesellschaften aus, da das Vereinsrecht Grundlage des Körperschaftsrechts und damit auch für AG und GmbH gültig ist [371]. Abtretbar sind hingegen die Sonderrechte des § 35 BGB [372].
Mit § 411 BGB liegt ein modifiziertes Abtretungsverbot für die Abtretung von Bezügen durch Dienstverpflichtete des öffentlichen Rechts vor. Die Vorschrift untersagt zwar nicht die Abtretung, ordnet aber an, daß bis zur Erfüllung der Anzeigepflicht durch Vorlage einer öffentlich beglaubigten Urkunde gegenüber der auszahlenden Kasse die Übertragung als nicht bekannt gilt und damit gegenüber der Kasse (relativ) unwirksam ist. Die Rechtsprechung hält die Abtretung dagegen für wirksam und gesteht der Kasse nur ein Leistungsverweigerungsrecht zu. Die Kasse bleibt nach dieser Ansicht bis zur Vorlage der Abtretungsurkunde gutgläubig [373].

Gem. § 514 S. 1 BGB ist das schuldrechtliche Vorkaufsrecht nicht übertragbar [374]. Dadurch wird der Vorkaufsverpflichtete geschützt, indem der Vorkaufsberechtigte sein Vorkaufsrecht nicht auf eine andere Person übertragen kann, mit der der Vorkaufsverpflichtete nicht kontrahiert hat. Dabei handelt es sich um ein relatives Veräußerungsverbot im Sinne von § 135 BGB, da es nur zwischen dem Vorkaufsberechtigten und Vorkaufsverpflichteten wirkt. Das Abtretungsverbot ist jedoch dispositiv und kann gem. § 514 S. 1 (a.E.) BGB abbedungen werden. Wenn der Vorkauf formpflichtig ist, gilt das auch für die Abbedingung des Abtretungsverbots [375]. Da die Vorschrift des § 1098 BGB auf § 514 BGB verweist, ist auch das dingliche Vorkaufsrecht nicht übertragbar. Abweichendes kann allerdings durch Einigung und Eintragung gem. §§ 873, 877 BGB vereinbart werden [376].

Im Miet- und Pachtrecht sind die Ansprüche auf Gebrauchsüberlassung wegen § 549 BGB nicht ohne Zustimmung des Vermieters oder Verpächters übertragbar [377]. So sind weder das Recht des Mieters auf die Mietsache noch das Nutzungsrecht des Pächters übertragbar [378].

Der Anspruch auf die Dienste aus einem Dienstvertrag ist nach der Auslegungsregel des § 613 S. 2 BGB nur im Zweifel nicht übertragbar. Bei dieser Regelung handelt es sich entweder um ein modifiziertes Abtretungsverbot, das von der abweichenden Vereinbarung beziehungsweise dem Ergebnis der Auslegung abhängt, oder um einen Fall der Personengebundenheit. Im Hinblick auf die persönliche Bindung zwischen dem Dienstherrn und dem Dienstverpflichteten ist es daher auch vertretbar, den Anspruch auf die Dienste dem allgemeinen Abtretungsverbot des § 399 1. Fall BGB zuzuordnen. Da der Dienstherr den Anspruch mit Zustimmung des Dienstverpflichteten jederzeit übertragen kann, spricht m.E. jedoch vieles für die Annahme eines modifizierten Abtretungsverbots. Ein klassischer Anwendungsfall

---

370 Palandt-Heinrichs, BGB, § 38 Rdnr. 3; ders. § 40 Rdnr. 1.
371 K.Schmidt, Gesellschaftsrecht, §§ 22, 23.
372 Staudinger-Kaduk, BGB (12. A.), § 399 Rdnr. 38; Staudinger-Coing, BGB (12. A.), § 35 Rdnrn. 4, 19 ff. mwN.
373 Palandt-Heinrichs, BGB, § 411 Rdnr. 2; BGHZ 11, 302.
374 Staudinger-Kaduk, BGB (12. A.), § 399 Rdnr. 45.
375 Palandt-Putzo, BGB, § 514 Rdnrn. 1, 2; RGZ 163, 155; RGZ 148, 105.
376 Palandt-Bassenge, BGB, § 1094 Rdnr. 4.
377 Münchner-Kommentar-Roth, BGB, § 399 Rdnr. 23; RGZ 134, 91, 96.
378 Staudinger-Kaduk, BGB (12. A.), § 399 Rdnr. 21; RGZ 70, 22; BGHZ 40, 156.

einer abweichenden Vereinbarung ist die Zustimmung des Zeitarbeitnehmers im Rahmen eines Zeitarbeitsvertrages [379].

Beim Auftrag ist gem. § 664 BGB zwischen der Übertragung der Ausführung des Auftrages (Abs. 1) und der Übertragung des Anspruchs auf Ausführung des Auftrages (Abs. 2) zu unterscheiden. Für die Übertragung des Auftrages enthält § 664 I BGB das Verbot der Vollübertragung und eine dem § 613 BGB ähnliche Auslegungsregel hinsichtlich zur Übertragbarkeit, wobei die Übertragung des Auftrages hiervon abweichend gem. § 664 I S. 2 BGB auch gestattet werden kann. Der davon zu unterscheidende Anspruch auf Ausführung des Auftrages ist gem. § 664 II BGB im Zweifel nicht übertragbar. Auch diese Auslegungsregel ist in § 613 BGB enthalten. Für die Rechtsnatur beider Auslegungsregeln in § 664 BGB gilt wegen der Personengebundenheit nichts anderes als das, was zum Dienstvertrag bereits ausgeführt wurde [380].

Die Unübertragbarkeit der Gesellschafterrechte gem. § 717 S.1 BGB ist das Korrelat zur Unübertragbarkeit der Vereinsmitgliedschaft in § 38 BGB. Dies wirkt sich mit Einschränkungen auf die Übertragung von Rechtspositionen im gesamten Gesellschaftsrecht aus, denn die Gesellschaft bürgerlichen Rechts ist das Grundmodell der Personalgesellschaften, genauso wie das Vereinsrecht die Grundform der Kapitalgesellschaften bildet [381].

In der Gesellschaft bürgerlichen Rechts sind gem. § 717 BGB die Mitgliedschaft des Gesellschafters an der Gesellschaft, sein Anteil am Gesellschaftsvermögen, sein Anteil an den einzelnen Gegenständen der Gesellschaft sowie seine Einzelrechte nicht übertragbar. Das Motiv hierfür ist neben dem Gesamthandsprinzip, daß die Rechtsstellung des Gesellschafters nur einheitlich ausgestaltet sein kann und die Rechtsstellung des Gesellschafters durch Übertragung nicht auf mehrere Personen verteilt werden darf (sog. Abspaltungsverbot) [382].

Während hinsichtlich der Übertragung des Anteils am Gesellschaftsvermögen gem. § 719 BGB Abweichungen vereinbart werden können, ist eine Übertragung von Gegenständen wegen §§ 719, 134 BGB nichtig, also absolut unwirksam. Ausgenommen von dem Abtretungsverbot sind gem. § 717 S.2 BGB die Ansprüche aus der Geschäftsführung und die Ansprüche auf die Gewinnverteilung sowie das Auseinandersetzungsguthaben, während die Verwaltungsrechte zwingend unabtretbar sind [383]. Die Ausnahmevorschrift wird erweiternd auch auf die verselbständigten Gläubigerrechte angewandt. Zu diesen selbständigen Geldforderungen, die aus dem ihnen zugrundeliegenden Gesellschaftsverhältnis herausgelöst wurden, gehören das gewinnunabhängige Entnahmerecht, das Gewinnstammrecht und der Vermögenswert der Beteiligung [384]. Für die OHG, die KG und die PartGG gelten aufgrund der Verweisungen in den §§ 105 III, 161 II HGB,

---

379 Palandt-Putzo, BGB, § 613 Rdnrn. 4, 5; ders. vor § 611 Rdnrn. 38-42.
380 Palandt-Thomas, BGB, § 664 Rdnrn. 1, 2.
381 K. Schmidt, Gesellschaftsrecht, § 43 II; ders. § 58 I; ders. § 59 II 2.
382 Staudinger-Kaduk, BGB (12. A.), § 399 Rdnr. 60; Palandt-Thomas, BGB, § 717 Rdnrn. 1-4.
383 Staudinger-Kaduk, BGB (12. A.), § 399 Rdnr. 60; Münchner-Kommentar-Ulmer, BGB, § 717 Rdnrn. 3, 7, 14.
384 Münchner-Kommentar-Ulmer, BGB, § 717 Rdnrn. 33, 15.

1 IV PartGG grundsätzlich das Recht der BGB-Gesellschaft und damit auch die Regelungen in § 717 BGB [385].

Im Sachenrecht ist der Nießbrauch gem. § 1059 BGB nicht übertragbar. Lediglich seine Ausübung kann einem Dritten überlassen werden. Gleiches gilt auch für die beschränkt persönliche Dienstbarkeit gem. § 1092 BGB [386]. Für die Hypothek und die durch Hypothek gesicherte Forderung bestimmt § 1153 BGB ausdrücklich, daß sowohl die Übertragung der Forderung ohne Hypothek als auch umgekehrt die Übertragung der Hypothek ohne Forderung nichtig sind [387]. Aufgrund der Akzessorietät liegt hier zugleich ein Fall der Rechtsgebundenheit vor.

Im Erbrecht sind die meisten erbrechtlichen Ansprüche übertragbar. So können der Erbschaftsanspruch aus § 2018 BGB und der Pflichtteilsanspruch aus § 2307 BGB übertragen werden. Anderes gilt jedoch für das Recht, die Vollziehung einer Auflage gem. § 2194 BGB zu verlangen. Dieses Recht ist nicht übertragbar. Auch der Ausgleichsanspruch aus § 2050 BGB kann nur mit dem Erbteil nicht aber selbständig übertragen werden [388]. In den letzten beiden Fällen (§§ 2194, 2050 BGB) handelt es sich mangels ausdrücklicher Anordnung jedoch nicht um spezielle BGB-Abtretungsverbote, sondern um Anwendungsfälle des § 399 1. Fall BGB.

4. Gesetzliche Abtretungsverbote außerhalb des BGB

Der besseren Übersichtlichkeit halber führt die nachfolgende Aufstellung die häufigsten Fälle der jeweiligen Rechtsgebiete in alphabetische Reihenfolge auf.

a Arbeitsrecht

Die häufigsten gesetzlichen Abtretungsverbote im Arbeitsrecht ergeben sich aus dem allgemeinen Abtretungsverbot des § 400 BGB in Verbindung mit der Unpfändbarkeit des Arbeitseinkommens [389]. Die speziellen Abtretungsverbote in Betriebsvereinbarungen und Tarifverträgen, auf die in den Arbeitsverträgen Bezug genommen wird, sowie die individualvertraglichen Abtretungsverbote sind rechtsgeschäftlicher Natur und fallen daher unter § 399 2. Fall BGB [390]. Spezialgesetzliche außerhalb des § 400 BGB sind im Arbeitsrecht selten.

b Berufsrecht

Die berufsständischen Vereinigungen der freiberuflichen Selbständigen können aufgrund ihrer Satzungshoheit in ihren Satzungen Abtretungsverbote bestimmen. So bestimmt § 29 der Satzung des Saarlandes und § 27 der Satzung des Versorgungswerkes der Rechtsanwaltskammer Berlin, daß Ansprüche auf

385 Baumbach-Hopt, HGB, Einl. vor § 105 Rdnrn. 1, 2, 14 - 18.
386 Palandt-Bassenge, BGB, § 1059 Rdnrn. 1, 2; ders. § 1092 Rdnrn. 2, 5, 8.
387 Palandt-Bassenge, BGB, § 1153 Rdnrn. 1, 2.
388 Staudinger-Busche, BGB (13. A), § 399 Rdnr. 45.
389 Siehe oben unter Kap. 1 B III 2.
390 Siehe dazu unten Kap. 1 B V.

Versorgungsleistungen weder übertragen noch verpfändet werden können. Das Abtretungs- und Verpfändungsverbot der Satzung hat Normcharakter. Über die Unpfändbarkeitsregelung wird zugleich § 400 BGB eröffnet.

Im Berufsrecht der freien Berufe sind Honoraransprüche nicht immer abtretbar. So sieht § 49 b IV BRAO für die gesetzlichen Honoraransprüche des Rechtsanwalts ein qualifiziertes Abtretungsverbot vor. Danach ist die Abtretung an einen nicht als Rechtsanwalt zugelassenen Dritten unzulässig, es sei denn, die Forderung ist rechtskräftig festgestellt, die Erstvollstreckung war fruchtlos und der Mandant hat der Abtretung ausdrücklich und schriftlich zugestimmt. Diese Regelung in § 49 b IV S. 2 BRAO erfaßt jede Art der Abtretung und auch die sogenannte Übertragung zur Einziehung der Forderung [391]. Diese Übertragung zur Einziehung wird neuerdings unter dem Aspekt der telefonischen Rechtsberatung ("Service-Nummer 0190") diskutiert. Die Rechtsprechung hierzu ist noch uneinheitlich [392]. In der Literatur wird der Gebühreneinzug der Telefongesellschaft für den Rechtsanwalt für unvereinbar mit § 49 b IV BRAO gehalten. Höchstrichterliche Entscheidungen zu diesem Problemkreis liegen zur Zeit noch nicht vor [393].

Hinsichtlich der Abtretung ärztlicher oder anwaltlicher Honorarforderungen kann sich außerdem aus § 134 BGB in Verbindung mit § 203 StGB ein (richterliches) Abtretungsverbot ergeben, wenn wegen § 402 BGB durch die Abtretung persönliche Daten des Schuldners weitergegeben werden. Der BGH hält die Abtretung allerdings dann für wirksam, wenn der Schuldner gegenüber dem schweigepflichtigen Zedenten der Abtretung zugestimmt hat [394]. Da bei Abtretung der Honorarforderung an einen anderen Rechtsanwalt die Verschwiegenheit trotz § 402 BGB gewahrt bleibt, gestattet die Regelung des § 49 b IV S. 1 BRAO die Übertragung von Forderungen zwischen Rechtsanwälten grundsätzlich und abweichend von § 49 b IV S. 1 BRAO [395].

Ähnlich wie im Berufsrecht der Rechtsanwälte sieht auch das Berufsrecht der Wirtschaftsprüfer in § 55 a WPO ein Abtretungsverbot für Honorarforderungen der Wirtschaftsprüfer gegenüber ihren Mandanten vor. Allerdings können Wirtschaftsprüfer ausnahmsweise ihre Honorarforderungen abtreten, wenn der Zessionar ebenfalls Wirtschaftsprüfer ist. Im Berufsrecht der Steuerberater sind die Honorarforderungen dagegen grundsätzlich gem. § 9 StBG abtretbar. Hinsichtlich der Honorarforderungen der Steuerberater, die aus forensischer Tätigkeit resultieren, verweisen die §§ 45, 46 StBGebV auf die Bestimmungen der BRAGO. Darin ist jedoch kein Abtretungsverbot enthalten, so daß diese Forderungen ebenfalls abtretbar bleiben, andernfalls hätte es einer Verweisung auf § 49 b BRAO bedurft.

Im Gegensatz dazu ist in der Honorarordnung für Architekten und Ingenieure (HOAI) der Honoraranspruch grundsätzlich abtretbar. Zu beachten ist, daß die HOAI jedoch kein Gesetz, sondern nur eine Rechtsverordnung ist und ihre Anwendbarkeit davon

---

391 Henssler-Prütting, BRAO, § 49 b Rdnr. 38.

392 OLG München NJW 1999, 150; OLG Frankfurt a.M. NJW 1999, 152.

393 Berger NJW 1999, 1353.

394 BGH NJW 1991, 2955; BGH NJW 1996, 775; Berger NJW 1995, 1584; Schneider MDR 1992, 640.

395 Henssler-Prütting, BRAO, § 49 b Rdnr. 37.

abhängt, daß sie ausdrücklich vereinbart wird oder daß Leistungen erbracht werden, die in der HOAI beschrieben sind [396].

c Beamten- und Besoldungsrecht

Kein Abtretungsverbot enthält § 11 IV BMinG für die Abtretung der Dienstbezüge von Mitgliedern der Bundesregierung, da die Vorschrift auf § 83 a BBG (jetzt § 87 a BBG) und nicht auf § 84 BBG verweist. Für die Dienstbezüge der Abgeordneten und der Beamten des Bundes enthalten jedoch die § 31 AbgG, § 84 BBG, §§ 51 I 1 BRRG, 84 II, 157 BBG Abtretungsverbote. Nicht abtretbar sind außerdem nach § 11 BBesG und § 1 III BeihilfeVO die sonstigen Bezüge und Beihilfeansprüche der Beamten und Richter [397].

d Gesellschaftsrecht

Zu den gesellschaftsrechtlichen Übertragungshindernissen gehört der bereits behandelte § 171 BGB, der über die Verweisungen in §§ 105, 161 HGB auch auf die OHG und die KG anwendbar ist. Gleiches gilt gem. § 1 PartGG für die Partnerschaftsgesellschaft. Für den Bereich der Kapitalgesellschaften ist schließlich § 179 a AktG zu beachten, wonach die Verpflichtung, das gesamte Gesellschaftsvermögen zu übertragen nur unter bestimmten Voraussetzungen zulässig ist [398].

Darüber hinaus enthält § 15 GmbH eine insofern beachtliche Regelung, als es für die Abtretung der Geschäftsanteile an einer GmbH abweichend von der Formfreiheit in § 398 BGB eines notariellen Vertrages zwischen den Gesellschaftern bedarf. Die notarielle Form ist auch schon für das der Abtretung zugrundeliegende Verpflichtungsgeschäft erforderlich, so daß ein Verstoß gegen die Form zur Nichtigkeit gem. § 125 BGB führt. Bei der Regelung des § 15 GmbHG handelt es sich damit um ein modifiziertes Abtretungsverbot, da ohne Zustimmung der Gesellschafter die Abtretung des Geschäftsanteils nicht möglich ist.

Im Genossenschaftsrecht bestimmt § 76 GenG, daß das Statut der Genossenschaft die Übertragung von Geschäftsguthaben beschränken oder ausschließen kann. Gem. § 88 a GenG kann der Einzahlungsanspruch der Genossenschaft auf rückständige Einzahlungen auf den Genossenschaftsanteil und auf anteilige Fehlbeträge nur mit Zustimmung des Prüfungsverbandes übertragen werden. Für die Erteilung dieser Zustimmung enthält § 88 a II GenG qualifizierte Anforderungen. In der Insolvenz (vormals Konkurs) kann der Insolvenzverwalter (Konkursverwalter) gem. § 108 a GenG Ansprüche auf rückständige Einzahlungen nur mit Genehmigung des Insolvenzgerichts (Konkursgericht) abtreten [399].

---

396 Cuypers, Bauvertragsrecht, Abschnitt D, Rdnrn. 4 ff., 163.

397 Schmidt-Aßmann, Verwaltungsrecht BT, Abschnitt 6, Rdnrn. 6, 157 ff.

398 Peters BB 1999, 801; vgl. oben Kap. 1 B III 1.a.

399 Für die Erleichterung der Übertragung von Genossenschaftsanteilen, vgl. Strieder BB 1999, 1567.

e *Immaterialgüterrecht*

Das Urheberrecht ist gem. § 29 S.2 UrhG nur in Erfüllung einer Verfügung von Todes wegen und im übrigen nicht übertragbar. Das urheberrechtliche Nutzungsrecht kann dagegen mit Zustimmung des Rechtsinhabers gem. § 34 I 1 UrhG übertragen werden. Nach § 28 VerlG wird die Übertragbarkeit der Verlegerrechte teilweise zu Lasten des Verlegers eingeschränkt [400]. In § 3 GeschMG wird klargestellt, daß das Urheberrecht vererblich ist und die Übertragung vertraglich ausgeschlossen werden kann. Ob Werktitel wie Marken übertragbar und pfändbar sind, war auf der Grundlage des bisherigen Rechts umstritten. Auch das neue Markengesetz hat dies nicht ausdrücklich geregelt [401]. Der § 27 MarkenG enthält kein Abtretungsverbot und regelt lediglich den Rechtsübergang. Da die Übertragung einer Marke jedoch durch Vertrag erfolgt und gem. § 413 BGB somit das Abtretungsrecht des BGB anzuwenden ist, können die allgemeinen Abtretungsverbote der §§ 399, 400 BGB nach richtiger Ansicht einschlägig sein [402].

f *Insolvenzrecht*

Im Insolvenzrecht enthält der Verlust der Verfügungsbefugnis des Gemeinschuldners ein allgemeines gesetzliches Übertragungshindernis. Durch den Übergang der Verfügungsbefugnis auf den Insolvenzverwalter gem. § 80 InsO [403] kann der Gemeinschuldner nicht mehr wirksam verfügen. Seine Verfügungen sind nach Eröffnung des Insolvenzverfahrens gem. § 81 I InsO [404] unwirksam. Dies gilt wegen § 91 InsO [405] gegenüber allen Gläubigern, denn diese Vorschrift bestimmt, daß Rechte an den Gegenständen der Insolvenzmasse nach der Eröffnung des Insolvenzverfahrens nicht mehr erworben werden können, selbst wenn dem Rechtserwerb weder eine Verfügung noch eine Maßnahme der Zwangsvollstreckung zugrunde liegt [406].

Da die Abtretung einer Forderung eine Verfügung ist, wirken diese Vorschriften wie ein absolutes Abtretungsverbot, nämlich erga omnes, wenn die Forderung gem. §§ 35 ff. InsO zur Insolvenzmasse gehört. In der Insolvenz des Zedenten ist die Abtretung an den Zessionar daher absolut unwirksam. Dies gilt auch für die Anordnung von Sicherungsmaßnahmen. Wird ein vorläufiger Insolvenzverwalter bestellt und dem Schuldner gleichzeitig ein allgemeines Verfügungsverbot auferlegt, dann geht die Verwaltungs- und Verfügungsbefugnis gem. § 22 I InsO [407] auf den vorläufigen Insolvenzverwalter über. Gem. § 24 I InsO gilt dann der § 81 InsO entsprechend. Hier handelt es sich um ein gemischt gesetzlich-hoheitliches Abtretungsverbot eigener Art, denn die allgemeine gesetzliche Unwirksamkeitsanordnung des § 81 InsO wirkt zusammen mit der gerichtlichen Anordnung des

---

400 Staudinger-Kaduk, BGB (12. A.), Ein. vor § 398 Rdnr. 57.
401 Wenzel, Urheberrecht, Rdnr. 0.29.
402 So auch Fezer, Markenrecht, § 27 Rdnr. 14.
403 Bis zum 31.12.1998: §§ 6, 13 KO; § 8 GesO; § 57 VglO.
404 Bis zum 31.12.1998: § 7 KO; §§ 58-63 VglO.
405 Bis zum 31.12.1998: § 15 KO.
406 Vgl. oben Kap. 1 A V 3.a (a.E.).
407 Bis zum 31.12.1998: § 106 KO; § 2 GesO; §§ 11, 12, 13 VglO.

Verfügungsverbots gem. § 21 I Nr. 2 InsO. Letzteres ist jedoch nur Voraussetzung für die Wirkung des gesetzlichen Abtretungsverbots in § 81 InsO [408].

Vor Beginn des Insolvenzverfahrens kann das Insolvenzgericht ein allgemeines Verfügungsverbot oder einen Zustimmungsvorbehalt gem. § 21 II Nr. 2 InsO aussprechen [409]. Dieses ist wie das Verfügungsverbot in der Einzelzwangsvollstreckung hoheitlicher Natur und daher kein originäres gesetzliches Abtretungsverbot. Ebenfalls nicht um ein gesetzliches Abtretungsverbot handelt es sich bei der Rechtsfolgenanordnung der Insolvenzanfechtung. Gem. § 143 InsO begründet die Anfechtbarkeit einer Abtretung vor Insolvenzeröffnung lediglich den insolvenzrechtlichen Rückgewähranspruch des Insolvenzverwalters gegenüber dem Zessionar; die Wirkung ist lediglich die einer relativen Unwirksamkeit inter partes [410].

Die insolvenzrechtlichen Abtretungsverbote der §§ 21, 81 InsO sind zeitlich beschränkt. Sie enden mit der Insolvenz. Dies ist der Fall bei der Einstellung des Insolvenzverfahrens gem. § 215 InsO [411] oder bei der Aufhebung des Insolvenzverfahrens gem. § 259 InsO [412]. Der Aufhebung liegt ein rechtskräftiger Insolvenzplan gem. §§ 254 ff. InsO zugrunde, dessen Einhaltung vom Insolvenzverwalter überwacht wird. In diesem Fall geht die Verfügungsbefugnis jedoch nicht auf den Insolvenzverwalter über. Dieser hat lediglich Kontrollrechte und Zustimmungsvorbehalte, die kein gesetzliches Abtretungsverbot begründen. Gleiches gilt auch im Rahmen der Eigenverwaltung gem. §§ 270 ff. InsO.

Im Verfahren der Restschuldbefreiung gelten zusätzliche Besonderheiten. Gem. § 287 II 1 InsO muß der Schuldner mit seinem Antrag auf Restschuldbefreiung die Erklärung verbinden, daß er seine gem. §§ 850 ff. ZPO pfändbaren Bezüge abtritt. Rechtsgeschäftliche Abtretungen von Bezügen bleiben jedoch wegen § 114 II InsO nur drei Jahre nach Insolvenzeröffnung wirksam, so daß die Erklärung nur die übrigen Bezüge hinsichtlich der letzten vier Jahre enthalten muß. Gem. § 114 III InsO haben Lohnpfändungen sogar nur einen Monat nach Eröffnung des Insolvenzverfahrens Bestand. Darüber hinaus trifft den Schuldner das Verfügungs- und damit Abtretungsverbot des § 81 II InsO. Aufgrund dieser an zeitliche Faktoren anknüpfenden Regelungen kann nur derjenige Schuldner Restschuldbefreiung erlangen, der über abtretbares und pfändbares Einkommen verfügt [413]. Außerhalb der Insolvenz begründet die Anfechtungsmöglichkeit nach § 11 AnfG n.F. [414] lediglich einen Rückgewähranspruch, so daß hier nicht von einem gesetzlichen Abtretungsverbot gesprochen werden kann [415].

---

408 Eickmann-Flessner, InsO, § 80 Rdnr. 3; ders. § 81 Rdnr. 1; ders. § 91 Rdnr. 6.
409 Bis zum 31.12.1998: § 106 KO, § 2 GesO, 11-13 VglO.
410 Bis zum 31.12.1998: § 37 KO.
411 Bis zum 31.12.1998: §§ 205, 206 KO.
412 Bis zum 31.12.1998: § 192 KO; § 98 VglO.
413 Gottwald, Insolvenzrechtshandbuch, Teil 10, 2.2; Eickmann-Flessner, InsO, § 287 Rdnrn. 4 ff., 7.
414 Bis zum 31.12.1998: § 7 AnfG a.F.
415 Bork, Insolvenzrecht, Rdnrn. 228 ff.

g Landesrecht

Der Art. 81 EGBGB enthält einen Vorbehalt zugunsten landesrechtlicher Sonderbestimmungen. Unter diesen Vorbehalt fallen auch landesrechtliche Abtretungsverbote hinsichtlich Besoldung, Wartegeld, Ruhegehalt, Witwen- und Waisengeld, die somit von den Vorschriften des BGB unberührt bleiben [416]. Beispiele für landesrechtliche Abtretungsverbote in diesem Sinne sind etwa § 8 SaarlMinG, § 26 SaarlAbgG und §103 SaarlBG, der auf § 11 BBesG verweist, sowie § 8 LandesbesG BW, § 14 MinG BW. Gemäß § 23 AbgG BW ist der Anspruch auf Aufwandsentschädigung insgesamt nicht übertragbar, während die Ansprüche auf Entschädigung und Übergangsgeld nur hälftig unabtretbar sind.

h Sachenrecht

Im Sachenrecht enthalten die §§ 12, 35 WEG Veräußerungsbeschränkungen, die wegen § 135 BGB relative Wirkung haben und auch die Abtretung von Rechten an Wohneigentum erfassen. Insoweit liegen auch hier (modifizierte) Abtretungsverbote vor. Beispielsweise kann die Eigentümergemeinschaft Veräußerungen von ihrer Zustimmung abhängig machen, wobei die Zustimmung allerdings nur bei wichtigem Grund verweigert werden kann [417]. Unübertragbar sind auch die Vorkaufsrechte gem. § 24 IV S. 4 BBauG sowie das siedlungsrechtliche Vorkaufsrecht [418].

i Sozialrecht

Im Sozialrecht können gem. § 53 I SGB I Ansprüche auf Dienst- oder Sachleistungen im Sinne des § 11 SGB I weder übertragen noch verpfändet werden. Grund hierfür ist, daß diese Leistungen an den Bedürfnissen des Empfängers ausgerichtet werden und daher höchstpersönlicher Natur sind. Mit einer Übertragung wäre daher zugleich eine Inhaltsänderung gem. § 399 1. Fall BGB verbunden [419]. Des Rückgriffs auf die allgemeine Regelung in § 399 BGB bedarf es jedoch nicht, wenn man das Abtretungsverbot in § 53 SGB I für ein selbständiges Übertragungshindernis hält [420].

k Steuerrecht

Gem. § 46 AO sind im Steuerrecht ausschließlich die auf Zahlung gerichteten Ansprüche aus dem Steuerschuldverhältnis abtretbar. Darüber hinaus werden die sonstigen Ansprüche im Steuerrecht nicht von § 46 AO erfaßt. Sie sind deshalb mangels ausdrücklicher gesetzlicher Anordnung nicht abtretbar. Die gem. § 46 AO

---

416 Staudinger-Kaduk, BGB (12. A.), Einl. zu §§ 398 ff. Rdnr. 57.

417 Staudinger-Kaduk, BGB (12. A.), § 399 Rdnr. 23.

418 Staudinger-Kaduk, BGB (12. A.), § 399 Rdnr. 45; Staudinger-Mayer-Maly, BGB (12. A.), § 514 Rdnrn. 8, 61.

419 v.Maydell-Ruland, Sozialrechtshandbuch, Rdnr. 138.

420 Vgl. zur dogmatischen Einordnung oben Kap. 1 B I vor 1.

abtretbaren Ansprüche ergeben sich aus den Einzelsteuergesetzen [421]. Zu den im Steuerrecht abtretbaren Ansprüchen gehören auch die Ansprüche auf Erstattung zuviel geleisteter steuerlicher Nebenleistungen [422]. Besonders wichtig ist außerdem der Anspruch auf Erstattung der Vorsteuer. Außerdem fallen unter § 46 AO alle Ansprüche aus dem Bereich der Kommunalabgaben, soweit die Kommunalabgabengesetze der Länder auf die die AO Bezug nehmen [423].

Die übrigen Ansprüche aus dem Steuerpflichtverhältnis enthalten vornehmlich Mitwirkungspflichten und Verfahrensrechte, die schon von ihrer Natur her nicht abgetreten werden können. Hinsichtlich der abtretbaren Geldansprüche ordnet der § 46 AO ein modifiziertes Abtretungsverbot an. Gem. § 46 II AO ist eine Abtretung erst wirksam, wenn sie vom Gläubiger unter Beachtung der Formvorschriften des § 46 III AO der zuständigen Behörde nach Entstehung des Anspruchs angezeigt wurde. Fehlen diese Voraussetzungen, ist die Abtretung unwirksam.

Der geschäftsmäßige Erwerb der Erstattungs- und Vergütungsansprüche ist gem. § 46 IV AO nur im Falle der Sicherungsabtretung seitens Unternehmen gestattet, die die Zulassung für Bankgeschäfte haben. Im übrigen sind die Abtretungen unwirksam. Außerdem darf ein Pfändungs- und Überweisungsbeschluß nicht erlassen werden, solange der Anspruch nicht entstanden ist. Ansonsten ist der Beschluß gem. § 46 VI AO nichtig. Eine entgegen § 46 AO erfolgte Forderungsübertragung kann sogar gem. § 383 AO als Ordnungswidrigkeit geahndet werden. Die Vorschrift soll insbesondere Mißbräuchen bei der Lohnsteuerhilfe entgegentreten [424].

l *Strafrecht*

Die Vorschriften zu Einziehung, Verfall und Entschädigung im Adhäsionsverfahren gem. §§ 403 ff. StPO enthalten keine Abtretungsverbote [425]; insbesondere ist auch der Anspruch auf Erstattung der notwendigen Auslagen im Strafverfahren grundsätzlich abtretbar [426]. Im Einzelfall kann aber ein allgemeines Abtretungsverbot etwa bei Höchstpersönlichkeit oder Unpfändbarkeit gem. §§ 399, 400 BGB eingreifen.

m *Versicherungsrecht*

Spezielle Abtretungsverbote enthalten die §§ 15, 98 VVG. Nach § 15 VVG können Forderungen aus der Versicherung unpfändbarer Sachen nur an solche Gläubiger des Versicherungsnehmers übertragen werden, die diesem ersatzweise andere Sachen geliefert haben. Die Vorschrift betrifft eine Vielzahl verschiedener

---

421 Vgl. z.B. die §§ 36 IV 2, 36 b, 42 ff., EStG; § 18 GewStG; § 12 II KraftStG; § 22 II VStG; § 8 WoPG; § 5 b I SparPG; § 5 V InvZulG.

422 Nebenleistungen idS sind die Verspätungs- und Säumniszuschläge, die Zinsen, die Zwangsgelder und Kosten.

423 Halaczinsky ZIP 1985, 1443; ders. BB 1981, 1270.

424 Klein-Orlopp, AO, § 383 Anm. 1.

425 Vgl. oben Kap. 1 A V.2.

426 Münchner-Kommentar-Roth, BGB, § 399 Rdnr. 14; OLG Koblenz AnwBl. 1975, 100.

Versicherungen und enthält ein absolutes Abtretungsverbot [427]. Für den Bereich der Gebäudeversicherung bestimmt § 98 VVG, daß die Abtretung nur an bestimmte Beteiligte erfolgen darf. Dieses Abtretungsverbot wird als relatives Veräußerungsverbot aufgefaßt, da das Verbot nur die Abtretung zwischen den privilegierten Personen des § 98 VVG erfaßt [428]. Die Abtretungsverbote in den allgemeinen Geschäftsbedingungen der Versicherer sind wiederum rechtsgeschäftlicher Natur.

n Wirtschafts- und Wirtschaftsverwaltungsrecht

Im Wettbewerbsrecht enthalten weder die erst kürzlich novellierten Gesetze UWG und GWB noch die auch in jüngster Zeit wieder in Frage gestellten Normen des RabattG und der ZugabeVO Abtretungsverbote. Das gilt auch für das durch die Transportrechtsreform im Zuge der Handelsrechtsreform novellierte Transport- und Speditionsrecht der §§ 407 ff. HGB. Zu beachten ist hier aber § 457 HGB, wonach der Versender erst nach Abtretung der Rechte des Spediteurs diese Rechte geltend machen kann. Gem. § 34 GewO iVm PfandleiherVO [429] darf der öffentliche Pfandleiher Forderungen aus den Darlehen, die er in seinem Geschäftsbetrieb gegen Faustpfand erworben hat, nicht an Dritte übertragen, die nicht auch öffentliche Pfandleiher sind [430]. Dieses modifizierte Abtretungsverbot hat strukturelle Ähnlichkeit mit den bereits behandelten Fällen der Abtretung von Honorarforderungen an Rechtsanwälte gem. § 49 b IV S.1 BRAO und der Abtretung von Steuererstattungsansprüchen an Kreditinstitute gem. § 46 AO [431].

Im Bereich des Postgiroverkehrs (vormals Postscheckverkehr) der Deutschen Post AG gelten verschiedene Abtretungsverbote [432]. Gem. § 23 II PostG sind die Ansprüche des Absenders einer Postsendung, abgesehen von den Ansprüchen gem. § 23 V PostG nicht abtretbar. Das gleiche gilt für den Anspruch des Postscheckteilnehmers auf Auszahlung des Guthabens. Diesen Anspruch darf er nur übertragen, wenn sein Postscheckkonto geschäftlichen oder gewerblichen Zwecken dient und gleichzeitig das Postscheckkonto übertragen wird. Letzteres setzt gem. § 8 PostScheckO [433] die Zustimmung des Postscheckamtes voraus, womit es sich hier um ein modifiziertes Abtretungsverbot handelt. Bei privaten Kontoinhabern ist die Übertragung ganz ausgeschlossen. Der Postsparer kann dagegen übertragen, er muß jedoch die Abtretung von der Post oder einem Notar beurkunden lassen und das Postsparbuch der beurkundenden Stelle übergeben [434]. Schließlich enthalten oder enthielten noch der § 29 TKG, der § 39 PBefG, der § 23 GüKG a.F. und der § 44 a BHO a.F. personengebundene Abtretungsbeschränkungen [435].

---

427 Prölls-Martin, Versicherungsvertragsgesetz, § 15 Rdnrn. 2-9; BGHZ 13, 360.

428 Prölls-Martin, Versicherungsvertragsgesetz, § 98 Rdnr. 3; BGH RuS 1994, 114.

429 PfandleiherVO idF der Bek. v. 01.06.76 (BGBl. I. 1334).

430 Staudinger-Kaduk, BGB (12. A.), Einl. zu §§ 398 ff. Rdnr. 60; RGZ 58, 71; Hier sind die Änderungen des § 34 GewO zu beachten, vgl. BGBl. I. 1994, 3475 sowie BGBl. I.1998, 1291.

431 Siehe oben Kap. 1 B III 4. lit. b und lit. k.

432 Vgl. zum alten Recht noch Staudinger-Kaduk, BGB (12. A.), Einl. zu §§ 398 ff. Rdnrn. 62 mwN.

433 PostScheckO vom 01.12.1969, BGBl. I. 1969, 2159.

434 Soergel-Zeiss, BGB, § 399 Rdnr. 4; Wagner NJW 1987, 928; Staudinger-Kaduk, BGB (12. A.), § 399 Rdnr. 44; KG NJW 1970, 332.

435 Vgl. dazu die o.g. personengebundenen Fälle im öffentlichen Recht, Kap. 1 B III 1.a cc.

o *Zwangsvollstreckungsrecht*

In der Einzelzwangsvollstreckung gibt es die Möglichkeit, mit dem Erlaß eines Verfügungsverbots die Wirkung eines Abtretungsverbots zu erzielen. Verfügungsverbote werden grundsätzlich im Wege der einstweiligen Verfügung gem. § 938 ZPO erlassen [436]. Bei der Pfändung einer Forderung ergeht das Verfügungsverbot in Zusammenhang mit dem Pfändungsbeschluß gem. § 829 ZPO, der in der Praxis regelmäßig mit dem Überweisungsbeschluß gem. § 836 ZPO verbunden wird [437]. Da das Vollstreckungsgericht durch Beschluß entscheidet, beruht das Übertragungshindernis auf einer gerichtlichen Anordnung und ist somit den hoheitlichen Abtretungsverboten zuzuordnen [438].

IV *Abtretungsverbote kraft Hoheitsakt*

Die Abtretungsverbote kraft Hoheitsakt können judikativen oder exekutiven Ursprungs sein. Unter judikativen Abtretungsverboten sind Entscheidungen der Rechtsprechung zu verstehen, in denen eine Forderungsübertragung für unwirksam erklärt wird, sog. richterrechtliche oder kurz richterliche Abtretungsverbote. Exekutive Abtretungsverbote sind solche, die die Verwaltung angeordnet hat, sog. behördliche oder administrative Abtretungsverbote.

1. *Richterliche Abtretungsverbote*

Richterrecht ist Rechtsfortbildung durch die Rechtsprechung [439]. In Abgrenzung zur richterlichen Entwicklung der Kasuistik zu einzelnen gesetzlichen Abtretungsverboten wie etwa zu § 399 1. Fall BGB bedeutet der Begriff des Abtretungsverbotes kraft Richterrecht die Entwicklung eines vollständigen Abtretungsverbotes in Form eines eigenständigen Rechtssatzes mit Tatbestand und Rechtsfolge durch die Rechtsprechung selbst.

Dabei muß für den Anwendungsbereich richterlicher Abtretungsverbote nach der Wirkung der unterschiedlichen Entscheidungen der Rechtsprechung differenziert werden. Grundsätzlich wirken die richterlichen Abtretungsverbote kraft der Rechtskraft richterlicher Entscheidungen und damit grundsätzlich nur inter partes. Da ausschließlich Entscheidungen des Bundesverfassungsgerichts gem. § 31 BVerfGG wie Gesetze wirken, bedarf es für richterliche Abtretungsverbote der Fachgerichte einer über die relativen Wirkungen des Urteils im Parteiprozeß hinausgehenden Kraft. Diese entsteht über das Gesetz zur Wahrung der Einheitlichkeit der Rechtsprechung der obersten Gerichtshöfe des Bundes oder im Wege der gewohnheitsrechtlichen Anerkennung fachgerichtlicher Entscheidungen.

Die richterlichen Abtretungsverbote wurden über die zwei Generalklauseln der §§ 242, 134 BGB entwickelt. Aufgrund der Anforderung an Treu und Glauben in

---

436 Zöller-Vollkommer, ZPO, § 938 Rdnr. 12.
437 Zöller-Stöber, ZPO, § 829 Rdnrn. 1 ff, 6.; ders. § 835 Rdnr. 3.
438 Siehe unten Kap. 1 B IV 2.
439 Larenz-Wolf, Allgemeiner Teil, § 4.

§ 242 BGB wurde kraft richterlicher Rechtsfortbildung die Abtretung im Einzelfall untersagt, wenn sie sich als unzulässige Rechtsausübung darstellte [440]. Für die Erfüllung dieses Tatbestandsmerkmals in § 242 BGB setzt der BGH jedoch einen schwerwiegenden Ausnahmefall voraus, wobei die zur Unwirksamkeit führenden Umstände dem Wesen der Abtretung anhaften müssen [441]. Die Abtretung ist danach insbesondere dann unwirksam, wenn zwischen dem Schuldner und dem Zedenten bereits ein Rechtsstreit über einen Teil der Forderung anhängig ist und der Schuldner genötigt wäre, nach der Abtretung einen weiteren Rechtsstreit über den Teil der Forderung zu führen, der noch nicht Gegenstand der Auseinandersetzung war [442]. Ebenso hat die Rechtsprechung auch aus § 134 BGB ein Abtretungsverbot folgen lassen, wenn sich die Abtretung als Verstoß gegen ein gesetzliches Gebot darstellt. Ein wichtiger Fall ist die Abtretung von Honoraransprüchen unter Verstoß gegen § 203 StGB [443]. Die Rechtsprechung bejaht den Verstoß gegen § 134 BGB iVm § 203 StGB und begründet damit dieses richterliche Abtretungsverbot, wenn der Schuldner der Übertragung der Honorarforderung unter Angabe seiner Daten nach § 402 BGB nicht ausdrücklich zugestimmt hat [444].

Ebenso kann auch die Abtretung des erfolgsabhängigen Tantiemeanspruchs des GmbH-Geschäftsführers wegen Verstoßes gegen die Verschwiegenheitsverpflichtung des § 85 GmbHG in Verbindung mit § 134 BGB unwirksam sein, wenn dieser Abtretung die Preisgabe von Geschäftsgeheimnissen vorausgeht. Hierzu ist der Zedent gegenüber dem Zessionar aufgrund der Auskunftspflicht in § 402 BGB verpflichtet [445]. Der BGH hält die Verwirklichung des Straftatbestandes in § 85 GmbHG jedoch nicht für ausreichend, um die Nichtigkeitsfolge des § 134 BGB nach sich zu ziehen [446]. Ein weiteres wichtiges Beispiel ist das von der Rechtsprechung entwickelte Abtretungsverbot konkursrechtlicher Anfechtungsansprüche, das bislang aus den §§ 36 ff. KO und der Abhängigkeit der Anfechtung vom Konkursverfahren hergeleitet wurde [447]. Dieses richterliche Abtretungsverbot ist von der Rechtsprechung allerdings noch nicht für die neue Insolvenzordnung bestätigt worden [448].

2. Behördliche Abtretungsverbote

Behördliche Abtretungsverbote tauchen im Rechtsverkehr nicht besonders häufig auf und werden in der Literatur praktisch nicht behandelt. Die Verwaltung kann gleichwohl Abtretungsverbote grundsätzlich in jeder ihr möglichen Handlungsform anordnen. Im Bereich des hoheitlichen Verwaltungshandelns kommen insbesondere der Verwaltungsakt und die Allgemeinverfügung gem. § 35 VwVfG sowie die selbständigen Nebenbestimmungen gem. § 36 VwVfG in Betracht, wofür die Verwaltung aufgrund des Gesetzesvorbehalts jedoch einer Rechtsgrundlage für ihr

---

440 Palandt-Heinrichs, BGB, § 399 Rdnr. 2; Baumgärtel AcP 156 (1956) 265; RGZ 146, 402; BAG AP § 399 Nr. 1 und 4.
441 BGHZ 23, 53, 56.
442 OLG Düsseldorf MDR 1981, 669.
443 Mennicke-Radke MDR 1993, 400.
444 BGH NJW 1991, 2955; BGH NJW 1991, 757; vgl. auch Berger NJW 1995, 1584 mwN.
445 OLG Köln BB 1999, 2577.
446 Staudinger-Busche, BGB (13. A.), Einl. zu §§ 398 ff. Rdnr. 44; BGH DB 1996, 1715.
447 Braun ZIP 1985, 786; BGHZ 83, 102 (105).
448 Siehe dort §§ 129 ff. InsO.

Handeln bedarf. Soweit die Verwaltung zum Erlaß einer Rechtsverordnung ermächtigt wurde, kann auch diese als Rechtsgrundlage für die Anordnung von Abtretungsverboten dienen [449].

Daneben kann sich die Verwaltung auch privatrechtlicher Handlungsformen bedienen, indem sie insbesondere Verträge abschließt. Verträge, die die Verwaltung abschließt, können rein privatrechtlicher Natur sein. In diesem Bereich des privatrechtlichen Handelns der Verwaltung, sogenanntes Verwaltungsprivatrecht, sind die Kaufverträge der Beschaffungsverwaltung ein typisches Beispiel. Vereinbart die Verwaltung in diesem Bereich ein Abtretungsverbot, fällt dieses unmittelbar unter die Regelung des § 399 2. Fall BGB [450].

Anders verhält es sich mit den sogenannten Verwaltungsverträgen, die Gegenstand der speziellen Regelungen in den §§ 54 ff. VwVfG sind. Hier muß zwischen dem koordinationsrechtlichen Vertrag im Gleichordnungsverhältnis und dem subordinationsrechtlichen Vertrag im Über- und Unterordnungsverhältnis der Vertragspartner unterschieden werden [451]. Den subordinationsrechtlichen Vertrag kann die Verwaltung anstelle der ihr zur Verfügung stehenden hoheitlichen Handlungsformen wählen. Für ihn gelten verschiedene Besonderheiten, insbesondere die Anforderungen an die Gesetzmäßigkeit des Verwaltungshandelns, gem. §§ 54 S.2, 55, 56 VwVfG [452].

Über die Verweisung in § 62 VwVfG sind auf Verwaltungsverträge ergänzend die Bestimmungen des BGB anwendbar und damit auch der § 399 2. Fall BGB für vertraglich vereinbarte Abtretungsverbote mit der Folge, daß auch Abtretungsverbote in Verwaltungsverträgen zur absoluten Unwirksamkeit der verbotswidrigen Abtretung führen. Dies gilt allerdings nur mit der Einschränkung, daß zwingendes öffentliches Recht der Wirkung des Abtretungsverbots nicht entgegensteht [453]. Beispiele für öffentlich rechtliche Verträge sind Verträge über Subventionsgewährungen oder Verträge nach dem BauGB, wie etwa der städtebauliche Vertrag oder auch der Darlehensvertrag in § 89 BSHG [454]. Nicht unter die behördlichen, sondern unter die gesetzlichen Abtretungsverbote fallen dagegen die spezialgesetzlichen Abtretungsverbote des öffentlichen Rechts [455].

V Rechtsgeschäftliche Abtretungsverbote

Ein weites Anwendungsfeld hat das rechtsgeschäftliche Abtretungsverbot, das sogenannte pactum de non cedendo, gem. § 399 2. Fall BGB gefunden. Dabei hat sich diese vertragliche Abtretungssperre gerade im Wirtschaftsleben als problematisch erwiesen, weswegen die Regelung des § 399 2. Fall BGB zum Ausgangspunkt der Überlegungen wurde, die letztlich zur Neuregelung in Form des § 354 a HGB geführt haben.

---

449 Kopp, VwVfG, § 35 Rdnr. 2.
450 Kopp, VwVfG, § 1 Rdnrn. 37 ff.
451 Kopp, VwVfG, § 54 Rdnr. 17.
452 Kopp, VwVfG, § 54 Rdnr. 34.
453 Kopp, VwVfG, § 62 Rdnrn. 3 ff.
454 Kopp, VwVfG, § 54 Rdnr. 9 mit weiteren Beispielen.
455 Dazu bereits oben Kap. 1 B I 3.

1. Rechtsnatur und Wirkung

Grundlage der vertraglichen Abtretungsverbote, dem sogenannten pactum de non cedendo, ist die Vorschrift des § 399 2. Fall BGB. Diese Regelung ist Ausdruck der Privatautonomie, denn Abtretungsverbote sind grundsätzlich frei vereinbar. Die Rechtsprechung verlangt jedoch in der Regel, daß die rechtsgeschäftlichen Abtretungsverbote ausdrücklich vereinbart werden [456], nur ausnahmsweise kann eine stillschweigende Vereinbarung genügen. Letzteres ist anerkannt bei der Vereinbarung über ein Kontokorrentverhältnis gem. § 355 HGB [457]. Dagegen wird eine konkludente Vereinbarung gem. § 399 2. Fall BGB im Arbeitsrecht bei Lohnforderungen regelmäßig nicht anzunehmen sein, da dort der Weg über Tarifverträge und Betriebsvereinbarungen offensteht [458]. Wird das Abtretungsverbot in Form der handelsüblichen Klausel "Abtretung wird nicht anerkannt" gebraucht, so liegt hierin ebenfalls ein pactum de non cedendo [459]. Auch wenn die Parteien die Abtretung von bestimmten Zusatzerfordernissen abhängig machen und diese nicht einhalten, ist das Abtretungsverbot wirksam [460].

Umstritten ist insbesondere die Frage nach der Rechtsnatur der vertraglichen Abtretungsverbote und die Abgrenzung zu den Fällen der Inhaltsänderung im Sinne von § 399 1. Fall BGB. Der Streit hat Bedeutung für die Wirkung eines rechtsgeschäftlichen Abtretungsverbots [461]. Die Ansicht, die den Forderungsübergang unter Verstoß gegen § 399 2. Fall BGB bejaht und dem Schuldner lediglich eine rechtshemmende Einrede gegenüber dem Zessionar gibt, hat sich nicht durchgesetzt. Sie stützt sich auf einen Umkehrschluß aus § 405 2. Alt. BGB, wonach sich der neue Gläubiger nicht auf den Forderungsübergang gegenüber dem Schuldner berufen könne. Die Forderung sei jedoch gleichwohl übergegangen, weil das rechtsgeschäftliche Abtretungsverbot der Forderung nicht ihre Verkehrsfähigkeit genommen habe [462].

Früher wurde das rechtsgeschäftliche Abtretungsverbot zum Teil als Veräußerungsverbot iSv § 135 BGB aufgefaßt. Als Ausnahme zu § 137 BGB sollte ein rechtsgeschäftliches Abtretungsverbot die Verfügung über eine Forderung nur dem Schuldner gegenüber unwirksam machen, denn es bezwecke nur den Schutz des Schuldners [463]. Andere sahen in § 399 2.Fall BGB nur eine Beschränkung der Verfügungsmacht und nicht der Verkehrsfähigkeit der Forderung. Dies wurde mit der beschränkten Vollstreckungsmöglichkeit des § 851 II ZPO begründet [464].

---

456 BGHZ 23, 54.

457 Staudinger-Kaduk, BGB (12. A.), Einl. zu §§ 398 ff. Rdnr. 63; BGHZ 70, 92; str. vgl. dazu Kap.1 C.

458 BGHZ 23, 55.

459 BGH WM 1968, 195; Palandt-Heinrichs, BGB, § 399 Rdnr. 8.

460 Serick, Eigentumsvorbehalt und Sicherungsübertragung, Bd. IV § 51 I; BGH LM Nr.16 zu § 399 BGB.

461 Zum Streitstand sehr ausführlich Blaum, Das Abtretungsverbot nach § 399 2. Alt. BGB, § 2.

462 Blaum, Das Abtretungsverbot nach § 399 2. Alt. BGB, § 2 I mwN; Stöber, Die Forderungspfändung, Rdnr. 993.

463 RGZ 148, 110; Enneccerus-Lehmann, Recht der Schuldverhältnisse, § 78 IV 2; Scholz NJW 1960, 1837.

464 Blaum, Das Abtretungsverbot nach § 399 2. Alt. BGB, § 2 II 2.b.

Nach heute überwiegender Ansicht wirkt das rechtsgeschäftliche Abtretungsverbot gegenüber jedermann. Die hiergegen verstoßende Abtretung hat die absolute Unwirksamkeit der Forderungsübertragung zur Folge [465]. Die Vereinbarung eines Abtretungsverbots nimmt der Forderung die Verkehrsfähigkeit als solche. Die Gegenansicht übersieht, daß der Forderung die Verkehrsfähigkeit als solche genommen wird. Zwar geschieht dies auch zum Schutz des Schuldners. Die fehlende Verkehrsfähigkeit wirkt jedoch gegenüber jedermann und haftet der Forderung als solcher an, ohne daß es erst des Rückgriffs auf § 137 BGB bedarf [466].

Die Abgrenzung zwischen einer Unabtretbarkeit iSv § 399 1. Fall BGB und einem vereinbarten Abtretungsverbot iSv § 399 2. Fall BGB ist im Einzelfall fließend, wobei die entscheidenden Wertungsgesichtspunkte identisch bleiben [467]. Teilweise wird das vereinbarte Abtretungsverbot auch für einen Fall der Inhaltsänderung gehalten [468]. Bislang war die Abgrenzung ohne praktische Bedeutung. Für die Anwendbarkeit der Neuregelung des § 354 a HGB kommt es jedoch entscheidend darauf an, ob ein Fall des § 399 2. Fall BGB vorliegt [469].

Im Zusammenhang mit der Pfändbarkeit gilt gegenüber den gesetzlichen und hoheitlichen Abtretungsverboten die Besonderheit, daß gem. § 851 II ZPO trotz rechtsgeschäftlichen Abtretungsverbots die Forderung pfändbar bleibt. Während § 851 I ZPO die Regelung des § 400 BGB dahingehend ergänzt, daß nur pfändbar ist, was übertragbar ist, enthält § 851 II ZPO eine Ausnahme für das vereinbarte Abtretungsverbot. Damit der Schuldner nicht durch Abtretungsverbote iSv § 399 2. Fall BGB ansonsten übertragbare und pfändbare Forderungen der Pfändung entziehen kann, ist die Pfändung insoweit trotz Abtretungsverbot möglich [470].

2. Voraussetzungen

Ein vertragliches Abtretungsverbot setzt eine wirksame Vereinbarung voraus, die ausdrücklich oder stillschweigend, letztere zum Beispiel in Form einer Kontokorrentabrede gem. §§ 355 ff. HGB, enthalten sein kann. Wie die Abtretung zukünftiger Forderungen gem. § 398 BGB ist auch das vertragliche Verbot der Abtretung zukünftiger Forderungen gem. § 399 2. Fall BGB möglich. Aufgrund der schuld- und sachenrechtlichen Natur der Abtretung muß die Vereinbarung des Abtretungsverbots nach dem Parteiwillen sowohl schuldrechtliche als auch dingliche Wirkung haben [471].

Die Wirksamkeit rechtsgeschäftlicher Abtretungsverbote folgt den allgemeinen Regeln, insbesondere den Vorschriften § 9 AGBG und § 138 BGB. Besondere Formvorschriften gibt es wie auch schon für die Abtretung selbst nicht. Auch die Abtretungsverbote im Sinne von § 399 2. Fall BGB können grundsätzlich formfrei

---

465 Staudinger-Kaduk, BGB (12. A.), Einl. zu §§ 398 ff. Rdnrn. 64, 85 ff. mwN; Larenz, Schuldrecht I, § 34 II 1.; BGHZ 40, 160.

466 Blaum, Das Abtretungsverbot nach § 399 2.Alt. BGB, § 2 II 4.; Soergel-Zeiss, BGB, § 399 Rdnr. 32.

467 Münchner-Kommentar-Roth, BGB, § 399 Rdnr. 23.

468 Staudinger-Kaduk, BGB (12. A.), Einl. zu §§ 398 ff. Rdnr. 86.

469 Siehe unten Kap. 1 C.

470 Zöller-Stöber, ZPO, § 851 Rdnr. 6.

471 Palandt-Heinrichs, BGB, § 399 Rdnr. 8.

vereinbart werden [472]. Wenn die Parteien statt eines ausdrücklichen Abtretungsverbots vereinbaren, daß die Abtretung nur mit Genehmigung des anderen möglich sein soll, dann liegt ein modifiziertes Abtretungsverbot vor, das auch unter § 399 2. Fall BGB fällt [473]. Die ohne Genehmigung erfolgte Abtretung ist dann absolut unwirksam [474]. Dasselbe gilt bei der Vereinbarung eines sogenannten Zustimmungsvorbehalts [475].

3. Anwendungsgebiete

Das rechtsgeschäftliche Abtretungsverbot kommt fast überall vor. Bedeutung haben die Abtretungsverbote gem. § 399 2. Fall BGB vor allem in den folgenden Rechtsgebieten erlangt.

a Arbeitsrecht

Abtretungsverbote werden regelmäßig individualvertraglich oder durch Verweisung im Arbeitsvertrag auf Betriebsvereinbarungen (§ 77 BetrVG) oder Tarifverträge (§ 4 TarifVG), die Abtretungsverbote enthalten, vereinbart. Auch wenn diese Regelungen unmittelbar und zwingend gelten, können die Parteien aufgrund des Günstigkeitsprinzips jederzeit von Betriebsvereinbarungen abweichen und ein darin getroffenes Abtretungsverbot aufheben. Im öffentlichen Dienst können sogenannte Dienstvereinbarungen getroffen werden, die den Betriebsvereinbarungen entsprechen [476]. Hinsichtlich der Vergütung der Angestellten im öffentlichen Dienst enthält § 36 BAT keine Beschränkung der Abtretung [477]. Dies hat das BAG auch für die Vorausabtretung künftiger Lohn- und Gehaltsforderungen nach dem BAT bestätigt [478]. Für die Abtretung der Lohn- und Gehaltsforderungen durch den Arbeitnehmer im öffentlichen Dienst gilt neben den allgemeinen Pfändungsgrenzen außerdem die spezielle Einschränkung des § 411 BGB [479].

Soweit Abtretungsverbote tarifvertraglich festgeschrieben werden, erlangen diese ihren Normcharakter erst, nachdem der Tarifvertrag gem. § 5 TVG für allgemeinverbindlich erklärt wurde [480]. Sie gelten dann auch für nicht tariflich gebundene Arbeitnehmer [481]. Eine Grenze für die Abtretungsverbote in Arbeitsverträgen stellt § 287 InsO auf. Danach sind derartige Abtretungsverbote und vergleichbare Regelungen insoweit unwirksam, als sie die Abtretung im Rahmen der Restschuldbefreiung beeinträchtigen. Hier handelt es sich also um die relative

472 Palandt-Heinrichs, BGB, § 399 Rdnr. 9.
473 Stöber, Die Forderungspfändung, Rdnr. 990.
474 Staudinger-Kaduk, BGB (12. A.), Einl. zu §§ 398 ff. Rdnr. 108.
475 BGH BB 1990, 588, 589; BGHZ 40, 156, 161.
476 Stöber, Die Forderungspfändung, Rdnrn. 1002 ff.
477 Schmidt-Aßmann, Verwaltungsrecht BT, Abschnitt 6, Rdnr. 186.
478 BAG WM 1976, 151 mwN.
479 Böhm-Spiertz-Steinherr-Sponer, Bundesangestelltentarif, § 36 Rdnr. 99.
480 Vgl. z.B. Verzeichnis der für allgemeinverbindlich erklärten Tarifverträge des Ministeriums für Frauen, Arbeit, Gesundheit und Soziales des Saarlandes vom 01.01.1999.
481 Schaub, Arbeitsrechtshandbuch, S. 725 ff.

Unwirksamkeit rechtsgeschäftlicher Abtretungsverbote, wie sie in § 354 a HGB auch angeordnet wird [482].

b Baurecht

Auch im Baurecht finden rechtsgeschäftliche Abtretungsverbote häufige Verwendung [483]. Dies gilt insbesondere für den Bereich der Subunternehmerverträge. Hier kann allerdings der § 16 VOB/B zu beachten sein. Die Vorschrift verlangt die Zustimmung des Schuldners zur Abtretung und gilt immer im Bereich der öffentlichen Auftragsvergabe. Im privatrechtlichen Bereich kann die Anwendbarkeit des § 16 VOB/B jederzeit vereinbart werden [484]. Wurde ein Abtretungsverbot mit Zustimmungsvorbehalt in allgemeinen Geschäftsbedingungen vereinbart, darf die Zustimmung nicht aus unbilligen Gründen verweigert werden [485]

Tritt ein Hauptunternehmer, der in Zahlungsschwierigkeiten geraten ist, seinen Vergütungsanspruch gegen den Bauherrn entgegen einem vertraglichen Abtretungsverbot an den Subunternehmer ab, so kann die Erklärung des Bauherrn, er erkenne die Abtretung "auf der Basis des § 16 Nr. 6 VOB/B" an, bei interessengerechter Abwägung als vorbehaltslose Genehmigung auszulegen sein [486]. Eine Änderung dieser Regelung ist im Entwurf zur VOB 2000 derzeit nicht vorgesehen.

c Bürgerliches Recht

Im bürgerlichen Recht gelten keine Besonderheiten für die Vereinbarung eines Abtretungsverbots nach § 399 2. Fall BGB. Dieses kann insbesondere auch in Form von allgemeinen Geschäftsbedingungen vereinbart werden, wobei dann aber die Vorschriften des AGBG hinsichtlich der wirksamen Einbeziehung und Wirksamkeit von allgemeinen Geschäftsbedingungen zu beachten sind [487]. Besondere Bestimmungen hinsichtlich der Ausgestaltung von AGB-Abtretungsverboten enthält das AGBG dagegen nicht. Die einschlägigen Regelungen betreffen ausschließlich die Vertragsabtretung und die Schuldnerauswechslung [488].

d Handels- und Wirtschaftsrecht

In einer Kontokorrentabrede kann ein ausdrückliches oder stillschweigendes Abtretungsverbot enthalten sein [489]. Dem Kontokorrent gem. § 355 HGB liegt eine nicht ausdrücklich im Gesetz genannte Kontokorrentabrede zugrunde, durch die die

---

482 Bork, Insolvenzrecht, Rdnr. 141 mwN; vgl. dazu auch unten Kap.1 C.

483 Staudinger-Kaduk, BGB (12. A.), Einl. zu §§ 398 ff. Rdnrn. 102 f.; Schreiter BB 1958, 1227; Stöckler BB 1970, 1379.

484 Cuypers, Bauvertragsrecht, Abschn. A Rdnrn. 107 ff.; Ingenstau-Korbion, VOB, Teil B, § 16 Rdnrn. 344 ff.; ders. § 2 Rdnrn. 106-109.

485 BGH DB 2000, 418; vgl. unten Kap. 1 C II 2. a, ee mwN.

486 BGH NJW 1999, 1331.

487 Palandt-Heinrichs, AGBG, § 1 Rdnrn. 1 ff.

488 Löwe-v.Westphalen, AGBG, Bd. II § 11 Nr.13 Rdnr. 10.

489 Staudinger, BGB (12. A.), Einl. zu §§ 398 ff. Rdnr. 97; BGHZ 70, 92; BGHZ 23, 54; Larenz, Schuldrecht I, § 34 II 1.

Parteien ihre wechselseitigen Ansprüche auf eine einzige Forderung reduzieren, indem sämtliche in das Kontokorrent gestellte Einzelforderungen gegenseitig verrechnet werden [490]. Dadurch werden während der Verrechnungsperiode die Einzelforderungen derart gebunden, daß keine Verfügungen mehr über sie möglich sind. Hierin liegt das Abtretungsverbot [491]. Dieses Abtretungsverbot ist ein Fall des § 399 2. Fall BGB und geht noch darüber hinaus, denn aus § 357 HGB folgt, daß die Einzelforderung in der laufenden Rechnung nicht nur nicht abtretbar, sondern über die §§ 1274 II BGB, 851 II ZPO hinaus auch unpfändbar ist [492].

In Einzelfällen finden sich Abtretungsverbote in den Vergabebedingungen [493], in den allgemeinen Geschäftsbedingungen der Spediteure (ADSp n.F.) [494] sowie beispielsweise in den AGB der Deutschen Bahn AG [495]. Bei diesen Abtretungsverboten liegt in der Regel auch eine Zweckbindung im Sinne der Leistungsgebundenheit vor [496].

e *Versicherungsrecht*

Im Versicherungsrecht vereinbaren die unterschiedlichen Einzelversicherungen Abtretungsverbote entweder im Versicherungsvertrag selbst oder in den jeweiligen allgemeinen Geschäftsbestimmungen [497]. Auch die Satzungen mancher Versicherer enthalten Bestimmungen über die Unübertragbarkeit des Versicherungsanspruchs [498]. Ein Beispiel für ein Abtretungsverbot in den allgemeinen Versicherungsbedingungen ist § 20 der Allgemeinen Rechtsschutzbedingungen (ARB). Die Bestimmung lautet: „Versicherungsansprüche können, solange sie nicht dem Grunde und der Höhe nach endgültig festgestellt sind, weder abgetreten noch verpfändet werden, es sei denn, daß sich der Versicherer hiermit schriftlich einverstanden erklärt."

4. *Ausblick*

Der freie Forderungsverkehr wird durch Abtretungsverbote massiv eingeschränkt. Dabei spielen die hoheitlichen Abtretungsverbote nur eine untergeordnete Rolle. Weit häufiger sind die spezialgesetzlichen Abtretungsverbote, auch wenn die Zahl der BGB-Abtretungsverbote rückläufig ist. Die Anzahl der spezialgesetzlichen Abtretungsverbote ist nahezu unübersehbar und löst insoweit eine gewisse Rechtsunsicherheit aus.

Die rechtsgeschäftlichen Abtretungsverbote greifen auf ähnlich vielfältige Weise in den Forderungsverkehr ein. Bei ihnen besteht zwar weitgehend Rechtssicherheit,

---

490 Baumbach-Hopt, HGB, § 355 HGB Rdnrn. 1, 5.
491 Baumbach-Hopt, HGB, § 355 HGB Rdnrn. 7 ff.
492 K.Schmidt, Handelsrecht § 21 III 2.
493 Staudinger-Kaduk, BGB (12. A.), Einl. zu §§ 398 ff. Rdnr. 103; BGH NJW 1969, 415.
494 Staudinger-Kaduk, BGB (12. A.), Einl. zu §§ 398 ff. Rdnr. 94; Valder TranspR 1998, 51; Heuer TranspR 1998, 45; Baumbach-Hopt, HGB, Anhang 19.
495 Staudinger-Kaduk, BGB (12. A.), Einl. zu §§ 398 ff. Rdnr. 92.
496 Siehe oben Kap. 1 B III 1.b.
497 Prölls-Martin, Versicherungsvertragsgesetz, § 15 Rdnrn. 2 ff.
498 Staudinger-Kaduk, 12. A., Einl. zu §§ 398 ff. Rdnr. 92.

denn sie sind den Parteien bekannt. Problematisch ist aber der Verlust der Verkehrsfähigkeit für die betroffenen Zedenten, wenn das Kräfteverhältnis gestört ist und der Schuldner das Abtretungsverbot diktiert.

Der Konflikt zwischen privatautonom vereinbarter Abtretung und privatautonom vereinbartem Abtretungsverbot wurde vom Gesetzgeber bis 1994 nicht entschieden. Ob er ihn 1900 gesehen hatte, ist unklar, jedenfalls fiel 1994 eine Entscheidung des Gesetzgebers in § 354 a HGB für die rechtsgeschäftlichen Abtretungsverbote des Handelsverkehrs. Die Vorschrift erklärt eine entgegen einem vereinbarten Abtretungsverbot vorgenommene Abtretung unter Kaufleuten oder zwischen Kaufleuten und der öffentlichen Hand für wirksam. Der Schuldner kann jedoch mit befreiender Wirkung an den Zedenten leisten. Die Vorschrift ist nicht dispositiv. Die scheinbar einfache Regelung ist äußerst komplex und wirft die unterschiedlichsten Fragen auf [499].

C *Kritische Analyse des § 354 a HGB*

Die Vorschrift des § 354 a HGB ist eine Norm, die in einer hochkomplexen Umgebung entstanden ist. Sie ist ein Kompromiß, der von den Kräften gekennzeichnet wird, in deren Wirkungsfeld es zur Neuregelung kam. Die beachtlichen Gegensätze um die Entstehung des § 354 a HGB geben der Norm ihr besonderes Gepräge. Inmitten des differenzierten Gefüges von Schuld- und Sachenrecht auf der einen Seite sowie bürgerlichem Recht und Handelsrecht auf der anderen Seite läßt die Norm eine eindeutige Entscheidung des deutschen Rechts für die Verkehrsfähigkeit von Forderungen vermissen. Wegen der aufgeworfenen praktischen wie dogmatischen Probleme stellt § 354 a HGB keinen überzeugenden Beitrag für eine fortschrittliche Rechtsentwicklung dar.

1. Kompromiß im Wirkungsfeld der Kräfte

Die Norm des § 354 a HGB steht im Mittelpunkt des Wirkungsfeldes dreier Kräfte mit zum größten Teil gegenläufigen Interessen [500]. Zu der ersten Kraft gehören die Großunternehmen aus Handel und Industrie, die ihre Waren und Dienstleistungen überwiegend von Unternehmen aus dem gewerblichen Mittelstand beziehen. Aufgrund ihrer gebündelten Nachfrage verfügen Handel und Industrie über eine Marktmacht [501], die es ihnen ermöglicht, die Vertragsbedingungen einseitig zu bestimmen. Als Schuldner der Forderungen streben Handel und Industrie außerdem nach Gewißheit über die Person ihrer Gläubiger. Dies konnten sie bislang über Abtretungsverbote gem. § 399 2. Fall BGB erreichen, die regelmäßig in den Einkaufsbedingungen enthalten waren [502].

Von dieser finanziellen Abhängigkeit konnte sich der Mittelstand praktisch nicht lösen, da er bei der Vertragsgestaltung regelmäßig weder den Verzicht des

---

499 Dazu noch im folgenden Kap. 1 C.

500 Vgl. zu den beteiligten Interessengruppen im einzelnen Grub ZIP 1994, 1649.

501 Wöhe, Allgemeine Betriebswirtschaftslehre, S. 406, 407.

502 Brink FLF 1994, 212.

Schuldners auf Abtretungsverbote durchzusetzen, noch die Zustimmung des Schuldners zur Abtretung zu erreichen vermochte [503]. Marktmacht und finanzielle Bindung führten gerade durch ihre Verbindung zu einer deutlichen Verschiebung des Kräfteverhältnisses. Dieses Phänomen entwickelte sich flächendeckend; immerhin wurden 1976 rd.1500 und 1994 über 1750 Unternehmen und Behörden in der Liste der Abtretungsverbote verwendenden Stellen geführt [504]. Die Folge dieser Entwicklung war, daß die Unternehmen des Mittelstandes wegen der Abtretungsverbote die Forderungen vor Fälligkeit nicht liquidieren konnten. Forderungsausfälle und geringe Liquidität sind jedoch bedeutende Insolvenzursachen im Mittelstand [505]. Der Schaden, der allein durch die Insolvenzen in Deutschland 1998 insgesamt für private und öffentliche Gläubiger entstanden ist, belief sich auf rd. 59 Mrd. DM [506].

Wenn auch seit 1997 die Forderungsausfälle leicht rückläufig sind, so gaben lediglich 9,3 % (West) und 6,6 % (Ost) der mittelständischen Unternehmen keine Forderungsausfälle an, während immerhin 11,7 % (West) und 29,9 % (Ost) Forderungsausfälle über 1,0 % ihres Umsatzes zu beklagen hatten. Branchenspezifisch liegt die Ausfallquote teilweise erheblich darüber [507]. Hinzu kommt die Sperrwirkung der Abtretungsverbote. Allein 1994 dürften Forderungen in Höhe von rd. 200 Mrd. DM von Abtretungsverboten iSv § 399 2. Alt. BGB betroffen gewesen sein [508]. Die Gründe für die positive Trendwende sind die neuen gesetzlichen Rahmenbedingungen, vor allen Dingen die Neuregelung des § 354 a HGB [509], sowie ein qualifiziertes Kreditmanagement, das der Mittelstand von den Großunternehmen übernommen hat [510].

Das Interesse des produzierenden Mittelstandes als zweiter Kraft im Gefüge zielte naturgemäß auf die Erhöhung der Liquidität. Dies konnte im Bereich der Abtretungsverbote nur durch deren Überwindung erreicht werden, um die Forderungen entweder als Kreditsicherheit oder im Rahmen des Forderungsverkaufs zur Liquiditätsgewinnung einsetzen zu können. Weitere Anreize für das Factoring waren die Risikoverlagerung und das Outsourcing des Forderungsmanagements sowie die damit verbundene Verlagerung des Debitorenrisikos auf den Factor. Der dazu erforderlichen Übertragbarkeit der Forderungen stand jedoch bislang die absolute Wirkung der Abtretungsverbote gem. § 399 2. Fall BGB entgegen.

Als dritte Kraft verfolgten die Banken und Factoringinstitute gemeinsame wie unterschiedliche Ziele. Ihr gemeinsames Interesse zielte auf einen neuen Markt. Für die Banken ein eher zweischneidiges Schwert, denn sie finanzieren auf der einen Seite Handel und Industrie und haben auf der anderen Seite ein Interesse am Kreditgeschäft mit dem Mittelstand, der seine Forderungen wiederum gegen Handel und Industrie zur Liquiditätsgewinnung einsetzen will. Für die Factoringinstitute war die Sache eindeutiger, aber dafür existenziell; für sie ging es um einen erheblichen Anteil am Factoringgeschäft. Im Kollisionsfall der Sicherungsrechte der Banken mit

---

503 Bette WM 1994, 1909, 1911.
504 Drobnig, Gutachten F 51.DJT 1976, S. F 79; Bette WM 1994, 1909, 1910.
505 Vgl. FAZ vom 03.12.1998, S. 17;0 Jahresbericht Creditreform 1998, S.40 ff.
506 Jahresbericht Creditreform 1998, S. 8.
507 Jahresbericht Creditreform 1998, S. 28 ff.
508 Brink FLF 1994, 212, 102; Bette WM 1994, 1909, 1910.
509 Jahresbericht des Deutschen Factoring Verbandes DFV e.V., abgedruckt in FLF 1995, 95 ff.
510 Jahresbericht Creditreform 1998, S. 28 f.; Vgl. zum Kreditmanagement unten Kap. 3 B II 3.

dem Factoring enden jedoch die gemeinsamen Interessen. Vor allem in der Insolvenz des sicherungsgebenden Factoringnehmers stehen sich Banken und Factoringinstitut im Kampf um die Forderung wieder gegenüber [511].

2. *Gegensätzlichkeiten der Entstehung*

Die Gegensätze, die die Entstehung des § 354 a HGB kennzeichnen, sind unterschiedlichster Natur. Rein formal springt zunächst der zeitliche Gegensatz ins Auge. Nach einem mehr als 20 Jahre währenden Interessenkampf wurde die Neuregelung in weniger als drei Monaten Gesetz [512]. Wirtschaftlich markiert die Norm die Zäsur für rund 200 Mrd. DM Liquidität pro Jahr in Deutschland; im Gegensatz dazu bedeutet Illiquidität nicht selten auch Insolvenz. Von dem Gesamtvolumen der rd. 200 Mrd. DM entfiel auf die Automobilindustrie ein Anteil von etwa 157,4 Mrd. DM und auf die Warenhauskonzerne ein Anteil von etwa 29,4 Mrd. DM [513].

Die Vorschrift des § 354 a HGB wird außerdem von dem Gegensatz zwischen freier und sozialer Marktwirtschaft erfaßt. Die freie Marktwirtschaft begrenzt die Privatautonomie nicht; es gilt das freie Spiel der Kräfte. Anders verhält es sich dagegen in der sozialen Marktwirtschaft. Hier gilt das freie Spiel der Kräfte im Idealfall nur, wenn sich auch gleich starke Kräfte gegenüberstehen. Bei Ungleichgewicht erfährt die Privatautonomie als Ausgleich Einschränkungen zum Schutz des Schwächeren [514]. Genauso verhält es sich auch mit der Neuregelung des § 354 a HGB. Der privatautonomen Abtretung steht das privatautonome Abtretungsverbot gegenüber; jetzt für den kaufmännischen Rechtsverkehr begrenzt durch § 354 a HGB. Da der Schuldner im kaufmännischen Forderungsverkehr seine Marktmacht mißbrauchen kann, hat der Gesetzgeber den Gläubiger ihm gegenüber als schutzwürdig angesehen.

Es stellt sich in diesem Zusammenhang in der Tat die Frage, ob auch hier eine Entwicklung „from status to contract back to status" abläuft, wie man sie bereits vom Verbraucherschutz kennt [515]. Nach Maine kam mit der Aufklärung die Abwendung von der Ständeordnung (status) hin zur Freiheit, die privatautonom insbesondere durch Rechtsgeschäft und Vertrag (contract) ausgeübt werden sollte [516]. Diese Entwicklung wird teilweise als rückläufig empfunden, wenn im Rahmen der sozialen Marktwirtschaft durch Schutzgesetze bevorrechtigte Gruppen (status) wie die Verbraucher und im Rahmen des § 354 a HGB nun auch die Gläubiger geschaffen werden, die nicht mehr dem freien Spiel der Kräfte ausgesetzt sind.

Auffällig ist in diesem Zusammenhang, daß das Schutzbedürfnis gerade im Handelsverkehr gesehen wurde. Nach der Systematik regelt das BGB den bürgerlichen Rechtsverkehr, während das HGB das Sonderrecht der Kaufleute

---

511 Hagenmüller-Sommer-Brink-Bette, Factoringhandbuch, 1997 S. 214 ff.

512 Henseler BB 1995, 1 ff.

513 Brink FLF 1994, 102, 212; Bette WM 1994, 1909 f.

514 Wöhe, Allgemeine Betriebswirtschaftslehre, S. 5 ff.

515 Vgl. z.B. Rohe, Jahrbuch junger Zivilrechtswissenschaftler 1995, 145; siehe auch unten Kap. 1 C I.3.

516 Maines Ancient Law 1887, 270.

enthält [517]. Im HGB entfallen die bürgerlichrechtlichen Schutzmechanismen des BGB, die im Handelsverkehr nicht erforderlich sind. Mit dem § 354 a HGB rückt nun eine Schutznorm ausgerechnet ins HGB ein. Die Neuregelung steht somit auch inmitten der Gegensätze zwischen bürgerlichem Recht und Handelsrecht. [518]. Ebenso wie die Abtretung und die Abtretungsverbote wird die Neuregelung außerdem von dem bereits behandelten Spannungsverhältnis zwischen Schuld- und Sachenrecht in gesetzlicher wie dogmatischer Hinsicht erfaßt [519].

Die Rechtswissenschaft hat in diesem heiß umkämpften Bereich die unterschiedlichsten Lösungsansätze zur Überwindung des Problems entwickelt, von denen in der Rechtsprechung jedoch keiner zum Tragen kam. Die Lösung blieb dem Gesetzgeber vorbehalten, der den Konflikt in Form des § 354 a HGB entschieden hat.

I Die Neuregelung des § 354 a HGB

1. Entstehungsgeschichte

Der Gesetzgeber schuf den neuen § 354 a HGB im Rekordtempo. Während der Gesetzentwurf der damaligen CDU-CSU/FDP-Regierung zum Zweiten Gesetz zur Änderung des D-Markbilanzgesetzes und anderer Gesetze vom 14.04.1994 den § 354 a HGB noch nicht enthielt [520], lag er im Ergänzungsentwurf der SPD-Fraktion vom 17.05.1994 erstmals vor [521]. Am 19.05.1994 überwies der Bundestag den Entwurf an den Rechtsausschuß, der ihn in seiner Sitzung vom 15.06.1994 beraten und dem Bundestag in der heutigen Form zur Annahme empfohlen hat [522]. Erwartungsgemäß verabschiedete der Bundestag den Entwurf. Einen Tag nach seiner Verkündung trat der neue § 354 a HGB am 30.07.1994 in Kraft [523]. Während der SPD-Entwurf noch eine relative Unwirksamkeit der verbotswidrigen Abtretung nur gegenüber dem Schuldner vorsah, enthält die Rechtsfolge der Gesetz gewordenen Fassung die absolute Wirksamkeit der verbotswidrigen Abtretung [524].

Die Neuregelung wurde also innerhalb von drei Monaten Gesetz. Dabei profitierte sie davon, daß mit dem Gesetz vor allem die sogenannte Mittelstandsrichtlinie umgesetzt wurde, für die die Umsetzungsfrist schon am 01.01.1993 abgelaufen war, weswegen die Kommission bereits ein Vertragsverletzungsverfahren gegen die Bundesrepublik Deutschland eingeleitet hatte [525].

Ein Sachzusammenhang mit den übrigen Bestimmungen im Änderungsgesetz wird erst auf den zweiten Blick erkennbar. Das Gesetz zur Änderung des

---

517 K. Schmidt, Handelsrecht § 1 I.
518 Dazu noch unten Kap. 1 C I 2.
519 Vgl. oben Kap.1 A I, II sowie unten Kap. 1 C I.2.
520 BT-Drucksache 12, 7262.
521 BT-Drucksache 12, 7570.
522 BT-Drucksache 12, 7912.
523 BGBl. I. 1994, 1682; Wagner WM 1996 Sonderbeil. Nr. 1, S. 4 mwN.
524 Wagner WM 1996 Sonderbeil. Nr. 1, S. 9.
525 BT-Drucksache 12, 7912.

D-Mark-Bilanzgesetzes und anderer Bestimmungen enthält in erster Linie Klarstellungen und Fristverlängerungen im D-Markbilanzgesetz sowie die Umsetzung der Mittelstandsrichtlinie [526] und der ECU-Anpassungsrichtlinie [527] hinsichtlich des HGB-Bilanzrechts.

Dabei geht es um die neuen Schwellenwerte (§§ 267, 297 HGB) und die Offenlegung von Bilanzen. Und bei diesen Regelungen handelt es sich um mittelstandsfreundliche Bestimmungen. Vor allem die Anhebung der Finanzschwellenwerte beim Umsatz- und Bilanzsummenmerkmal um jeweils ein Drittel begünstigt kleinere Unternehmen durch die geringeren Anforderungen beim Jahresabschluß [528]. In diesem mittelbaren Kontext ist auch die Neuregelung des § 354 a HGB zu sehen. Die Vorschrift soll kleinere und mittlere Unternehmen und damit den produzierenden Mittelstand begünstigen [529].

2. *Interessenkampf*

Die Positionen im Interessenkampf waren eindeutig und klar. Die Großunternehmen beharrten auf ihrer Marktmacht, der Mittelstand strebte nach Liquidität und die Factoringbranche nach einem neuen Markt. Aus den Begründungen dieser Positionen hat sich seit der Neuregelung eine differenzierte Kritik entwickelt.

Schon 1936/37 empfahlen verschiedene Reichsministerien, die rechtsgeschäftlichen Abtretungsverbote nicht wahl- und unterschiedslos zu verwenden, weil dies kleinere und mittlere Unternehmen ungleich benachteiligen könnte [530]. Darauf stützte sich neben anderen auch Anfang 1969 der Bundesverband der Deutschen Industrie (BDI) mit seiner Ansicht, daß die uneingeschränkte Verwendung der rechtsgeschäftlichen Abtretungsverbote volkswirtschaftlich unerwünscht sei [531]. In Zusammenarbeit mit dem Bundesverband des Deutschen Groß- und Außenhandels (BGA) gab es zahlreiche Initiativen, die vor allem auch auf die Abschaffung der Abtretungsverbote der öffentlichen Hand insbesondere im Vergabewesen zielten [532]. Beklagt wurde außerdem, daß die Finanzverwaltung in der Unternehmenskrise die abgetretenen, aber durch das Abtretungsverbot gesperrten Forderungen vollstreckte. Für den Bereich der öffentlichen Hand lehnte das Bundesministerium für Wirtschaft (BMWi) eine Änderung jedoch mit der Begründung ab, daß Abtretungsverbote rechtlich zulässig seien und auch in der Privatwirtschaft allgemein Verwendung fänden [533].

Die Interessen der Factoringinstitute wurden maßgeblich vom Deutschen Factoring-Verband (DFV) wahrgenommen. Dieser trat seit seiner Gründung 1974 für die Aufhebung der vertraglichen Abtretungsverbote zwischen Warenlieferant und Großabnehmer ein. Da der BGH seit 1969 die absolute Wirkung der

---

526 Richtlinie 90/604/EWG vom 08.11.1990.
527 Richtlinie 94/8/EG vom 31.03.1994.
528 Strobel BB 1994, 1293.
529 Baumbach-Hopt, HGB, § 354 a Rdnr. 1.
530 Nachweise bei Serick, Eigentumsvorbehalt und Sicherungsübertragung, Bd. II 1. Teil § 24 III 2 (insbes. FN 96).
531 Henseler BB 1995, 1 mwN; Serick, Eigentumsvorbehalt und Sicherungsübertragung, Bd. II 1. Teil § 24 III 2.
532 Huber NJW 1968, 1905.
533 Henseler BB 1995, 1 f.

rechtsgeschäftlichen Abtretungsverbote unter Zurückweisung der Lösungsansätze der rechtswissenschaftlichen Literatur in ständiger Rechtsprechung bestätigt hatte, wurde eine Änderung des § 399 2. Fall BGB dahingehend vorgeschlagen, daß die Abtretung trotz Abtretungsverbot nur dem Schuldner gegenüber unwirksam sein soll [534].

Noch kurz vor der Beschlußfassung im Bundestag wandte sich der BDI in einem Schreiben an den Rechtsausschuß des Bundestages. Darin vertrat der BDI die Ansicht, daß der § 354 a HGB zwar grundsätzlich befürwortet würde, es jedoch noch erhebliche Bedenken gebe. Richtig sei, daß ein neues Beleihungsmittel geschaffen würde. Unberücksichtigt bliebe aber, daß die nach § 354 a HGB trotz § 399 2. Fall BGB beleihbare Forderung in der Regel im voraus abgetreten sei und in der Insolvenz des Bankkunden die Bank bevorrechtigt würde. Der mittelständische Bankkunde sei nämlich aufgrund des verlängerten Eigentumsvorbehalts mit anderen mittelständischen Unternehmen in einer durchgehenden Sicherheitenkette vom Zulieferer, über den Weiterverarbeiter (Assembler) bis hin zum Händler eingebunden. Diese würden in der Insolvenz leer ausgehen [535].

Ebenfalls begrüßt, wenn auch mit einigen Bedenken hinsichtlich der insolvenzrechtlichen Situation, wurde die Neuregelung vom Bundesverband deutscher Banken (BdB). Da die Banken mit den Factoringinstituten konkurrieren, besteht aus der Sicht des BdB die Gefahr, daß der Sicherungsgeber die Forderung in der kritischen Phase zwischen Offenlegung der Abtretung und Insolvenzeröffnung einzieht. Dies hätte zur Folge, daß die Forderung für die Banken nicht mehr greifbar wäre. Außerdem sei im Rahmen von Globalzessionsverträgen bisher eine Forderung nicht bei der Ermittlung des realisierbaren Wertes berücksichtig worden, wenn sie von einem Abtretungsverbot belegt gewesen sei. Dafür gäbe es mit § 354 a HGB nun keinen Grund mehr [536].

Im Jahre 1976 befaßte sich der 51. Deutsche Juristentag (DJT) mit der Problematik. Dieser stellte in seinem Abschlußbericht fest, daß die moderne Wirtschaftsentwicklung und die Kreditwirtschaft das Interesse des Gläubigers an der freien Verfügbarkeit seiner Forderungen verstärkt hätten. Das rechtsgeschäftliche Abtretungsverbot sei schon während der Beratungen zum BGB umstritten gewesen. Obwohl im ursprünglichen Entwurf nicht vorgesehen, gelangte es bei den abschließenden Beratungen in Form des § 399 2. Fall dennoch ins BGB. Dieser Konflikt sei bis heute umstritten geblieben [537]. Die Diskussion stehe jedoch nicht alleine, sondern sei vielmehr im Zusammenhang mit der allgemeinen Diskussion um die Kreditsicherheiten zu sehen, die in beachtlicher Regelmäßigkeit vom DJT seit Inkrafttreten des BGB geführt würde [538]. Hintergrund sei, daß die durch die Abtretungsverbote erzwungene Illiquidität zu erheblichen Forderungsausfällen und in der Insolvenz des Schuldners auch zur Insolvenz des Gläubigers führen könne [539].

---

534 Bette FLF 1993, 138.
535 Schreiben des BDI vom 10.06.1994 an den Rechtsausschuß des Bundestages.
536 BdB-Info III, 1994, Nr. 17.
537 Drobnig, Gutachten F 51.DJT 1976, S. F 78 f.; siehe auch oben Kap. 1 B.
538 Drobnig, Gutachten F 51.DJT 1976, S. F 11, 12.
539 Drobnig, Gutachten F 51.DJT 1976, S. F 26, 27.

Zur Wiederherstellung des Gleichgewichts der Kräfte wurde daher vorgeschlagen, daß die Abtretbarkeit von Forderungen nicht mehr vertraglich ausgeschlossen werden darf. Hilfsweise wurde vorgeschlagen, daß die Abtretbarkeit durch vertragliche Vereinbarung nur von der Zustimmung des Schuldners abhängig gemacht werden darf, die der Gläubiger beanspruchen kann, wenn nicht der Schuldner einen wichtigen Grund für die Verweigerung hat [540].

Der Gesetzgeber hat sich für eine andere Variante entschieden [541] :

§ 354 a HGB

(1) Ist die Abtretung einer Geldforderung durch Vereinbarung mit dem Schuldner gemäß § 399 des Bürgerlichen Gesetzbuchs ausgeschlossen und ist das Rechtsgeschäft, das diese Forderung begründet hat, für beide Teile ein Handelsgeschäft, oder ist der Schuldner eine juristische Person des öffentlichen Rechts oder ein öffentlich-rechtliches Sondervermögen, so ist die Abtretung gleichwohl wirksam.
(2) Der Schuldner kann jedoch mit befreiender Wirkung an den bisherigen Gläubiger leisten.
(3) Abweichende Vereinbarungen sind unwirksam

Die Vorschrift ist auch nach ihrem Inkrafttreten umstritten geblieben und stellt sowohl die Rechtswissenschaft als auch die Rechtsprechung und Praxis vor etliche neue Probleme. Kennzeichnend sind erste Stellungnahmen nach ihrem Inkrafttreten. So wird in § 354 a HGB einerseits die Wiederherstellung der Privatautonomie gesehen [542]. Andere halten die Neuregelung wegen Verstoßes gegen Art. 3 GG dagegen sogar für verfassungswidrig, weil die Vorschrift nur im Handelsverkehr anwendbar sei [543]. Die Diskussion verspricht also weiterhin höchste Spannung [544].

3. *Kritik der Neuregelung*

Die Kritik an § 354 a HGB orientiert sich zum einen an der gesetzlichen Einordnung in die Systematik von BGB und HGB und zum anderen dogmatisch an dem Spannungsverhältnis zwischen Schuld- und Sachenrecht.

a *Gesetzlicher Standort*

Der gesetzliche Standort des neuen § 354 a HGB ist das deutsche Handelsgesetzbuch. Die Vorschrift befindet sich im vierten Buch, das die Handelsgeschäfte regelt, und dort im ersten Abschnitt über die allgemeinen Vorschriften. Im Gegensatz zum Abtretungsrecht, dessen Standort im Schuldrecht

540 Drobnig, Gutachten F 51.DJT 1976, S. F 98.
541 Der § 354 a HGB wurde durch Gesetz vom 25.07.1994 (BGBl. I S. 1682) in das HGB eingefügt.
542 Bette WM 1994, 1909, 1920, vgl. dort insb. Ziff. 7.
543 Canaris, Handelsrecht (22. Aufl.), § 24 I 4 f., dort insb. FN 40; Weitere Nachweise dazu auch bei Wagner WM 1996 Sonderbeil. Nr. 1 S. 3.
544 Vgl. zuletzt Derleder BB 1999, 1561; K. Schmidt NJW 1999, 400; Saar ZIP 1999, 988.

nur scheinbar der Systematik widerspricht [545], leuchtet die Entscheidung des Gesetzgebers für den Standort der Neuregelung im HGB nicht ohne weiteres ein. Sie widerspricht vielmehr der Systematik zwischen BGB und HGB, und das in zweierlei Hinsicht. Erstens gibt das historisch gewachsene Verhältnis von bürgerlichem Recht und Handelsrecht eine andere Einordnung vor und zweitens bestand auch inhaltlich kein Anlaß für die Beschränkung des Anwendungsbereichs der Neuregelung auf das Handelsrecht.

aa Historisch-formale Systemwidrigkeit

Das Verhältnis von BGB und HGB geht auf die historische Entwicklung des bürgerlichen Rechts und des Handelsrechts zurück. Beide Kodifizierungen wurden bei ihrer fast zeitgleichen Entstehung Ende des 19. Jahrhunderts eng aufeinander abgestimmt. Das deutsche Handelsgesetzbuch vom 10.05.1897 trat zur gleichen Zeit wie das BGB, also am 01.01.1900 in Kraft [546]. Mit dem Inkrafttreten endete die Phase der großen Kodifizierungen in Mitteleuropa, die damit zugleich eine Ära größter Rechtszersplitterung und Rechtsunsicherheit insbesondere in Deutschland abschloß [547].

Hinsichtlich des bürgerlichen Rechts gingen die Bestrebungen zur Rechtsvereinheitlichung in Deutschland auf das Jahr 1813 zurück. Damals sprachen sich vor allem Thibaut für und Savigny gegen eine Kodifizierung des Bürgerlichen Rechts aus. Es kam jedoch erst ab 1871 mit der Gründung des Deutschen Reiches zu ersten Kodifizierungen. Mit der Verfassungsänderung durch das sog. Lex Miquel-Lasker wurde 1873 die Gesetzgebungskompetenz für das gesamte bürgerliche Recht auf das Reich übertragen. Die Vorkommission erarbeitete ab 1874 den Plan und die Methode des Kodifizierungsvorhabens. Nach der Diskussion der Entwürfe 1888 (Motive) und 1890 (Protokolle) kam es 1896 zur Reichstagsvorlage und zum Beschluß des BGB [548].

Die Bestrebungen, das Handelsrecht zu kodifizieren, sind wesentlich älter. Sie haben ihre Wurzeln in den Ständeordnungen des 16. und 17. Jahrhunderts. In den Jahren ab 1848 wurde die Allgemeine deutsche Wechselordnung geschaffen. Noch 1856 faßte die Bundesversammlung des Deutschen Bundes den Entschluß, ein Allgemeines Deutsches Handelsgesetzbuch (ADHGB) zu entwerfen. Auf Empfehlung des Deutschen Bundes wurde dieser Entwurf ab 1861 von den meisten deutschen Staaten für ihr Gebiet und 1869 durch Bundesgesetz des Norddeutschen Bundes in dessen geltendes Recht umgesetzt [549]. Nach der Reichsgründung 1871 wurde das ADHGB Reichsgesetz [550]. Mit dem Inkrafttreten des HGB am 01.01.1900 wurde das ADHGB abgelöst [551].

---

545 Vgl. oben Kap. 1 A I 2.

546 HGB mit EGHGB, RGBl. I 1897 S. 219.

547 Z.B. Österreich: ABGB von 1811, Italien: Codice Civile von 1865; Eine gute Übersicht über weitere Kodifikationen findet sich bei Ferid 1 A 47.

548 Benöhr JuS 1977, 79 ff.; Staudinger-Coing, BGB (12.A.), Einl. zum BGB Rdnrn. 77 ff., 95 ff.

549 Schubert ZHR 144 (89) 484 ff.

550 ADHGB RGBl. I 1871 S. 63, 87.

551 Baumbach-Hopt, HGB, Einl. vor § 1 Rdnrn. 8, 9.

Mit den praktisch zeitgleichen Beratungen und Entwürfen von BGB und HGB war ein Höchstmaß an Abstimmung beider Werke gewährleistet. Das BGB enthält in seinem typischen abstrahierend-generalisierenden Gesetzesstil einen Aufbau vom Allgemeinen zum Besonderen. Neben einer weitgehenden Präzisierung der Begriffe enthält es auch Generalklauseln, die dem Wandel der Wertvorstellungen Eingang verschaffen. Rechtspolitische Grundlage dieser Kodifizierung ist das liberal-konservative Grundmodell der Gesellschaft des 19. Jahrhunderts [552].

Das HGB ist von seiner Konzeption eine abweichende und ergänzende Ausnahmekodifikation zum BGB, das das bereits teilweise kodifizierte Sonder-privatrecht der Kaufleute zusammenfassend regelt. Es enthält im wesentlichen eine Anpassung des ADHGB an das BGB. In seinem Aufbau vom Allgemeinen zum Besonderen ähnelt es teilweise dem BGB. Zu den tragenden Prinzipien des Handelsrechts gehören Selbstverantwortlichkeit, Einfachheit und Schnelligkeit, Publizität und Vertrauensschutz, Praxisnähe und Internationalität [553].

Dieses Verhältnis von BGB und HGB unterlag auch im 20. Jahrhundert keinen grundlegenden Änderungen. Das BGB hielt in seiner Konzeption der Entwicklung zum sozialstaatlichen Privatrecht des 20. Jahrhunderts stand. Dabei wurde allerdings die Privatautonomie vor allem durch die Vertragsrechtsprechung, den Verbraucherschutz und die Ausweitung des Deliktrechts zum Schutz des Schwächeren sozialverträglich modifiziert [554]. Weitreichenderen Änderungen war dagegen das HGB etwa durch die Entnahme des Aktienrechts, durch das Bilanzrichtliniengesetz, das jüngste Handelsrechtsänderungsgesetz und viele weitere Gesetze unterworfen [555]. Diese Änderungen enthalten jedoch Anpassungen an die neuen Anforderungen des Handelsverkehrs und haben keinen sozialstaatlichen Charakter.

Die Einordnung der Neuregelung ins HGB widerspricht deshalb dem historisch gewachsenen Verhältnis zwischen BGB und HGB. Der § 354 a HGB regelt eine typische Materie des Bürgerlichen Rechts, nämlich der Abtretungsverbote des § 399 2. Fall BGB. Schon deshalb und als eine allgemeine Regelung des Abtretungsrechts hätte die Neuregelung ins Abtretungsrecht der §§ 398 ff. BGB eingestellt werden müssen. Zudem enthält § 354 a HGB keine Konkretisierung handelsrechtlicher Prinzipien; es handelt sich also gerade nicht um eine kaufmannstypische Norm, sondern eine sozialstaatlich motivierte Lenkungsnorm. Als solche widerspricht sie der Systematik von BGB und HGB, denn das Handelsrecht trägt den handelsspezifischen Prinzipien Rechnung und ist gerade nicht zum Schutz des Schwächeren ausgestaltet.

Vor dem Hintergrund der Auflösungstendenzen des klassischen Handelsrechts wird daher zu fragen sein, ob diese Systematik überkommen ist und im Rahmen der Überlegungen zu der Entwicklung vom Status zum Contract zurück zum Status revidiert werden muß, mit der Folge, auch sozialstaatlich motivierte Normen im HGB zuzulassen, beziehungsweise das Handelsrecht sozialverträglich zu gestalten [556].

---

552 Palandt-Heinrichs, BGB, Einl. zum BGB Rdnrn. 6-18.
553 K.Schmidt, Handelsrecht § 1 IV.
554 Palandt-Heinrichs, BGB, Einl. zum BGB Rdnrn. 9 ff.
555 Baumbach-Hopt, HGB, Einl. zum HGB Rdnrn. 1-19.
556 Siehe oben Kap. 1 C 2. vor I; Kritisch K. Schmidt HandelsR § 1 II 2.

bb Materiellrechtliche Kritik

Die inhaltliche Kritik an § 354 a HGB setzt am Anwendungsbereich der Neuregelung an. Denn die Beschränkung der Neuregelung auf den Handelsverkehr und die öffentliche Hand ist keinesfalls selbstverständlich. Einige leugnen schlicht, daß es außerhalb des gesetzlichen Anwendungsbereichs des § 354 a HGB auch ein Bedürfnis für die Begrenzung rechtsgeschäftlicher Abtretungsverbote gibt [557]. Andere wiederum bestreiten, daß es überhaupt einen Grund für die Neuregelung gegeben habe [558]. Richtigerweise ist einer differenzierten Betrachtung zu folgen, denn die Neuregelung ist berechtigt, hätte aber nicht auf den gesetzlichen Anwendungsbereich beschränkt werden dürfen [559].

(1) Allgemeine Privilegierung des Handelsstandes

Mit der Neuregelung des § 354 a HGB haben sich die Kräfte durchgesetzt, die keine allgemeine Aufhebung des § 399 2. Fall BGB, sondern nur eine Einschränkung der absoluten Unwirksamkeit der verbotswidrigen Abtretung einer Forderung aus beiderseitigen Handelsgeschäften oder gegen die öffentliche Hand für erforderlich hielten. Damit wurden auch die Nachteile für den Vorbehaltslieferanten insbesondere in der Insolvenz hingenommen [560].

Gegen eine Beschränkung der Neuregelung auf das HGB spricht jedoch schon die Tatsache, daß auch im bürgerlichen Rechtsverkehr in Bezug auf die Abtretungsverbote des § 399 2. Fall BGB vergleichbare Interessenkonflikte und Schieflagen im Kräftegleichgewicht bestehen, so daß zu Recht auch die Erfassung der rein bürgerlich rechtlichen Abtretungsverbote durch die Neuregelung diskutiert wurde [561].

Es bleibt tatsächlich unklar, weshalb Freiberufler, Arbeitnehmer, Versicherungsnehmer, Verbraucher und letztlich jeder von einem bürgerlich rechtlichen Abtretungsverbot des § 399 2. Fall BGB Betroffene nicht von der Rechtswohltat des § 354 a HGB profitieren sollten. Zwar hat sich die Factoringbranche bislang nur für größere Forderungsvolumina interessiert, der DFV etwa nimmt nach eigenen Angaben nur Mitglieder mit über 13 Mio. DM Factoringumsatz pro Jahr auf [562]. Aber auch kleinere Forderungsbestände können seit kurzem nach Angaben des Verbandes der Vereine Creditreform e.V. im Wege des Factrorings liquidiert werden. Die volkswirtschaftliche Bedeutung der Factoringbranche und des Mittelstandes alleine kann daher kein sachgerechtes Differenzierungskriterium für die Beschränkung auf den Handelsverkehr sein [563]. Bezeichnenderweise enthalten weder die Begründungen zu den Entwürfen der Neuregelung noch die Stellungnahmen der Befürworter der handelsrechtlichen Lösung Argumente für diese Beschränkung [564].

---

557 Brink FLF 1994, 212.
558 Grub ZIP 1994, 1640.
559 So auch Wagner WM 1994, 2093, 2101 ff.
560 Derleder BB 1999, 1561 ff.; siehe unten Kap. 1 C III.
561 Wagner WM 1996 Sonderbeil. Nr. 1 S. 7 ff.
562 Vgl. Geschäftsbericht und Satzung des DFV.
563 Wagner WM 1994, 2093, 2095.
564 Nachweise bei Grub ZIP 1994, 1649 ff.

Gerade der Zweck der Neuregelung, Liquiditätsengpässe vor dem Hintergrund der Bedeutung von Unternehmensinsolvenzen in Deutschland zu überwinden, rechtfertigt nicht die Beschränkung auf Unternehmen. Nach Erhebungen der Arbeitsgemeinschaft der Verbraucherverbände AGV sind derzeit über 2,6 Millionen private Haushalte mit durchschnittlich 32.000 DM überschuldet [565]. Vor diesem volkswirtschaftlich bedeutsamen Hintergrund ist die Beschränkung der Neuregelung zumindest unverständlich.

(2) Fehlender Beitrag zur Rechtsvereinheitlichung

Hinzu kommt, daß eine Änderung des § 399 2. Fall BGB eine Harmonisierung des seinerzeit noch nicht ratifizierten UNIDROIT-Abkommens von Ottawa bedeutet hätte [566]. Verpaßt wurde damit eine gute Chance zur Rechtsvereinheitlichung, zumal den Rechtsordnungen der meisten europäischen Ländern eine dem § 399 2. Fall BGB entsprechende Regelung unbekannt ist [567]. Zwar wurde das UNIDROIT-Abkommen zum internationalen Factoring inzwischen auch von der Bundesrepublik Deutschland ratifiziert [568], ihm kommt aber gem. Art. 2 des UNIDROIT-Abkommens nur Bedeutung für die Abtretungen von Exportforderungen an Factoringinstitute zu [569].

Ausgehend von den rechtsvergleichenden Betrachtungen spricht auch die Bewertung des Konflikts zwischen § 398 BGB und § 399 2. Fall BGB vor dem Hintergrund der Privatautonomie für eine allgemeine Aufhebung oder Modifizierung des § 399 BGB statt einer beschränkten Neuregelung in § 354 a HGB. Denn wirklich privatautonom ist es doch, eine Forderung frei abtreten zu können, während die freie Vereinbarung ihrer Unabtretbarkeit demgegenüber eine Restriktion bedeutet, wenn auch die Vereinbarung des Abtretungsverbots selbst privatautonom, also frei möglich ist [570]. Nicht zuletzt war auch gerade dies der Ausgangspunkt der Diskussionen im BGB-Gesetzgebungsverfahren [571]. Bezeichnend ist es auch, daß die Empfehlung des 51. Deutschen Juristentages (DJT) gerade keine Standortbindung zugunsten des HGB ausgesprochen hatte [572].

(3) Umfang der Besserstellung des HGB-Kaufmanns

Schwer wiegt insbesondere die sachlich nicht zu rechtfertigende Besserstellung des kaufmännischen und des öffentliche Verwenders von Abtretungsverboten gegenüber dem nichtkaufmännischen Forderungsinhaber. Dies zeigt sich insbesondere bei den Lohn- und Gehaltsabtretungsverboten und den Anzeigenerfordernissen in Versicherungsbedingungen, aber auch in anderen Bereichen. Während Kaufleute

---

565 Pressemitteilung der AGV – Arbeitsgemeinschaft der Verbraucherverbände Nr. 2/99 vom 13.01.1999.

566 Wagner WM 1996 Sonderbeil. Nr. 1 S. 8 f.; Bette WM 1994, 1909, 1913, 1916.

567 Vgl. zur Rechtslage in Frankreich unten Kap. 2.

568 Inkraftgetreten am 01.12.1998, BGBl. I. 1998 II, 172; vgl. auch Kap. 3 B II 1. mwN.

569 Vgl. im einzelnen unten Kap. 3.

570 Zur gegenläufigen Wirkung der Privatautonomie siehe oben Kap. 1 B V.4.

571 Grub ZIP 1994, 1649; Henseler BB 1995, 5 f.

572 Drobnig, Gutachten F 51.DJT 1976, S. F 98; Vgl. oben Kap. 1 C I 2.

durch § 354 a HGB privilegiert werden und ihre Forderungen jederzeit liquidieren können, bleibt dies einem nichtkaufmännischen Forderungsinhaber verwehrt. Dieser unterliegt ohne Einschränkungen der bisherigen Regelung des § 399 2. Fall BGB. Ein ihm gegenüber vereinbartes Abtretungsverbot wirkt absolut [573].

Diese Besserstellung setzt sich bis in die Zwangsvollstreckung fort und zeigt sich auch in sekundären Bereichen, wenn etwa die Rechtsprechung zur Durchbrechung des Prioritätsgrundsatzes bei mehrfacher unwirksamer Abtretung im Anwendungsbereich des § 354 a HGB obsolet wird. Außerhalb des § 354 a HGB verbleibt es nämlich bei dieser Rechtsprechung, so daß der Schuldner nach seinem Belieben die erste oder die nachfolgende Abtretung wirksam werden lassen kann, ohne daß der nicht privilegierte Gläubiger hierauf einen Einfluß hätte [574].

Bislang wurde auch die Ungleichbehandlung zwischen Muß- und Sollkaufleute ins Feld geführt. Wer nicht nach den §§ 1 ff. HGB a.F. als Mußkaufmann galt, dem entging das Privileg des § 354 a HGB mit allen Folgen und insbesondere der Folge fehlender Liquidität. Dabei spielten die Abgrenzungsschwierigkeiten um die alten Kataloggewerbe des § 1 II HGB a.F. eine zentrale und in § 354 a HGB hineinragende Rolle, denn wer keinem Kataloggewerbe zugeordnet werden konnte und die Eintragung ins Handelsregister unterlassen hatte, galt nicht als Kaufmann. Hiervon waren vornehmlich Bauunternehmer und Bauhandwerker betroffen [575].

Mit der Neufassung der §§ 1 ff. HGB durch das Handelsrechtsreformgesetz haben sich diese Abgrenzungsschwierigkeiten allerdings erledigt [576]. Kaufmann ist nach neuem Recht jeder, der ein Handelsgewerbe betreibt (Istkaufmann) oder im Handelsregister eingetragen ist (Kannkaufmann). Für die Einordnung als Istkaufmann kommt es nicht mehr darauf an, einem Kataloggewerbe des § 1 HGB a.F. zugeordnet zu werden; es genügt, gem. § 1 II HGB n.F. jeder Gewerbebetrieb, es sei denn, das Unternehmen erfordert nicht einen nach Art und Umfang in kaufmännischer Weise eingerichteten Geschäftsbetrieb. Im letzteren Fall besteht jedoch ohne weiteres die Möglichkeit, durch Eintragung gem. § 2 HGB n.F. die Kaufmannseigenschaft und damit die Anwendbarkeit des § 354 a HGB herbeizuführen [577].

Mit der Neufassung der §§ 1 ff. HGB hat es jeder Gewerbetreibende selbst in der Hand, die Anwendbarkeit des Handelsrechts und damit auch die des § 354 a HGB zu wählen. Die vormalige Ungleichbehandlung zwischen Muß- und Sollkaufleuten besteht somit nicht mehr; was aber keine Rechtfertigung für die Beschränkung des § 354 a HGB auf kaufmännische oder öffentlichrechtliche Forderungen bedeutet.

In verfassungsrechtlicher Hinsicht wurde auch das Argument ins Feld geführt, daß die Ausgrenzung von Lohn- und Gehaltsabtretungsverboten von der Neuregelung in § 354 a HGB gegen den Gleichheitssatz des Art. 3 GG verstößt. Aus der objektiven Ungleichbehandlung in Verbindung mit den fehlenden Differenzierungskriterien läßt

---

573 Wagner WM 1996 Sonderbeil. Nr. 1 S. 8; ders. WM 1994, 2093, 2101 ff.
574 Vgl. dazu unten Kap. 1 C III 2.a, bb (1).
575 Wagner WM 1996 Sonderbeil. Nr. 1 S. 8.
576 HRRG vom 22.06.1998, BGBl. I 1998, 1474.
577 Vgl. zur Neuregelung der §§ 1 ff. HGB K. Schmidt NJW 1998, 2161.

sich ein derartiger Verstoß gegen Art. 3 GG begründen [578]. Darüber hinaus stellt sich auch die Frage, ob die Sperrwirkung der Abtretungsverbote etwa im Arbeitsrecht oder allgemein im bürgerlichen Recht in Anbetracht der bisherigen Kritik nicht sogar gegen Rechtspositionen aus den Art. 2, 12, 14 GG verstoßen. Beispielsweise könnte im Hinblick auf die vom BAG angenommene strukturelle Unterlegenheit des Arbeitnehmers gegenüber dem Arbeitgeber ein unzulässiger Eingriff in grundrechtsrelevante Positionen des Arbeitnehmers begründet werden.

(4) Systemwidrigkeit im materiellen Handelsrecht

Damit korrespondiert die inhaltliche Systemwidrigkeit der oben dargestellten historisch-formalen Systemwidrigkeit [579]. Zwar ist aufgrund der tatbestandlichen Anknüpfung der Neuregelung an das Handelsrecht der Standort im HGB scheinbar folgerichtig. Dies berücksichtigt jedoch nicht, daß es sich bei der Neuregelung um die inhaltliche Beschränkung des § 399 BGB und damit einer allgemeinen Norm des bürgerlichen Rechts handelt. Da es sich dabei gerade nicht um eine typisch handelsrechtliche Kaufmannsvorschrift handelt, hätte die Neuregelung aufgrund dieser inhaltlichen Änderung des § 399 BGB ins Bürgerliche Gesetzbuch gestellt werden müssen. Dies hätte auch dem Gebot der Rechtsklarheit und Rechtssicherheit entsprochen; bemerkenswerter Weise blieb die Neuregelung nämlich sogar von der interessierten Öffentlichkeit weitgehend unbemerkt [580].

Eine Regelung im BGB wäre auch vor dem Hintergrund der bisherigen Spannungsverhältnisse innerhalb des Abtretungsrechts zwischen Schuld- und Sachenrecht sowie zwischen Verkehrsfähigkeit und Schuldnerschutz wünschenswert gewesen. Die hochkomplexe und nicht unproblematische Stellung des Abtretungsrechts zwischen Schuld- und Sachenrecht verträgt kaum eine nur in Ausnahmefällen anwendbare Sonderregelung außerhalb der in sich abgeschlossenen Kodifikation des Abtretungsrechts in den §§ 398 ff. BGB [581].

(5) Relativierung durch Schuldnerschutz

Schließlich enthält die Neuregelung des § 354 a HGB zwei gegenläufige Regelungszwecke. Die Verkehrsfähigkeit der Forderungen in Satz 1 verhält sich nämlich zum Schuldnerschutz in Satz 2 exakt antiproportional. Dies führt gerade deshalb zu weiteren Schwierigkeiten, weil dieser Schuldnerschutz von dem Schuldnerschutz des allgemeinen Abtretungsrechts im BGB erheblich abweicht [582].

Die höchste Verkehrsfähigkeit besitzt die Forderung, die nicht von einem Abtretungsverbot im Sinne von § 399 2. Fall BGB erfaßt wird. Keine Verkehrsfähigkeit besitzt dagegen die Forderung, die aufgrund der absoluten Wirkung des Abtretungsverbots nach § 399 2. Fall BGB unübertragbar ist. Dazwischen gibt es zwei Abstufungen, einmal in Form der Konstruktion der relativen

578 Canaris, Handelsrecht (22. A.), § 24 I 4 f.
579 Siehe oben Kap. 1 C I 3.a, aa.
580 Henseler BB 1995, 5.
581 Vgl. dazu oben Kap. 1 A I.
582 Vgl. dazu unten Kap. 1 C III 2.

Unwirksamkeit, die auch im Gesetzgebungsverfahren diskutiert, aber verworfen wurde. Eine solche Forderung ist kaum verkehrsfähig, da ihre Abtretung zwar zwischen den Gläubigern und gegenüber Dritten, nicht aber gegenüber dem Schuldner wirksam ist. Je größer also die Befreiungsmöglichkeiten des Schuldners sind, umso geringer ist die Verkehrsfähigkeit der Forderung.

Die größere Verkehrsfähigkeit besitzt dagegen die Forderung bei der Konstruktion der absoluten Wirksamkeit der verbotswidrigen Abtretung. Diese Konstruktion hat der Gesetzgeber mit § 354 a S. 2 HGB gewählt, allerdings durch einen weitgehenden Schuldnerschutz zugleich wieder aufgeweicht. Danach kann sich der Schuldner nach seiner Wahl entweder gegenüber dem Zedenten oder gegenüber dem Zessionar befreien, ohne daß es auf seine Kenntnis von der Abtretung ankäme. Dies scheint auf den ersten Blick eine hohe Verkehrsfähigkeit zu gewährleisten, wie es auch dem Regelungszweck des § 354 a HGB entsprochen hätte. Dem ist aber nicht so, denn durch das Wahlrecht mit Liberationswirkung bleibt der Zedent auch nach Abtretung mit Wirkung gegenüber dem Zessionar empfangszuständig. Dadurch wird der Zessionar mit dem Regreßrisiko belastet, im Prozeß droht ihm das Kostenrisiko und wirtschaftlich trifft ihn das Insolvenzrisiko. Die Forderung ist also mit erheblichen Unsicherheiten belastet, die ihre Verkehrsfähigkeit deutlich verringern [583].

Die Neuregelung paßt auch nicht so recht in den Zusammenhang der §§ 355 ff. HGB. Dort wirft sie weitere Fragen hinsichtlich ihrer Anwendbarkeit auf. Da § 354 a HGB einerseits auf beidseitige Handelsgeschäfte beschränkt ist, Kontokorrente aber auch unter Nichtkaufleuten vereinbart werden dürfen, ist nicht einzusehen, warum § 354 a HGB gerade im kaufmännischen Bereich Hindernisse für den Handelsverkehr aufstellt [584].

b Dogmatische Einordnung

In dogmatischer Hinsicht wird auch die Norm des § 354 a HGB vom Spannungsverhältnis zwischen Schuld- und Sachenrecht erfaßt. Dies ist Folge der tatbestandlichen Anknüpfung des § 354 a HGB an die Regelung des § 399 2. Fall BGB. Zwar ist § 354 a HGB nur auf Abtretungsverbote im kaufmännischen Verkehr begrenzt. Soweit ein pactum de non cedendo vorausgesetzt wird, richtet sich dieses jedoch zunächst nach allgemeinem BGB. Ebenso verhält es sich mit der in § 354 a HGB tatbestandlich vorausgesetzten Abtretung, die den allgemeinen Regelungen in §§ 398 ff. BGB folgt. Für das Abtretungsverbot und die gleichwohl erfolgte Abtretung sind die wichtigsten Auswirkungen des Spannungsverhältnisses zwischen Schuld- und Sachenrecht die absolute Wirkung des Abtretungsverbots und die dadurch beschränkte Verkehrsfähigkeit der Forderung, die sowohl Leistungs- als auch Vermögensgegenstand ist [585].

Die Rechtsfolge des § 354 a S.1 HGB ordnet an, daß die entgegen dem Abtretungsverbot erfolgte Abtretung gleichwohl wirksam ist. Das Abtretungsverbot hat somit keine Wirkung, die verbotswidrige Abtretung ist ohne Einschränkung

583 Vgl. dazu unten Kap. 1 C III 2.a,aa (3) mwN.
584 Vgl. dazu unten Kap. 1 C III 2.a,aa (2) mwN.
585 Siehe oben Kap. 1 A I, II mwN.

wirksam [586]. Die absolute Wirkung des § 399 2. Fall BGB entfällt, ohne daß eine relative Wirkung im Sinne einer relativen Unwirksamkeit verbliebe [587].

Eine solche schuldrechtliche Restwirkung der Vereinbarung eines Abtretungsverbotes ist zwar gem. § 137 S. 2 BGB denkbar, wenn man die Vereinbarung dahingehend auslegt (§§ 133, 157 BGB). Der Gesetzgeber hat mit der Regelung des § 354 a HGB jedoch nicht auf die Unwirksamkeit des Abtretungsverbots, sondern auf die Wirksamkeit der Abtretung abgestellt. Wenn die Abtretung danach wirksam ist, dann kann das weiterbestehende, aber wirkungslose Abtretungsverbot nicht mehr die schuldrechtliche Restverpflichtung des § 137 S. 2 BGB entfalten. Andernfalls würde sich der Gläubiger schadensersatzpflichtig machen, obwohl das Gesetz ihm die Möglichkeit einräumt, über die Forderung zu verfügen. Hierfür spricht auch § 354 a S. 3 HGB, wonach die Vorschrift nicht zur Disposition der Parteien steht. Wenn danach also keine abweichende Vereinbarung möglich ist, kann auch der Vereinbarung des Abtretungsverbots keine derartige Restwirkung zugeschrieben werden.

Es bedarf auch unter dem Aspekt des Schuldnerschutzes keiner solchen schuldrechtlichen Restwirkung, denn der Schuldner kann gem. § 354 a S. 2 HGB mit befreiender Wirkung wahlweise an beide Gläubiger leisten. Dabei kommt es abweichend von § 407 BGB nicht auf die Kenntnis des Schuldners von der Abtretung an. Vielmehr wird der Schuldner gem. § 354 a S. 2 HGB in besonderer Weise und über § 407 BGB hinausgehend davor geschützt, erneut in Anspruch genommen zu werden [588].

II Rechtslage bis zur Neuregelung

1. Die Entscheidungen der Rechtsprechung

Die Rechtsprechung des BGH war extrem restriktiv. Kein einziger Lösungsansatz, den die Literatur entwickelt hatte, wurde generell übernommen. Seit 1969 haben die rechtsgeschäftlichen Abtretungsverbote im kaufmännischen Verkehr daher vor Gericht Bestand gehabt. Der BGH hat ihnen ihre absolute Wirkung in ständiger Rechtsprechung bestätigt [589]. Abtretungsverbote können dem BGH zufolge grundsätzlich in AGB verwendet werden [590]. Sie verstoßen grundsätzlich nicht gegen § 9 AGBG [591] oder die guten Sitten [592]. Das gilt auch für modifizierte Abtretungsverbote in Form formularmäßiger Zustimmungsvorbehalte [593]. Für die Verwendung von Abtretungsverboten durch die öffentliche Hand gilt nichts anderes [594]. Selbst im Konkurs ging die absolute Wirkung der verbotswidrigen Abtretung nicht verloren, weil

586 Baumbach-Hopt, HGB, § 354 a Rdnr. 1; Wagner NJW 1995, 180.
587 Wagner WM 1996 Sonderbeil. Nr. 1 S. 9 f; Vgl. zur relativen Unwirksamkeit oben Kap. 1 B V.
588 Brink FLF 1994, 212, 213; Baumbach-Hopt, HGB, § 354 a Rdnr. 2.
589 Bette FLF 1993, 138, 139; Henseler BB 1995, 5, 6.
590 BGH NJW-RR 1991, 763.
591 BGH WM 1992, 73.
592 BGHZ 51, 113.
593 BGH BB 1990, 588.
594 BGHZ 102, 293.

dem Berechtigten ein Ersatzaussonderungsrecht zugebilligt wurde [595]. In einigen wenigen Fällen hat der BGH jedoch Ausnahmen von der absoluten Wirkung der Abtretungsverbote zugelassen.

a Die Entscheidung des BGH VIII. Zivilsenat vom 18. Juni 1980

Der Entscheidung des BGH [596] lag der Sachverhalt zugrunde, daß ein Lieferant, der unter verlängertem Eigentumsvorbehalt von seinem Vorlieferanten gelieferte Ware an ein Kaufhauskonzernunternehmen weiterlieferte, mit dem in den Einkaufs-AGB ein Abtretungsverbot vereinbart war. Als der Lieferant zahlungsunfähig wurde, kollidierte der Eigentumsvorbehalt des Vorlieferanten, der die Abtretung der zukünftigen Forderungen aus dem Weiterverkauf beinhaltete, mit dem Abtretungsverbot des Warenhauskonzerns. Das Kaufhaus verweigerte unter Hinweis auf das Abtretungsverbot die Zahlung an den Vorlieferanten und zahlte an den Lieferanten.
Der BGH verurteilte das Warenhaus dennoch zur (nochmaligen) Zahlung an den Vorlieferanten mit der Begründung, daß die branchenübliche und marktweite Vereinbarung von verlängerten Eigentumsvorbehalten mit Vorauszessionen dem Kaufhaus bekannt gewesen sein mußte, so daß das nachträgliche Abtretungsverbot diese Forderungen nicht erfassen konnte. Außerdem hätte das Kaufhaus auch keinen guten Glauben an das Eigentum des Lieferanten haben können. Zwar sei im kaufmännischen Verkehr auch der gute Glaube an die Verfügungsbefugnis geschützt, das Kaufhaus habe aber damit rechnen müssen, daß eine Weiterverfügung der dem Lieferanten unter Eigentumsvorbehalt gelieferten Ware nur gegen Abtretung der Forderung gegen das Kaufhaus an den Vorlieferanten gestattet sein konnte [597].

Diese Entscheidung des BGH ist keine Einzelfallentscheidung, hat aber nur für diese eng begrenzte Fallkonstellation Bedeutung erlangt. Sie führt daher nicht zu einer allgemeinen Unzulässigkeit oder Modifizierung der absoluten Wirkung des Abtretungsverbots im Sinne von § 399 2. Fall BGB. In jüngster Zeit hat der BGH diese Rechtsprechung hinsichtlich des Gutglaubens bestätigt. Dabei sind jedoch die noch zu besprechenden Besonderheiten wegen der Neuregelung des § 354 a HGB zu beachten [598].

Davon zu unterscheiden ist die ständige Rechtsprechung zur Unwirksamkeit der Globalzession bei kollidierendem Eigentumsvorbehalt wegen Verstoßes gegen § 138 BGB. Hier kann der Abtretungsempfänger ausnahmsweise nur dann auf die Wirksamkeit der Globalzession vertrauen, wenn er nicht mit einem Eigentumsvorbehalt rechnen mußte, etwa weil dies branchenunüblich ist [599]

[595] BGHZ 27, 306; Kilger-Schmidt, KO, § 46 Anm. 6.
[596] BGHZ 77, 274.
[597] Bette in FLF 1993, 138, 139.
[598] BGH NJW 1999, 425 f.; vgl. unten Kap. 1 C III.
[599] Vgl. zuletzt BGH NJW 1999, 2588, 2599; vgl. unten Kap. 1 C 2. a, bb, (1).

b Die Entscheidung des BGH VI. Zivilsenat vom 5. Dezember 1989

In dieser Entscheidung des BGH [600] hatte eine Baustoff-GmbH unter Vereinbarung eines Abtretungsverbots mit dem Abnehmer an diesen Ware geliefert, die zuvor unter Eigentumsvorbehalt mit Vorauszession von einem Vorlieferanten bezogen wurde. Als die GmbH insolvent wurde, zahlte der Abnehmer aufgrund des Abtretungsverbots an die Insolvenzmasse. Der BGH gab der Schadensersatzklage des Vorlieferanten gegen den Geschäftsführer der GmbH i.K. im Rahmen der Organhaftung mit der Begründung statt, daß die nachträgliche Vereinbarung eines Abtretungsverbots hinsichtlich der Forderungen aus dem Weiterverkauf unter Eigentumsvorbehalt mit Vorauszession gelieferter Ware eine strafbare Untreue iSv § 266 StGB sei. Der Anspruch des Vorlieferanten folgte somit aus §§ 823 II BGB, 266 StGB [601].

Außerhalb dieser Deliktshaftung des GmbH-Geschäftsführers hat der BGH jedoch die allgemeine Linie weiterverfolgt. Verwendet etwa ein Bauunternehmer, der wegen seiner Werklohnforderung mit dem Bauherrn ein Abtretungsverbot vereinbart hat, Baustoffe, die er unter verlängertem Eigentumsvorbehalt bezogen hat, so haftet der Bauherr, wenn er den Einbau der Materialien lediglich geduldet hat, dem Baustofflieferanten unter keinem rechtlichen Gesichtspunkt [602].

c Die Entscheidung des BGH II. Zivilsenat vom 8. Dezember 1974

Nicht in dieser Allgemeinheit hat der BGH in einem besonders gelagerten Ausnahmefall zum Transport- und Versicherungsrecht einen Verstoß gegen § 9 AGBG angenommen [603]. Dort hat der BGH entschieden, daß der Frachtführer in AGB den in § 67 I S. 1 VVG vorgesehenen Übergang des gegen ihn wegen Beschädigung der Güter gerichteten Schadensersatzanspruch auf den (Transport-)Versicherer nicht wirksam ausschließen kann. Dies begründet der BGH damit, daß der Frachtführer gerade durch den Abschluß der Transportversicherung auch allen Streitigkeiten über die Schadensersatzpflicht aus dem Wege gehen will, so daß das Abtretungsverbot in den AGB des Versicherers jedenfalls als rechtsmißbräuchliche Vertragsverletzung zu bewerten und deshalb unwirksam ist [604]. In dem erst nach dieser Entscheidung in Kraft getretenen AGBG hätte dies dem Tatbestand des § 9 AGBG entsprochen.

Diese Entscheidung hat der BGH dahingehend ergänzt, daß auch der Frachtführer in seinen AGB nicht rechtswirksam bestimmen kann, daß Ansprüche des Ladungsempfängers aus dem Verlust oder der Beschädigung der Ladung nur mit seinem Einverständnis auf den Transportversicherer übertragen werden können [605]. Daran hat auch die Neuregelung des Frachtrechts nichts geändert [606].

---

600 BGH BB 1990, 162 = BGH NJW 1990, 976 ff.
601 Bette in FLF 1993, 138, 139,140.
602 BGH DB 1991, 159.
603 Henseler BB 1995, 5, 6.
604 BGHZ 65, 364, 367 = BB 1976, 159 f.
605 BGHZ 82, 162.
606 Die §§ 407 ff. HGB wurden neugefaßt durch TRG vom 25.06.1998, BGBl. I. S. 1588.

Im Verbraucherschutzrecht hat der BGH dagegen Abtretungsverbote grundsätzlich an § 9 AGBG scheitern lassen. So benachteiligt eine Klausel in den allgemeinen Reisebedingungen, wonach die Abtretung nur vom Anmelder geltend zu machender Ansprüche aus dem Reisevertrag ausgeschlossen ist, den Reisekunden unter Verstoß gegen Treu und Glauben unangemessen im Sinne von § 9 I AGBG [607].

2. *Die Lösungsansätze der Literatur*

Die vielfältigen Anstrengungen, die in der rechtswissenschaftlichen Literatur unternommen wurden, hatten keinen Erfolg, denn die Rechtsprechung hat von den eng begrenzten Ausnahmen abgesehen, keinen einzigen Lösungsansatz übernommen [608]. Entweder waren sie nicht mit dem Gesetz in Einklang zu bringen, also contra legem, oder sie setzten ein Einlenken des Schuldners voraus, woran es regelmäßig gefehlt hätte. Gefragt war nach dem Stand der Literatur Ende der achtziger Jahre daher der Gesetzgeber, ohne dessen Beitrag nach allgemeiner Ansicht eine Lösung weder de lege lata noch de lege ferenda möglich war [609].

Es gibt drei Gruppen von Lösungsvorschlägen. Einmal wurden Lösungen alleine aus den Vorschriften des BGB abgeleitet. Daneben gibt es Lösungsansätze, die sich auf Vorschriften außerhalb des BGB stützen. Ausgangspunkt dieser tendenziell wirtschaftsrechtlich orientierten Vorschläge sind die Vorschriften des AGBG und des GWB. Schließlich wurde im Rahmen der Vertragsgestaltung versucht, die Abtretungsverbote zu umgehen.

a *Die bürgerlichrechtlichen Konstruktionen*

Die Versuche, das Problem der absoluten Wirkung rechtsgeschäftlicher Abtretungsverbote im Sinne von § 399 2. Fall BGB anhand der Regelungen des BGB selbst zu lösen, reichen von der teleologischen Reduktion des § 399 BGB selbst über die Konstruktion einer systemimmanenten Priorität der Vorauszession gegenüber dem Abtretungsverbot und der Konstruktion einer relativen Unwirksamkeit im Sinne von § 135 BGB bis hin zu den Tatbeständen der Sittenwidrigkeit gem. § 138 BGB und des Rechtsmißbrauchs gem. § 242 BGB.

aa *Teleologische Reduktion des § 399 2. Fall BGB*

Ein erster bürgerlichrechtlicher Ansatz ist es, den Anwendungsbereich des § 399 2. Fall BGB zu reduzieren. Dies haben, ausgehend von der Konfliktsituation bei der Kollision von Sicherungszession und Abtretungsverbot, Mummenhoff und ihm folgend Matthies vorgeschlagen. Danach sollte ein rechtsgeschäftliches Abtretungsverbot nur Abtretungen erfassen, die keine Sicherungszessionen sind. Dies wird mit einer planwidrigen Regelungslücke des historischen Gesetzgebers begründet, der die Sicherungszessionen kannte und es unterlassen habe, sie ausdrücklich vom

---

607 BGH BB 1990, 1155.

608 Siehe oben Kap. 1 C II 1.

609 Hadding-van Look WM 1988 Beilage Nr. 7, S. 1, 19.

Anwendungsbereich des § 399 2. Fall BGB auszunehmen. Da die Interessenlage der Beteiligten einer Sicherungszession der der Forderungspfändung entspräche und § 851 II ZPO den Gläubiger bevorzuge, sei die Bevorzugung des Gläubigers in § 851 II ZPO auf den Gläubiger einer Sicherungszession im Wege der teleologischen Reduktion des § 399 2. Fall BGB zu übertragen [610].

Dem wird entgegengehalten, daß es an einer planwidrigen Regelungslücke in § 399 BGB fehlt. Der historische Gesetzgeber kannte das Rechtsinstitut der Sicherungszession und hätte eine andere Behandlung somit ausdrücklich geregelt [611]. Hinzu kommt weiter, daß es auch an einer Vergleichbarkeit der Interessenlage des Gläubigers in § 399 BGB mit der des Gläubigers in § 851 ZPO fehlt. In tatbestandlicher Hinsicht setzt § 851 ZPO einen vollstreckbaren Titel voraus, der mit Hilfe staatlichen Zwangs gegen den Willen des Schuldners durchgesetzt werden kann, während es sich bei der Sicherungszession um eine freiwillige Form der Vermögensverwertung handelt. Hinsichtlich seiner Rechtsfolge läßt § 851 II ZPO nur die Pfändung und Überweisung zur Einziehung und nicht an Zahlung statt zu, wohingegen nur die Überweisung an Zahlung statt mit dem Wechsel der Forderungsinhaberschaft die Wirkung einer Abtretung hat. Der § 851 II ZPO ist als Ausnahmevorschrift daher eng auszulegen und nicht geeignet, eine einseitige und pauschale Bevorzugung der Gläubiger zu konstruieren [612].

bb Priorität der Vorauszession gegenüber dem Abtretungsverbot

Dogmatisch im Spannungsfeld zwischen Schuld- und Sachenrecht findet sich der Ansatz von Serick. Danach soll für eine Vorausabtretung, die zeitlich vor der Vereinbarung des Abtretungsverbots liegt, der Prioritätsgrundsatz gelten. Das zeitlich nachrangige Abtretungsverbot ist dieser Ansicht zufolge unwirksam.

Begründet wird dies damit, daß dem Gläubiger aufgrund der Vorauszession die Verfügungsbefugnis insoweit fehlen würde, die Forderung später durch ein Abtretungsverbot als unabtretbar entstehen zu lassen. Durch diese Priorität würde der Gläubiger auch nicht einseitig bevorzugt, denn der Schuldner sei über § 407 BGB ausreichend geschützt [613].

Diesem sachenrechtlichen Ansatz wird entgegengehalten, daß die Vereinbarung eines Abtretungsverbots nicht die Rechtsnatur einer Verfügung teile, da das Abtretungsverbot weder eine Änderung, Übertragung, Belastung noch Aufhebung der Forderung enthalte. Hinzu kommt das schuldrechtliche Argument, daß die Forderung aufgrund des Abtretungsverbots als unabtretbar kraft des forderungsbegründenden Schuldverhältnisses entstehe [614].

---

610 Mummenhoff JZ 1979, 425, 428 f.; Matthies WM 1981, 1040, 1046 ff.

611 Blaum, Das Abtretungsverbot nach § 399 2. Alt. BGB, S. 225 ff.; Staudinger-Schlosser, AGBG (12. A.), § 9 Rdnr. 46.

612 Hadding-van Look WM 1988, Beilage Nr. 7, S. 6 mwN.

613 Serick, Eigentumsvorbehalt und Sicherungsübertragung, Bd. IV 1976 § 51 III 2. (S. 507 ff.); ders. Bd. V 1982 § 66 VI 1. (S. 583 ff.).

614 Nachweise bei Hadding-van Look WM 1988, Beilage Nr. 7 S. 14 FN 122.

Dieses Argument überzeugt nicht. Ein Abtretungsverbot, das sich mit der Unabtretbarkeit kraft des forderungsbegründenden Schuldverhältnisses deckt, kann durchaus als Inhaltsänderung und damit als Verfügung aufgefaßt werden [615]. Allerdings stellt sich hinsichtlich der Verfügungsbefugnis über eine Forderung die Frage, ob diese der Verfügungsbefugnis über ein dingliches Recht gleichzusetzen ist und insoweit tatsächlich ein Teilausschnitt dieser Verfügungsbefugnis entfallen kann, so daß der sachenrechtliche Prioritätsgrundsatz bei der Kollision zweier Verfügungen über das gleiche Recht zum Tragen kommt.

Durch die Annahme einer sachenrechtlichen Verfügungsbeschränkung über Forderungen würde jedoch die Privatautonomie unangemessen und ohne ausdrückliche Rechtsgrundlage eingeschränkt. Eine derartige Beschränkung würde schließlich auch nur durch Anerkennung seitens des Zedenten zum Tragen kommen und wegen § 137 BGB ohnehin nur als Verpflichtung zwischen Zedent und Schuldner, nicht über die Forderung zu verfügen, wirken [616].

cc Konstruktion einer relativen Unwirksamkeit des Abtretungsverbots

Ebenfalls im Spannungsverhältnis zwischen Schuld- und Sachenrecht und damit nicht weit entfernt von dem Ansatz, mittels des Prioritätsprinzips [617] das Problem zu lösen, liegt die Idee der Konstruktion einer relativen Unwirksamkeit der verbotswidrigen Abtretung. Es handelt sich damit um einen rechtsfolgenorientierten Ansatz, der sich auf den Streit um die Rechtsnatur der Abtretungsverbote des § 399 2. Fall BGB stützt [618]. Er geht bereits auf Enneccerus – Lehmann zurück und wurde in jüngerer Zeit wieder aufgenommen [619]. Ausgangspunkt der Begründung ist § 135 BGB und der Normzweck des § 399 2.Fall BGB, der nur den Schuldner schützen soll. Die Argumente dieser Begründung sind dieselben wie die bei dem Streit um die Rechtsnatur der rechtsgeschäftlichen Abtretungsverbote und die Frage nach der Art ihrer Wirkung [620].

Wenn das vereinbarte Abtretungsverbot nur den Schuldner schützen soll, dann würde es nach diesem Ansatz genügen, wenn auch nur der Schuldner sich auf die Unwirksamkeit der abredewidrigen Abtretung berufen könne. Damit würde der Widerspruch zwischen § 399 2. Fall und § 137 BGB vermieden, daß das Abtretungsverbot zwar kein dingliches aber dafür nur ein schuldrechtliches Verfügungsverbot begründen könne obwohl es ja dinglich wirken soll [621]. Richtigerweise ist dagegen und mit der überwiegenden Ansicht in Literatur und Rechtsprechung den Vorstellungen des historischen Gesetzgebers entsprechend im Rahmen von § 399 2. Fall BGB von absoluter Unwirksamkeit auszugehen [622].

615 Siehe oben Kap. 1 B I mwN.
616 Blaum, Das Abtretungsverbot nach § 399 2. Alt. BGB, S. 77 ff.; Hadding-van Look WM 1988 Beilage Nr. 7 S. 7 mwN.
617 Siehe oben Kap. 1 C II 2.a, bb.
618 Vgl. dazu oben Kap. 1 B V.
619 Enneccerus-Lehmann, Recht der Schuldverhältnisse, § 78 IV 2; Scholz NJW 1960, 1837; Denck JuS 1981, 9, 12; Wagner JZ 1988, 698, 705 f.
620 Siehe zum Streitstand oben Kap. 1 B I 4. sowie V 1.
621 Jakobs JuS 1973, 152, 156.
622 Siehe zur Begründung ebenfalls oben Kap. 1 B I 4. und IV 1.

Teilweise wird dem Streit ein überwiegend begrifflicher Charakter zugeschrieben, denn durch das pactum de non cedendo wird der Tatbestand der Verfügung über die Forderung durch Abtretung abweichend von § 398 S. 1 BGB zusätzlich an das Erfordernis der Mitwirkung des Schuldners bei der Vereinbarung des Abtretungsverbots gem. § 399 2. Fall BGB geknüpft [623].

Dem ist allerdings entgegen zu halten, daß es nicht jedem Gläubiger tatsächlich möglich ist, auf die Vertragsbedingungen einzuwirken oder die Mitwirkung seines Schuldners auf vertraglichem Wege zu erreichen [624], so daß es gerade in der Praxis auch auf die dogmatische Frage nach Rechtsnatur und Wirkungen der Abtretungsverbote ankommt. Der Streit ist daher mitnichten rein begrifflicher Natur; er ist dennoch mit den Argumenten der überwiegenden Ansicht gegen diesen Lösungsansatz der relativen Unwirksamkeit zu entscheiden.

dd Sittenwidrigkeit des Abtretungsverbotes

Unter dem Aspekt der Marktmacht und der Möglichkeit, diese gegenüber dem schwächeren Gläubiger zu mißbrauchen, lag der Gedanke auf der Hand, Abtretungsverbote als Verstoß gegen § 138 BGB aufzufassen. Da die Situation des Gläubigers einer Knebelung durch den Schuldner gleichkäme, sollten die von der Rechtsprechung zur Sittenwidrigkeit der Globalzession entwickelten Grundsätze zu § 138 I BGB Anwendung finden [625].

Die Kritik setzt aber bereits daran an, daß bei einzelnen Forderungen schon begrifflich keine sittenwidrige Knebelung vorliegen könne [626]. Dies überzeugt nicht, denn in den problematischen Fällen werden die Abtretungsverbote in AGB vereinbart und erfassen bei der stark oligo- bis monopolistischen Nachfragemacht von Handel und Industrie bisweilen den größten Teil des Umsatzes des mittelständischen Unternehmens [627].

Gegen die Annahme der Sittenwidrigkeit spricht jedoch die unterschiedliche Interessenlage. Bei der Globalzession konkurrieren zwei Gläubigergruppen. Der Geldkreditgeber will durch die zeitlich vor dem Eigentumsvorbehalt liegende Abtretung verhindern, daß die Warenkreditgeber seines Schuldners dieselben Forderungen als Sicherungsmittel erhalten. Bei dem Abtretungsverbot konkurriert das Erwerbsinteresse des Zessionars mit dem Interesse des Schuldners, den Gläubigerwechsel zu verhindern. Ohne daß damit im Einzelfall der Tatbestand der Sittenwidrigkeit ausgeschlossen würde, kommt eine generelle Sittenwidrigkeit der Abtretungsverbote daher und nach überwiegender Ansicht nicht in Betracht [628].

---

623 Hadding-van Look WM 1988, Beilage Nr. 7, S. 13.
624 Siehe oben Kap. 1 C 1. vor I.
625 Kersting ZfgK (ZKW) 1969, 95 ff.; Blaum, Das Abtretungsverbot nach § 399 2. Alt. BGB, S. 242-265, insb. S. 264; Reckert FLF 1987, 26 f.
626 Hadding-van Look WM 1988, Beilage Nr. 7, S. 7.
627 Siehe dazu oben Kap. 1 C 1. vor I.
628 Hadding-van Look WM 1988, Beilage Nr. 7, S. 8 mwN in FN 70.

ee Rechtsmißbrauch bei Versagung der Zustimmung zur Zession

Schließlich wurde vorgeschlagen, daß der Zedent dem Schuldner eine Erklärung des Zessionars vorlegen könne, in der der Zessionar den Schuldner ermächtigt, weiter an den Zedenten zu leisten und gegenüber dem Schuldner die Aufrechnung erklären zu können. Dies würde die Nachteile des Schuldners ausgleichen, die dieser durch das Abtretungsverbot zu vermeiden gesucht hätte. Nach Vorlage einer solchen Erklärung sei der Schuldner daher nicht mehr berechtigt, die Zustimmung zur Abtretung zu versagen, denn dies würde gem. § 242 BGB gegen Treu und Glauben verstoßen [629].

Dieser Ansicht ist der BGH ausdrücklich nicht gefolgt. Seiner Ansicht zufolge bleibt es dem Schuldner vielmehr unbenommen, welche Forderungsübertragungen er im einzelnen genehmigen oder ob er es nicht überhaupt bei dem vertraglich vereinbarten Zustand mit dem Abtretungsverbot belassen will [630]. Haben die Parteien danach ein wirksames Abtretungsverbot derart vereinbart, daß der Zedent nicht ohne Zustimmung des AGB-Verwenders abtreten darf, kann der AGB-Verwender diese Zustimmung nicht aus unbilligen Gründen verweigern. Dies ist insbesondere der Fall, wenn der AGB-Verwender kein eigenes schützenswertes Interesse an der Verweigerung der Zustimmung hat. In diesem Fall verstößt die Weigerung ausnahmsweise gegen den Grundsatz von Treu und Glauben gem. § 242 BGB [631].

Dieser Ansatz übersieht auch, daß es dem Schuldner nicht nur um die Ausgleichung der Nachteile geht, die ihm das Gesetz im Falle der Abtretung zumutet. Gerade im kaufmännischen Verkehr dient das Abtretungsverbot regelmäßig auch dazu, den Gläubiger zu binden und eine Art finanzielle Abhängigkeit aufzubauen. Da BGB und HGB dies ausdrücklich und auf der Grundlage der Privatautonomie gestatten, läßt sich der Tatbestand des Rechtsmißbrauchs nicht begründen [632]. Im übrigen wäre bei Annahme des Tatbestands des Rechtsmißbrauchs die speziellere Regelung in § 9 AGBG für die formularmäßigen Abtretungsverbote vorrangig. In diesem Bereich wäre daher ein Rückgriff auf die Generalnorm des § 242 BGB nicht indiziert [633].

b Die wirtschaftsrechtlichen Lösungsansätze

In der Literatur wurden auch zwei Ansätze diskutiert, die dem Wirtschaftsrecht zuzuordnen sind. Einmal handelt es sich um die Möglichkeit, formularmäßige Abtretungsverbote im kaufmännischen Verkehr über die Generalklausel des § 9 AGBG zu erfassen. Zum anderen kommt auch ein Verstoß gegen die wettbewerbsschützenden Tatbestände des GWB in Betracht [634].

---

629 Staudinger-Honsell, BGB (12. A.), § 455 Rdnr. 59.
630 BGH WM 1988, 460, 463.
631 BGH DB 2000, 418, 419.
632 Siehe dazu oben Kap. 1 B IV, V und Kap. 1 C 1. vor I.
633 Hadding-van Look WM 1988, Beilage Nr. 7, S. 14; zu § 9 AGBG siehe unten Kap. 1 C II 2.b, aa.
634 Hadding-van Look WM 1988, Beilage Nr. 7, S. 8 ff.,12.

aa Klauselverbote des AGBG

Formularmäßig verwendete Abtretungsverbote müssen den vielgestaltigen Anforderungen des AGBG entsprechen. Ist das AGBG anwendbar, so sind die Tatbestände der Überraschungsklausel, der Generalnorm sowie der Klauselverbote zu beachten. Abtretungsverbote im kaufmännischen Verkehr bedeuten jedoch in der Regel keine Überraschungsklauseln im Sinne von § 3 AGBG, denn die Beteiligten kennen die vorformulierten AGB-Empfehlungen und diese sind branchenweit einheitlich [635]. Auch die Inhaltskontrolle ist nicht gem. § 8 AGBG ausgeschlossen. Zwar sind Abtretungsverbote in § 399 2. Fall BGB gesetzlich vorgesehen, sie sind jedoch nicht der gesetzliche Regelfall, sondern müssen zunächst und damit abweichend vom Grundsatz der freien Übertragbarkeit vereinbart werden [636].

Die speziellen Klauselverbote in den §§ 10, 11 AGBG erfassen die Abtretungsverbote im Sinne von § 399 2. Fall BGB ausdrücklich nicht. Sie waren davon abgesehen auch wegen § 24 AGBG a.F. vor der Neuregelung des § 354 a HGB 1994 im kaufmännischen Verkehr nicht anzuwenden, was sich allerdings inzwischen mit der Neufassung in § 24 S. 2 AGBG geändert hat. Auch kommt eine Analogie zu § 11 Nr. 3 AGBG nicht in Betracht. Zwar sind die darin genannten Aufrechnungsverbote dem Abtretungsverbot durchaus verwandt [637], es fehlt jedoch an den Voraussetzungen einer Analogie, die deshalb auch nicht diskutiert wurde.

Damit ist nur die Möglichkeit geblieben, Abtretungsverbote über die Generalklausel des § 9 AGBG zu erfassen. Dies würde voraussetzen, daß Abtretungsverbote im Sinne von § 399 2. Fall BGB gegen Treu und Glauben verstoßen. Dies ist im Zweifel gem. § 9 II AGBG anzunehmen, wenn sie gegen wesentliche Grundlagen der gesetzlichen Regelung verstoßen oder wenn sie den Vertragszweck gefährden würden. Beides liegt nicht vor. Die Abtretungsverbote sind in § 399 2. Fall BGB ausdrücklich vorgesehen und entsprechen dem Grundsatz der Privatautonomie. In den gesetzlichen Regelungen in BGB und HGB wurde einem etwaigen gesetzlichen Schutzbedürfnis im kaufmännischen Verkehr bis zur Neuregelung des § 354 a HGB gerade nicht Rechnung getragen [638]. Die Abtretungsverbote führen durch die Bindung des Gläubigers an den Schuldner auch nicht prinzipell zur Gefährdung des Vertragszwecks.

Ausnahmsweise ist dies jedoch denkbar, wenn der Gläubiger durch das Abtretungsverbot in einer Liquiditätskrise den Vertrag nicht mehr erfüllen kann, weil er die Forderungen gegen den Schuldner nicht vor Fälligkeit liquidieren kann. In diesem Einzelfall wird ein wirtschaftlich handelnder Schuldner entweder im eigenen Interesse die Liquiditätskrise des Gläubigers überwinden, sei es durch Zustimmung zur Abtretung oder andere geeignete Maßnahmen, oder er übernimmt das Unternehmen des Gläubigers, so daß es aufgrund Konfusion letztlich an der Gefährdung des Vertragszweckes fehlen wird. Eine allgemeine Unzulässigkeit der Abtretungsverbote läßt sich hieraus aber nicht begründen.

---

635 Siehe unten Kap. 1 C II 2.b.
636 Hadding-van Look WM 1988, Beilage Nr. 7, S. 8.
637 Hadding-van Look WM 1988, Beilage Nr. 7, S. 9.
638 Siehe oben Kap. 1 C I 3.a, aa.

bb Wettbewerbsverstöße im Sinne des GWB

Soweit Industrie und Handel ihre marktbeherrschende Stellung gegenüber dem Mittelstand dazu ausnutzen, daß den Unternehmen des Mittelstandes Abtretungsverbote aufgenötigt werden, kann im Einzelfall ein Verstoß gegen § 22 GWB vorliegen. Die Anforderungen sind jedoch recht hoch, denn die rechtsmißbräuchliche Ausnutzung der marktbeherrschenden Stellung muß in Benachteiligungsabsicht erfolgen und zu einer Wettbewerbsverzerrung führen. Diese dürfte im Verhältnis des Mittelstandes zu Handel und Industrie schwer nachzuweisen sein [639].

Daneben kann auch ein Verstoß gegen § 26 GWB unter dem Aspekt des Behinderungsverbots kommen. Die Anforderungen sind in § 26 GWB teilweise einfacher zu erfüllen. So genügt gem. § 26 II GWB bereits ein einzelnes Unternehmen, ohne daß es auf eine marktbeherrschende Stellung ankommt. Die Schwierigkeit liegt aber auch hier darin, daß das Abtretungsverbot eine wettbewerbliche Auswirkung, nämlich eine Behinderungswirkung hat. Dies wird teilweise mit dem Hinweis darauf abgelehnt, daß die Abtretungsverbote in der Regel branchenweit verwendet werden [640].

Die Ansätze zur wettbewerbsrechtlichen Bekämpfung sind ohne größere Bedeutung geblieben. Ergänzend ist zu beachten, daß es sich bei der Empfehlung der Spitzenverbände zu den sogenannten Einkaufs-AGB, die Abtretungsverbote enthalten können, um zulässige Empfehlungen im Sinne von § 38 GWB handelt, so daß auch hier kein Angriffspunkt für die Begründung der Unzulässigkeit von Abtretungsverboten liegt [641].

c Die vertraglichen Umgehungsversuche

Die Versuche, die Schieflage zwischen dem marktmächtigen Schuldner und dem nachfrageabhängigen und durch Abtretungsverbote finanziell gebundenen Gläubiger auszugleichen, blieben nicht auf die vom Gesetz ausgehenden Konstruktionen beschränkt. Auch die vertragsrechtliche Praxis und Wissenschaft hat nach Lösungsansätzen gesucht. Aussichtsreich war vor allem die Möglichkeit auf Gläubigerseite, durch eine Abwehrklausel in den eigenen AGB vorzusehen, daß die Abtretbarkeit der Forderung nicht durch ein Abtretungsverbot ausgeschlossen werden kann, wenn es dem Gläubiger gelang, seine AGB gegenüber dem Schuldner durchzusetzen.

Die übrigen Versuche, etwa durch Übernahme einer selbstschuldnerischen Bürgschaft den gesetzlichen Forderungsübergang gem. § 774 BGB zu erreichen, durch eine Kommissionsklausel die Wirkung des § 392 II HGB zu erzielen oder einer Einziehungsermächtigung zugunsten des Zessionars oder sogar im Wege einer Unterwerfung unter die sofortige Zwangsvollstreckung das Problem zu lösen, waren dagegen weniger erfolgreich, weil sie sich gegenüber der absoluten Wirkung der

---

639 Immenga-Mestmäcker-Möschel, GWB, § 22 Rdnrn. 141, 143, 172 ff.

640 Immenga-Mestmäcker-Markert, GWB, § 26 Rdnrn. 277 ff., 284, 335.

641 Blaum, Das Abtretungsverbot nach § 399 2. Alt. BGB, S. 266; Hadding-vanLook WM 1988, Beilage Nr. 7, S.13.

rechtsgeschäftlichen Abtretungsverbote des § 399 2. Fall BGB nicht durchsetzten oder von der letztlich nicht erzwingbaren Mitwirkung des Schuldners abhingen [642].

III Probleme des § 354 a HGB heute

1. Zur Rechtslage nach Inkrafttreten des § 354 a HGB

Die maßgeblichen Änderungen durch § 354 a S. 1 HGB erschließen sich schon aus dem Wortlaut der Vorschrift selbst. So ist die Abtretung trotz vereinbartem Abtretungsverbot gem. § 399 2. Fall BGB wirksam, wenn es sich um ein beidseitiges Handelsgeschäft handelt oder der Schuldner die öffentliche Hand ist. Als Ausgleich kann der Schuldner über § 407 BGB hinaus auch bei Kenntnis von der Abtretung die Liberationswirkung für sich beanspruchen und entgeht insoweit dem Risiko der Doppelzahlung, vgl. § 354 a S. 2 HGB. Die Regelung ist gem. § 354 a HGB zwingendes Recht, also der Disposition der Beteiligten entzogen [643].

Die Neuregelung geht konform mit der ständigen Rechtsprechung des BGH zur absoluten Wirkung der Abtretungsverbote gem. § 399 2. Fall BGB und setzt zumindest im Ergebnis die Bestrebungen der Literatur um, den § 399 2. Fall BGB jedenfalls teilweise zu modifizieren [644]. Die entscheidenden Konsequenzen der Neuregelung erschöpfen sich jedoch keinesfalls in dieser ersten eher nüchternen Bestandsaufnahme. Die Neuregelung bedeutet, daß der Forderungsübergang entgegen § 399 2. Fall BGB stattfindet. Damit wechselt auf der Gläubigerseite die Aktivlegitimation und mit ihr die Prozeßführungsbefugnis. Der Schuldner erhält ein Wahlrecht hinsichtlich des Leistungsempfängers, was gleichzeitig eine Empfangszuständigkeit des Zedenten auch nach Abtretung beinhaltet. Nicht zuletzt ändert sich auch der Zugriff auf die Forderung in der Insolvenz. Insgesamt greift die Norm damit nicht nur in bestehende Spannungsverhältnisse ein, sondern erzeugt mit dem Wahlrecht des Schuldners und der Empfangszuständigkeit des Zedenten ein eigenes neues Spannungsfeld. Der § 354 a HGB verschiebt zunächst die ursprüngliche Trennungslinie zwischen § 398 BGB und § 399 2. Fall BGB. Weil dem Schuldner die Nachteile des Gläubigerwechsels aufgrund der grundsätzlichen Verkehrsfähigkeit von Forderungen zugemutet wurden, sollte er sich über Abtretungsverbote gem. § 399 2. Fall BGB vereinbarungsweise schützen können [645].

Dieses Spannungsverhältnis von Verkehrszweck und Schuldnerschutz wurde zugunsten des Verkehrszwecks verändert. Durch § 354 a HGB wird die grundsätzliche Verkehrsfähigkeit vinkulierter Forderungen nun ohne Einschränkung durch § 399 2. Fall BGB gewährt. Als Ausgleich hierfür erhält der Schuldner die Befreiungsmöglichkeit nach § 354 a S. 2 HGB. Das dem Schuldner dabei eingeräumte Wahlrecht, an den Zedenten oder den Zessionar mit jeweils befreiender Wirkung leisten zu können, korrespondiert außerdem mit einer nach der Abtretung bestehenbleibenden Empfangszuständigkeit des Zedenten [646]. Dieses neue

---

642 Vgl. dazu im einzelnen: Hadding-van Look WM 1988, Beilage Nr. 7, S. 15 mwN.
643 Baumbach-Hopt, HGB, § 354 a Rdnr. 1-3; Henseler BB 1995, 5 ff.
644 Vgl. dazu oben Kap. 1 C II 1. und 2.
645 Siehe oben Kap. 1 A IV mwN.
646 Wagner WM 1996, Sonderbeil. Nr. 1, S. 9 ff.

Spannungsverhältnis zwischen Wahlrecht und Empfangszuständigkeit hat massive materielle, prozessuale und insolvenzrechtliche Konsequenzen, aus denen sich eine weitere Kritik an der Neuregelung ableitet.

2. *Aktuelle Probleme der Neuregelung*

Die Probleme der Neuregelung zeigen sich in den Bereichen des materiellen Rechts, des Prozeßrechts, des Vollstreckungs- und Insolvenzrechts. In diesen Bereichen wird insbesondere auch das neu definierte Spannungsverhältnis zwischen Verkehrszweck und Schuldnerschutz relevant.

a Materiellrechtliche Anwendung des § 354 a HGB

Hinsichtlich der Anwendung des § 354 a HGB im materiellen Recht ist zunächst zwischen originären Problemen und Fragen zu unterscheiden, die dem Grunde nach in der Neuregelung selbst angelegt sind und den sekundären Folgeproblemen, die durch die Anwendung der Norm entstehen.

aa Originäre Probleme

Die originären materiellrechtlichen Fragen konzentrieren sich auf den Anwendungsbereich, die zeitliche Geltung, die Rechtsfolgen und die Auswirkungen der Neuregelung auf Sicherungszession und Factoring.

(1) Anwendungsbereich

Der Anwendungsbereich des § 354 a HGB ist in zwei Richtungen beschränkt. Die Beschränkung bezieht sich erstens in sachlicher Hinsicht auf die Art der Forderung und zweitens in persönlicher Hinsicht auf die durch die Neuregelung Begünstigten. Außerdem ist die Abdingbarkeit des § 354 a HGB zu klären.

Der sachliche Anwendungsbereich beschränkt die Anwendung des § 354 a HGB auf Geldforderungen, die gem. § 399 2. Fall BGB nicht abgetreten werden können. Hierin liegt eine doppelte Beschränkung. Zum einen eine Beschränkung auf reine Geldforderungen und zum anderen eine Beschränkung auf Forderungen, die aufgrund eines vereinbarten Abtretungsverbots im Sinne des § 399 2. Fall BGB unabtretbar sind. Entgegen der allgemeinen Regelung des § 413 BGB im bürgerlichen Abtretungsrecht werden damit diejenigen Forderungen nicht erfaßt, die entweder keine Geldforderungen sind oder die aufgrund von Unübertragbarkeiten bzw. Abtretungsverboten außerhalb der Fälle des § 399 2. Fall BGB nicht abgetreten werden können [647].

In persönlicher Hinsicht ist § 354 a HGB nur auf Forderungen anwendbar, die aus Schuldverhältnissen zwischen Kaufleuten, sogenannte beidseitige Handelsgeschäfte

---

647 Wagner WM 1996, Sonderbeil. Nr. 1, S. 6, 7.

im Sinne von § 343 HGB, oder aus Schuldverhältnissen mit der öffentlichen Hand stammen. Trotz aller Kritik am Gesetzgeber [648] hat sich - soweit ersichtlich - weder in der Literatur noch in der Rechtsprechung eine gegenteilige Auffassung entwickelt [649]. Diese Beschränkung wird nur geringfügig durch die Neufassung der §§ 1 ff. HGB relativiert, ohne daß damit § 354 a HGB für ein breites Publikum anwendbar würde. Lediglich die Problematik der Abgrenzung zwischen Soll- und Mußkaufleuten nach § 1 HGB a.F. wurde dadurch entschärft [650]. Von größerer Brisanz ist hier die Frage der Anwendbarkeit des § 354 a HGB, wenn der durch diese Vorschrift privilegierte Gläubiger die Kaufmannseigenschaft nachträglich verliert. Teilweise wird vertreten, daß die vom Abtretungsverbot erfaßte Forderung entgegen § 354 a HGB wieder gem. § 399 2. Fall BGB unabtretbar wird [651].

Daß sich die jus-cogens-Klausel in § 354 a S. 3 HGB auf alle Regelungen in § 354 a S. 1 und 2 HGB bezieht [652], ist inzwischen geklärt. Etwas anderes hätte der Gesetzgeber ausdrücklich geregelt, und für ein Redaktionsversehen bestehen keine Anhaltspunkte [653]. Eine Beschränkung des zwingenden Charakters der Neuregelung widerspräche schließlich dem Regelungszweck. Davon zu unterscheiden ist allerdings der Fall, daß sich der Schuldner verpflichtet, nur an Zedent oder Zessionar zu leisten. Dies berührt nicht den zwingenden Charakter des § 354 a HGB, sondern ist Ausübung des Wahlrechts des Schuldners [654].

(2) *Zeitliche Geltung*

Unter dem Stichwort Rückwirkung wird diskutiert, ob § 354 a HGB nur für Abtretungsverbote gilt, die nach dem Inkrafttreten am 30. Juli 1994 vereinbart wurden. Unstreitig ist § 354 a HGB nicht auf Abtretungsverbote anzuwenden, wenn die Forderung ebenfalls vor dem 30. Juli 1994 entstanden ist. Problematisch sind jedoch die sogenannten antizipierten Abtretungsverbote, die vor Inkrafttreten der Neuregelung vereinbart wurden, sich aber auf Forderungen beziehen, die nach dem 30. Juli 1994 entstanden sind, zumal das Änderungsgesetz zu § 354 a HGB keine Übergangsregelung enthält [655].
Nach einer Auffassung gilt § 354 a HGB für alle Forderungen, die nach dem 30. Juli 1994 entstanden sind, unabhängig davon, ob das Abtretungsverbot vor oder nach dem Inkrafttreten des § 354 a HGB vereinbart wurde [656]. Die Gegenansicht stellt nicht auf die Forderung, sondern auf das Abtretungsverbot ab und wendet § 354 a HGB auf alle Abtretungsverbote an, die nach dem Zeitpunkt des Inkrafttretens vereinbart wurden [657]. Die Vertreter dieser Auffassung stützen sich auf die fehlende

---

648 Siehe oben, Kap. 1 C I 3.a, bb.
649 Koller-Roth-Morck, HGB, § 354 a Rdnr. 2.
650 Siehe dazu oben, Kap. 1 C I 3.a, bb.
651 Saar ZIP 1999, 988, 990; a.A. Pürner WuB 1995, 257, 258 f.
652 So noch Henseler BB 1995, 5, 8.
653 Baumbach-Hopt, HGB, § 354 a Rdnr. 3, Koller-Roth-Morck, HGB, § 354 a Rdnr. 4.
654 Wagner WM 1996, Sonderbeil. Nr. 1, S. 4.
655 Wagner WM 1996, Sonderbeil. Nr. 1, S. 4.
656 OLG Braunschweig WM 1997, 1214; OLG Köln DB 1997, 2169; Wagner NJW 1995, 180; Wagner WM 1996, Sonderbeil. Nr. 1, S. 4 f.; K. Schmidt NJW 1999, 400 mwN, s. dort insb. FN 9; Roth-Koller-Morck, HGB, § 354 a Rdnr. 5.
657 LG Bonn WM 1996, 930 f.; OLG Hamm NJW RR 1998, 1248; Palandt-Heinrichs, BGB, § 399 Rdnr. 9.

ausdrückliche Übergangsregelung durch den Gesetzgeber [658]. Teilweise wird auch das Argument ins Feld geführt, daß eine Rückwirkung des § 354 a HGB auf Abtretungsverbote vor dem 30. Juli 1994 einem massiven Eingriff in bestehende Privatrechtsverhältnisse gleichkomme, der nicht zulässig sei [659]. Dieses Argument wird unter anderem auf Art. 170 EGBGB (analog) gestützt, wonach Schuldverhältnisse dem Recht unterfallen, das zum Zeitpunkt ihrer Entstehung galt [660].

Richtigerweise ist der ersten Ansicht zu folgen. Zwar haben Neuregelungen grundsätzlich keine Rückwirkung, wenn der Gesetzgeber dies nicht ausdrücklich vorgeschrieben hat. Die Anwendung des in Art. 170 EGBGB zum Ausdruck gekommenen allgemeinen Rechtsgedankens setzt jedoch die vollständige Entstehung des Schuldverhältnisses voraus. Daran fehlt es bereits, wenn das Abtretungsverbot in einer Vereinbarung enthalten ist, die nicht zu dem Abschluß des späteren forderungsbegründenden Schuldverhältnisses verpflichtet oder wenn letzteres erst nach dem Inkrafttreten des § 354 a HGB zustande gekommen ist [661].

Für eine beschränkte Rückwirkung spricht nicht nur, daß diese vom Gesetzeszweck her vorgegeben ist, sondern auch, daß sie bei Dauerschuldverhältnissen sogar geboten ist. Der Schuldnerschutz bleibt ohnehin über § 354 a S. 2 HGB gewahrt, und ein Schutzbedürfnis der Gläubiger des Zedenten ist im Verhältnis zum Zessionar nicht gegeben [662]. Außerdem wird zu Recht die analoge Anwendbarkeit des Art. 170 EGBGB bestritten, denn die Neuregelung des § 354 a HGB greift nicht in die Entstehung des Schuldverhältnisses zwischen den Parteien im Innenverhältnis ein, sondern regelt die Wirksamkeit der Abtretung im Außenverhältnis gegenüber Dritten [663]. Auch wenn das Reichsgericht und der BGH Rückwirkungen dieser Art grundsätzlich verneint haben [664], ist eine solche ausnahmsweise dann zulässig, wenn sie dem Gesetzeszweck entspricht. Und genau dies ist bei § 354 a HGB der Fall, denn die Neuregelung stellt die Abtretbarkeit von Geldforderungen unter weitestgehender Sicherung der Schuldnerbelange im öffentlichen und im Interesse der Beteiligten wieder her [665]. Daß dabei die Haftungsmasse des Zedenten um die abgetretene Forderung verkürzt wird, ist jedoch kein Grund, den § 354 a HGB nicht anzuwenden [666], sondern notwendige Folge der Neuregelung und ist durch die Ausgleichsregelung zum Schuldnerschutz gerechtfertigt.

Dagegen liefert die Rechtsauffassung des Rechtsausschusses des Bundestages entgegen anders lautender Interpretation kein weiteres Argument für die erste Ansicht [667]. Der Rechtsausschuß vertrat lediglich die Ansicht, daß eine Abtretung von Geldforderungen, die nach Inkrafttreten entstanden sind, aber von Abtretungsverboten erfaßt werden, die vor Inkrafttreten vereinbart wurden, dem Schuldner gegenüber unwirksam sei [668]. Hieraus läßt sich aber nur ableiten, daß der Rechts-

658 Henseler BB 1995, 5, 9.
659 Grub ZIP 1994, 1649, 1650.
660 Palandt-Heinrichs, BGB, § 399 Rdnr. 9.
661 Wagner WM 1996, Sonderbeil. Nr. 1, S. 4.
662 Roth-Koller-Morck, HGB, § 354 a Rdnr. 5.
663 Wagner WM 1996, Sonderbeil. Nr. 1, S. 5.
664 RG Recht 1905, 283 Rdnr. 1342; BGHZ 44, 192, 194 f.
665 Wagner WM 1996, Sonderbeil. Nr. 1, S. 5.
666 So aber Grub ZIP 1994, 1649, 1650.
667 Vgl. Wagner WM 1996, Sonderbeil. Nr. 1, S. 6.
668 BT-Drucksache 12, 7912, S. 26.

ausschuß das Problem antizipierter Abtretungsverbote gesehen hat. Was er letztlich mit dieser Stellungnahme gemeint hat, bleibt jedoch unklar.

(3) Rechtsfolgen

Zu den Rechtsfolgen der Neuregelung gehört nicht nur die Wirksamkeit der verbotswidrigen Abtretung, sondern auch die in Satz 2 geregelte Empfangszuständigkeit des Zedenten und die mit dem Wahlrecht des Schuldners verknüpfte Liberationswirkung im Spannungsverhältnis zwischen Verkehrszweck und Schuldnerschutz. Wenn auch während des Gesetzgebungsverfahrens teilweise noch eine relative Unwirksamkeit der verbotswidrigen Abtretung favorisiert wurde, so bestimmt die Gesetz gewordene Fassung die (absolute) Wirksamkeit der verbotswidrigen Abtretung ohne jede schuldrechtliche Restwirkung [669].

Die zum Ausgleich für den Schuldner geschaffene Regelung in § 354 a S. 2 HGB wirft allerdings mehrere Fragen auf. Zunächst statuiert die Vorschrift nach Wortlaut und Sinn und Zweck ein Wahlrecht zugunsten des Schuldners. Dieser soll nach seiner Wahl und abweichend von § 407 BGB auch bei Kenntnis von der Abtretung selbst entscheiden können, an welchen Gläubiger er leistet. Das Wahlrecht ist zwingend, seine Ausübung bleibt dem Schuldner überlassen [670].

Bei der Ausübung des Wahlrechts hat der Schuldner die allgemeinen gesetzlichen Schranken der §§ 138, 226, 242, 826 BGB zu beachten. Teilweise wird dafür plädiert, die allgemeinen Schranken strenger anzuwenden, da es gerade der Regelungszweck des § 354 a HGB erfordert, vinkulierte Forderungen der Sperre des § 399 2. Fall BGB zu entziehen [671]. So verstößt der Schuldner gegen § 242 BGB, wenn er ohne schützenswertes eigenes Interesse und in Kenntnis der Insolvenz des Zedenten an diesen leistet [672]. Andernfalls hätte es der Schuldner in der Hand, den Zessionar gewissermaßen willkürlich mit dem Risiko zu belasten, seinerseits die Forderung beim Zedenten geltend zu machen [673].

Mit dem Wahlrecht des Schuldners wird außerdem fast stillschweigend eine Empfangszuständigkeit des Zedenten aufgestellt, die es aufgrund der Wirksamkeit der verbotswidrigen Abtretung eigentlich nicht gegeben hätte, denn die Forderung ist mit der Abtretung wegen § 354 a HGB entgegen § 399 2. Fall BGB endgültig und gegenüber jedermann wirksam auf den Zessionar übergegangen. Während der Zessionar als Forderungsinhaber empfangszuständig ist, bleibt der Zedent dies kraft Gesetz, auch wenn § 354 a S. 2 HGB dies nicht ausdrücklich so formuliert [674]. Im Unterschied zu § 362 BGB beläßt diese Regelung dem berechtigten Zessionar jedoch nicht die Entscheidungsbefugnis über die Erfüllungswirkung, sondern ordnet diese zugunsten des Schuldners mittels der Entschädigungszuständigkeit schlicht

[669] Siehe oben, Kap. 1 C I 3.b.
[670] Siehe oben, Kap. 1 C III 2.a,aa (1).
[671] Wagner WM 1996, Sonderbeilage Nr. 1, S. 12.
[672] LG Hamburg WM 1999, 428, 431; Saar ZIP 1999, 988, 994.
[673] Canaris, Handelsrecht (22. A.), § 24 I 4 c.
[674] Stein-Jonas-Münzberg, ZPO (21. A.), vor § 803 Rdnr. 14 a.

an. Zu beachten ist, daß der Zedent deswegen jedoch nicht berechtigt ist, die Forderung einzuziehen [675].

Mit der Ausübung des Wahlrechts und der Leistung des Schuldners an den empfangszuständigen Gläubiger tritt die Liberationswirkung ein. Problematisch ist hier, daß § 354 a S. 2 HGB an den allgemeinen Begriff der Leistung anknüpft. Gem. § 407 BGB muß der Zessionar nämlich Leistungen und andere forderungsbezogene Rechtsgeschäfte gegen sich gelten lassen. Umstritten ist in diesem Zusammenhang die Frage, ob der Zessionar neben den Leistungen, die die Schuld zum Erlöschen bringen, auch Stundung, Aufrechnung, Erlaß und Vergleich gegen sich gelten lassen muß. Mangels ausdrücklicher Regelung kann die Einbeziehung dieser Rechtshandlungen nur angenommen werden, wenn dies dem Regelungszweck des § 354 a HGB entspricht [676].

Nach einer Ansicht fallen unter den Leistungsbegriff alle geschuldeten Leistungen, leistungsgleichen und leistungsersetzenden Erfüllungshandlungen der §§ 362 ff. BGB, die die Schuld zum Erlöschen bringen [677]. Zur Begründung wird ausgeführt, daß der Gesetzgeber als Ausgleich für die erhöhte Verkehrsfähigkeit der Forderung den Schuldner dadurch besonders schützen wollte, daß auch der Zedent für Leistungen des Schuldners empfangszuständig bleibt [678]. Dieser Schuldnerschutzzweck könne nur dadurch effektiv gewährleistet werden, indem der Zedent nicht nur für Zahlungen, sondern für alle Leistungen, leistungsgleichen und leistungsersetzenden Erfüllungshandlungen empfangszuständig bleibt. Deshalb soll der Zedent sogar für die nachträgliche Leistungsbestimmung oder Änderung der Leistungsmodalitäten zuständig sein [679].

Dem ist schon entgegenzuhalten, daß diese weite Auffassung vom Leistungsbegriff des § 354 a S. 2 HGB im Gegensatz zu der ansonsten beschränkten Anwendbarkeit der Norm selbst steht. Dies beseitigt jedoch gerade nicht den Mangel der Norm, nicht auch im bürgerlichen Rechtsverkehr anwendbar zu sein, sondern führt nur zu weiteren Unsicherheiten in der Rechtsanwendung des § 354 a HGB. Da diese Norm nur auf Geldforderungen anwendbar sein soll, kann sich die Empfangszuständigkeit auch nur auf die korrespondierende Erfüllungshandlung des § 362 BGB beziehen.

Außerdem knüpft der Leistungsbegriff des § 354 a HGB an den Wortlaut des § 362 BGB an und meint eindeutig Leistung durch Zahlung. Etwas anderes hätte der Gesetzgeber ausdrücklich regeln müssen. Daß er es entgegen der Anregungen des Rechtsausschusses nicht getan hat, deutet darauf hin, daß nur Leistung durch Erfüllungshandlung im Sinne von § 362 BGB gewollt war. Hinzu kommt, daß ein effektiver Schuldnerschutz nicht die Erfassung jeder Erfüllungshandlung unter den Leistungsbegriff des S. 2 gebietet [680]. Mangels ausdrücklicher Regelung in § 354 a HGB verbleibt es vielmehr bei der bisherigen Rechtslage gem. § 407 BGB [681]. Zumal die Verschiebung von Verkehrszweck und Schuldnerschutz in § 354 a HGB im

---

675 Wagner WM 1996, Sonderbeil. Nr. 1, S. 10.

676 Wagner WM 1996, Sonderbeil. Nr. 1, S. 13.

677 Wagner WM 1996, Sonderbeil. Nr. 1, S. 13-15.

678 BT-Drucksache 12, 7912, S. 25.

679 Wagner WM 1996, Sonderbeil. Nr. 1, S. 13.

680 Bette WM 1994, 1909, 1918; Palandt-Heinrichs, BGB, § 399 Rdnr. 9.

681 Palandt-Heinrichs, BGB, § 399 Rdnr. 9 mwN.

Vergleich zur bisherigen Rechtslage eine andere Behandlung nicht zwingend verlangt, denn Schuldnerschutz wird nicht aufgedrängt [682].

Auch das Argument, daß der Verkehrsschutzzweck eine Beschränkung des Leistungsbegriffes nicht erfordere [683], überzeugt nicht. Zwar berührt ein weiter Leistungsbegriff nicht die Verkehrsfähigkeit der Forderung an sich. Jedoch ist eine Forderung, die der Schuldner durch Leistungen, leistungsgleiche und leistungsersetzende Erfüllungshandlungen gegenüber dem Zedenten mit Wirkung gegen den Zessionar zum Erlöschen bringen kann, wirtschaftlich nicht interessant. Mit anderen Worten erreicht die Auffassung, die einen weiten Leistungsbegriff favorisiert, genau das Gegenteil dessen, was mit der Neuregelung des § 354 a HGB erreicht werden sollte: die erhöhte Verkehrsfähigkeit der Forderungen. Eine mit der Unwägbarkeit möglicher Erfüllungshandlungen behaftete Forderung ist faktisch unabtretbar. Ein Ergebnis, das der Rechtslage vor der Neuregelung durch § 354 a HGB nahe kommt.

Keinesfalls können jedoch Aufrechnung durch den Zedenten, Erlaß und Vergleich als Leistung im Sinne von § 354 a S. 2 HGB aufgefaßt werden [684], weil deren Vereinbarung die bloße Empfangszuständigkeit des Zedenten übersteigt. Nach der Abtretung steht die Verfügungsmacht nur noch dem Zessionar zu. Eine abweichende Vereinbarung ist als Vertrag zu Lasten Dritter unzulässig. Schließlich fließt in diesen Fällen auch kein wirtschaftlicher Wert an den Zedenten, auf den der Zessionar spätestens in der Zwangsvollstreckung zugreifen könnte. Damit korrespondiert diese Beschränkung des Leistungsbegriffs auf die bloße Zahlung auch mit der sachlichen Beschränkung in § 354 a HGB auf Geldforderungen.

(4) Auswirkungen auf den Forderungsverkehr

Die Auswirkungen der Neuregelung auf den Forderungsverkehr im übrigen sind eher gering. Da der Gesetzgeber in § 354 a S. 1 HGB eindeutig nur von Abtretungen spricht und damit unter Bezugnahme auf die Legaldefinition des § 398 BGB zurückgreift, werden weder die Legalzession noch die hoheitlichen Forderungsübertragungen von § 354 a HGB erfaßt. Der § 354 a HGB wird auch nicht über § 412 BGB anwendbar. Ebensowenig kommt es in bezug auf den redlichen Erwerb vinkulierter Forderungen zu einer Änderung, denn die Regelung des § 405 2. Fall BGB wird von dem § 354 a HGB überlagert, wobei beide Regelungen zum selben Ergebnis führen [685].

Entsprechend der gesetzgeberischen Intention sind die Auswirkungen auf Sicherungszession und Factoring am deutlichsten. Zwar entstehen im einzelnen neue Probleme [686], im wesentlichen erfreuen sich aber beide Institute aufgrund der erhöhten Verkehrsfähigkeit vinkulierter Forderungen erhöhter Anwendbarkeit.

---

682 Saar ZIP 1999, 988, 991.
683 Wagner WM 1996, Sonderbeil. Nr. 1, S. 13.
684 So aber Wagner WM 1996, Sonderbeil. Nr. 1, S. 14.
685 Wagner WM 1996, Sonderbeil. Nr. 1, S. 16.
686 Siehe unten, Kap. 1 C III 2.a, bb.

bb Sekundäre Folgeprobleme

Zu den sekundären Auswirkungen der Neuregelung gehören insbesondere die Fragen nach dem Bestand der bisherigen Rechtsprechung zu Kollision und Kontokorrent sowie die der materiellrechtlichen Behandlung der nach § 354 a HGB wirksamen Abtretung.

(1) Kollisionsfälle

Mit der Neuregelung wird die bisher sehr umstrittene Rechtsprechung um das Wirksamwerden einer späteren Abtretung bei unwirksamer erster Forderungsübertragung größtenteils obsolet. Nach der bislang herrschenden Meinung konnte der Schuldner durch Genehmigung entweder die erste oder die nachfolgende Abtretung wirksam werden lassen. Dieser Durchbrechung des Prioritätsprinzips bedarf es mit § 354 a HGB nun nicht mehr, denn die erste Abtretung ist danach bereits wirksam. Außerhalb des Anwendungsbereichs des § 354 a HGB verbleibt es jedoch bei der bisherigen Rechtslage [687]. Bei den übrigen Kollisionsfällen, insbesondere hinsichtlich verlängertem Eigentumsvorbehalt und Globalzession, bleibt es bei der bisherigen Rechtslage, wenn es nicht auf die Wirksamkeit der Abtretung ankommt, sondern es im Verhältnis zwischen Waren- und Geldkreditgebern sowie Factoringinstituten um den Zeitpunkt und die Kenntnis hinsichtlich Eigentumsvorbehalt oder Globalzession geht [688]. Die diesbezüglichen Bedenken wurden bereits von BDI und BdB geteilt [689].

Dagegen kommt es nach der Neuregelung nicht mehr auf die Beantwortung der strittigen Frage an, ob der Erwerber einer Ware eine Erkundigungspflicht hinsichtlich etwaiger Abtretungsverbote im Rahmen der Prüfung des gutgläubigen Erwerbs gem. §§ 932 BGB, 366 HGB hat [690]. Entgegen erster Schlußfolgerungen ist die Ausnahmerechtsprechung des BGH zur Kollision des Eigentumsvorbehalts mit dem Abtretungsverbot und zur korrespondierenden Schadensersatzpflicht bei Nichtbeachtung des Eigentumsvorbehalts damit gerade nicht obsolet geworden [691]. Auch wenn der Leitsatz einer Entscheidung des BGH aus jüngster Zeit anderes vermuten läßt, erfährt die Rechtsprechung zu § 366 HGB keine Änderung, denn Gutgläubigkeit und Anwendbarkeit des § 354 a HGB berühren sich bei der Abtretung von Forderungen gem. § 398 BGB nicht [692].

---

687 Wagner WM 1996, Sonderbeil. Nr. 1, S. 17.

688 Serick, Eigentumsvorbehalt und Sicherungsübertragung, Bd. VI §§ 49, 52; ders. Bd. V § 70; Bülow, Recht der Kreditsicherheiten, Rdnrn. 1129 ff.; Vgl. zuletzt BGH NJW 1999, 2588, 2589; vgl. dazu auch oben, Kap. 1 C II 1. a.

689 Siehe oben, Kap. 1 C I 2.

690 Wagner WM 1996, Sonderbeil. Nr. 1, S. 16.

691 So aber Henseler BB 1995, 5 ff., 8.

692 BGH NJW 1999, 425; vgl. dazu K.Schmidt NJW 1999, 399 ff.; vgl. unten Kap. 1 C III 3.

(2) Kontokorrent

Ob § 354 a HGB im Rahmen der Kontokorrentvereinbarung Anwendung findet, hängt von der dogmatischen Einordnung der Kontokorrentvereinbarung ab [693]. Vorab ist jedoch festzuhalten, daß dies aufgrund des beschränkten Anwendungsbereiches des § 354 a HGB ohnehin nur für Geldforderungen aus beidseitigen Handelsgeschäften oder gegen die öffentliche Hand gelten kann, während ein Kontokorrent im Sinne von § 355 HGB auch zwischen Nichtkaufleuten vereinbart werden kann [694]. Im Kern geht es bei dem Streit um die Frage, ob in der Kontokorrentgebundenheit der Forderung eine Unabtretbarkeit im Sinne von § 399 1. Fall BGB oder ein zumindest stillschweigend zustande gekommenes Abtretungsverbot im Sinne von § 399 2. Fall BGB zu sehen ist.

Teilweise wird die Unabtretbarkeit kontokorrentgebundener Forderungen als eine wesensmäßige Unabtretbarkeit begriffen, die deshalb als ein Fall der Inhaltsänderung im Sinne des § 399 1. Fall BGB eingeordnet wird. Nach dieser Ansicht ist § 354 a HGB nicht anwendbar, denn die Vorschrift setzt ein vereinbartes Abtretungsverbot voraus [695]. Demgegenüber gehen andere davon aus, daß in der Kontokorrentabrede ein stillschweigendes Abtretungsverbot im Sinne von § 399 2. Fall BGB enthalten sei, mit der Folge, daß § 354 a HGB grundsätzlich anwendbar ist [696]. Problematisch ist, daß bei einer Anwendbarkeit des § 354 a HGB die in ein Kontokorrent eingestellte Forderung nicht mehr gelähmt sondern abtretbar würde, so daß das Kontokorrent letztlich leerliefe [697]. Deshalb wird zu Recht angenommen, daß die Einstellung einer Forderung in eine Verrechnungsabrede im Sinne von § 355 HGB stärker wirkt, als ein bloßes Abtretungsverbot im Sinne von § 399 2. Fall BGB [698]. Diese Lösung hat den Vorzug, daß sie keine weiteren Verwerfungen im Gefüge zwischen Vorauszession und Kontokorrent zeitigt. Dort bleibt mit dem Vorrang des Kontokorrents vor der Vorauszession alles beim alten [699].

Richtigerweise verlangt der Regelungszweck des § 354 a HGB daher gerade keine Anwendung des § 354 a HGB auf Kontokorrentvereinbarungen, denn die darin liegende Unabtretbarkeit ist unabhängig von ihrer dogmatischen Einordnung gerade kein Fall der unerwünschten Beschränkung der Verkehrsfähigkeit der Forderung. Die in ein Kontokorrent eingestellten Forderungen sind zwar nicht im einzelnen verkehrsfähig, durch die Verrechnung entsteht jedoch kein Liquidationsengpaß wie er bei der Vereinbarung von Abtretungsverboten entstehen kann [700]. Auch die Bedeutung des Kontokorrents spricht gegen die Anwendbarkeit des § 354 a HGB. Die Verrechnungsmöglichkeit durch Kontokorrent ist durch das Bedürfnis des Handelsverkehrs entstanden, um eine Vereinfachung und Vereinheitlichung wiederkehrender Zahlungsvorgänge in laufenden Geschäftsbeziehungen zu ermöglichen [701]. Dies für den Bereich des § 354 a HGB zu verhindern, würde

---

693 Wagner WM 1996, Sonderbeil. Nr. 1, S. 6.
694 Baumbach-Hopt, HGB, § 355 Rdnr. 3.
695 BGH NJW 1982, 2193, 2194; Henseler BB 1995, 5, 7.
696 Wagner WM 1996, Sonderbeil. Nr. 1, S. 6; Koller-Roth-Morck § 354 a Rdnr. 1.
697 Schlegelberger-Hefermehl, HGB, § 55 Rdnr. 33.
698 K. Schmidt, Handelsrecht, § 21 III 2.
699 K. Schmidt, Handelsrecht, § 21 III 2 mwN; BGH NJW 1979, 1206 ff.
700 Vgl. zum Regelungszweck Kap. 1 C vor I.
701 K. Schmidt, Handelsrecht, § 21 I.

bedeuten, den Bedürfnissen des Handelsverkehrs entgegenlaufende Hemmnisse im Handelsrecht aufzubauen, die noch nicht einmal durch ein Schutzbedürfnis gerechtfertigt wären.

(3) Bereicherungsansprüche

Hinsichtlich der materiellrechtlichen Behandlung der nach § 354 a HGB wirksamen Abtretung ist vor allem die bereicherungsrechtliche Rückabwicklung anzusprechen. Es sind zwei Fallgruppen zu unterscheiden. Erstens scheitert im Anwendungsbereich des § 354 a HGB jeder bereicherungsrechtliche Rückforderungsanspruch gem. §§ 812 ff. BGB daran, daß die Abtretung nun nicht mehr rechtsgrundlos, sondern wegen § 354 a HGB kraft Gesetz wirksam stattgefunden hat. Die Lösung des Gesetzes ist allerdings nicht ohne dogmatischen Makel, denn auf der Ebene des forderungsbegründenden Schuldverhältnisses fehlt aufgrund des vereinbarten Abtretungsverbots tatsächlich der Rechtsgrund für die Forderungsübertragung, nur daß diesem Abtretungsverbot über die gesetzliche Anordnung des § 354 a HGB jede rechtliche Wirkung genommen wurde. Bereicherungsrechtlich wäre es daher zu begrüßen gewesen, nicht den § 354 a HGB zu schaffen, sondern den § 399 2. Fall BGB abzuschaffen.

Da durch § 354 a HGB einerseits der Zessionar die Forderung wirksam erwirbt, andererseits der Zedent empfangszuständig bleibt, entsteht zweitens ein weites Feld für die bereicherungsrechtliche Rückabwicklung. Es handelt sich dabei um die Fälle der Leistung des Schuldners an den Zedenten. Da nach der Abtretung der Zessionar einziger legitimierter Forderungsinhaber ist, kann er die Leistung an den Zedenten kondizieren. In erster Linie kommt hier der Anspruch aus § 816 II BGB in Betracht, denn der Zedent ist gegenüber dem Zessionar Nichtberechtigter und die Leistung des Schuldners an den Zedenten ist wegen § 354 a HGB gegenüber dem Zessionar wirksam.

Wer entgegen der hier vertretenen Auffassung außer der Leistung durch Zahlung auch andere Erfüllungshandlungen des Schuldners unter den Leistungsbegriff fallen läßt, kann sich für den Gläubigerregreß auch auf § 816 I BGB stützen. Für den unentgeltlichen Erlaß des Zedenten gegenüber dem Schuldner muß sich der Zessionar dann gem. § 816 I S. 2 BGB an den Schuldner halten und das verlangen, was dieser durch den Erlaß erspart hat. Beim entgeltlichen Erlaß muß sich der Zessionar gem. § 816 I S. 1 BGB an den Zedenten halten [702].

b Prozessuale Durchsetzung

Prozeßrechtlich greift die Neuregelung nicht unmittelbar in das Verhältnis der §§ 265, 325 ZPO ein. Es ändert sich jedoch die Beurteilung der Aktivlegitimation und damit auch die Prozeßführungsbefugnis, die Vorfrage der Anwendbarkeit der §§ 265, 325 ZPO ist. Zu unterscheiden ist nach den Beteiligten und ihren jeweiligen Klagezielen. Insoweit gilt das zur Abtretung im Prozeß bereits Ausgeführte [703].

---

702 Wagner WM 1996, Sonderbeil. Nr. 1, S. 15.
703 Siehe oben, Kap. 1 A III 3.

In Fortsetzung zur materiellen Rechtslage wirkt sich auch im Prozeßrecht das in § 354 a S. 2 HGB neu geschaffene Wahlrecht des Schuldners problematisch besonders hinsichtlich der Empfangszuständigkeit des Zedenten aus. Klagt der Zessionar gegen den Schuldner auf Leistung nur an sich, würde eine entsprechende Verurteilung des Schuldners diesem faktisch sein Wahlrecht nehmen. Eine Möglichkeit besteht darin, daß der Zessionar nur alternativ Zahlung an sich oder den empfangszuständigen Zedenten verlangen kann. In diesem Fall wird man dem Zessionar die Möglichkeit der entsprechenden Umstellung des Leistungsantrages als gesetzlich zulässige Klageänderung im Sinne von § 264 Nr. 2 ZPO zugestehen müssen [704].

Als Alternative bietet sich an, den Schuldner ausschließlich auf Zahlung an den klagenden Zessionar zu verurteilen und eine bereits erfolgte Zahlung des Schuldners an den Zedenten als rechtsvernichtende Einwendung im Prozeß oder über § 767 ZPO in der anschließenden Zwangsvollstreckung zu berücksichtigen. Für die Handhabung der Alternative spricht, daß das Wahlrecht ausschließlich als Ausgleich zugunsten des Schuldners geschaffen wurde und dem Zedenten keine eigene Rechtsposition verschaffen sollte. Die Empfangszuständigkeit ist lediglich rechtstechnische Voraussetzung der Liberationswirkung, die ohne einen empfangszuständigen Leistungsempfänger nicht denkbar ist. Hieraus eine weitergehende Berechtigung des Zedenten zu konstruieren, führt zu erheblichen dogmatischen Schwierigkeiten [705].

Allerdings ist auch die Alternative nicht ohne Folgeprobleme. Ungeklärt ist, wie es sich mit einer Leistung des Schuldners an den Zedenten während der Rechtshängigkeit der Leistungsklage des Zessionars verhält. Konsequent wäre es, die Leistung als erledigendes Ereignis mit der Kostenfolge des § 91 a ZPO zu begreifen. Darüberhinaus könnte der Schuldner dann auch auf die Klage des Zessionars mit sofortigem Anerkenntnis und der Kostenfolge des § 93 ZPO reagieren. Damit bliebe das Wahlrecht des Schuldners auch im Prozeß gewahrt. An dieser Stelle wird gerade die Kritik an dem Wahlrecht des Schuldners besonders deutlich [706]. Der Zessionar erwirbt nämlich nicht nur eine Forderung gegen einen Schuldner, deren Erlöschen von der willkürlichen Entscheidung des Schuldners abhängt, er ist bei der prozessualen Durchsetzung der Forderung mitunter auch erheblichen Kostenrisiken ausgesetzt. Will man die Verkehrsschutzfunktion des § 354 a HGB effektiv erhalten, wird man nicht umhin kommen, die Wirkungen des Wahlrechts im Prozeß zu begrenzen. Eine Stütze gibt die Neuregelung hierfür außer ihrem Regelungszweck nicht.

c Die Neuregelung § 354 a HGB im alten und neuen Insolvenzrecht

Für die Anwendbarkeit von § 354 a HGB und InsO gelten unterschiedliche Zeitpunkte. Sowohl die Neuregelung des § 354 a HGB als auch die Neufassung des Insolvenzrechts in der Insolvenzordnung (InsO) stammen aus dem Jahre 1994, nur

---

704 Wagner WM 1994, 2093, 2101; ders. WM 1996, Sonderbeil. Nr. 1, S. 18, 19.

705 Vgl. im einzelnen Wagner WM 1996, Sonderbeil. Nr. 1, S. 18 mwN.

706 Vgl. oben Kap. 1 C III 2.a, aa.

daß die InsO erst zum 01.01.1999 in Kraft getreten ist [707], während § 354 a HGB schon zum 30.07.1994 in Kraft trat [708]. Hintergrund für das spätere Inkrafttreten war der Widerstand der Bundesländer im Bundesrat, die einen hohen Umsetzungsbedarf im Vorfeld der Einführung des neuen Insolvenzrechts sahen [709].

Die Neuregelung des § 354 a HGB galt also schon im alten Insolvenzrecht und dort je nach Rechtslage West oder Ost mit teilweise unterschiedlichen Auswirkungen. Ursprünglich war das Insolvenzrecht in der Konkursordnung (KO) und in der Vergleichsordnung (VglO) geregelt mit der Besonderheit, daß nach der Wiedervereinigung Deutschlands die Gesamtvollstreckungsordnung (GesO) für das Gebiet der ehemaligen DDR bis zum Inkrafttreten der Insolvenzordnung galt [710]. Mit dem neuen Insolvenzrecht sollte die Einheitlichkeit des Verfahrens in West und Ost wiederhergestellt werden. Vorrang galt der Sanierung, die durch Erhaltung der Masse und Stärkung der Gläubigerautonomie erreicht wird. Neben höherer Verteilungsgerechtigkeit sieht die InsO auch besondere Verfahren, insbesondere die Eigenverwaltung und die Restschuldbefreiung vor [711].

Beide Neuregelungen, InsO und § 354 a HGB, stehen nicht nur in der Rechtsanwendung in engem Zusammenhang. Ebenso wie die im Zuge der Insolvenzrechtsreform erfolgte Aufhebung des § 419 BGB stellt auch die Neuregelung des § 354 a HGB eine Kompensation für die neuen Pflichten und Belastungen der Sicherungsgläubiger nach der neuen Insolvenzordnung dar. Insbesondere sollten die zum Zwecke der Erhaltung der Insolvenzmasse neu geschaffenen Verfahrensbeiträge der Sicherungsgläubiger ausgeglichen werden, die sich gem. § 171 InsO immerhin auf 9 % des Verwertungserlöses belaufen [712].

Zu unterscheiden ist klassischerweise die Insolvenz des Schuldners, des Zedenten und des Zessionars. Hier hat sich nicht alles geändert. Auch wenn die Begründungen in den Entwürfen zur Neuregelung teilweise anderes suggerieren, bleibt vieles wie es war [713]. Auch in der Schuldnerinsolvenz ist eine gegen § 399 2. Fall BGB verstoßende Abtretung absolut unwirksam. Dies hat zur Folge, daß der Zedent Inhaber der Forderung bleibt und nur er diese auch zur Insolvenztabelle gem. §§ 174 ff. InsO anmelden kann [714]. Der Zessionar ist auf Ansprüche gegen den Zedenten aufgrund der unwirksamen Abtretung beschränkt. Hier ändert sich durch § 354 a HGB die Inhaberschaft der Forderung, so daß jetzt der Zessionar berechtigt ist, die Forderung zur Insolvenztabelle anzumelden. Mit dem Wahlrecht des § 354 a S. 2 HGB bleibt aber auch das Risiko der befreienden Leistung des insolventen Schuldners an den Zedenten etwa im Wege der Aufrechnung mit einer gegen den Zedenten gerichteten Gegenforderung bestehen [715]. Allerdings kann die Leistung des Schuldners anfechtbar oder unwirksam sein. Nach altem Insolvenzrecht kann in der Zahlung des insolventen Schuldners an einen der Gläubiger eine zur Anfechtung berechtigende kongruente Deckung gem. § 30 KO liegen. Hieran hat sich mit der

---

707 Veröffentlicht am 18.10.1994, vgl. BGBl. I.1994, S. 2866.
708 Siehe oben, Kap. 1 C I 1.
709 BT-Drucksache 12, 7948.
710 Vgl. Anlage II zum Eingungsvertrag vom 31.08.1990 Kapitel III, Sachgebiet A, Abschnitt II 1.
711 Bork, Insolvenzrecht, Rdnr. 8 ff.; Pick NJW 1995, 992.
712 Grub ZIP 1994, 1649, 1650.
713 v.Olshausen ZIP 1995, 1950, 1952.
714 Vor dem 01.01.1999: §§ 139 KO, 67 VglO, 5 GesO.
715 Vgl. zur Problematik oben Kap. 1 C III 2.a, aa.

Regelung in § 130 InsO nichts geändert. Ähnliches gilt für die Aufrechnung, die gem. § 55 KO unzulässig war. Auch hier regelt § 96 InsO nichts anderes [716].
In der Zedenteninsolvenz ist die Abtretung einer Forderung nach Eröffnung des Insolvenzverfahrens schon wegen §§ 80 ff. InsO unwirksam [717], da dem Zedenten die Verfügungsbefugnis fehlt. Hier wirkt sich auch § 354 a HGB nicht aus, da nur Abtretungsverbote im Sinne von § 399 2. Fall BGB erfaßt werden. Die vor Eröffnung des Insolvenzverfahrens abgetretene Forderung fällt nicht mehr in die Insolvenzmasse, da nun der Zessionar Forderungsinhaber ist. Dennoch kann auch hier der Schuldner sein Wahlrecht ausüben und an den Zedenten leisten. Dieses Wahlrecht ist konkursfest und bleibt dem Schuldner auch in der Insolvenz des Zedenten erhalten [718]. Die Zahlung des Schuldners an den Zedenten vor Eröffnung des Insolvenzverfahrens führt nach überwiegender Meinung zum Erlöschen der Forderung. Ein Ersatzaussonderungsrecht des Zessionars gem. § 46 KO besteht in solchen Fällen jedoch nicht, da § 46 KO erst nach Konkurseröffnung anwendbar ist. In den neuen Bundesländern bestand noch nicht einmal nach Konkurseröffnung ein solches Recht zugunsten des Zessionars, vgl. § 12 GesO [719]. Die durch § 399 2. Fall BGB gesperrte Forderung konnte folglich auch nach Konkurseröffnung nicht durch den Konkursverwalter veräußert oder abgetreten werden, da sich dessen Verfügungsmacht nur auf die Berechtigungen des Gemeinschuldners bezieht.

Nach dem Inkrafttreten des § 354 a HGB änderte sich diese Rechtslage. Mit der nun wirksamen Abtretung fällt die abgetretene Forderung in das Vermögen des Zessionars, so daß diesem ein Ersatzaussonderungsrecht gem. § 46 KO zusteht. Mit dem neuen Insolvenzrecht hat sich hier vor allem die Ungleichbehandlung zwischen West und Ost erledigt. Der § 48 InsO gilt nun für alle. In der Zessionarinsolvenz führte § 354 a HGB dazu, daß die vormals wegen § 399 2. Fall BGB im Vermögen des Zedenten verbliebene Forderung nun in die Insolvenzmasse fällt. Auch hier kann der Schuldner sein Wahlrecht ausüben und statt an den Zessionar oder den Insolvenzverwalter an den Zedenten leisten [720].

d Anmerkungen zur Rechtslage in der Einzelzwangsvollstreckung

Soweit der Zessionar selbst den Titel gegen den Schuldner erstritten hat, aus dem er nun vollstrecken will, kann er ohne weiteres eine vollstreckbare Ausfertigung gem. §§ 724, 725 ZPO verlangen und die Vollstreckung nach den allgemeinen Regeln betreiben. Wurde der Titel durch den Zedenten erstritten, so muß der Zessionar diesen gem. § 727 ZPO auf sich umschreiben lassen [721].

Während die Zwangsvollstreckung von Gläubigern des Zedenten wegen der nach § 354 a HGB wirksamen Abtretung wirkungslos bleibt, können die Vollstreckungsgläubiger des Zessionars die Zwangsvollstreckung in die abgetretene Forderung betreiben. Dabei greift die Beschränkung auf die Einschränkung der Forderung durch

716 Zur alten Rechtslage: v.Olshausen ZIP 1994, 1950, 1963;
Zur neuen Rechtslage: Bork, Insolvenzrecht, S. 105, 128.
717 Vor dem 01.01.1999: §§ 6, 7, 13 KO, 57-63 VglO, 8 GesO.
718 v.Olshausen ZIP 1994, 1950, 1961.
719 v.Olshausen ZIP 1994, 1950, 1951.
720 v.Olshausen ZIP 1994, 1950, 1962 f.
721 Zöller-Stöber, ZPO, § 724 Rdnr. 3; ders. § 727 Rdnr. 6.

§ 851 II ZPO wegen der wirksamen Abtretung gem. § 354 a HGB nicht, so daß nicht nur die Einziehung, sondern auch die Überweisung an Zahlung statt möglich ist. Problematisch ist in diesem Zusammenhang besonders die Frage, ob dem Schuldner auch in der Zwangsvollstreckung sein Wahlrecht aus § 354 a S. 2 HGB verbleibt [722].

Für den Fortbestand des Wahlrechts des Schuldners auch in der Zwangsvollstreckung der Gläubiger des Zessionars spricht zunächst, daß der Gesetzgeber nichts Gegenteiliges geregelt hat. Dem wird jedoch entgegengehalten, daß § 851 ZPO insoweit den Schuldnerschutz für das Vollstreckungsrecht durchbreche, als darin die Verwertung nur auf die Einziehung der Forderung beschränkt wird. Ferner könne man aus der Beschränkung des § 354 a S. 2 HGB auf das Verhältnis des Schuldners zu Zedent und Zessionar folgern, daß das Wahlrecht nicht auch im Verhältnis zu den Gläubigern des Zedenten oder Zessionars gilt. Schließlich sei die Pfändung von Einlageforderungen eines Oderkontos vergleichbar, bei der der Schuldner sich nicht auf zwischenzeitliche Leistungen gegenüber den Gläubigern berufen kann [723]. Dies soll nach der ersten Ansicht jedoch dem Regelungszweck des § 354 a HGB widersprechen, da der Schuldnerschutz des § 354 a S. 2 HGB damit leerliefe [724]. Richtigerweise ist jedoch auf den Regelungszweck des § 354 a S. 1 HGB abzustellen. Durch die Durchbrechung des § 399 2. Fall BGB soll die durch ein Abtretungsverbot gesperrte Forderung wieder verkehrsfähig werden. Aufgrund der Gegenläufigkeit des Schuldnerschutzes in § 354 a S. 2 HGB kann dies aber sinnvollerweise nur gelingen, wenn man den in Satz 2 aufgestellten Schuldnerschutz möglichst restriktiv anwendet [725].

Die mit dem Wahlrecht des Schuldners entstandene Rechtsunsicherheit des Zessionars setzt sich wie in der Insolvenz also auch in der Zwangsvollstreckung fort. Neben dem allgemeinen Prozeßkostenrisiko im Erkenntnisverfahren sieht sich der Zessionar auch dem Kostenrisiko im Zwangsvollstreckungsverfahren sowie den möglichen Rechtsbehelfen des Schuldners, vor allem der Vollstreckungsabwehrklage gem. § 767 ZPO ausgesetzt und trägt außerdem neben dem allgemeinen Insolvenzrisiko auch noch das Realisierungsrisiko seines Regreßanspruchs gegen den Zedenten [726].

D Zusammenfassung

Im deutschen Recht ist die Forderungsübertragung durch Rechtsgeschäft, kraft Gesetz oder Hoheitsakt möglich. Die rechtsgeschäftliche Übertragung von Forderungen und Rechten steht in einem Spannungsverhältnis zwischen Schuld- und Sachenrecht, dessen Trennlinie das Abstraktions- und Trennungsprinzip ist. Kernaussage dieses Prinzips ist die Trennung wirtschaftlich einheitlicher Vorgänge in Verpflichtungs- und Verfügungsgeschäfte. Das Abtretungsrecht ist allgemein in den §§ 398 ff. BGB geregelt, die grundsätzlich auf jede Forderungsübertragung Anwendung finden. Als Verfügung über eine Forderung hätte die Abtretung auch im Sachenrecht geregelt werden können. Ursprünglich war die Übertragung von

---

722 Zur Problematik des Wahlrechts siehe oben Kap. 1 C III 2.a,aa.

723 Wagner WM 1996, Sonderbeil. Nr. 1, S. 21.

724 Wagner WM 1996, Sonderbeil. Nr. 1, S. 21.

725 Vgl. dazu oben, Kap. 1 C III 2.a,aa.

726 Siehe oben, Kap. 1 C III 2.b, c.

Forderungen weder im römischen Recht noch (vermutlich) im altdeutschen Recht möglich. Über die Entwicklung von Novation, Einziehungsbefugnis und Klagerechten konnte dann die heutige Abtretung entstehen, die im preußischen Recht noch als Eigentumsübertragung an der Forderung verstanden wurde.

Die Forderung als Gegenstand der Abtretung ist sowohl Leistungsbeziehung als auch Vermögensgegenstand. Als Leistungsbeziehung unterliegt sie dem Schuldrecht und damit Privatautonomie und Relativitätsgrundsatz. Als Vermögensgegenstand wird die Verkehrsfähigkeit der Forderung rechtlich anerkannt, ihre Übertragung richtet sich daher auch nach dem Sachenrecht mit seiner Prinzipienstrenge sowie dem Absolutheitsgrundsatz. Die Diskussion um die Verdinglichung beziehungsweise die Verobjektivierung des Forderungsrechts ist noch nicht abgeschlossen, gleichwohl sind Forderungen heute grundsätzlich abtretbar.

Die Abtretung setzt die zu übertragende Forderung und einen Abtretungsvertrag voraus; eine Mitwirkung des Schuldners ist nicht erforderlich. Die verschiedenen Möglichkeiten der Abtretung entstehen durch die variablen Anforderungen an ihre Voraussetzungen, insbesondere die Bestimmtheit. Wichtige Beispiele sind die Blankozession, die stille Zession, die Vorausabtretung, die Teilabtretung, die Übertragung von Forderungsmehrheiten und die Mantelzession. Im Wirtschaftsleben sind bedeutsame Arten der Abtretung die Sicherungszession und das Factoring zur Liquiditätsgewinnung. Von der Abtretung abzugrenzen ist die Vertragsübernahme, die neben der Schuldübernahme auch Abtretungen enthalten kann. Keine Art der Abtretung ist die Abtretung im Prozeß, die sich materiellrechtlich nicht auswirkt. Das Interesse des Gläubigers am Werterhalt der Forderung und das Interesse des Schuldners an der Erhaltung seiner Rechtslage ist in der differenzierten Regelung zum Gläubiger- und Schuldnerschutz der §§ 401 ff. BGB verankert worden.

In den verschiedenen Rechtsgebieten spielt die Forderungsübertragung eine unterschiedliche Rolle. Im öffentlichen Recht ist die Abtretbarkeit öffentlich rechtlicher Forderungen im Rahmen der öffentlich rechtlichen Vorschriften möglich. Überwiegend im Sozialrecht kennt das öffentliche Recht vielfältige gesetzliche oder hoheitliche Forderungsübertragungen. Im Strafrecht liegt die Verletzung der Verschwiegenheitspflicht bei der Abtretung von Honorarforderungen nahe und im Insolvenzrecht ist die Neuregelung der InsO zu beachten. Im Steuerrecht ist die Abtretung von Steueransprüchen nur eingeschränkt möglich und von der steuerlichen Behandlung abgetretener Forderungen zu unterscheiden. Im Bilanzrecht gilt der Vorrang der Handelsbilanz und somit die materiellrechtliche Einordnung der Abtretung.

Die Verkehrsfähigkeit von Forderungen wird auf unterschiedliche Weise eingeschränkt. Es gibt zwei Arten von Übertragungshindernissen. Unübertragbarkeit kraft Rechtsnatur und Abtretungsverbote. Beide Arten sind nicht vollständig deckungsgleich. Nicht ausdrücklich geregelt wurde die Unübertragbarkeit rechtsgebundener (z.B. unselbständiger) sowie unteilbarer Rechte und Forderungen. Die meisten Unübertragbarkeiten wurden jedoch von Abtretungsverboten erfaßt. Letztere lassen sich nach ihrer Rechtsgrundlage unterscheiden und systematisieren. Es gibt rechtsgeschäftliche, gesetzliche und hoheitliche Abtretungsverbote. Sie können relative oder absolute Wirkung haben und an bestimmte Voraussetzungen gebunden sein; sogenannte modifizierte Abtretungsverbote.

Hoheitliche Abtretungsverbote können in seltenen Fällen entweder von Behörden oder von Gerichten angeordnet werden. Bei behördlichen Abtretungsverboten ist das privatrechtliche vom hoheitlichen Handeln der Verwaltung abzugrenzen. Im ersten Fall handelt es sich um rechtsgeschäftliche Abtretungsverbote im Sinne von § 399 2. Fall BGB. Gerichtliche Abtretungsverbote können durch die Rechtskraft richterlicher Entscheidungen insbesondere über die Generalklauseln der §§ 134, 242 BGB entstehen oder im Insolvenz- und Zwangsvollstreckungsrecht in Form richterlicher Verfügungsverbote angeordnet werden.

Weit häufiger sind die gesetzlichen Abtretungsverbote. Allgemeine gesetzliche Abtretungsverbote enthalten die §§ 399 1. Fall, 400 BGB. Die Inhaltsänderung im Sinne von § 399 1. Fall BGB besteht aus den Fallgruppen personengebundener (z.B. Höchstpersönlichkeit) und leistungsgebundener (z.B. Zweckbindung) Forderungen. Viele spezielle Abtretungsverbote lassen sich auch einer dieser Fallgruppen zuordnen, ohne daß dies für die Wirkung des speziellen Abtretungsverbots von Bedeutung ist. Die Zuordnung spezieller Abtretungsverbote zu den Fallgruppen des § 399 1. Fall BGB dient auch nicht der Systematisierung der Abtretungsverbote. Allerdings kann die Zuordnung bei der Ermittlung des Regelungszwecks des speziellen Abtretungsverbots dienen. Mit § 400 BGB wird ein allgemeines Abtretungsverbot an die Unpfändbarkeit geknüpft. Hauptanwendungsbereich dieser Vorschrift ist die Abtretung unpfändbarer Lohn- und Gehaltsbestandteile.

Innerhalb des BGB gibt es weitere besondere Abtretungsverbote, die teilweise aufgehoben wurden, wie etwa das Abtretungsverbot des Schmerzensgeldanspruchs gem. § 847 BGB. Ein klassisches Abtretungsverbot enthält § 514 BGB für das schuldrechtliche Vorkaufsrecht. Mit § 549 BGB liegt ein modifiziertes Abtretungsverbot vor, das den Anspruch auf Gebrauchsüberlassung von der Zustimmung des Berechtigten abhängig macht. Außerhalb des BGB finden sich die meisten spezialgesetzlichen Abtretungsverbote im öffentlichen Recht aber auch in anderen Rechtsgebieten. Wichtige Fälle sind die Abtretungsverbote des Beamten- und Besoldungsrechts oder des Wirtschafts- und Wirtschaftsverwaltungsrechts. Im Steuerrecht enthält § 46 AO ein modifiziertes Abtretungsverbot und im Versicherungsrecht regeln die §§ 15, 98 VVG weitere Abtretungsverbote.

Problematisch ist die Rechtslage der im Wirtschaftsleben ebenfalls recht häufig vorkommenden rechtsgeschäftlichen Abtretungsverbote. In Deutschland ist es an dieser Stelle zwischen § 398 BGB und § 399 2. Fall BGB zu einer Patt-Situation gekommen. Sowohl die Abtretung als auch das rechtsgeschäftliche Abtretungsverbot können frei vereinbart werden. Ist der Schuldner der wirtschaftlich mächtigere Vertragspartner, so kann er sein Abtretungsverbot in der Praxis durchsetzen mit der Folge, daß die Privatautonomie, die gleich starke Partner voraussetzt, für den Gläubiger nicht mehr gewährleistet ist. Der Gesetzgeber hat diesen Konflikt nach einem langen Interessenkampf kurzerhand mit der Neuregelung des § 354 a HGB entschieden, nachdem die Rechtsprechung keinen einzigen Lösungsansatz der Literatur übernommen hatte. Diese Ansätze reichen von den Unwirksamkeitsgründen in BGB, AGBG und GWB über die Konstruktion eines Prioritätsgrundsatzes und der teleologischen Reduktion des § 399 2. Fall BGB bis hin zur Annahme des Rechtsmißbrauchs.

Der BGH hat allerdings in bestimmten Einzelfällen rechtsgeschäftlichen Abtretungsverboten die Wirksamkeit versagt. Bei der nachträglichen Vereinbarung von Abtretungsverboten kann nicht gutgläubig darauf vertraut werden, daß die Ware ohne Eigentumsvorbehalt geliefert wird und der Vorlieferant auch keine Vorauszession vereinbart hat. Außerdem kann ein nachträgliches Abtretungsverbot die Deliktshaftung des GmbH-Geschäftsführers eröffnen. Der Frachtführer kann den Forderungsübergang auf den Transportversicherer gem. § 67 VVG nicht rechtsgeschäftlich ausschließen.

Bislang war die verbotswidrige Abtretung gem. § 399 2. Fall BGB absolut unwirksam. Mit § 354 a HGB ändert sich jedoch nicht die Rechtsfolge in § 399 2. Fall BGB. Die neue Vorschrift ordnet vielmehr die relative Wirksamkeit der entgegen einem Abtretungsverbot im Sinne von § 399 2. Fall BGB erfolgten Abtretung gegenüber dem Schuldner an. Ob die neue Vorschrift ein Gewinn war, ist zweifelhaft, denn sie wirft mehr Probleme auf, als sie bewältigt. Anstelle einer rechtsvereinheitlichenden Anlehnung an das UNIDROIT-Abkommen wurde mit § 354 a HGB eine Modifizierung des § 399 2. Fall BGB ins HGB eingestellt, die als Schutznorm nicht ins Sonderrecht der Kaufleute gehört. Dogmatisch ist vor allem die relative Unwirksamkeit der verbotswidrigen Abtretung als eine wenig gelungene Konstruktion.

Die Neuregelung privilegiert aufgrund der Beschränkung auf Geldforderungen und rechtsgeschäftliche Abtretungsverbote im Sinne von § 399 2. Fall BGB den Handelsstand und Vertragspartner der öffentlichen Hand. Für diese Ungleichbehandlung gibt es keinen sachlichen Grund. Auch Freiberufler, Arbeitnehmer und Private haben ein aktuelles Bedürfnis nach Liquidität und wirtschaftlicher Freiheit. Dies muß umso mehr gelten, als sich die Privilegierung durch § 354 a HGB über das materielle Recht bis ins Prozeß-, Vollstreckungs- und Insolvenzrecht fortsetzt.

Die Vorschrift des § 354 a HGB leidet außerdem an materiellen und prozessualen Anwendungsproblemen. Im beschränkten Anwendungsbereich liegen nur geringe Probleme, die mit der Reform der §§ 1 ff. HGB und der überwiegenden Auffassung zum Streit über die jus-cogens-Klausel in § 354 a S. 3 HGB gelöst sein dürften. Wesentlich problematischer dagegen gestaltet sich die Rechtslage um das Wahlrecht des Schuldners und die Empfangszuständigkeit des Zedenten in § 354 a S. 2 HGB. Hier ist die Neuregelung in sich widersprüchlich und relativiert somit den Vorteil der Rechtsfolge von § 354 a S. 1 HGB. Diese Probleme setzten sich ebenso wie die Privilegierung in Prozeß, Vollstreckung und Insolvenz fort.

Zweites Kapitel Übertragungshindernisse im französischen Recht

Die Einführung in das französische Zessionsrecht (A) geht zunächst auf die vielfältigen Möglichkeiten der Forderungsübertragung zwischen Kodifikation und Rechtsfortbildung ein (I). Als Grundmodell der Abtretung wird daran anschließend die cession civile und ihre Regelung in den Art. 1689 ff. Code Civil betrachtet (II), um von dort aus auf die Anwendungsbereiche der cession civile (III), die Gläubiger- und Schuldnerschutzmechanismen (IV) sowie die Abtretung in ausgewählten Rechtsgebieten (V) einzugehen.

Die Systematisierung der Übertragungshindernisse des französischen Rechts (B) beginnt mit der übertragungsspezifischen Abgrenzung von Wirksamkeitsvoraussetzungen (I) und führt über die Unübertragbarkeiten subjektiver Rechte (II) zu den Abtretungsverboten des objektiven Rechts (III). Letztere können teilweise als Abtretungsverbote im engeren Sinne nach Rechtsgrundlagen und Rechtsgebieten systematisiert werden. Der Abschnitt schließt mit Untersuchungen zu den Grenzen der vorgenannten Abtretungsverbote (V).

Außerhalb des Abtretungsrechts des Code Civil stehen für die Forderungsübertragung noch weitere Rechtsinstitute und Spezialgesetze zur Verfügung (C). Nach den Maßnahmen des Verordnungs- und Gesetzgebers (I) wird das Ausweichen der Praxis auf das Rechtsinstitut der subrogation conventionnelle gem. Art. 1250 CC dargestellt (II). Abschließend sind die aktuellen Probleme des modernen Forderungsverkehrs in Frankreich Gegenstand der Untersuchung (III).

Das zweite Kapitel schließt mit der Zusammenfassung der wichtigsten Zwischenergebnisse zum französischen Länderbericht (D).

A Einführung in das französische Zessionsrecht

Im französischen Recht können Forderungen (créances) auf vielfältige Weise übertragen werden. Grundlage der Übertragung kann eine vertragliche Vereinbarung (transmission contractuelle) oder auch eine gesetzliche Bestimmung (transmission légale) sein [1]. Daneben kommt auch die hoheitliche Forderungsübertragung in Betracht (transmission administrative/judiciaire).

Grundform der Forderungsübertragung im französischen Recht ist die cession civile, die als rechtsgeschäftliche Übertragung von Forderungen und Rechten vom historischen Gesetzgeber im Kaufrecht kodifiziert wurde. Es gibt daher keine allgemeine Regelung der Übertragung von Rechten und Forderungen, sondern nur die Kodifikation des Forderungskaufs in den Art.1689 ff. Code Civil [2].

Ursprünglich ging man dabei davon aus, daß das Eigentum an der Forderung übertragen wird [3]. Die auch in den heutigen Darstellungen überwiegende Bezeichnung als Übergang der propriété de créance („Eigentum" an der Forderung) kann jedoch weder sprachlich noch terminologisch im deutschen Sinne als Eigentumsübergang verstanden werden, sondern muß vielmehr als Übergang der Rechtsinhaberschaft an der Forderung bezeichnet werden [4]. Die Bezeichnung rührt jedoch daher, daß die Übertragung einer Forderung aufgrund der Publizität der Übertragung des Eigentums an beweglichen Sachen ähnlich ist [5].

Den seit Anfang des 18. Jahrhunderts gewandelten Bedürfnissen des Rechtsverkehrs wurde eine differenzierte Rechtsfortbildung durch die Rechtspraxis einerseits und den Gesetz- wie Verordnungsgeber andererseits gerecht, was vor allem die Frage nach dem Verhältnis der Kodifikation zur Rechtsfortbildung aufwirft [6]. Die Rechtspraxis hat sich innerhalb des Code Civil neben der Abtretung im engeren Sinne (cession) noch die Übertragungsmöglichkeiten im weiteren Sinne, nämlich den Eintritt eines neuen Gläubigers (subrogation), den Eintritt eines neuen Schuldners (délégation) und die Schuldumwandlung (novation) nutzbar gemacht [7]. Ebenso verhält es sich mit der nicht allgemein kodifizierten Rechtsfigur der von Rechtsprechung und Lehre entwickelten Vertragsübertragung (cession de contrat) [8]. Der dogmatischen Behandlung dieses Rechtsinstituts kommt eine besondere Bedeutung für die Systematisierung der Abtretungsverbote zu [9].

Außerhalb der Kodifikation hat der Verordnungsgeber im Jahre 1967 die besondere Möglichkeit der Abtretung durch die Ordonnance Nr. 67-838 vom 28.9.1967 und der Gesetzgeber im Jahre 1981 durch die Loi Nr. 81-1 vom 2.1.1981 geregelt [10]. Dieses Gesetz, die sogenannte Loi Dailly, hat die Ordonnance Nr. 67-838 abgelöst, wobei

---

1 Bénabent, Droit Civil, Rdnr. 721.

2 Hadding-Schneider-Blaise, Die Forderungsabtretung (1. Aufl.), S. 134.

3 Éditions du Juris-Classeur 1996 – Vente, Art. 1689-1695 Code Civil, Rdnr. 10.

4 Vgl. unten Kap. 2 A I 3. a, cc und Kap. 2 A I 3. b.

5 Hadding-Schneider-Blaise-Desgorces, Die Forderungsabtretung (2. Aufl.), S. 248 f.

6 Malaurie-Aynès, Droit Civil, Tome VI, Rdnr. 1203.

7 Hadding-Schneider-Blaise, Die Forderungsabtretung (1. Aufl.), S. 135, Hadding-Schneider-Blaise-Desgorces (2. Aufl.) S. 246; Ferid, Das französische Zivilrecht, Band 2, Rdnr. 2 E 115.

8 Malaurie-Aynès, Droit Civil, Tome VI , Rdnrn. 780 ff.

9 Siehe unten Kap. 2 A III.1. und Kap. 2 B.

10 Mezger RIW 1981, 213, 214.

Teile der Ordonnance übernommen wurden. Mit der Loi Dailly wurde erstmals die Globalzession im französischen Recht gesetzlich geregelt. Sie hat inzwischen mehrere Änderungen erfahren und kann im beruflich veranlaßten Forderungsverkehr (cession de créances professionnelles) und insbesondere auch im Bereich des Factorings (affacturage) eingesetzt werden [11]. Hiervon abzugrenzen ist die Übertragung verbriefter Forderungen im Rahmen der Kredit- und Zahlungsinstrumente namentlich im kaufmännischen Wertpapierverkehr, die nicht dem Abtretungsrecht unterliegen. Wichtigstes Beispiel für die Übertragung einer verbrieften Forderung ist der Wechsel (lettre de change) [12].

Ein allgemeiner Fall des gesetzlichen Forderungsübergangs (transfert légal) ist die gesetzliche Ersetzung des Gläubigers bei Zahlung durch einen Dritten (subrogation légale) gem. Art. 1251 Code Civil. Einen besonderen Fall der gesetzlichen Gläubigerersetzung regelt beispielsweise Art. 2029 Code Civil für die Zahlung des Bürgen [13]. Die gesetzliche Forderungsübertragung findet sich auch außerhalb des Code Civil in verschiedenen Einzelgesetzen. Im Versicherungsrecht bestimmt etwa Art. 121-12 Code des assurances den Eintritt der Versicherung in die Gläubigerstellung des geschädigten Versicherungsnehmers nach Zahlung der Versicherungssumme [14].

Neben der Abtretung und den gesetzlichen Forderungsübertragungen gibt es auch hoheitliche Formen der Übertragung. Im Zwangsvollstreckungsrecht (droit d'exécution) können Forderungen im Wege der Forderungspfändung (saisie de créance) gerichtlich übertragen werden (cession judiciaire), vgl. Art. 557 ff., Art. 583 ff. Code de Procédure Civile (ancien), Art. 502 ff. Nouveau Code de Procédure Civile [15]. Dabei wird aufgrund eines vollstreckbaren Titels oder aufgrund einer richterlichen Erlaubnis die Sache anhängig gemacht. Hiervon muß der Vollstreckungsschuldner in Kenntnis gesetzt werden. Dies erfolgt in der Regel durch Zustellung eines fakultativen Zahlungsverbots (exploit de saisie). Die hierauf ergehende richterliche Entscheidung (jugement de validité) wirkt nach überwiegender Ansicht in der Rechtsprechung übertragend [16]. Daneben gibt es noch die zwangsweise Übertragung (cession forcée), die sich etwa in Art. 661 Code Civil im Bereich der Grunddienstbarkeiten und im Insolvenzrecht in Art. 23 des Insolvenzgesetzes 1985 findet [17]. Schließlich ist es grundsätzlich möglich, Forderungen durch Hoheitsakt der Verwaltung (acte administratif) oder Verwaltungsvertrag (contrat administratif) zu übertragen [18].

---

11 Siehe unten Kap. 2 C.

12 Piedelièvre, Instruments de crédit, Rdnrn. 1 ff.; Rdnrn. 176 f.; Bénabent, Droit Civil, Rdnr. 730 ff.

13 Bénabent, Droit Civil, Rdnrn.740 ff., 784; Hadding-Schneider-Blaise, Die Forderungsabtretung (1. Aufl.), S. 149.

14 Lambert-Faivre, Droit des assurances, Rdnr. 597 ff.

15 Hübner-Constantinesco, Einführung in das französische Recht, S. 202; vgl.auch zur Reform des Zwangsvollstreckungsrechts Loi Nr. 91-650 du 9 juil.91, Décret Nr.92-755 du 31 juil.92.

16 Sonnenberger-Schweinberger, Einführung in das französische Recht, Tz. 114.

17 Loi Nr. 85-98 du 25 jan.1985.

18 Bénabent, Droit Civil, Rdnr. 11; Laubadère-Gaudemet-Venezia, Traité de Droit Administratif, Rdnrn. 785 ff.

I Die Abtretung zwischen Kodifikation und Rechtsfortbildung

Das Recht der Forderungsübertragung liegt aufgrund der unterschiedlichen Rechtsquellen in einem mehrschichtigen Spannungsverhältnis, dessen Systematisierung innerhalb des Zivilrechts einerseits und zwischen Zivil- und Handelsrecht andererseits Rechtsprechung und Wissenschaft überlassen wurde. Da die Kodifikation des Code Civil keinen allgemeinen Teil des Schuldrechts enthält, gehört in diesen Rahmen auch die Systematisierung des Schuldrechts zu den zentralen Aufgaben der Wissenschaft. Klassischerweise ist Ausgangspunkt die im einzelnen nach wie vor umstrittene Unterscheidung zwischen dem objektiven Recht und den subjektiven Rechten [19].

Das objektive Recht ist durch eine Aufteilung der Gesamtheit aller Normen in Kodifikationen, Sondergesetze sowie in die Rechtsquellen des Gewohnheitsrechts und der Rechtsgeschäfte gekennzeichnet. Das Besondere des Abtretungsrechts ist, daß es in allen vier Bereichen angesiedelt ist und keine in sich geschlossene Regelung gefunden hat [20]. Gegenstand des Abtretungsrechts ist in allen Fällen das subjektive Recht. Auch wenn das objektive Recht aufgrund des Einheits- oder Konsensprinzips, wonach bereits die vertragliche Einigung rechtsübertragend wirkt, nicht zwischen Schuld- und Sachenrecht unterscheidet, enthalten die subjektiven Rechte gleichwohl schuld- und sachenrechtliche Elemente [21].

Die fehlende Unterscheidung zwischen Schuld- und Sachenrecht im objektiven Recht und die entgegengesetzte Anerkennung schuld- und sachenrechtlicher Elemente subjektiver Rechte kennzeichnen die vielschichtige Rechtsnatur der Abtretung. Eine Ausprägung davon ist insoweit auch die uneinheitliche Terminologie im Code Civil.

1. Das Einheits- und Konsensprinzip

Der Grundsatz des Einheits- und Konsensprinzips hat dem pragmatischen Stil des Code Civil folgend im Kaufrecht seinen Ausdruck gefunden. Die Kernaussage dieses Prinzips ist, daß anders als beim Trennungs- und Abstraktionsgrundsatz des deutschen Rechts der Rechtsübergang alleine aufgrund des Kaufvertrages und ohne Hinzutreten eines dinglichen Vollzugsaktes erfolgt, vgl. Art. 1583 Code Civil [22]. Durch den sofortigen Eigentumserwerb aufgrund des Kaufvertrages wird der Käufer daher vor dem Zugriff der Gläubiger des Verkäufers geschützt. Dieses Prinzip wird jedoch in verschiedener Hinsicht relativiert. Veräußert der Verkäufer den Gegenstand nochmals an einen weiteren gutgläubigen Käufer, so geht der zweite Käufer dem ersten vor, wenn er zuerst den Besitz erlangt, vgl. Art. 1141 Code Civil [23].

Da das Einheits- und Konsensprinzip dispositiv ist, kann auch ein späterer Übergang des verkauften Gegenstandes etwa durch eine Frist (terme) oder Bedingung (condition) vereinbart werden. Dabei wird konstruktiv der Vertrag vor dem Zeitpunkt

---

19 Ferid, Das französische Zivilrecht, Band 1, Rdnr. 2 A 5.
20 Siehe oben Kap. 2 A vor I.
21 Zum Konsensprinzip siehe auch unten Kap. 2 A I 2.a.
22 Hadding-Schneider-Blaise-Desgorces, Die Forderungsabtretung (2. Aufl.), S. 248.
23 Ferid, Das französische Zivilrecht, Band 2, Rdnrn. 2 F 35, 2 F 70.

des Rechtsübergangs als noch nicht bestehend angesehen. Wichtige Beispiele sind neben dem Gattungskauf mit der nachfolgenden Konkretisierung des Kaufgegenstandes, der Kauf künftiger Sachen und der Wahlkauf, wobei es entscheidend auf den Parteiwillen bei der Auslegung der Bedingung ankommt. Den zeitlich versetzten Rechtsübergang gibt es außerdem bei Verträgen über Bodenerzeugnisse und zukünftig herzustellende Gegenstände; beispielsweise verhindert das künstlerische Urheberrecht die Veräußerung von Kunstwerken vor ihrer Herstellung [24].

Diese Überlegungen sind auch die Grundlage für die Konstruktion des Eigentumsvorbehalts (réserve de propriété) geworden, der fast zur selben Zeit wie die cession Dailly Gegenstand einer spezialgesetzlichen Regelung wurde [25]. Das Gesetz über den Eigentumsvorbehalt knüpft an die Anerkennung des Eigentumsvorbehalts im französischen Recht an und verankert die Konkursfestigkeit der réserve de propriété [26]. Die Vereinbarung eines Eigentumsvorbehalts (clause de réserve de propriété) spielt auch eine wichtige Rolle im Abtretungsrecht und bei den Übertragungshindernissen [27]. Das Einheits- und Konsensprinzip erfaßt grundsätzlich jeden Kauf und damit auch die Forderungsübertragung im Wege der cession gem. Art. 1689 ff. Code Civil. Die in Art. 1690 Code Civil vorgesehenen Publizitätsakte stellen hinsichtlich des Rechtsübergangs jedoch keine konstitutiven Voraussetzungen dar, sondern bestimmen nur die Rechtswirksamkeit der vollzogenen Einigung gegenüber Dritten [28].

2. *Die Abtretung im objektiven Recht*

Der gesetzliche Standort des Abtretungsrechts (droit de la cession) in der Kodifikation ist das letzte Kapitel des sechsten Titels zum Kaufrecht im dritten Buch des Code Civil, den Art.1689 ff. Code Civil. Dieser Standort und der Umstand, daß sich die Abtretung auch in allen weiteren Rechtsquellen findet, ist Folge der historischen Entwicklungen im objektiven Recht.

a *Die historische Entwicklung der Rechtsquellen*

Die grundlegende Unterscheidung zwischen objektivem Recht und subjektiven Rechten ist dogmatisch schon immer umstritten gewesen. Der Streit drehte sich ursprünglich um die Frage, ob es ohne objektives Recht überhaupt subjektive Rechte geben kann. Dies wird von den Autoren des Naturrechts und von manchen Autoren des Positivismus verneint [29]. Nach heute weit überwiegender Auffassung in Literatur, Rechtsprechung und Rechtspraxis werden die subjektiven Rechte jedoch als Faktum und aufgrund ihres denktechnischen Nutzens anerkannt [30].

---

24 Ferid, Das französische Zivilrecht, Band 2, Rdnrn. F 75 ff.
25 Loi Nr. 80-335 du 12 mai 1980.
26 Mezger ZIP 1980, 406.
27 Zu den Kollisionsfällen siehe unten Kap. 2 C III; Hauptmann Rev.jur.com. 1992.45.
28 Ferid, Das französische Zivilrecht, Band 2, Rdnr. 2 F 74; Dazu noch unten Kap. 2 A II 3.
29 Vgl. zum Meinungsstand: Ghestin-Goubeaux, Droit Civil, Rdnr. 164 f. mwN.
30 Ghestin-Goubeaux, Droit Civil, Rdnrn. 165 ff., 170.

Mit dieser Entscheidung ist allerdings ein weiterer Streit um das Vorrangverhältnis zwischen objektivem Recht und subjektiven Rechten entstanden [31]. Überwiegend wird davon ausgegangen, daß subjektive Rechte nur insoweit bestehen können, als das objektive Recht sie auch gewährt. Dabei hat sich jedoch das freiheitliche Gedankengut der Revolution und des Übergangsrechts (droit intermédiaire) nachhaltig ausgewirkt. Das objektive Recht garantiert die Freiheit des Einzelnen, indem es subjektive Rechte gewährt und im Verhältnis zu diesen subsidiären Charakter hat [32].

Auf der Grundlage dieses Verständnisses können auch die natürlichen Personen Recht setzen mit der Folge, daß das von ihnen gesetzte Recht dem objektiven Recht zugeordnet wird. Ausdrücklich spricht dies Art. 1134 Abs. 1 Code Civil aus, indem er bestimmt, daß die legal zustande gekommenen Verträge zwischen den Vertragsparteien Gesetzeskraft haben ("Les conventions légalement formées tiennent lieu de loi à ceux qui les ont faites.") [33]. Das Rechtsgeschäft ist damit von den Parteien erzeugtes positives Recht und damit auch Rechtsquelle für die cession.

Aufgabe des objektiven Rechts als der Gesamtheit der Normen ist die Organisation des gesellschaftlichen Lebens. Während das öffentliche Recht die Beziehungen zwischen dem Staat und dem Einzelnen bestimmt, regelt das Privatrecht die Beziehungen der Einzelnen untereinander. Trotz aller Abgrenzungsschwierigkeiten ist diese Unterscheidung für das französische Recht und auch das Abtretungsrecht prägend geblieben [34]. Die Entwicklung des französischen Zivilrechts ist gekennzeichnet von der Zweiteilung der Wissenschaft in die des römischen Rechts und die des Gewohnheitsrechts (coutume). Die stärkere Befassung mit dem französischen Gewohnheitsrecht führte alsbald zur Kodifikation des Code Civil von 1804, gefolgt vom Code de Commerce von 1807, als der bedeutendsten Rechtsquelle des Zivilrechts. Diese Gesetzbücher läuteten eine Epoche der Kodifizierung in Europa ein. Ihre Leitlinie ist das bürgerlich-individualistische Gedankengut der Aufklärung, sie halten an einer patriarchalischen Struktur der Familie fest und genügen einer einfachen Wirtschaftsordnung [35].

Die Autoren des Code Civil folgten der römischen Dreiteilung personae, res et actiones. Den drei Büchern des Code Civil sind einige Regeln über die Anwendung der Gesetze im allgemeinen vorangestellt. Da der Code Civil keinen allgemeinen Teil hat, finden sich allgemeine Regeln in allen drei Büchern vor Ort bei den besonderen Einzelregeln, so daß Verweisungen überwiegend wegfallen. Während das erste Buch von den Personen und das zweite von den Sachen und den Arten des Eigentums handelt, enthält das dritte Buch nicht nur die Regeln über den Eigentumserwerb, sondern auch allgemeine Regeln etwa über die Verjährung [36].

Der Code Civil ist ein pragmatisches Gesetzeswerk, das zugunsten einer größtmöglichen Einzelfallgerechtigkeit auf eine komplexe Systematik verzichtet. Die drei Bücher und die einzelnen Vorschriften bilden kein in sich geschlossenes System, sondern ein anpassungsfähiges Gefüge, das für die Weiterentwicklung durch

31 Ghestin-Goubeaux, Droit Civil, Rdnrn. 172 ff. mwN.
32 Ghestin-Goubeaux, Droit Civil, Rdnr. 175.
33 Weil-Terré, Droit Civil, Rdnrn. 3 ff., 337.
34 Ghestin-Goubeaux, Droit Civil, Rdnrn. 3, 5, 93 ff., 172.
35 Ferid, Das französische Zivilrecht, Band 1, Rdnrn. 1 A 18 ff., 52.
36 Ferid, Das französische Zivilrecht, Band 1, Rdnr. 1 A 57.

Gesetzgebung und Rechtsprechung offen ist. Dem korrespondiert eine ebenso offene wie untechnische Terminologie. Der Code Civil verwendet teilweise ein und denselben Rechtsbegriff für verschiedene Regelungsgegenstände und umgekehrt unterschiedliche Begriffe für dasselbe [37]. Bemerkenswert ist jedoch, daß gerade diese Offenheit der Systematik und Terminologie dem Wandel der Wertordnung Stand halten konnte.

Die wechselnden Anforderungen in den fast zweihundert Jahren seines Bestehens hatten in Frankreich keine systematischen Änderungen im Code Civil zur Folge. Auch Initiativen zur Neufassung des Code Civil konnten sich bis heute nicht durchsetzen. Man begegnete der Industrialisierung und der Globalisierung vielmehr mit einer Zivilgesetzgebung außerhalb des Code Civil und einer bedeutsamen Weiterentwicklung des Zivilrechts durch die Rechtsprechung [38]. Wie wenig die Kodifikation aufgrund ihrer offenen und pragmatischen Systematik neuen Entwicklungen entgegensteht, diese sogar ermöglicht und begünstigt, kann man deutlich im Recht der Forderungsübertragung sehen. In diesem Bereich wurden nicht nur Regelungen des Code Civil durch die Rechtsprechung weiterentwickelt, sondern auch neue Rechtsquellen geschaffen. Beispiele dafür sind das Rechtsinstitut der cession de contrat [39] und das Factoring im Wege der subrogation [40].

b Die aktuellen Rechtsquellen des Abtretungsrechts

Die modernen Wirtschaftsentwicklungen hatten grundlegende Auswirkungen auf das Abtretungsrecht. Innerhalb des bürgerlichen Rechts hat dabei im 20. Jahrhundert eine weitgehende Verstaatlichung (socialisation) stattgefunden. Diese sogenannte Sozialisierung zeigt sich in der Zunahme zwingender Vorschriften, im Eingriff der Exekutive in den Privatrechtsverkehr und im privatrechtlichen Auftreten der öffentlichen Hand [41]. So gibt zum Beispiel die Ausführungsverordnung Nr. 81-862 zur noch zu behandelnden Loi Dailly den Wortlaut für die privatrechtliche Erklärung des Schuldners einer abgetretenen Forderung gegenüber dem Zessionar vor [42].

Neben den Kodifikationen wird das durch die gerichtlichen Entscheidungen geprägte Gewohnheitsrecht und nach überwiegender Meinung auch das Rechtsgeschäft als Rechtsquellen des Zivilrechts aufgefaßt. Die allgemeinen Auslegungskriterien im französischen Zivilrecht sind nach dem Wortlaut und dem Parteiwillen die Entstehungsgeschichte der Norm oder des Rechtsinstituts, die ratio desselben sowie die allgemeinen Rechtsgrundsätze [43]. Die Kodifikationen werden außerdem durch zahlreiche Sondergesetze und Verordnungen ergänzt. Für das Abtretungsrecht sind insbesondere die Ordonnance Nr. 67-838 und die Loi Nr. 81-1 zu nennen. Während die Verordnung von 1967 bereits eine Vereinfachung des schwerfälligen Abtretungsrechts des Code Civil enthält und eine Art protestable Rechnung (facture protestable) geschaffen hat, geht das Gesetz von 1981 weiter und befreit die

---

[37] Ferid, Das französische Zivilrecht, Band 1, Rdnr. 1 A 52.
[38] Ferid, Das französische Zivilrecht, Band 1, Rdnrn. 1 A 61 ff.
[39] Aynès, La cession de contrat, S. 8, 9; Siehe unten Kap. 2 A III.1. und Kap. 2 B IV 4.
[40] Siehe unten Kap. 2 C II.
[41] Sonnenberger-Schweinberger, Einführung in das französische Recht, Rdnr. 30.
[42] Décret Nr. 81-862 du 9 sept.1981.
[43] Ferid, Das französische Zivilrecht, Band 1, Rdnrn.1 B 26, 29.

Globalzession mittels Liste (bordereau) weitgehend von den Publikationsvoraussetzungen [44].

Anders als mit dem Code Civil verhält es sich mit dem Code de Commerce. Das französische Handelsgesetzbuch ist in die vier Bücher, livre 1er „Du commerce en général“ (Handelsstand), livre 2e „Du commerce maritime“ (Seehandelsrecht), livre 3e „Des faillites et règlements judiciares“ (Konkursrecht) und livre 4e „De la juridiction commerçiale“ (Handelsgerichtsbarkeit) eingeteilt. Ergänzend ist der Code Civil anwendbar. Diese Kodifikation ist weitreichenden Änderungen unterworfen gewesen und durch zahlreiche Sondernormen ersetzt und ergänzt worden [45]. Diese spiegeln die Entwicklung der Wirtschaft wider und haben letztlich zur Auflösung des traditionellen Handelsrechts hin zu einem allgemeinen Wirtschaftsprivatrecht und Unternehmensrecht geführt [46].

Die Abtretung ist im objektiven Recht daher von der Vielfalt, aber auch dem Zusammenspiel der Rechtsquellen geprägt. Dabei wurde die Rechtsanwendung fast ohne Veränderung der ursprünglichen kodifizierten Texte weitgehend durch Gesetzgebung und Rechtsfortbildung modifiziert. Dies hat auch Auswirkungen auf die Veröffentlichungspraxis. Die Kodifikationen erscheinen in der Regel als kommentierte Ausgaben, die die maßgeblichen Entscheidungen und Sondernormen enthalten.

3. Die subjektiven Rechte als Gegenstand der Abtretung

Das subjektive Recht wird als Machtbefugnis einer Person zur Befriedigung ihrer schutzwürdigen Interessen definiert. Keine subjektiven Rechte sind Besitz, Rechtsschein und Anwartschaften. Es gibt zwei Gruppen von subjektiven Rechten, die politischen und die bürgerlichen Rechte. Bei letzteren wird zwischen Persönlichkeitsrechten, Familienrechten und Vermögensrechten (droits patrimoniaux) unterschieden. Die hier vor allem interessierenden Vermögensrechte wiederum werden in dingliche Rechte (droits réels), Forderungsrechte (droit de créance) und Immaterialgüterrechte (droit intellectuels) unterteilt [47].

Diese drei Gruppen von Vermögensrechten stehen jedoch nicht gleichwertig nebeneinander. Die Immaterialgüterrechte sind eine in sich geschlossene Gruppe von Vermögensrechten. Aufgrund ihrer vielfältigen Entstehungsmöglichkeiten lassen sich diese Rechte eigentlich nur durch eine negative Definition beschreiben. Sie enthalten weder die Herrschaft über eine Sache noch sind sie auf Leistung gegen eine andere Person gerichtet; ihr Gegenstand ist letztlich eine nichtkörperliche Sache [48]. Zwischen dinglichen Rechten und Forderungsrechten besteht dagegen keine strikte Trennung. Dies zeigt sich insbesondere an den Mischformen [49]. Zentrales Kriterium für die Übertragung dieser subjektiven Rechte ist ihre

---

44 Mezger RIW 1981, 213 f.; Ausführlich zu den Begriffen siehe unten Kap. 2 C I.

45 Hübner-Constantinesco, Einführung in das französische Recht S. 125 f.; Sonnenberger-Schweinberger, Einführung in das französische Recht, Rdnrn. 41-51; 80 ff.

46 Sonnenberger-Schweinberger, Einführung in das französische Recht, Rdnr. 80; Ferid, Das französische Zivilrecht, Band 1, Rdnr. 1 A 42.

47 Ferid, Das französische Zivilrecht, Band 1, Rdnrn. 1 C 1, 7, 11, 17 ff.

48 Ghestin-Goubeaux, Droit Civil, Rdnr. 215.

49 Ferid, Das französische Zivilrecht, Band 1, Rdnrn. 2 A 16 ff.

Übertragbarkeit im engeren Sinne (cessibilité, transmissibilité) und ihre Übertragbarkeit im weiteren Sinne (aliénabilité, disponibilité) [50].

a Forderungsrechte und dingliche Rechte

Die Dreiteilung des Code Civil in Personen, Güter und Erwerbsarten sowie die uneinheitliche Terminologie haben bislang eine klare Abgrenzung und Systematisierung des Schuld- und Sachenrechts verhindert [51]. Aufgrund des Konsensprinzips ist es aber auch nicht erforderlich, Schuld- und Sachenrecht exakt voneinander abzugrenzen. Gleichwohl kann man den schuld- und sachenrechtlichen Charakter subjektiver Rechte unterscheiden. Diese Abgrenzung wird nach wie vor von der traditionellen Auffassung beherrscht, obwohl sich neben der abzulehnenden personalistischen Auffassung auch eine jüngere Auffassung für eine ganz neuartige Systematisierung von Forderungsrechten und dinglichen Rechten und damit auch von Schuld- und Sachenrecht ausspricht [52].

aa Systematisierung von Schuld- und Sachenrecht

Die Literatur konnte nur unter erheblichen Schwierigkeiten eine Systematik des Schuld- und Sachenrechts entwickeln. Für die dogmatische Erfassung des Schuldrechts (droit des obligations) war bereits das Fehlen einer gesetzlichen Definition des Schuldverhältnisses zu überwinden. Ausgangspunkt der Überlegungen ist Art. 1101 Code Civil, der den Vertrag definiert. Schon an dieser Stelle stand die Literatur vor dem Problem, daß der Code Civil die Begriffe Vertrag (contrat) und Vereinbarung (convention) uneinheitlich verwendet und dabei diese Begriffe in ihren Wirkungen mit dem Schuldverhältnis verwechselt. Nach der überwiegenden traditionellen Auffassung ist der für das Schuldrecht zentrale Begriff des Schuldverhältnisses durch drei Wesensmerkmale wie folgt zu definieren. Zwischen Gläubiger und Schuldner besteht eine rechtliche Verbindung, die eine Verpflichtung rein persönlicher Natur begründet, die vermögenswerter Gegenstand ist. [53]. In diesem Zusammenhang wurden daher auch die Bezeichnungen „obligation comme un bien" und „valeur patrimoniale" für die vermögenswerte und verkehrsfähige Forderung geprägt [54].

Dem Code Civil fehlt auch ein gesetzlich abgegrenztes Sachenrecht (droit des biens) als Inbegriff aller sachenrechtlichen Normen. Die Bestimmungen, die die Sachen betreffen, finden sich verstreut im zweiten und dritten Buch des Code Civil sowie in zahlreichen Sondernormen, wobei sehr stark zwischen der Behandlung der Mobilien und Immobilien unterschieden wird [55]. Aus den wichtigsten Leitlinien des Sachenrechts, dem Spezialitäts- und Publizitätsgrundsatz, wurde die Systematik des Sachenrechts entwickelt, deren zentraler Begriff nicht die Sache selbst, sondern ihr Vermögenswert (bien) als Gegenstand der dinglichen Rechte ist. Hier lag die gedankliche Hürde vor allem darin, daß der Code Civil auch nicht genau zwischen

---

50 Dazu im einzelnen noch unten Kap. 2 A I 5. und Kap. 2 B II.
51 Ferid, Das französische Zivilrecht, Band 1, Rdnr. 2 A 3.
52 Zum Meinungsstand vgl. nachstehend Kap. 2 A I 3.a, cc.
53 Ferid, Das französische Zivilrecht, Band 1, Rdnrn. 2 A 7 ff., 10.
54 Malaurie-Aynès, Droit Civil, Rdnr. 1201.
55 Ferid, Das französische Zivilrecht, Band 1, Rdnrn. 3 A 4 ff.

dem dinglichen Recht (droit réel) und seinem Gegenstand, der als Wirtschaftsgut (bien) bezeichneten konkreten körperlichen Sache (chose corporelle), beziehungsweise deren Vermögenswert (valeur patrimoniale) unterscheidet [56].

Die Abgrenzung des Schuldrechts vom Sachenrecht und ihre jeweilige Systematisierung mußte aber nicht nur die ungenaue Terminologie und fehlende Differenzierung, sondern auch das Einheits- oder Konsensprinzip überwinden [57]. Obwohl diese Vorgaben des positiven Rechts einer Trennung von Schuld- und Sachenrecht entgegenstehen, gibt es relative und absolute Wesensmerkmale der subjektiven Rechte, die im Wege einer schuld- und sachenrechtlichen Systematik erfaßt werden können. Dies ist jedoch kein Widerspruch zum Konsensprinzip, durch das lediglich die rechtsübertragende Wirkung mit der Einigung zusammenfällt; die relativen und absoluten Wirkungen kommen statt dessen durch andere Elemente, wie insbesondere die Publikation als Voraussetzung der Drittwirksamkeit, zustande [58].

Die Unterscheidung relativer und absoluter Merkmale ist das Verdienst der Vertragslehre (théorie générale du contrat), die zwischen Vertragsbegründung (formation) und Vertragswirkungen (effets) unterscheidet. Die vier allgemeinen Voraussetzungen der Vertragsbegründung (conditions générales) gem. Art 1108 Code Civil sind die Geschäftsfähigkeit (capacité), die Einigung (consentement), der bestimmte Vertragsgegenstand (objet certain) und die erlaubte Geschäftsgrundlage (cause licite) [59]. Grundsätzlich berechtigen und verpflichten Verträge im Rahmen der Vertragswirkungen nur die Parteien gem. Art. 1165 Code Civil, sogenannte relativité de contrat [60]. Hinsichtlich der verpflichtenden Wirkungen spricht man von der force obligatoire [61]. Aber diese Relativität gilt nicht ohne Einschränkungen. Nicht nur die Klagerechte Dritter haben über das relative Band zwischen Schuldner und Gläubiger hinausgehende Wirkung. Mit der action oblique kann der Gläubiger beispielsweise Ansprüche seines Schuldners gegen Dritte geltend machen und mit der action paulienne Rechtshandlungen des Schuldners mit Dritten anfechten [62].

Die absoluten, also gegenüber allen anderen Personen wirkenden Wesensmerkmale der Schuldverhältnisse zeigen sich vor allem in der Behandlung der Drittwirksamkeit, der sogenannten opposabilité aux tiers. Diese Drittwirksamkeit stellt im Gegensatz zu der grundsätzlichen Formfreiheit und ihren Ausnahmen im Rahmen der allgemeinen Wirksamkeitsvoraussetzungen der Rechtsgeschäfte einen strengen Maßstab für die zu erfüllenden Publizitätsanforderungen auf [63]. Dabei muß streng zwischen Vertragsbegründung und Vertragswirkungen unterschieden werden. Für formfreie Rechtsgeschäfte ist dies unproblematisch, da sie ohne Einhaltung einer Form zwischen den Parteien wirksam zustande kommen. Bei formpflichtigen Rechtsgeschäften dagegen kann die Nichtbeachtung der Form zur Unwirksamkeit (nullité) des Rechtsgeschäfts führen, mit der Folge, daß ein Vertrag zwischen den Parteien nicht wirksam zustande gekommen ist [64]. Anders verhält es sich mit der

---

56 Ferid, Das französische Zivilrecht, Band 1, Rdnr. 3 A 23.
57 Sonnenberger-Schweinberger, Einführung in das französische Recht, Rdnrn. 34, 41, 51, 54.
58 Siehe dazu unten Kap. 2 II 3.c.
59 Sonnenberger-Schweinberger, Einführung in das französische Recht, Rdnr. 41.
60 Sonnenberger-Schweinberger, Einführung in das französische Recht, Rdnr. 42.
61 Bénabent, Droit Civil, Rdnr. 14.
62 Sonnenberger-Schweinberger, Einführung in das französische Recht, Rdnr. 42.
63 Hübner-Constantinesco, Einführung in das französische Recht, S. 131.
64 Zu Formfreiheit und Formzwang als Wirksamkeitsvoraussetzung vgl. u. Kap. 2 A II 2.a.

Drittwirksamkeit. Hier kann ein (wirksamer) Vertrag Dritten erst nach Erfüllung der Formvoraussetzungen wirksam entgegengehalten werden. So wirkt etwa im Grundstücksrecht der Rechtsübergang erst mit Eintragung gegenüber Dritten. Weitere Beispiele sind die einschlägigen Formerfordernisse der Drittwirksamkeit bei den dinglichen Sicherungsrechten und dem Unternehmenskauf [65].

Das Publizitätsmodell der Drittwirksamkeit des historischen Gesetzgebers des Code Civil ist Ausdruck seines Bedürfnisses nach einer größtmöglichen Rechtssicherheit des Einzelnen hinsichtlich der Rechtsübertragung, die daher nur öffentlich im Rahmen der Publizität zugelassen wurde.

bb Abgrenzung der Forderungsrechte von den dinglichen Rechten

Vor diesem Hintergrund sind auch die Forderungsrechte von den dinglichen Rechten abzugrenzen. Die Abgrenzung ist jedoch nicht exakt möglich, denn zwischen obligatorischen und dinglichen Elementen verläuft keine scharfe Trennlinie, sondern ein weites Feld der Überschneidungen und Vermischungen; die Grenze ist fließend. Forderungsrechte können verdinglicht und dingliche Rechte mit persönlichen Beziehungen belastet werden [66].

Das Forderungsrecht gibt seinem Inhaber die Befugnis, von einer anderen Person eine Leistung zu verlangen, wobei dieses Recht nur zwischen den Beteiligten wirkt [67]. Zwar sind die Forderungsrechte im Rahmen der Privatautonomie frei begründbar, aufgrund der persönlichen Beziehung ist es jedoch erheblich schwieriger sie zu übertragen als die dingliche Berechtigung, die keinen persönlichen Gehalt hat. Befriedigungsobjekt des Gläubigers einer Forderung ist das gesamte Vermögen des Schuldners (gage commun), während der Gläubiger eines dinglichen Rechts sich zunächst an den konkreten Gegenstand des dinglichen Rechts halten muß [68].

Das dingliche Recht räumt seinem Inhaber eine direkte und unmittelbare Herrschaft über eine ganz bestimmte Sache ein und richtet sich gegen jedermann [69]. Im Unterschied zum Forderungsrecht besteht Typenzwang bei der Begründung der dinglichen Rechte. Sie können jedoch ohne Schwierigkeiten übertragen werden. Mit dem Folgerecht (droit de suite) und dem Vorzugsrecht (droit de préférence) liegen zwei weitere Unterschiede zum Forderungsrecht vor. Das Folgerecht ermöglicht es dem dinglich Berechtigten, sein dingliches Recht von jedem Dritten herauszuverlangen, während das Vorzugsrecht die abgesonderte Befriedigung im Konkurs sicherstellt [70].

Die Offenheit der Systematik und der Terminologie im Code Civil kann die Entstehung der Mischformen jedoch nicht alleine erklären. Ausgangspunkt ist vielmehr das Konsensprinzip, dessen Kernaussage die rechtsübertragende Wirkung obligatorischer Schuldverhältnisse ist. Wenn sich hieraus Mischformen zwischen

---

65 Sonnenberger-Schweinberger, Einführung in das französische Recht, Rdnrn. 54, 56, 98.
66 Ferid, Das französische Zivilrecht, Band 1, Rdnr. 2 A 17.
67 Ferid, Das französische Zivilrecht, Band 1, Rdnrn. 1 C 26 ff.
68 Ferid, Das französische Zivilrecht, Band 1, Rdnr. 2 A 14.
69 Ferid, Das französische Zivilrecht, Band 1, Rdnr. 1 C 19.
70 Ferid, Das französische Zivilrecht, Band 1, Rdnr. 2 A 15.

dem dinglichen Recht und dem Forderungsrecht gebildet haben, läuft dies letztlich auch auf eine Anerkennung der nicht vollständigen Unterscheidbarkeit oder Trennbarkeit beider Arten subjektiver Rechte hinaus [71]. Diese Überschneidung obligatorischer und dinglicher Elemente zeigt sich etwa in dem mehrdeutigen Eigentumsbegriff. Die propriété ist grundsätzlich an jedem Vermögenswert möglich und damit auch an Forderungsrechten. Die propriété de créance muß jedoch als Forderungsinhaberschaft verstanden werden, wobei der Eigentumsbegriff des Code Civil insgesamt besser im Sinne einer umfassenden übergeordneten Rechtsinhaberschaft aufgefaßt werden sollte [72].

Auffällig ist in diesem Zusammenhang auch die Bezeichnung des Vermögens des Schuldners (patrimoine) als gemeines Pfand (gage commun), das grundsätzlich im vollen Umfang dem Zugriff der Gläubiger offen steht. Im speziellen enthält auch der Mietvertrag als rein schuldrechtliche Beziehung dingliche Elemente; der Mieter kann nämlich das Folgerecht des neuen Eigentümers sperren, indem er diesem den Mietvertrag entgegenhalten kann. Die Abtretung noch nicht fälliger Mieten kann durch Eintragung ins Grundstücksregister drittwirksam gemacht und damit verdinglicht werden. Schließlich werden auch die Kreditsicherheiten nicht konsequent mit den Kategorien obligatorisch und dinglich erfaßt. Der Erwerber eines hypothekarisch belasteten Grundstücks haftet demnach dinglich im Sinne einer sogenannten Universalobligation [73].

cc Zum Meinungsstand

Die Überschneidung von obligatorischen und dinglichen Elementen wurde von der personalistischen Auffassung - abweichend von der traditionellen Meinung - dahingehend erklärt, daß der Inhaber eines dinglichen Rechts aufgrund der Drittwirksamkeit zugleich Gläubiger einer obligatorischen Rechtsposition gegenüber allen anderen Personen sei [74]. Dem wurde entgegengehalten, daß damit obligatorische Verpflichtung und dingliche Drittwirkung gleichgesetzt würden. Eine Universalverpflichtung aller sei nämlich kein Schuldverhältnis, und ein Schuldverhältnis zwischen zwei Personen habe eine ganz andere rechtliche Qualität [75].

Platz greift indessen eine neuere Meinung, die durch eine neue Definition der Forderungsrechte und der dinglichen Rechte die traditionelle Unterscheidung aufgibt. Statt dessen wird die dingliche Rechtsposition nicht nur mit der Herrschaft einer Person über eine Sache, sondern auch mit der Zuordnung oder Zugehörigkeit (relation d'appartenance) beider erklärt. Diese Zuordnung ist die Beziehung der Person zu einer Sache, die sich in obligatorischen Rechten niederschlägt. Damit wird das Phänomen erklärbar, warum jemand auch Eigentümer oder Berechtigter einer Sache bleiben kann, die er verloren hat oder an der auch andere berechtigt sind. Dies ist ein entscheidender Vorteil gegenüber der traditionellen Lehre [76].

---

71 Siehe dazu oben Kap. 2 A I.2.a und unten Kap. 3 A.
72 Vgl. dazu schon eingangs Kap. 2 A vor I.
73 Ferid, Das französische Zivilrecht, Band 1, Rdnrn. 2 A 16, 17.
74 Ghestin-Goubeaux, Droit Civil, Rdnr. 218.
75 Ghestin-Goubeaux, Droit Civil, Rdnr.219.
76 Nachweise zum Meinungsstand bei Ghestin-Goubeaux, Droit Civil, Rdnr. 220.

Oberbegriff ist nach dieser Auffassung nicht mehr das subjektive Recht, sondern das Eigentum im Sinne der vollumfänglichen Rechtsinhaberschaft (propriété) an körperlichen (bien corporel) oder nichtkörperlichen Gütern (bien incorporel). Der Begriff der propriété an diesen Gütern kann jedoch nicht mit dem Begriff des Eigentums an körperlichen und nichtkörperlichen Gegenständen im Sinne der deutschen Rechtsterminologie verstanden werden, sondern muß im Sinne vollumfänglicher und uneingeschränkter Rechtsinhaberschaft im darüber hinausgehenden Sinne der Güterzuordnung verstanden werden [77].

Unter die Rechte an nichtkörperlichen Gegenständen fallen die Immaterialgüterrechte (droits intellectuels) und die relativen Rechte (droits relatifs). Die relativen Rechte wiederum werden in persönliche Rechte (droits personnels), dingliche Rechte (droits réels) und gemischte Rechte (droits mixtes) untergliedert [78]. Die Diskussion über die Dogmatik und Systematisierung des Schuld- und Sachenrechts ist noch nicht abgeschlossen. Die Schwierigkeiten liegen dabei gerade nicht in der oft und nicht immer zu Recht kritisierten fehlenden Systematik des Code Civil und seiner uneinheitlichen Terminologie, sondern in den dogmatischen Inhalten und den tradierten Begriffen sowie ihren historischen Quellen. Inmitten dieser Problematik liegt auch und gerade die Übertragung der Forderungsrechte und damit insbesondere die Frage nach ihrer Übertragbarkeit.

b Die Übertragbarkeit subjektiver Rechte

Während in der Rechtsgeschichte subjektive Rechte nicht immer übertragbar waren, so ist dies im französischen Recht heute allgemein anerkannt [79]. Das frühe römische Recht hielt ursprünglich eine Verpflichtung (obligation) nicht für übertragbar, weil die persönliche Beziehung der die Verpflichtung begründenden Parteien nicht auflösbar war. Später näherte sich das römische Recht über verschiedene Konstruktionen der klassischen cession, die dann vom französischen Recht übernommen und schließlich in den Art. 1689 ff. Code Civil kodifiziert wurde. Die Forderung geht dabei aufgrund der übertragenden Wirkung der Einigung auf den Zessionar über (effet translatif), wobei das Signifikationserfordernis in Art. 1690 Code Civil als Entsprechung zur Übergabe bei der Übertragung des Eigentums an beweglichen Sachen zu verstehen ist und auf die Regelung in Art. 108 der Coutume de Paris von 1580 zurückgeht [80]. Neben der persönlichen Verpflichtung (lien personnel) wurde dadurch auch der Vermögenswert (valeur patrimoniale) der Forderung anerkannt. Im modernen französischen Recht spielt der Forderungsverkehr (circulation des obligations) eine bedeutende Rolle, insbesondere im Bereich des Zahlungsverkehrs und der Kreditinstrumente [81].

Damit sind heute die subjektiven Rechte grundsätzlich übertragbar [82]. Während dies für dingliche Rechte immer gilt, ist das bei Forderungsrechten aufgrund der

77 Vgl. dazu eingangs Kap. 2 A vor I sowie im folgenden unter Kap. 2 A I 5.

78 Ghestin-Goubeaux, Droit Civil, Rdnr. 221.

79 Cabrillac, Droit des obligations, Rdnr. 398.

80 Aubin in Festschrift für Neumayer S. 39.

81 Malaurie-Aynès, Droit Civil, Tome VI, Rdnr. 1201; Terré-Simler-Lequette, Droit Civil, Rdnr. 1174.

82 Rieg, Rép.Civ., Cession de créance, Rdnrn. 40 ff.; Bénabent, Droit Civil, Rdnr. 726; Éditions du Juris-Classeur 1996 –Vente Art. 1689-1695, Code Civil Rnr. 14.

persönlichen Verbindung von Schuldner und Gläubiger nicht durchgehend der Fall [83]. Soweit die Übertragbarkeit ausnahmsweise nicht gegeben ist, hat dies seine Ursachen in den Übertragungshindernissen. Die Übertragbarkeit hängt jedoch nicht nur von der Frage nach der Herauslösbarkeit des subjektiven Forderungsrechts aus der persönlichen Bindung zwischen Schuldner und Gläubiger ab. Vielmehr hindern auch die Grenzen des objektiven Rechts die Übertragbarkeit subjektiver Rechte. Deshalb unterliegt das Recht der Übertragungshindernisse mit Blick auf das Konsensprinzip nicht nur dem Spannungsfeld zwischen Schuld- und Sachenrecht, sondern mit grundlegender Auswirkung auf die Systematik dem Spannungsverhältnis zwischen objektivem Recht und subjektiven Rechten [84].

Die grundsätzliche rechtliche Zulässigkeit der Übertragung von Forderungen läßt sich nicht vollständig von den Voraussetzungen und Wirkungen einer Übertragung trennen. Aufgrund der rechtsübertragenden Wirkung des Konsensprinzips kann eine unwirksame Abtretung nicht zum Übergang einer Forderung führen. Deshalb stehen die rechtlichen Grenzen einer zulässigen Abtretung den Übertragungshindernissen zumindest sehr nahe. Davon abzugrenzen ist die Frage nach der Wirkung einer Forderungsübertragung, also insbesondere nach ihrer Drittwirksamkeit. Ein wichtiger Bereich der Übertragungshindernisse sind die Abtretungsverbote, denen wiederum Grenzen durch die Rechtsprechung zum abus de droit und zum abus de puissance économique gesetzt wurden [85]. Über die Regelung in den Art. 1689 Code Civil hinaus haben sich im Rahmen der Rechtsfortbildung weitere Möglichkeiten der Forderungsübertragung oder ihr wirtschaftlich nahe kommende Techniken entwickelt, die eigenen Regeln folgen [86].

4. *Zur Rechtsnatur der Abtretung*

Vor dem Hintergrund der Abgrenzung von Schuld- und Sachenrecht sowie von Forderungsrechten und dinglichen Rechten ist auch die Rechtsnatur der Abtretung selbst schwer zu bestimmen [87]. Für die schuldrechtliche Charakterisierung der cession spricht neben dem gesetzlichen Standort auch die Behandlung im Schrifttum. Die Abtretung wird in der Kodifikation als Teil des Kaufrechts im dritten Buch über den Eigentumserwerb abgehandelt und steht im Code Civil nicht innerhalb einer abgeschlossenen Systematik des Schuldrechts. Während das Kaufrecht als besonderes Schuldrecht betrachtet wird, gibt die Kodifikation eine Zuordnung der cession zu einem allgemeinen Schuldrecht nicht vor [88].

Die Literatur hat vielfach versucht, diesen Mangel durch eigene Systematisierung zu überwinden. Dabei wird die Zession durchweg einem allgemeinen Teil zugeordnet, steht jedoch teilweise erst nach den Vertragsarten (Planiol-Ripert-Boulanger) oder in einer eigenen Kategorie des sogenannten Schuldverhältnisses als wirtschaftlicher Wert (Morandière, Marty-Raynaud). Am deutlichsten untersucht Carbonnier die Zession und das Erlöschen bei dem Schuldverhältnis als Rechtsbeziehung in den allgemeinen Lehren der Schuldverhältnisse. Teilweise wird die Zession auch unter

---

83 Bénabent, Rnr. 726 ff.; Ferid, Das französische Zivilrecht, Band 1, Rdnr. 2 A 14.
84 Malaurie-Aynès, Droit Civil, Tome VI, Rdnr. 1221 mwN.
85 Vgl. dazu Kap. 2 B.
86 Siehe unten, Kap. 2 C.
87 Vgl. zur Rechtsnatur der Wirkungen der cession unten, Kap. 2 A II 3.c.
88 Vgl. dazu nur den Standort der Art. 1689 ff. CC im Code Civil.

den Wirkungen des Schuldverhältnisses mit dem Erlöschen desselben abgehandelt (Dekkers) [89].

Auffällig ist, daß fast alle die Zession als Beteiligtenwechsel immer in enger Nähe mit dem Erlöschen des Schuldverhältnisses betrachten [90]. Die neuere Literatur folgt einer Aufteilung des Schuldrechts in vertragliche und gesetzliche Schuldverhältnisse und widmet sich der Zession in einem eigenen allgemeinen Teil des Forderungsverkehrs (circulation de créance) [91]. Andererseits wird die cession im französischen Recht neben der Verpfändung (nantissement) als Verfügung über die Forderung begriffen, was wiederum eine sachenrechtliche Einordnung zuläßt [92]. Hierfür spricht auch die eigentumsähnliche Behandlung des Wechsels der Forderungsinhaberschaft [93]. Insgesamt wird man jedoch aufgrund der Anerkennung schuld- und sachenrechtlicher Elemente einen Mischcharakter der cession annehmen müssen, der sowohl auf dem Konsensprinzip als auch auf der Unterscheidung zwischen Vertragsbegründung und Vertragswirkung beruht [94].

5. Die Terminologie im Recht der Forderungsübertragung

Da eine genaue Terminologie vom Code Civil nicht vorgegeben wird und die Kodifikation die Begriffe teilweise unterschiedlich gebraucht, sind die Begriffe immer inhalts- und zweckbezogen zu betrachten. Sie können, müssen aber nicht identische Bedeutung haben. Konkret hat dies sowohl die Überschneidung und Vermischung schuld- und sachenrechtlicher Elemente zur Folge und führt dazu, daß die Übertragungshindernisse aus der Rechtsnatur subjektiver Rechte und den Rechtssätzen des objektiven Rechts herausgefiltert werden müssen [95]. Insgesamt sind hier vier verschiedene Begriffe relevant geworden. Dabei handelt es sich um die Begriffe der Abtretbarkeit (cessibilité), der Übertragbarkeit (transmissibilité), der Veräußerbarkeit (aliénabilité) und der Verfügbarkeit (disponibilité) sowie deren jeweilige Negation [96].

Die aliénabilité wird im Sinne der Veräußerbarkeit benutzt und entstammt vor allem dem Bereich der Austauschverträge. Veräußert werden kann gem. Art. 1598 ff. Code Civil nur, was sich im Verkehr befindet, wenn nicht gesetzlich oder vertraglich etwas anderes gilt [97]. Im Zusammenhang mit dem Abtretungsrecht erlangt dieser Begriff etwa bei den sog. clauses d'inaliénabilité Bedeutung, wonach die Veräußerung rechtsgeschäftlich untersagt wird [98]. Die disponibilité bedeutet neben tatsächlicher Verfügbarkeit auch Verfügbarkeit im Rechtssinne. Grundsätzlich kann jeder über seine Güter (biens) frei verfügen, Art. 537 Code Civil. Noch klarer definiert dies Art. 544 Code Civil, wonach das Eigentum (propriété) das umfassendste Recht der Nutzung und eben auch Verfügung ist [99]. Auch wenn eine Forderung einer Person

---

89 Nachweise bei Ferid, Das französische Zivilrecht, Band 1, Rdnr. 2 A 5.
90 Lambert, Droit Civil, 2e livre, S. 375 ff.
91 Bénabent, Droit Civil, Rdnrn. 1-9; Cabrillac Rnr. 5 ff.
92 Zur Abgrenzung cession-nantissement: T. com. Béziers, 2 mars 1970, Gaz. Pal. 1970.2.215.
93 Siehe obe,n Kap. 2 A vor I, und I a, bb.
94 Vgl. dazu bereits oben, Kap. 2 A I 3.a, aa und Kap. 2 A II vor 1.
95 Dazu noch unten, Kap. 2 B III.1.
96 Dh.: incessibilité, intransmissibilité, inaliénabilité und indisponibilité.
97 Sonnenberger-Schweinberger, Einführung in das französische Recht, Tz. 45.
98 Siehe unten, Kap. 2 B; Mercadal-Macqueron, Droit des affaires, Rdnrn. 218, 230.
99 Mercadal-Macqueron, Droit des affaires, Rdnrn. 187 ff.

aufgrund der Vermögenszugehörigkeit zusteht, kann dieser Person die Rechtszuständigkeit fehlen, über die Forderung zu verfügen, sog. indisponibilité [100].

Die Begriffe der cessibilité sowie der transmissibilité bedeuten Übertragbarkeit im engeren Sinne. Sie werden synonym benutzt und sind beide typisch für das Abtretungsrecht [101]. Betrachtet man die Forderung von ihrer Verkehrsfähigkeit, dann können diese synonymen Begriffe als Oberbegriffe aufgefaßt werden, die die aliénabilité und die disponibilité erfassen. Daneben hat auch der Begriff der saisissabilité (Pfändbarkeit) für das Abtretungsrecht Bedeutung erlangt. Teilweise sind nämlich nur pfändbare Forderungsrechte auch übertragbar. So können nur pfändbare Forderungen gepfändet werden (saisie-attribution) [102]. Außerdem ist die Pfändung von Forderungen unter Publizitätsaspekten der Abtretung sehr ähnlich [103].

II Die cession der Art. 1689 ff. Code Civil

Die Abtretung des Code Civil, auch cession civile genannt, kann entweder entgeltlich im Rahmen eines Kaufvertrages (vente) als auch unentgeltlich im Rahmen einer Schenkung erfolgen (donation). Sie kann über den Wortlaut der Art. 1689 ff. Code Civil hinaus sogar als Zahlungsmittel (cession de créance-paiement) oder zu Sicherungszwecken (cession fiduciaire) eingesetzt werden [104].

Der Systematik des allgemeinen Schuldrechts und der Vertragslehre folgend ist zwischen den Voraussetzungen des wirksamen Zustandekommens einer Forderungsübertragung (formation) und ihren Wirkungen (effets) zu unterscheiden, auch wenn der Gesetzestext der Art. 1689 ff. Code Civil dies nicht unmittelbar vorgibt [105]. Innerhalb der Voraussetzungen und Wirkungen ist eine weitere Differenzierung durch die Art. 1689 ff. Code Civil in Verbindung mit dem Konsensprinzip vorzunehmen. Die Einigung über die Abtretung wirkt mit dem Zustandekommen der Vereinbarung unmittelbar rechtsübertragend; gegenüber Dritten entsteht die sogenannte Drittwirksamkeit jedoch erst nach Einhaltung der Publizitätsanforderungen. Dieser Unterschied zwischen Vertragswirkungen (effets de contrat) und Drittwirksamkeit (opposabilité aux tiers) durchzieht die Voraussetzungen und die Wirkungen der cession gleichermaßen.

Zu untersuchen sind daher einmal die Voraussetzungen einer wirksamen Übertragung zwischen den Parteien und zum anderen die Voraussetzungen einer Dritten gegenüber wirksamen Übertragung [106]. Grundsätzlich erfaßt das Abtretungsrecht des Code Civil gem. Art. 1689 Code Civil neben der Übertragung von Forderungen (créances) und Rechten (droits) auch die Übertragung von Klagen (actions). Der Schwerpunkt der Übertragungen nach Art. 1689 ff. CC liegt dabei auf der Übertragung von Forderungen und Rechten.

---

100 Siehe unten, Kap. 2 B III und zum Beispiel der sous-traitance Kap. 2 C I 3.

101 Rieg, Rep.Civ., Cession de créance, Rdnr. 1.

102 Die „saisie-attribution“ wurde durch die Loi Nr. 91-650 du 9 juill. 1991 und löste die bis dahin geltende Regelung der „saisie-arrêt“ ab, vgl. Art. 592 Code de Procédure Civile (ancien); vgl. zur Loi Nr. 91-650 auch oben, Kap. 2 A vor I (a.E.) und unten Kap. 2 B.

103 Hadding-Schneider-Blaise-Desgorces, Die Forderungsabtretung (2. Aufl.), S. 266, 267.

104 Malaurie-Aynès, Droit Civil, Tome VI, Rdnr. 1204.

105 Vgl. oben, Kap. 2 A I 2.a, aa.

106 Cabrillac, Droit des obligations, Rdnr. 403.

1. Gesetzestext der Art. 1689 – 1701 Code Civil[107]

Art. 1689 *Beim Übergang einer Forderung, eines Rechts oder einer Klage gegen einen Dritten erfolgt der Vollzug zwischen dem Zedenten und dem Zessionar durch Übergabe der Schuldurkunde.*

Art. 1690 *Der Zessionar ist gegenüber Dritten erst mit der Abtretungsanzeige an den Schuldner berechtigt.*
Nichtsdestoweniger kann der Zessionar auch durch die Annahme der Abtretung durch den Schuldner in einer notariellen Urkunde berechtigt werden.

Art. 1691 *Wenn, bevor der Zedent oder der Zessionar die Abtretung gegenüber dem Schuldner angezeigt hat, dieser den Zedent bezahlt, so ist der Schuldner wirksam befreit.*

Art. 1692 *Der Kauf oder die Abtretung einer Forderung enthält die Nebenrechte der Forderung, solche wie Bürgschaft, Vorrecht und Hypothek.*

Art. 1693 *Derjenige, der eine Forderung oder ein anderes nichtkörperliches Recht verkauft, muß davon das Bestehen zur Zeit der Übertragung garantieren, auch wenn die Übertragung ohne Garantie durchgeführt wurde.*

Art. 1694 *Er haftet für die Zahlungsfähigkeit des Schuldners nur, wenn er sich hierzu verpflichtet hat und dann auch nur bis zur Höhe des Preises, den er für die Forderung erhalten hat.*

Art. 1695 *Wenn er die Garantie der Zahlungsfähigkeit des Schuldners versprochen hat, dann erstreckt sich dieses Versprechen nur auf die aktuelle Zahlungsfähigkeit und nicht auf die zukünftige, wenn der Zedent sich hierzu nicht ausdrücklich vertraglich verpflichtet hat.*

Art. 1696 *Derjenige, der einen Nachlaß verkauft, ohne die Objekte im einzelnen zu bezeichnen, ist nur gehalten, seine Eigenschaft als Erbe zu garantieren.*

Art. 1697 *Wenn er bereits die Früchte eines Grundstücks oder die Zinsen einer Forderung erlangt hat, die hierzu gehört oder wenn er Wertpapiere aus dem Nachlaß verkauft hat, ist er gehalten, diese an den Erwerber zu erstatten, wenn er diese nicht ausdrücklich beim Kauf vorbehalten hat.*

Art. 1698 *Der Erwerber muß seinerseits an den Verkäufer zurückerstatten, was dieser für die Schulden und Aufwendungen der Erbschaft bezahlt hat und von all dem Rechenschaft ablegen, von dem er Gläubiger war, wenn nichts anderes vereinbart war.*

Art. 1699 *Derjenige, gegen den ein streitiges Recht übertragen wurde, kann sich gegenüber dem Zessionar befreien, indem er dem Zessionar den realen Preis der Forderungsübertragung mit allen Kosten und Gebühren sowie*

---

107 Die Übersetzung folgt dem Originaltext und vermeidet jede Interpretation, Anm. d. V.

Zinsen ab dem Tag, an dem der Zessionar seinerseits den Preis für die Übertragung gezahlt hat, erstattet.

Art. 1700 *Die Sache wird als streitig angesehen, ab dem Zeitpunkt, ab dem es einen Prozeß oder ein Bestreiten über die rechtliche Grundlage gibt.*

Art. 1701 *Die Bestimmung in Art. 1699 endet:*
1. *in dem Fall, in dem die Abtretung an einen Miterben oder Miteigentümer des abgetretenen Rechts erfolgt ist;*
2. *soweit die Abtretung als Zahlung an einen Gläubiger erfolgt ist und in der Höhe, in der diesem geschuldet war;*
3. *soweit die Abtretung an den Erbschaftsbesitzer und Inhaber des streitigen Rechts erfolgt ist.*

2. *Die Voraussetzungen (conditions) der cession*

Die cession wird mangels Legaldefinition allgemein als Vereinbarung definiert, durch die der Zedent (cédant) seine Forderung (créance) gegen den Schuldner (débiteur) auf einen Dritten, den Zessionar (cessionaire) überträgt [108]. Die cession kann unterschiedlichen Zielen dienen. Sie kann entgeltlich als Kauf oder unentgeltlich als Tausch oder Schenkung vereinbart werden. Der im Wirtschaftsleben praktisch wichtigste Fall ist jedoch der der entgeltlichen Forderungsübertragung, der sogenannte Forderungskauf [109]. Die Voraussetzungen einer cession können mit Blick auf die unterschiedlichen Wirkungen unterteilt werden in diejenigen, die zwischen den Parteien und solche, die gegenüber Dritten erfüllt werden müssen.

a *Allgemeine Voraussetzungen zwischen den Parteien*

Die cession muß zunächst den allgemeinen Anforderungen des Schuldrechts für das Zustandekommen von Verträgen genügen, um zwischen den Parteien wirksam zu werden. Diese Voraussetzungen sind gem. Art. 1108 Code Civil die Geschäftsfähigkeit, die Einigung, die Bestimmtheit und die Rechtsgrundlage [110]. In dieser Vorschrift hat der Code Civil die Entstehungsvoraussetzungen mit den Anfechtbarkeitskriterien vermengt. Rechtsprechung und Lehre differenzieren dennoch streng die unterschiedlichen Voraussetzungen (conditions) und ihre rechtliche Qualität. Im Ergebnis haben sie jedoch eine vergleichbare Wirkung (effet).

Rechtsfolge bei Fehlen einer dieser Voraussetzungen ist die Unwirksamkeit (nullité) des Vertrages [111]. Bei dieser Rechtsfolge ist im Einzelfall noch nach der Unwirksamkeit zwischen den Parteien (nullité relative) und der Unwirksamkeit im Verhältnis zu Dritten (nullité absolue) zu unterscheiden [112]. Die absolute Unwirksamkeit darf dabei nicht mit der Drittanfechtung (tierce-opposition) verwechselt werden, die es Dritten ausnahmsweise ermöglicht ein Urteil, das

---

108 Bénabent, Droit Civil, Rdnr. 725.
109 Cabrillac, Droit des obligations, Rdnr. 401.
110 Siehe oben, I 2.a.
111 Hubrecht, Das französische Zivilrecht, S. 78.
112 Cabrillac, Droit des obligations, Rdnrn. 103, 104

zwischen zwei anderen Parteien ergangen ist, anzufechten und insofern auch nichts mit der Drittwirksamkeit im Sinne der opposabilité aux tiers zu tun hat [113].

Von den Formanforderungen, die im Rahmen der Drittwirksamkeit etwa gem. Art. 1690 CC zu erfüllen sind, müssen ferner die Formvoraussetzungen (conditions de forme) als allgemeine Wirksamkeitsvoraussetzungen eines Rechtsgeschäfts abgegrenzt werden. Grundsätzlich sind Rechtsgeschäfte und damit auch Verträge formfrei. Das gilt auch für den Abtretungsvertrag im Sinne von Art. 1698 CC. Die Formanforderungen in Art. 1690 CC betreffen gerade nicht die Wirksamkeit des Abtretungsvertrages, sondern nur die Drittwirksamkeit des Forderungsübergangs. Während bei Fehlen der Drittwirksamkeit der Rechtsübergang zwischen den Parteien wirksam bleibt, kann das Rechtsgeschäft bei Fehlen der allgemeinen Formvoraussetzungen unwirksam sein. Im Gegensatz zur Lehre, die überwiegend die absolute Nichtigkeit des formunwirksamen Vertrages annimmt, differenziert die Rechtsprechung nach dem Formzweck [114].

aa Geschäftsfähigkeit (capacité)

Die Geschäftsfähigkeit (capacité de contracter) ist teilweise in Art. 1123-1125 Code Civil geregelt. Die Geschäftsfähigkeit hängt entweder von der Person oder von der Natur des Vertrages ab. Dabei ist zwischen Geschäftsfähigkeit (capacité d'exercice) und partieller Rechtsfähigkeit (capacité de jouissance) zu unterscheiden [115].

Hinsichtlich der Person bestimmen die Art. 1123 ff. Code Civil die allgemeine Geschäftsfähigkeit der natürlichen Personen (personnes physiques). Nicht geschäftsfähig ist danach, wer nicht für volljährig erklärter Minderjähriger ist (mineur non émancipé) oder unter Vormundschaft steht (majeur protégé). In bestimmten Fällen besteht die Geschäftsfähigkeit nur teilweise der Art, daß für bestimmte Rechtsgeschäfte eine bestimmte Genehmigung erforderlich ist [116]. Bei juristischen Personen (personnes morales) kommt es diesbezüglich auf deren Form und die einschlägigen Bestimmungen etwa im Code des Sociétés an. Insbesondere in der Insolvenz kann die Geschäftsfähigkeit einer juristischen Person entfallen [117].

Die partielle Rechtsunfähigkeit ist ein Verbot, einen Vertrag abzuschließen. Diese Art der Rechtsunfähigkeit ist selten und immer spezialgesetzlich angeordnet. Sie dient dem Schutz bestimmter Personen oder dem ordre public [118]. Diese rechtliche Grenze ragt bereits in den Bereich der Übertragungshindernisse hinein [119]. Folge fehlender Rechts- oder Geschäftsfähigkeit ist in der Regel die Nichtigkeit (nullité) des Vertrages. Besteht die incapacité im öffentlichen Interesse (ordre public), gilt dies immer. Besteht die incapacité nur zum Schutz des Betroffenen, so ist der Vertrag nur im Verhältnis zu diesem nichtig (nullité relative). Die Nichtigkeit kann dann nur von dem Betroffenen selbst oder seinem Vertreter geltend gemacht werden [120].

---

113 Zur tierce opposition noch unten, Kap. 2 B IV 3.b, aa.
114 Mazeaud-Chabas, Droit Civil, Tome II, Rdnr. 300.
115 Bénabent, Droit Civil, Rdnr. 31.
116 Bénabent, Droit Civil, Rdnr. 36.
117 Loi Nr. 85-98 du 25 janvier 1985.
118 Bénabent, Droit Civil, Rdnr. 37.
119 Siehe unten, Kap. 2 B I 1.a.
120 Sonnenberger-Schweinberger, Einführung in das französische Recht, Tz. 37.

Auch bestimmte berufliche Tätigkeiten können eine öffentlich rechtliche Genehmigung voraussetzen oder dürfen nur von bestimmten juristischen Personen ausgeübt werden. Dies kommt insbesondere im Finanzsektor bei Bank-, Kredit- oder Börsengeschäften vor. Dort sind nach einem Teil der Rechtsprechung Verträge, die unter Verstoß gegen derartige Genehmigungserfordernisse zustandegekommen sind, nichtig [121]. So bedürfen beispielsweise Kredit- und Finanzinstitute der vorherigen Genehmigung gem. Art. 15 al.1 er Loi Nr. 84-46, sog. Loi bancaire [122].

bb Einigung (consentement)

Bei der Einigung (consentement) wird gem. Art. 1108 Code Civil zunächst nur die Willenserklärung desjenigen verlangt, der sich verpflichtet. Bei der cession als Konsensualvertrag bedeutet das jedoch die Übereinstimmung beider Willenserklärungen der beteiligten Vertragspartner (accord de volonté) [123]. Danach kommt die Einigung durch Angebot (offre) und Annahme (acceptation) zustande. Das Angebot muß präzise sein und alle wesentlichen Elemente des Vertrages enthalten. Es darf keine Vorbehalte enthalten. Die Annahme kann ganz oder teilweise erklärt werden und führt die Einigung herbei, wobei es insbesondere im Anwendungsbereich des Verbrauchergesetzbuches (Code de la Consommation) Überlegungsfristen und Widerrufsmöglichkeiten gibt [124].

Worauf diese Erklärungen inhaltlich gerichtet sein müssen, ist nicht allgemein geregelt, sondern ergibt sich aus den jeweiligen Vorschriften. Beispielsweise bestimmt Art. 1583 Code Civil für den Kaufvertrag, daß die Erklärungen sowohl die Bezeichnung der Ware als auch den Preis enthalten müssen [125]. Für die cession bedeutet das, daß der Inhalt der Einigung die beteiligten Personen, die abzutretende Forderung und den hierfür gegebenenfalls zu entrichtenden Preis erfassen muß. Die Einigung darf schließlich keinen Willensmängeln (vices de consentement) ausgesetzt sein. Die wichtigsten Willensmängel enthält Art. 1109 Code Civil, der bestimmt, daß eine Einigung aufgrund von Irrtum, Gewalt oder Täuschung nicht zustande kommt. Daneben enthält Art. L. 111-1 Code de la Consommation die Verpflichtung des Verkäufers, den Verbraucher über den Inhalt des abzuschließenden Vertrages aufzuklären [126].

cc Bestimmtheit (objet certain)

Die Bestimmtheit (objet certain) setzt voraus, daß der Gegenstand des Vertrages (objet) bestimmt werden kann. Grundsätzlich muß der Vertragsgegenstand, bei der entgeltlichen cession, also Forderung und Preis, bestimmt werden können. Das setzt hinsichtlich der Forderung eine präzise Identifikation des Schuldners und des forderungsbegründenden Schuldverhältnisses voraus [127]. Ausnahmsweise genügt

---

121 Cass. Com., 19 novembre 1991, Rev. trim. dr. civ. 1992.381, obs.Mestre; a.A. Cass. Civ. 1er, 30 mars 1994, Rev. trim. dr. civ. 1995.100, obs.Mestre.
122 Gavalda-Stoufflet, Droit bancaire, Rdnr. 44; vgl. unten, Kap. 2 C I 2.
123 Cabrillac, Droit des obligations, Rdnr. 404.
124 Bénabent, Droit Civil, Rdnrn. 57, 64, 68 f.
125 Sonnenberger-Schweinberger, Einführung in das französische Recht, Rdnr. 41.
126 Bénabent, Droit Civil, Rdnrn. 70 ff.
127 Bénabent, Droit Civil, Rdnr. 144.

auch gem. Art. 1129 Code Civil die Bestimmbarkeit (determinabilité) des jeweiligen Gegenstandes. Die Forderung als Gegenstand einer cession muß im französischen Recht zum Zeitpunkt des Vertragsschlusses bestehen, damit das Erfordernis der Bestimmtheit erfüllt ist. Dies folgt für den Kauf ausdrücklich aus Art. 1591 CC [128].

Diese hohe Anforderung an die Bestimmtheit wirkt sich übertragungshindernd aus und wird flankiert von dem ausdrücklichen Verbot der Veräußerung zukünftiger Forderungen in Art. 1130 CC [129]. Weitere Beispiele für gesetzliche Beschränkungen der Übertragung zukünftiger Gegenstände mangels Bestimmtheit zum Zeitpunkt des Vertragsschlusses ist die cession einer zukünftigen Erbschaft gem. Art. 1130 II Code Civil sowie die Veräußerung zukünftig zu konstruierender Gebäude gem. Art. 1601-1604 CC [130]. Kein objet certain in diesem Sinne sind daher sowohl die Forderungen, deren Entstehung zeitlich nach der cession liegt, als auch die Forderungen, die zwar dem Grunde nach entstanden sind, aber erst in der Zukunft bestimmbar werden. Die Bestimmbarkeit ist auch dann nicht gegeben, wenn erst eine neue Vereinbarung über den Gegenstand der cession die Bestimmbarkeit herstellt [131]. Davon abzugrenzen ist die im Einzelfall zulässige Vereinbarung über alternative Verpflichtungen gem. Art. 1189 ff. Code Civil [132].

Der Vertragsgegenstand muß in der Gegenwart oder in der Zukunft existent sein. Dies gilt grundsätzlich für alle Güter (biens), sowohl für Sachen (choses) als auch für Rechte (droits). Die Anforderung der Existenz des Vertragsgegenstandes bedeutet, daß ein Vertrag nichtig ist, wenn die Forderung zum Zeitpunkt des Vertragsschlusses nicht besteht. Hiervon gibt es jedoch zwei Ausnahmen. Im Bereich der Zufallsverträge, also bei Spiel und Wette, kann der Vertragsgegenstand noch gar nicht existieren, denn die Unsicherheit seiner Existenz macht gerade das Wesen dieses Vertragstyps aus [133]. Außerdem kann eine zukünftige Forderung nur dann Gegenstand einer Übertragung durch cession civile gem. Art. 1689 CC sein, wenn sie entstehen kann. Das ist nicht der Fall, wenn das forderungsbegründende Schuldverhältnis noch nicht zustande gekommen ist [134].

Schließlich setzt die Voraussetzung des objet certain die Verkehrsfähigkeit (chose dans le commerce) des Gegenstandes voraus. Nicht verkehrsfähig sind zum Beispiel Gegenstände der öffentlichen Hand oder staatlicher Monopole (z.B. Tabak) sowie der menschliche Körper [135]. Soweit die Bestimmbarkeit des Preises einer Forderung im Rahmen einer cession betroffen ist, wird vor allem die Frage der Wertsicherung problematisch. Enthält die vertragliche Vereinbarung des Preises für eine Forderung eine Wertsicherungsklausel (clause d'indexation), dann ist dies nur bestimmbar, wenn zur exakten Ermittlung des Preises keine weitere Vereinbarung erforderlich wird [136].

---

128 Cabrillac, Droit des obligations, Rdnr. 76.
129 Dazu noch unten, Kap. 2 B I 1.b.
130 Cabrillac, Droit des obligations, Rdnr. 75; Siehe dazu noch unten, Kap. 2 B III 1.
131 Bénabent, Droit Civil, Rdnr. 155.
132 Sériaux, Droit des obigations, Rdnr. 28; Ferid, Das französische Zivilrecht, Band 2, Rdnr. 2 E 120.
133 Bénabent, Droit Civil, Rdnr. 145; siehe unten, Kap. 2 B I 1.b.
134 Cabrillac, Droit des obligations, Rdnr. 404.
135 Bénabent, Droit Civil, Rdnr. 146.
136 Bénabent, Droit Civil, Rdnrn. 148 ff., 152; Tallon Dalloz 1992, chronique 67.

dd Rechtsgrund (cause licite)

Über die Prüfung der Bestimmtheit anhand des Tatbestandsmerkmals objet certain hinaus findet eine Prüfung der rechtlichen Zulässigkeit im Rahmen des Begriffs der cause licite statt. Unter dem Begriff der cause licite wird die rechtliche Zulässigkeit eines Vertrages verstanden. In Abgrenzung zu einem bestimmten oder bestimmbaren Vertragsgegenstand (objet certain) dient der rechtlich zulässige Rechtsgrund eines Vertrages (cause licite) dem ordre public. Beiden Rechtsbegriffen ist gemeinsam, daß sie den Gerichten als Auffangtatbestände für die gerichtliche Wert- und Inhaltskontrolle vertraglicher Vereinbarungen dienen [137].

Das französische Zivilrecht unterscheidet zwischen der Zulässigkeit des vertraglichen Vorganges (opération contractuelle) und der Zulässigkeit der vertraglichen Grundlage (cause du contrat). Die rechtlichen Beschränkungen in diesem Bereich können teilweise den Übertragungshindernissen zugeordnet werden [138]. Der Abgrenzung der beiden Kriterien cause licite und objet certain liegt die Erkenntnis zugrunde, daß jedes Schuldverhältnis eine bestimmte Leistung des Schuldners zum Gegenstand haben muß (objet certain) und daß die Wahl dieser Leistung grundsätzlich frei ist, solange die Leistung nicht gem. Art. 1133 CC unmöglich, gesetzes- oder sittenwidrig ist (cause licite). Das Erfordernis einer bestimmten Leistung enthält der Begriff des objet certain, den man als Geschäftsgegenstand bezeichnen kann. Den zweiten Begriff der cause licite kann man als Rechtsgrund auffassen. Letzterer wurde im Code Civil nicht definiert, hat aber seine Grundlage in Art. 1134 Code Civil, wonach Verbindlichkeiten, die auf keinem, einem unrichtigen oder unerlaubten Rechtsgrund beruhen, keine Rechtswirkungen entfalten [139].

Der Begriff des zulässigen Rechtsgrundes ist ein umstrittener Begriff im französischen Zivilrecht und spielt eine große praktische Rolle bei der Inhaltskontrolle von Verträgen durch die Rechtsprechung [140]. Die frühere klassische Theorie (théorie classique de la cause) stellte bei synallagmatischen Verträgen darauf ab, daß der Grund einer Verpflichtung regelmäßig in der Verpflichtung des jeweils anderen Vertragspartners liegt, während die heutige Ansicht (théorie moderne de la cause) die Motive der Vertragsschließenden als Grund einer vertraglichen Verpflichtung im Sinne der cause ansieht [141]. Die Anforderung der cause soll vor allem den vertraglichen Vorgang auf die Einhaltung des ordre public und die Verhinderung schädigender Vermögensverfügungen (fraude) gewährleisten. Unter dem Aspekt des wirtschaftlichen Gleichgewichts kann außerdem das Mißverhältnis von Leistung und Gegenleistung (lésion) sowie die Verwendung rechtsmißbräuchlicher Klauseln (clauses abusives) gem. Art. L 132-1 et ss. Code de la consommation zur Nichtigkeit des Vertrages führen [142].

Das französische Zivilrecht läßt im Gegensatz zu anderen Rechtsordnungen keine Rechtsgeschäfte zu, die losgelöst bzw. abstrakt von einem bestimmten Grund

137 Sériaux, Droit des obligations, Rdnr. 31; Bénabent, Droit Civil, Rdnr. 140.

138 Siehe unten, Kap. 2 B IV 4.b.

139 Hubrecht, Das französische Zivilrecht, S. 80.

140 Sériaux, Droit des obligations, Rdnr. 31.

141 Cabrillac, Droit des obligations, Rdnrn. 84, 86.

142 Bénabent, Droit Civil, Rdnrn. 156 ff.; vgl. zu den Grenzen zulässiger Zessionen nach französischem Recht und speziell zu den clauses abusives unten, Kap. 2 B V.

(cause) wirksam sein können [143]. Dabei wird klassischerweise zwischen dem subjektiven Rechtsgrund (cause subjective, lat. causa proxima) und dem objektiven Rechtsgrund (cause objective, lat. causa remota) unterschieden [144].

Unter cause objective wird gemeinhin der Grund der schuldrechtlichen Verpflichtung selbst verstanden, der wiederum von der Rechtsnatur des Rechtsgeschäfts abhängt. Bei einem Kaufvertrag liegt der objektive Grund auf der Seite des Käufers für die Verpflichtung zur Kaufpreiszahlung in der Lieferung des Kaufgegenstandes. Umgekehrt ist für den Verkäufer der objektive Grund der Lieferverpflichtung die Erlangung des Kaufpreises. Im Gegensatz dazu zielt die cause subjective auf die innere Motivation der sich vertraglich verpflichtenden Person, etwa den Wunsch, einen bestimmten Gegenstand zu erwerben. Bei den synallagmatischen Verträgen stellt die Rechtsprechung überwiegend auf das Vorliegen der cause subjective ab; es gibt aber auch Ausnahmen, insbesondere bei einseitigen und sonstigen Rechtsgeschäften [145].

b Der Kreis der abtretbaren Forderungen

Den Kreis der im Wege der cession abtretbaren Güter bestimmt zunächst Art. 1689 Code Civil. Danach sind grundsätzlich alle Forderungen, Rechte und Klagen abtretbar. Die Abtretung von Forderungen ist darüber hinaus davon abhängig, ob die Forderung unabtretbar ist oder durch ein Abtretungsverbot gesperrt wird [146]. Abtretbar sind grundsätzlich alle Rechte an nichtkörperlichen Gegenständen des Rechtsverkehrs. Neben der Abtretung einzelner Rechte können auch mehrere Rechte Gegenstand einer Abtretung sein, während umgekehrt auch die Abtretung eines Teils eines Rechts (Teilabtretung) möglich ist. Hinsichtlich der unterschiedlichen Arten von Forderungen gilt, daß sowohl befristete als auch bedingte Forderungen und in einem gewissen Umfang sogar zukünftige oder eventuelle Forderungen abgetreten werden können [147].

Wichtige Fälle der ausnahmsweise abtretbaren zukünftigen Forderungen und Rechte sind das Vervielfältigungs- und Darstellungsrecht des Art. L. 122-7 Code de la propriété intellectuelle sowie die Rechte, die zur Anmeldung eines Erfinderpatentrechts gehören, vgl. Art. L. 613-8 Code de la propriété intellectuelle. Hinzu kommen die Bürgschaften der Amtsträger und Finanzbeamten, die unter dem Vorbehalt staatlicher Vorrechte (privilège de l'État) abtretbar sind, vgl. Art. 2102 al. 7 Code Civil. Ähnliches gilt auch für Arbeitnehmerbürgschaften, wobei allerdings eine Vollstreckung ausscheidet, vgl. Art. L. 126-1 à 4 Code du travail [148]. Außerdem sind grundsätzlich abtretbar einseitige Versprechen (promesse unilatérale) und Forderungen, die erst durch einen noch nicht zustande gekommenen Hauptvertrag entstehen, auf dessen Abschluß aber bereits ein Vorvertrag gerichtet ist [149].

---

143 So z.B. das deutsche Recht, vgl. dort zum Abstraktionsprinzip, Kap. 1 A I 1.
144 Malaurie-Aynès, Droit Civil, Tome VI, Rdnr. 510.
145 Sériaux, Droit des obligations, S. 96 ff.
146 Zu den Ausnahmen siehe Kap. 2 B II – V.
147 Rieg, Rép. Civ., Cession de créance, Rdnrn. 41 ff.; Bénabent, Droit Civil, Rdnr. 726.
148 Éd.du Juris-Classeur 1996-Vente Art.1689-1695, Code Civil Rnr. 28-30.
149 Éd.du Juris-Classeur 1996-Vente Art.1689-1695, Code Civil Rnr. 14, 15 ff.

c Besondere Voraussetzungen gegenüber Dritten

Grundsätzlich ist die Vereinbarung einer cession aufgrund der Vertragsfreiheit formfrei und unterliegt keinen inhaltlichen Beschränkungen [150]. Um gegenüber Dritten wirken zu können, müssen jedoch die besonderen Voraussetzungen der Art. 1689 ff. Code Civil erfüllt sein. Art. 1690 Code Civil verlangt für die Drittwirksamkeit entweder die Abtretungsanzeige an den Schuldner (signification) oder die notariell erklärte Annahmeerklärung (acceptation) des Schuldners [151]. Die Abtretungsanzeige wird vom Gerichtsvollzieher (huissier) ausgefertigt und muß als solche bezeichnet werden, wobei auch die Bezeichnungen „assignation“ oder „commandements aux fins de saisie“ ausreichen, wenn die cession ausdrücklich als solche benannt wird [152].

Die Annahmeerklärung dagegen enthält lediglich die Erklärung des Schuldners, daß er über die cession informiert worden ist. Sie muß in einer notariellen Urkunde (acte authentique) erklärt werden. Allerdings läßt die Rechtsprechung für die Drittwirksamkeit gegenüber dem Schuldner über die Regelung in Art. 1690 Code Civil hinaus auch eine privatschriftliche Urkunde (acte sous seing privé) und sogar die stillschweigende Annahme (acceptation tacite) des Schuldners genügen [153]. Von diesen Formalitäten sind jedoch verschiedene Forderungen befreit. Dabei handelt es sich um die verbrieften Forderungen, insbesondere Orderpapiere, Inhaber- und Namenspapiere [154].

3. Die Wirkungen (effets) der cession

Die cession wirkt zwischen Zedent und Zessionar als den Parteien des Abtretungsvertrages. Sie wirkt außerdem gegenüber Dritten, insbesondere dem Schuldner, der auch durch die Publikation nicht an der cession beteiligt wird. Dabei stellt die Publikation der cession eine entscheidende Zäsur dar, denn die Wirkungen vor und nach der Publikation fallen deutlich auseinander. Außerdem sieht das Recht der cession im weiteren noch verschiedene Garantieverpflichtungen des Zedenten vor. Mit der vollendeten Abtretung gehen gem. Art. 1692 Code Civil auf den Zessionar alle Vollstreckungstitel, Früchte, Gewährleistungsansprüche und sonstige Nebenrechte über. Allerdings kann der Schuldner nun seine Einreden dem Zessionar entgegenhalten [155].

a Wirkungen der cession zwischen den Parteien

Die cession kommt durch Vereinbarung zwischen den Parteien des Abtretungsvertrages, also Zedent und Zessionar, und ohne Mitwirkung des Schuldners zustande. Mit dem Zustandekommen der (wirksamen) Einigung wirkt die cession kraft des Konsensprinzips bereits zwischen den Parteien der Vereinbarung

---

150 Bénabent, Droit Civil, Rdnrn. 100 ff.; Mazaud-Chabas, Droit Civil, Rdnrn. 1254 ff.

151 Terré-Simler-Lequette, Droit Civil, Rdnrn. 1182 ff.

152 Cass. Civ. 2e, 4 janvier 1974, Bull. Civ. 1974 II nr. 3, p. 3.

153 Cabrillac, Droit des obligations, Rdnr. 407.

154 Terré-Simler-Lequette, Droit Civil, Rdnrn. 1201 ff.

155 Ferid, Das französische Zivilrecht, Band 2, Rdnrn. 2 E 132 ff.; Mazaud-Chabas, Droit Civil, Rdnrn. 1270 ff.

rechtsübertragend. Die Forderung geht gem. Art. 1692 Code Civil mit allen Nebenrechten unmittelbar mit der Einigung auf den Zessionar über. Diese übertragende Wirkung nennt man effet translatif [156]. Zu beachten ist, daß diese Wirkung der Forderungsübertragung keine novatorische Wirkung in dem Sinne ist, daß anstelle der alten Forderung eine neue Forderung entstanden ist. Vielmehr wird die ursprüngliche Forderung gegen den Schuldner unverändert auf den Zessionar übertragen [157].

Die cession besteht als Schuldverhältnis wegen Art. 1165 Code Civil und vor der Publikation nur zwischen Zedent und Zessionar. Der Schuldner als an der cession nicht beteiligter Dritter wird von der übertragenden Wirkung (effet translatif) nicht erfaßt. Allerdings entstehen aus der cession vor Publikation bereits weitere Verpflichtungen der Parteien untereinander. Der Zedent ist verpflichtet, die cession gem. Art. 1689 Code Civil dadurch zu vollziehen, daß er dem Zessionar die Forderung auch tatsächlich überträgt, was mittels Übergabe einer Schuldurkunde (remise du titre) erreicht wird [158]. Außerdem muß der Zedent im Rahmen seiner gesetzlichen Garantieverpflichtung einstehen (garantie légale). Diese Garantie besteht nur bei der entgeltlichen cession und ist gem. Art. 1693 Code Civil zunächst eine gesetzliche Verpflichtung. Danach muß der Zedent sowohl die Existenz des übertragenen Rechts zur Zeit der cession garantieren als auch, daß aus dem Recht Zahlung verlangt werden kann und der Schuldner dem Zessionar weder Erlöschen noch Mängel entgegengehalten kann [159].

Daneben kann der Zedent sich auch vertraglich verpflichten, für die Zahlungsfähigkeit des Schuldners (solvabilité) einzustehen. Diese vertragliche Garantie (garantie conventionnelle) kann sich gem. Art. 1695 Code Civil aber nur auf die gegenwärtige und nicht die zukünftige Zahlungsfähigkeit des Schuldners beziehen [160]. Die Verpflichtungen des Zessionars hängen von der Vereinbarung ab. Wurde eine entgeltliche cession vereinbart, ist er verpflichtet, den vereinbarten Preis für die Forderung zu bezahlen. Die Zahlung muß am vereinbarten Ort zur vereinbarten Zeit erfolgen und enthält auch die Vertragskosten, vor allem die Registergebühren, wenn nichts anderes vereinbart wurde [161].

b Wirkungen gegenüber Dritten

Die Wirkung gegenüber Dritten wird als Drittwirksamkeit (opposabilité aux tiers) bezeichnet und tritt mit der Erfüllung der Publikationsvoraussetzungen ein. Der Schuldner kann sich gem. Art. 1690 Code Civil also vor der Publikation der cession nur durch Zahlung an den Zedenten befreien, wobei er die Zahlung vor der Publikation gegebenenfalls durch Vorlage einer Quittung beweisen muß. Weigert sich der Zedent, die Zahlung anzunehmen, kann der Schuldner dies sogar erzwingen [162]. Der Zessionar hat für den Schuldner in dieser Phase der cession vor

---

156 Rieg, Rép.Civ., Cession de créance, Rdnrn. 343 ff.; Terré-Simler-Lequette, Droit Civil, Rdnr. 1191.

157 Cass. Civ. 1er, 27 oct.1976, Bull. Civ. 1976 I Nr. 311, p. 249.

158 Rieg, Rép. Civ., Cession de créance, Rdnr. 368.

159 Rieg, Rép. Civ., Cession de créance, Rdnrn. 376 ff.

160 Rieg, Rép. Civ., Cession de créance, Rdnrn. 416 ff.

161 Rieg, Rép. Civ., Cession de créance, Rdnrn. 484 ff.

162 Rieg, Rép.Civ., Cession de créance, Rdnr. 498.

der Publikation somit grundsätzlich keine Bedeutung. Der Schuldner ist ausschließlich dem Zedenten gegenüber verpflichtet [163].

Allerdings hat die Rechtsprechung Ausnahmen bei Kenntnis des Schuldners zugelassen und den gesetzlichen Gläubiger- und Schuldnerschutz dadurch differenziert [164]. Außerdem unterscheidet die Cour de Cassation inzwischen beim Begriff des Dritten im Sinne von Art. 1690 Code Civil zwischen echten Dritten (penitus extranei) und den Dritten, die in Beziehung zum Zedenten stehen. Diese zedentennahen Dritten sind der Schuldner und die anderweitigen Gläubiger des Zedenten. Dritte im Sinne des Art. 1690 Code Civil sind damit nur noch diejenigen, die nicht an der Zession beteiligt sind, aber ein Interesse daran haben, daß der Zedent noch ihnen gegenüber verpflichtet ist [165]. Erst mit der Publikation kann die cession diesen Dritten entgegengehalten werden. In dem Moment der signification oder acceptation wird der Zedent durch den Zessionar gegenüber Dritten ersetzt (substitution). Der Schuldner ist nun ausschließlich dem Zessionar gegenüber verpflichtet und kann auch nur ihm gegenüber seine etwaigen Einwendungen (exceptions) geltend machen [166].

Auch hier gibt es weitere wichtige Ausnahmen von der grundsätzlichen Berechtigung des Schuldners, nun seine Einwendungen gegenüber dem Zessionar geltend machen zu können, die ebenfalls zu einer Erweiterung des Gläubiger- und Schuldnerschutzes geführt haben [167]. Bei Mehrfachabtretung derselben Forderung gilt das Prioritätsprinzip (principe de l'antériorité, lat. prior tempore potior jus). Der Gläubiger, der die Publikationsvoraussetzungen zuerst erfüllt, kann die Abtretung auch Dritten entgegenhalten [168]. Die Publikation ist außerdem Voraussetzung für die Zwangsvollstreckung, vgl. Art. 2214 Code Civil.

c *Rechtsnatur der Wirkungen*

Nicht unproblematisch ist es, die unterschiedlichen Wirkungen mit den Kategorien schuld- und sachenrechtlich zu erfassen, denn die Wirkungen unterscheiden sich nach dem Zeitpunkt vor oder nach Publikation und nach den beteiligten Personen, gegenüber denen sie eintreten. Der effet translatif ist die erste Wirkung der cession. Diese Wirkung ist aufgrund des Konsensprinzips eine rechtsübertragende Wirkung, die jedoch gem. Art. 1165 Code Civil nur zwischen den Parteien der Vereinbarung, also Zedent und Zessionar besteht. Betrachtet man den Umstand der Rechtsübertragung, dann handelt es sich um eine Wirkung mit sachenrechtlichem Charakter, denn die Übertragung von Rechten und Sachen ist ein typischer Vorgang der Zuordnung von Gegenständen zu Personen und damit sachenrechtliche Kernmaterie.

Dagegen besteht diese rechtsübertragende Wirkung nur zwischen den Personen der cession. Dies ist Folge der sogenannten relativité de contrat. Gem. Art. 1165 Code

163 Terré-Simler-Lequette, Droit Civil, Rdnr. 1187 ff.
164 Rieg, Rép.Civ., Cession de créance, Rdnr. 505; Siehe unten, Kap. 2 A IV.
165 Cass. Civ.1er, 4e déc.1985, Bull. Civ. 1985.I, nr. 336, p. 302.
166 Rieg, Rép.Civ., Cession de créance, Rdnrn. 530 ff., 545 ff.
167 Rieg, Rép. Civ., Cession de créance, Rdnrn. 569 ff.; Siehe unten, Kap. 2 A IV.
168 Hadding-Schneider-Blaise, Die Forderungsabtretung, S. 144.; Malaurie-Aynès, Droit Civil, Tome VI, Rdnr. 1252.

Civil wirkt die Vereinbarung grundsätzlich nur zwischen den Parteien zwischen denen sie zustande gekommen ist [169]. Mit dieser Relativität hat die übertragende Wirkung somit auch originär schuldrechtlichen Charakter, denn sie beschreibt die Wirkungen des Schuldverhältnisses zwischen den beteiligten Personen (inter partes). Der effet translatif besteht somit aus schuld- und sachenrechtliche Elementen. Mit der Publikation gewinnt die cession ihre Drittwirksamkeit. Das bedeutet einerseits die Ersetzung (substitution) des Zedenten durch den Zessionar als Gläubiger des Schuldners und andererseits die Möglichkeit, die cession allen Dritten sowie insbesondere dem Schuldner entgegenhalten zu können (opposabilité aux tiers).

Mit der zweiten Wirkung der cession, der Ersetzung (substitution) des Zedenten (cédant) durch den neuen Gläubiger (cessionnaire) tritt die übertragende Wirkung des sogenannten effet translatif nach außen. Die Ersetzung hat sachenrechtlichen Charakter, denn sie liegt im Wechsel der Forderungsinhaberschaft und damit in der Identitätsänderung des Gläubigers der übertragenen Forderung.

Mit der dritten Wirkung der cession, der durch Publikation eintretenden Drittwirksamkeit (opposabilité aux tiers) kann die cession nun allen anderen entgegengehalten werden. Mit dieser Wirkung erga omnes hat die Drittwirksamkeit absoluten Charakter. Sie hat aber auch einen schuldrechtlichen Charakter, denn sie ist als Einwendbarkeit ausgestaltet und beschreibt die Möglichkeit für die Gläubiger, die cession nun auch Dritten und insbesondere dem Schuldner entgegenhalten zu können. Daß sich der Schuldner nun nur noch durch Zahlung an den Zessionar befreien kann und seine Einwendungen nur gegenüber diesem geltend machen kann, bleibt schließlich schuldrechtliche Folge von substitution und opposabilité [170].

4. Anwendungsbereich und Bedeutung der cession

Auch wenn die cession im Kaufrecht geregelt ist, so ist sie sowohl entgeltlich als auch unentgeltlich möglich. In ihrer entgeltlichen Form kann sie den unterschiedlichsten Geschäftszwecken dienen. Für den Schuldner ist sie im Rahmen der Liquiditätsgewinnung interessant; für den Gläubiger kann sie Geldanlage sein. Schließlich ermöglicht sie Vereinfachungen bei der Abwicklung rechtlicher Beziehungen [171]. Da die cession als Forderungskauf konzipiert wurde, konnte sich die Sicherungszession (cession fiduciare) nur langsam durchsetzen. Mit der zunehmenden Bedeutung der Kreditfinanzierung ist sie mittlerweile auch im französischen Recht nicht zuletzt durch ihre nachträgliche ausdrückliche Regelung in Art. 1er-1 Loi Dailly anerkannt. Sie wird in der heutigen Praxis nicht mehr nur als Kreditsicherheit zur Liquiditätsgewinnung, sondern auch zur Refinanzierung der Kredit- und Finanzinstitute eingesetzt [172].

Die bürgerlichrechtliche Abtretung in Form der cession civile der Art. 1689 Code Civil hat dagegen ihre praktische Bedeutung außerhalb des bürgerlichen Rechts heute

---

169 Zu den Ausnahmen Malaurie-Aynès, Droit Civil, Tome VI, Rdnr. 652; siehe auch oben, Kap. 2 A I.2.a.

170 Dies sind auch die Kriterien für die Analyse der Wirkung vertraglicher Abtretungsverbote, vgl. dazu unten, Kap. 2 B IV 4.

171 Cabrillac, Droit des obligations, Rdnr. 401.

172 Hadding-Schneider-Blaise-Desgorces, Die Forderungsabtretung (2. Aufl.), S. 272 ff., 293 ff.; Zur Sicherungszession insbes. aufgrund der Loi Dailly vgl. unten, Kap. 2 C I 2.

weitgehend eingebüßt. Insbesondere im Handelsverkehr, wo es auf schnelle Übertragungsmöglichkeiten im Massengeschäft ankommt, stehen inzwischen andere effektivere Formen der Übertragung zur Verfügung [173]. Im rein zivilrechtlichen Forderungsverkehr haben Private jedoch keine Alternative, so daß diese ihre Forderungen gem. Art. 1689 ff. Code Civil übertragen müssen [174]. Ein aufgrund der Formerfordernisse jedoch weitgehend aktuelles Einsatzgebiet der cession civile ist das der Übertragung von Forderungen, die mit Sicherheiten ausgestattet sind und somit wie etwa bei der Hypothek ohnehin eine qualifizierte Schriftform erfordern [175].

III Die Anwendungsbereiche der cession

Im Zivilrecht gibt es verschiedene Arten der cession, während im Handelsrecht der gewerbliche Forderungsverkehr von der cession des bürgerlichen Rechts auf alternative Übertragungstechniken ausgewichen ist und sich allenfalls im Einzelfall der zivilrechtlichen cession de créance der Art. 1689 ff. Code Civil bedient. Ein solcher Einzelfall liegt beispielsweise beim Unternehmenskauf (vente du fonds de commerce) vor, der im Wege der Vertragsübertragung (cession de contrat) realisiert werden kann [176].

1. Die Arten der cession

Der Begriff der cession im Sinne der Art. 1689 ff. Code Civil erfaßt nicht nur die eigentliche Forderungsabtretung, sondern auch die Übertragung von Schulden, streitigen Rechten und Erbrechten. Seit langem ist außerdem der Sonderfall der Vertragsabtretung (cession de contrat) anerkannt. Diese Fälle gilt es im folgenden voneinander abzugrenzen.

a Übertragung streitiger Rechte

Die cession des droits litigieux ist die Übertragung streitiger Rechte. Streitige Rechte sind in Art. 1700 Code Civil als Rechte definiert, über die bereits ein Prozeß anhängig ist, oder über die ernsthaft juristisch gestritten wird. Diese Rechte sind verkehrsfähig und können abgetreten werden [177]. Eine Besonderheit regeln die Art. 1699-1701 Code Civil. Danach sollen Spekulation und sonstige Nachteile bei der Übertragung von streitigen Rechten dadurch verhindert werden, daß der Schuldner die abgetretene Forderung zurückkaufen kann; sogenannte streitige Forderungsübernahme (retrait litigieux) [178].

Hiervon muß die Übertragung von Klagen (actions) abgegrenzt werden, da Klagen ebenfalls gem. Art. 1689 CC übertragen werden können. Die Übertragung streitiger Rechte nach Art. 1700 CC regelt die Übertragung eines materiellen Rechts, über das ein nicht notwendig schon anhängiger Rechtsstreit besteht. Hier kann eine Klage,

---

173 Vgl. dazu unten, Kap. 2 C I, II.
174 Bénabent, Droit Civil, Rdnr. 724.
175 Malaurie-Aynès, Droit Civil, Tome VI, Rdnrn. 1249, 1250.
176 Vgl. zur cession de contrat im folgenden unten, Kap. 2 A III 1.d.
177 Lebrun, Rép. Civ., Cession de droits litigieux, Rdnrn. 1-4.
178 Lebrun, Rép. Civ., Cession de droits litigieux, Rdnrn. 27 ff.

z.B. eine Rückforderungsklage (action en revendication) als akzessorisch mit dem streitigen Recht übergehen [179]. Dagegen ist es gem. Art. 1689 CC grundsätzlich auch möglich, eine Klage selbst, etwa eine Zahlungsklage (action directe en paiement) oder eine Schadensersatzklage (action en responsabilité) zu übertragen. Dabei wird ohne vorhergehende Übertragung des Vertrages oder der materiellen Rechtsposition das materielle Recht durch einen Dritten zu dessen eigenen Nutzen geltend gemacht [180].

b Übertragung der Rechte aus einer Erbschaft

Die Übertragung von Rechten aus einem Nachlaß (cession des droits successifs) ist in den Art. 1696-1698 Code Civil geregelt und ermöglicht die Übertragung von Rechten aus einer bereits angefallenen Erbschaft. Diese Vorschriften enthalten sehr detaillierte Regelungen hinsichtlich der Garantieverpflichtung des abtretenden Erben in Art. 1696 CC, der Rückerstattung bereits gezogener Vorteile in Art. 1697 CC und des Aufwendungsersatzes in Art. 1698 CC. Vor dem Erbfall ist die Vereinbarung einer cession des droits successifs dagegen gem. Art. 1130, 1600 Code Civil absolut unwirksam [181].

c Übertragung einer Schuld

Konstruktiv denkbar ist die spiegelbildlich zur cession de créance definierte cession de dette als Übertragung einer Schuld ohne Mitwirkung des Gläubigers. Eine allgemeine gesetzliche Regelung hat dieses Institut nicht gefunden, weshalb es von der Rechtsprechung und der Literatur folgerichtig und übereinstimmend als contra legem abgelehnt wird. Allerdings ist die cession de dette in einzelnen Texten für bestimmte Einzelfälle, etwa in Art. 1743 und Art. 1994 Code Civil spezialgesetzlich vorgesehen [182]. Eine allgemeine Bedeutung erlangte die cession de dette dadurch jedoch noch nicht. Erst im Zusammenhang mit der cession de contrat wurde die Frage diskutiert, ob die Übertragung von Verpflichtungen im Wege der cession de dette durchzuführen ist. Hier hat sich jedoch anstelle der cession de dette die délégation durchgesetzt [183]. Von diesen Ausnahmen abgesehen sind Schulden ohne Mitwirkung des Gläubigers jedoch grundsätzlich unübertragbar [184].

d Übertragung von Verträgen

Ausgangspunkt der Vertragsübertragung (cession de contrat) ist die praktische Notwendigkeit, Verträge zu übertragen. Dies ist der Fall, wenn ein Vertragsgegenstand insgesamt übertragen wurde, der Gegenstand synallagmatischer Rechte und Pflichten ist. Nach den Rechtsquellen gibt es die gesetzliche, vertragliche und hoheitliche Übertragung von Verträgen [185]. Als cession de contrat wird die Ersetzung

---

179 Vgl. dazu unten, Kap. 2 C III 1.c, dd.
180 Cabrillac, Droit des obligations, Rdnr. 417; Bénabent, Droit Civil, Rdnrn. 258 ff.
181 Lebrun, Rép. Civ., Cession de droits successifs, Rdnr. 21.
182 Lebrun, Rép. Civ., Cession de dette, Rdnrn. 1, 2, 6, 10 ff.
183 Siehe nachstehend Kap. 2 A III 1.d.
184 Malaurie-Aynès, Droit Civil, Tome VI, Rdnr. 1262.
185 Bénabent, Droit Civil, Rdnr. 254 ff.; Terré-Simler-Lequette, Droit Civil, Rdnrn. 1212 ff.

einer Vertragspartei durch einen Dritten während der Durchführung eines Vertrages verstanden. Dieses Rechtsinstitut ist nicht allgemein geregelt, sondern wird aus einzelnen spezialgesetzlichen Vorschriften abgeleitet [186]. Die Rechtspraxis ist darüberhinaus dem Gesetzgeber zuvorgekommen und hat der cession de contrat zu einem weiten Anwendungsfeld verholfen [187].

Die wichtigsten spezialgesetzlichen Fälle der Vertragsübertragung (transfert légal de contrat) bilden zugleich die dogmatische Grundlage für die Herleitung und Ausgestaltung dieses Rechtsinstituts, dessen Bedeutung deutlich zugenommen hat. Bei ihnen handelt es sich um die Übertragung des Mietvertrages bei der Veräußerung des Mietgegenstandes gem. Art. 1743 Code Civil, die Übertragung des Versicherungsvertrages bei Veräußerung der versicherten Sache gem. Art. L. 121-10 Code des assurances, die Übertragung des Arbeitsvertrages auf den neuen Unternehmer gem. Art. L. 122-12 Code de travail und die Übertragung bestimmter Verträge im Falle der Insolvenz eines Unternehmens gem. Art. 86 des Insolvenzgesetzes [188].

Bei der vertraglichen Vertragsübertragung (cession de contrat conventionnelle) handelt es sich nicht um ein einheitliches Rechtsgeschäft, gleichwohl erfolgen bei der cession de contrat die Forderungsübertragung und die befreiende Schuldübernahme (délégation parfaite) nicht getrennt. Problematisch ist daher, daß die Ansprüche des aus dem Vertrag ausscheidenden Zedenten übergehen, während seine Verpflichtungen gegenüber dem Schuldner bestehenbleiben [189]. Nach wie vor umstritten ist die vertragliche cession de contrat. Der Streit dreht sich im wesentlichen um die Frage, ob und wie vertragliche Rechtspositionen übertragbar sind [190]. Problematisch ist auch, daß die Auffassung der cession de contrat als cession de créance in Verbindung mit einer cession de dette gegen das Verbot der cession de dette verstößt. Die heutige Lehre begreift die cession de contrat daher als Übertragung der Eigenschaft des Vertragspartners als solcher und behilft sich für die Übertragung der Verbindlichkeiten mit der délégation [191].

Offen ist auch, ob der Zedent einer cession de contrat von seinen Verpflichtungen für die Zukunft befreit wird. Teilweise wird diese Befreiungswirkung aufgrund der Relativität der Verträge (effet relatif) verneint [192]. Andere stützen sich auf die Übertragungswirkung bei der Ersetzung des Gläubigers (substitution) und bejahen die Frage [193]. Die Rechtsprechung setzt jedenfalls die Einwilligung des Vertragspartners gegenüber dem Zedenten voraus [194]. Die Rechtsprechung hat außerdem in zwei bislang ungeregelten Fällen das Relativitätsprinzip des Vertragsrechts durchbrochen und für Lieferverträge und vertragliche Wettbewerbsverbote im Handelsrecht die gerichtliche Übertragung dieser Verträge manifestiert [195]. Praktisch bedeutsam ist die Übertragung eines Unternehmens

---

186 Rieg, Rép.Civ., Cession de contrat, Rdnr. 1.
187 Rieg, Rép.Civ., Cession de contrat, Rdnrn. 3 ff.; Aynès, La cession de contrat, S. 7 ff.
188 Bénabent, Droit Civil, Rdnr. 255; Cabrillac, Droit des obligations, Rdnr. 399; Rieg, Rép.Civ., Cession de contrat, Rdnr. 3.
189 Ferid, Das französische Zivilrecht, Band 2, Rdnr. 2 E 180.
190 Siehe dazu unten, Kap. 2 B.
191 Cabrillac, Droit des obligations, Rdnr. 399.
192 Marty-Raynaud, Droit Civil, Rdnr. 353.
193 Malaurie-Aynès, Droit Civil, Tome VI, Rdnr. 791.
194 Cass. Com., 6 mai 1997, Dalloz 1997.588; Aynès Dalloz 1998, chronique 25 ff.
195 Bénabent, Droit Civil, Rdnr. 257.

(cession de fonds de commerce) im Wege der vertraglichen cession de contrat, wobei hier zusätzlich noch die Spezialgesetze über den Unternehmenskauf zu beachten sind [196].

Ein wichtiger Anwendungsbereich der cession de contrat ist die Übertragung eines Unternehmens im Rahmen des Unternehmenskaufs oder im Rahmen der insolvenzrechtlich vorgesehenen sanierenden Unternehmensübertragung (vente d'un fonds de commerce oder cession d'entreprise). Letztere wurde durch das neue Insolvenzgesetz, die Loi Nr. 85-98, im Interesse der Erhaltung des Unternehmens im ganzen neu geregelt, so daß in der Insolvenz nun nicht mehr die Zerschlagung und Liquidierung droht, sondern die Erhaltung des Unternehmens durch vollständige Übernahme (cession totale) angestrebt wird [197].

2. *Die Forderungsübertragung im Zivil- und Handelsrecht*

Das Zivilrecht ist mit seinem allgemeinen Regelwerk im Code Civil insbesondere zum Schuldrecht Ausgangspunkt für den geschäftlichen Verkehr überhaupt [198]. Das Handelsrecht dagegen ist das Recht der Wirtschaft und gibt dieser ihren rechtlichen Rahmen. Während das Zivilrecht (droit civil) den bürgerlichen Rechtsverkehr regelt, erfaßt das Handelsrecht (droit des affaires) den Rechtsverkehr der Kaufleute. Dabei sind die Begriffe droit des affaires und droit commercial zu unterscheiden. Unter droit commercial wird das Handelsrecht im engeren Sinne verstanden, das vor allem den Handelsstand und das Gesellschaftsrecht beinhaltet. Vom droit des affaires werden dagegen die Handelsgeschäfte erfaßt. Es ist jedoch schon historisch schwierig gewesen, eine klare Definition herauszuarbeiten. Der heutige Begriff des Wirtschaftsrechts ist praktisch nicht mehr definierbar [199]. Die Abgrenzung der Anwendbarkeit von Code Civil und Code de Commerce hängt von der Einordnung des Rechtsgeschäfts (acte juridique) als zivil- oder handelsrechtlich ab. Sobald es sich um ein kaufmännisches Rechtsgeschäft (acte de commerce) handelt, gilt der Code de Commerce mit seinen umfangreichen Spezialgesetzen und Verordnungen. Bei Regelungslücken bleibt der Code Civil jedoch anwendbar [200].

Die wirtschaftliche Bedeutung der Forderungsübertragung im Handelsrecht geht weit über die Bedeutung im Zivilrecht hinaus. Mit den handelsrechtlichen Effekten- und Warenpapieren werden die erforderlichen Zahlungs- und Kreditinstrumente zur Verfügung gestellt [201]. Diese werden ergänzt durch einen modernen handelsrechtlichen Forderungsverkehr, der sich teilweise auf den Code Civil (subrogation/cession de contrat) und teilweise auf den Code de Commerce und handelsrechtliche Spezialnormen wie die Loi Dailly stützt [202]. Besondere Bedeutung haben im Bereich des Forderungsverkehrs das Factoring (affacturage) auf Grundlage der subrogation gem. Art. 1250 Code Civil und die Sicherungszession gem. Art. 1-1er

---

196 Mercadal-Macqueron, Droit des affaires, Rdnr. 662.

197 Malaurie-Aynès, Droit Civil, Tome VIII, Rdnr. 350; Pérochon-Bonhomme, Entreprises en difficulté, Rdnrn. 333 ff.

198 Bénabent, Droit Civil, Rdnr. 7.

199 Alfandari, Droit des Affaires S. 3-8.

200 Sonnenberger-Schweinberger, Einführung in das französische Recht, Rdnr. 80.

201 Sonnenberger-Schweinberger, Einführung in das französische Recht, Rdnr. 83.

202 Mercadal-Macqueron, Droit des affaires, Rdnr. 668 ff.

Loi Dailly (cession à titre de garantie) bzw. nach Art. 1689 CC (cession fiduciaire) erlangt.

Beide Fälle wie überhaupt die Übertragung von Forderungen im gewerblichen Verkehr (créances professionnelles) richten sich jedoch nicht nach der klassischen cession der Art. 1689 ff. Code Civil [203]. Die bürgerlichrechtliche Ausformung der Sicherungsabtretung (cession fiduciaire) hat heute eine ähnlich geringere Bedeutung als die inzwischen ausdrücklich geregelte Sicherungszession des gewerblichen Forderungsverkehrs, die cession à titre de garantie gem. Art. 1-1er Loi Dailly sogar eine ausdrückliche Regelung gefunden [204].

IV Der Gläubiger- und Schuldnerschutzmechanismus

Die Schutzbestimmungen des kodifizierten Abtretungsrechts der cession civile sind aufgrund der Eindeutigkeit der Drittwirksamkeit gem. Art. 1690 CC eng mit den Publikationsanforderungen verbunden. Diese Anforderungen sind sehr rigide und konnten nur im Laufe der Zeit durch die Rechtsprechung aufgeweicht werden.

a Der kodifizierte Gläubiger- und Schuldnerschutz

Der Gläubiger- und Schuldnerschutz beschränkt sich in der Kodifikation auf die Publizitätsanforderungen des Art. 1690 Code Civil. Dies hängt zum einen damit zusammen, daß durch diese Publizitätserfordernisse eine weitgehende Rechtssicherheit erreicht wurde. Die Gefahr der Doppelzahlung oder zweiten Inanspruchnahme bestand somit praktisch nicht. Bei Mehrfachabtretung gilt das Prioritätsprinzip, wobei nicht an die cession, sondern an die zuerst erfüllte Publizitätsmaßnahme angeknüpft wird. Der Zessionar, der die cession zuerst gem. Art. 1690 Code Civil dem Schuldner zur Kenntnis bringt, kann die cession Dritten und damit insbesondere dem Schuldner entgegenhalten [205].

b Ausnahmen der Rechtsprechung

Diese strenge Regelung wurde durch die Rechtsprechung im Interesse eines differenzierteren Schuldner- und Gläubigerschutzes deutlich gelockert, wobei dies nur in Bezug auf die Person des Schuldners nicht aber allgemein gegenüber Dritten gilt [206]. Damit will die Rechtsprechung dem Umstand Rechnung tragen, daß die Forderung auch bei einer cession ohne Publikation bestehen bleibt. Der Schuldner soll sich also nicht dadurch seinen Verpflichtungen entziehen können, weil der Gläubiger die Formvorschriften nicht eingehalten hat [207].

Sobald der Schuldner Kenntnis von der Abtretung hat, und das gilt nach der Rechtsprechung unabhängig von der Einhaltung der Publizitätserfordernisse des Art. 1690 Code Civil, kann er sich nicht mehr wirksam von seiner Schuld durch

---

203 Siehe dazu unten, Kap. 2 C.
204 Siehe unten, Kap. 2 C I 2.b.
205 Cabrillac, Droit des affaires, Rdnr. 410.
206 Hadding-Schneider-Blaise-Descorges, Die Forderungsabtretung (2. Aufl.), S. 255 ff.
207 Rieg, Rép.Civ., Cession de créance, Rdnrn. 506 ff.

Zahlung an den Zedenten befreien [208]. Auf der anderen Seite kann der Schuldner die cession nicht dem Zedenten entgegenhalten, wenn diese weder Gegenstand einer signification noch einer acceptation ist [209]. Der Schuldner kann sich aber ab Kenntnis von der cession wirksam gegenüber dem Zessionar befreien, auch wenn die Publikation nicht erfolgt ist [210].

Hinsichtlich Dritter bleibt es bei den Alternativen des Art. 1690 Code Civil, da es dem historischen Gesetzgeber erheblich auf den Zeitpunkt der cession ankam (date certain). Dieses Datum kann in privatschriftlichen Urkunden zu leicht manipuliert werden, so daß nach wie vor eine durch den Gerichtsvollzieher ausgefertigte Anzeige (signification) oder eine notarielle Urkunde der Annahme (Acceptation) gefordert werden [211]. Allerdings wird dieses System auch kritisiert. So kann sich der Zedent auf seine eigene Nachlässigkeit berufen, die Publizitätsanforderungen nicht erfüllt zu haben, um trotz cession Zahlung vom Schuldner zu verlangen. Außerdem trägt der Schuldner das Risiko, sowohl an den Zedenten als auch an den Schuldner zahlen zu müssen [212].

Hinzu kommt, daß die Aufrechnung (compensation) nur zwischen Schuldner und Zessionar, nicht aber gegenüber dem Zedenten wirksam ist [213]. Die ungesicherten Gläubiger (créancier chirographaires) des Zedenten sind zwar den Vermögensentwicklungen ihres Schuldners ausgeliefert, können aber darauf vertrauen, daß die Forderung solange zum Vermögen ihres Schuldners gehört, solange die Publikation gem. Art. 1690 Code Civil unterblieben ist. Erst mit der signification oder der acceptation verlieren sie auch ihr Verfolgungsrecht (droit de suite) [214].

Eine vergleichbare Entwicklung hat es auch bei der Rechtsprechung zur Forderungspfändung im Wege der Zwangsvollstreckung gegeben. Sind die Publikationsanforderungen vor Ausfertigung des Pfändungsbeschlusses erfüllt, steht die abgetretene Forderung dem Zessionar zu. Werden die Publikationsvoraussetzungen erst danach erfüllt, steht die Forderung dem Vollstreckungsgläubiger zu [215]. Schließlich wird durch die Rechtsprechung inzwischen auch die privaturkundliche Abtretungserklärung des Gläubigers gegenüber dem Schuldner als ausreichend angesehen, so daß ab dem Zeitpunkt der Annahme dieser Erklärung durch den Schuldner die Folgen des Art. 1690 Code Civil eintreten [216]. Die Rechtsprechung hat diese Differenzierungen auch auf den Bereich der Sicherungs- und Verfolgungsmaßnahmen des Zessionars übertragen, so daß sich die Lockerung des starren Gläubiger- und Schuldnerschutzes nicht nur auf das materielle Recht bezieht, sondern sich auch in dessen prozessualer und vollstreckungsrechtlicher Durchsetzung fortsetzt [217].

---

208 Seit Req. 6 déc.1978 DP 1978.1.275.
209 Cass.Civ., 20 juin 1938, Grands arrêts dr.civ. Nr. 169, p. 685.
210 Rieg, Rép.Civ., Cession de créance, Rdnr. 508.
211 Cabrillac, Droit des obligations, Rdnr. 407.
212 Cabrillac, Droit des obligations, Rdnr. 409.
213 Rieg, Rép.Civ., Cession de créance, Rdnr. 509.
214 Cabrillac, Droit des obligations, Rdnr. 411.
215 Cabrillac, Droit des obligations, Rdnr. 411.
216 Rieg, Rép.Civ., Cession de créance, Rdnr. 510.
217 Rieg, Rép.Civ., Cession de créance, Rdnrn. 511 ff, 518 ff.

V Forderungsübertragung in ausgewählten Rechtsgebieten

In den verschiedenen Rechtsgebieten gelten Besonderheiten für die Forderungsübertragung. Neben der klassischen cession civile gewinnen hier auch die alternativen Übertragungsmöglichkeiten der Loi Dailly und der subrogation insbesondere an wirtschaftsrechtlicher Bedeutung.

1. Die Abtretung im öffentlichen Recht

Auch im öffentlichen Recht (droit public) können Forderungen grundsätzlich übertragen werden. Im sogenannten Verwaltungsprivatrecht (gestion privée des services publics) handelt die Verwaltung jedoch nicht hoheitlich, so daß die cession den Art. 1689 ff. Code Civil folgt. Daneben kann die Verwaltung auch Verwaltungsverträge abschließen, in denen Forderungen übertragen werden. Im rein hoheitlichen Bereich können außerdem Forderungen durch Verwaltungsakt (acte administratif) übergeleitet werden [218]. Für Verwaltungsverträge gelten jedoch besondere Regeln, insbesondere hinsichtlich des vertraglichen Gleichgewichts, der Wirksamkeit und Bestimmtheit [219].

Ein wichtiger Bereich der Forderungsübertragung im öffentlichen Recht ist der des öffentlichen Auftragswesens (marchés publics bzw. marchés de travaux publics). Dieser Bereich ist von den privatrechtlichen Werkverträgen (contrat d'entreprise) abzugrenzen. Bei der Vergabe öffentlicher Aufträge kann nach der Rechtsnatur der abzuschließenden Verträge differenziert werden. Liegt ein privatrechtlicher Vertrag vor, so gilt materielles Zivilrecht und der Zivilrechtsweg (juridiction civile) wird eröffnet. Andernfalls gilt für den öffentlich rechtlichen Vertrag materielles Verwaltungsrecht mit der Folge, daß der Verwaltungsrechtsweg (juridiction administrative) gegeben ist [220].

Konkret bedeutet das, daß für den Fall eines Subunternehmerverhältnisses (sous-traitance) unterschiedliche Maßstäbe gelten, je nachdem ob öffentliches Recht oder Zivilrecht Anwendung finden, denn auch das Gesetz über Subunternehmerverhältnisse, die Loi Nr. 75-1334, differenziert danach und gewährt nur dem Subunternehmer des öffentlich rechtlichen Auftrages die direkte Zahlung des öffentlichen Auftraggebers (paiement directe), während der Subunternehmer eines privatrechtlichen Auftrages den Zessionar des Hauptunternehmers in Anspruch nehmen muß [221].

2. Die Abtretung im Strafrecht

Im Strafrecht (droit pénal) kann die Abtretung von Honorarforderungen strafbar sein, wenn hierdurch Daten an den Zessionar weitergeleitet werden, die auf Seiten des Zedenten geheimzuhalten waren. Dies betrifft insbesondere Freiberufler wie

---

218 Laubadière-Venezia-Gaudemet, Traité du Droit administratif, Rdnrn. 921 ff, 997 ff.; Laubadière-Venezia-Gaudemet, Manuel du Droit administratif, S. 234 ff., 254 ff.

219 Ricker, Droit des contrats administratifs, S. 131 ff. mwN.

220 Llorens, contrat d'entreprise et marché public, S. 13 ff., 21, 28.

221 Ricker, Droit des contrats administratifs, S. 346 ff.; Vgl. zur sous-traitance unten Kap. 2 C I 2.e.

Ärzte und Rechtsanwälte. Die Strafbarkeit folgt dann aus Art. 226-13 Nouveau Code pénal [222]. Durch die Abtretung können außerdem Vermögensdelikte verwirklicht werden. In Betracht kommt vornehmlich der Tatbestand des Betruges (escroquerie) gem. Art. 313-1 ss. Nouveau Code pénal. Hier wird die durch Täuschung erlangte Vermögensmehrung bestraft [223].

Problematisch ist auch die Übertragung fiktiver Forderungen (créances fictives), die neben dem Betrugstatbestand auch im Wege der Urkundenfälschung oder Unterschriftenfälschung (faux en écriture) gem. Art. 441-1 ss., Art. 441-4 Nouveau Code pénal verwirklicht werden kann. Hier steht die Fälschung sowohl öffentlicher Urkunden (acte authentique) als auch privater Urkunden (acte sous seing privé) unter erheblicher Strafe. Der Strafzweck der Fälschungsdelikte ist in erster Linie der Schutz der Beweiskraft (force probante), die das positive Recht den Urkunden zugesteht [224]. Die Gefahr der Fälschung besteht insbesondere bei der Übertragung von Forderungen mittels Listen. Da gerade bei der cession Dailly der Datierung der Forderungsliste (bordereau) mit der damit verbundenen Übertragungswirkung auch eine erhebliche materielle Bedeutung zukommt, kommen hier sowohl Betrug als auch Fälschung tatbestandlich in Betracht [225].

3. *Die Abtretung im Insolvenzrecht*

Eine wesentliche Voraussetzung für die Abtretung einer Forderung in der Insolvenz des Gemeinschuldners ist seine Verfügungsbefugnis. Die Verfügungsbeschränkungen des Insolvenzrechts können daher übertragungshindernd wirken [226]. Das Insolvenzrecht wurde in Frankreich 1985 neu geregelt [227]. Grundsätzlich ist zwischen der Insolvenz privater Personen und der Unternehmensinsolvenz zu unterscheiden. Das neue Insolvenzgesetz sieht verschiedene Verfahren für die Insolvenz von Unternehmen vor. Dabei steht die Sanierung im Vordergrund. In der sogenannten Beobachtungsphase hat der Gemeinschuldner noch die volle Verfügungsbefugnis, die ihm erst bei Eintritt ins echte Insolvenzverfahren genommen werden kann. Dann wird für die Übertragung von einzelnen Rechten und Forderungen die Zustimmung des Insolvenzverwalters oder des Insolvenzgerichts erforderlich. Im Rahmen der Liquidierung kann auch das gesamte Unternehmen übertragen werden [228].

Für den Gläubiger von Forderungen, Zedent oder Zessionar, ist vor allem die Forderungsanmeldung gem. Art. 50 Loi 85-98 von Bedeutung. Die Anmeldung enthält vor allem den Betrag und die Fälligkeit. Der Eröffnungsbeschluß gem. Art. 55 Loi 85-98 stellt dann die gemeldeten Forderungen fest und unterbricht die Verjährung. Da die Sanierung des Unternehmens absoluten Vorrang hat, haben die Gläubiger erst wenn die Sanierung fehlgeschlagen ist, Aussicht auf wenigstens teilweise Bezahlung ihrer Forderungen im Rahmen des Verteilungsverfahrens [229].

---

222 Véron, Droit pénal, S. 133 ff.
223 Véron, Droit pénal, S. 212 ff.
224 Véron, Droit pénal, S. 343 ff.
225 Piédelièvre, Instruments de crédit, Rdnr. 187; Dekeuwer JCP éd.E 1995.I.451; siehe unten Kap. 2 C I 2 c.
226 Siehe dazu unten Kap. 2 B II 2.c.
227 Loi Nr. 85-98 du 25 jan.1985, geändert durch Loi Nr. 94-624 du 21 juill.1994.
228 Balz ZIP 1983, 1153, 1160 f., 1166 f.
229 Witz-Bopp-D.Schmidt, Vertragsrecht, S. 52 f.

4. *Die Abtretung im Steuerrecht*

Im Steuerrecht (droit fiscal) gibt es Steuerguthaben (crédit d'impôt), die als Forderungen gegen den Staat (créances sur l'Etat) grundsätzlich weder veräußert noch abgetreten werden können (inaliénable et incessible). Aufgrund von Art. 91 Loi des finances 1999 können sie jedoch für die Bezahlung von Einkommens- und Unternehmenssteuerschulden (impôt sur le revenue (IR), impôt sur le revenue des sociétés (IRS)) in den drei folgenden Steuerjahren verwendet werden. In diesem Rahmen können Steuerguthaben daher auch an ein Kreditinstitut allerdings nur im Wege der cession Dailly abgetreten werden [230].

In Art. 1 Code général des impôts wird das Prinzip der Jahressteuer mit dem damit verbundenen Zufluß- und Abflußprinzip aufgestellt. Die Steuerpflicht knüpft nicht am Begriff des Steuerpflichtigen (contribuable) an, der im Gesetz nicht definiert wird, sondern an den Personen, die ihren Wohnsitz in Frankreich haben (domicile fiscal) [231]. Für die cession bedeutet das, daß hinsichtlich des Zuflusses einer Forderung auf die Übertragung auf einen Zessionar mit Wohnsitz in Frankreich innerhalb des jeweiligen Jahres abzustellen ist. Bei der Einkommenssteuer (impôt sur le revenue) gilt, daß nur das regelmäßige Einkommen besteuert wird. Es wird das gesamte Einkommen im Veranlagungszeitraum berücksichtigt.

Eine wichtige Voraussetzung der Besteuerung ist, daß der Steuerpflichtige auch über sein Einkommen verfügen kann. Damit ist auch die rechtliche Möglichkeit der Verfügung gemeint, so daß übertragungshindernde Verfügungsbeschränkungen auch steuerliche Auswirkungen haben können. Der Besteuerung liegt außerdem das Nettoprinzip zugrunde. Besteuert wird das Nettoeinkommen (revenue net) nach Abzug aller steuerlich anerkannten Ausgaben (l'idée des charges déductibles) bis zur Grenze des Existenzminimums (minimum forfaitaire) [232].

Zugunsten der Finanzverwaltung ist die subrogation zur Verrechnung von Steuerschulden des Steuerpflichtigen möglich. Bei den indirekten Steuerzahlungen kann es dabei häufig zum Eintritt von Bürgen (caution) kommen[233]. Bei der steuerlichen Behandlung der Verlustabschreibung nicht mehr realisierbarer Forderungen (abandon de créance) gelten weitere Besonderheiten. Grundsätzlich sind derartige Forderungen gem. Art. 216 A Code général des impôts steuerlich nicht mehr zu berücksichtigen. Für diese verlorenen Forderungen innerhalb von Unternehmensverbünden wurde mit circulaire du 22 août 1983 jedoch Abweichendes geregelt.

Danach ist zu unterscheiden, ob der Verzicht auf eine Forderung den Charakter eines Handelsgeschäfts oder den einer Finanzierung hat. Als Handelsgeschäft ist die abzuschreibende Forderung voll abzugsfähig, während sie bei der Finanzierung als Erhöhung der Beteiligung gewertet wird [234]. Ähnliches gilt auch für den Bereich der Umsatzsteuer (taxe sur la valeur ajoutée, kurz: TVA). Gem. Art. 272,1er Code général des impôts. Danach bleiben uneinbringliche Forderungen ebenfalls unberücksichtigt.

---

230 Bonafoux, Dalloz Affaires 1999 Nr. 170 S. 1141 (cession Dailly).
231 Trotabas-Cotteret, Droit fiscal, S. 165.
232 Trotabas-Cotteret, Droit fiscal, S. 186 ff.
233 Trotabas-Cotteret, Droit fiscal, S. 64, 65.
234 Conseil d'État, 11 mars 1988, Grands arrêts du droit des affaires Nr. 60, obs. Cayron.

5. *Die Abtretung im Bilanzrecht*

Die Buchführungs- und Bilanzierungspflichten sind für die Kaufleute in Frankreich in Art. 9 ff. Code de Commerce verankert. Die handelsrechtliche Bilanz (plan de comptable général, kurz: PCG) ist auch Grundlage für die steuerliche Behandlung des Unternehmensgewinns. In Art. 38 Code général des impôts in Verbindung mit Art. 208 Code général des impôts wird bestimmt, daß sich der Unternehmensgewinn aus dem Vergleich des Wertes der Aktiva zu Beginn und am Ende der Bilanzperiode abzüglich der Einlagen (suppléments d'apports) und zuzüglich der Entnahmen (prélèvements) in derselben Periode ergibt; sogenannter Grundsatz der Periodizität.

Da Unternehmen wie natürliche Personen besteuert werden, müssen sie ihre Jahresbilanz zum 31.12. jeden Jahres vorlegen. Weitere Prinzipien des Bilanzrechts (droit de la comptabilité) sind die Begrenzung der Aktiva auf die Vermögensgüter und Rechte, die zu vollem (wirtschaftlichen) Eigentum erworben wurden und die Prinzipien der Bewertung der Vermögensgüter und Rechte. Hinsichtlich der erworbenen Forderungen gilt, daß nach den allgemeinen Regeln der Buchführung und Bilanzierung der Nettogewinn (bénéfice net) durch die Differenz aller erworbenen Forderungen abzüglich aller bestimmten Verbindlichkeiten ermittelt wird. Beim Forderungserwerb ist gem. Art. 12 Code de Commerce auf die Verwirklichung des materiellrechtlichen Erwerbstatbestands abzustellen [235].

B *Abtretungsverbote im französischen Recht*

Die vielfältigen Übertragungshindernisse im französischen Recht haben die unterschiedlichste Rechtsnatur. Die Unterschiede knüpfen dabei weniger an den schuld- und sachenrechtlichen Elementen der Forderungsübertragung an, als vielmehr an den unterschiedlichen Rechtsquellen. Damit befindet sich auch dieser Bereich inmitten des Spannungsverhältnisses zwischen Kodifikation und Rechtsfortbildung [236]. Das französische Zivilrecht kennt entsprechend der dualistischen Betrachtung von objektivem Recht und subjektiven Rechten zunächst zwei Ausgangspunkte für den Bereich der Übertragungshindernisse. Dies sind einmal die Abtretungsverbote des objektiven Rechts und zum anderen die Unübertragbarkeiten der subjektiven Rechte [237].

Die Ausnahmen vom Grundsatz der freien Abtretbarkeit finden sich in allen Rechtsquellen des objektiven Rechts. Da die Unübertragbarkeiten subjektiver Rechte überwiegend in den Abtretungsverboten des objektiven Rechts ausdrücklich geregelt wurden, sind sie nur teilweise noch ungeschrieben existent. Hinzu kommen die Wirksamkeitsvoraussetzungen, die untereinander dahingehend abzugrenzen sind, ob sie wie Übertragungshindernisse wirken. Keine Frage der Übertragungshindernisse ist nämlich die nach der allgemeinen Wirksamkeit von Rechtsgeschäften (validité). Dagegen wirken sich die Publikationserfordernisse der Drittwirksamkeit übertragungshindernd aus [238]. Die eigentlichen Übertragungshindernisse können in Abgrenzung hierzu nach ihren Rechtsgrundlagen systematisiert werden. Die

---

235 Richard, Comptabilités, S. 36 ff.; S. 56 ff.

236 Vgl. dazu oben Kap. 2 A I.

237 Siehe oben Kap. 2 A I 1. und 2.

238 Siehe unten Kap. 2 B I 1.

Systematisierung der Übertragungshindernisse wird dabei durch eine pragmatische Kodifikation und eine an den Bedürfnissen der Rechtspraxis ausgerichteten Rechtsfortbildung erleichtert; sie setzt an den Rechtsquellen und Rechtsgrundlagen an und folgt der stetigen Entwicklung durch die Rechtsfortbildung [239].

Die Übertragungshindernisse unterscheiden sich außerdem nicht nur nach Voraussetzungen und Wirkungen, sondern vor allem auch inhaltlich in den Motiven ihrer Entstehung und Entwicklung. Die Darstellung der Übertragungshindernisse nach Rechtsgrundlagen und Inhalt schließt dabei Überschneidungen oder Mehrfachzuordnungen nicht aus. Industrialisierung und Globalisierung haben im Bereich der gesetzlichen Übertragungshindernisse zu einem massiven staatlichen Einschreiten geführt. Auch durch diese sogenannte Verstaatlichung oder Sozialisierung des Privatrechts sind die unterschiedlichsten gesetzlichen Beschränkungen der Übertragbarkeit von Forderungen entstanden [240].

Die Unterscheidung in gesetzliche und rechtsgeschäftliche Übertragungshindernisse wird besonders gut bei der cession de contrat erkennbar. Die Behandlung der Übertragungshindernisse im Rahmen dieses ungeregelt gebliebenen Rechtsinstituts ist richtungsweisend [241]. Die Grenzen im Bereich der rechtsgeschäftlich begründbaren Übertragungshindernisse liegen in deren Anwendbarkeit. Da der Grundsatz des freien Forderungsverkehrs nicht ohne weiteres privatautonom eingeschränkt werden darf, hat die Rechtsprechung in Abwägung zur Vertragsfreiheit, die ebenfalls ihrerseits nicht ohne weiteres eingeschränkt werden darf, Lösungen zur Konfliktbewältigung entwickelt [242].

I Wirksamkeitsvoraussetzungen als Übertragungshindernisse

Aufgrund der Vorgaben des Konsensprinzips können sich Unwirksamkeitsgründe und Übertragungshindernisse überschneiden. Während beide grundsätzlich unabhängig voneinander zu betrachten sind, kann ihre Wirkung im Bereich der Überschneidungen gleichlaufen [243]. Unwirksamkeitsgründe sind dann als Übertragungshindernisse zu qualifizieren, wenn sie zugleich den Charakter eines Übertragungshindernisses aufweisen; also übertragungsspezifisch wirken. Das entscheidende Kriterium dieser Übertragungsspezifik ist die Zweckrichtung des Unwirksamkeitsgrundes. Immer dann, wenn auch die Übertragung und nicht nur das Rechtsgeschäft als solches verhindert werden soll, hat der Unwirksamkeitsgrund diesen übertragungsspezifischen Charakter.

1. Abgrenzung zur validité der allgemeinen Rechtsgeschäftslehre

Nur die gem. Art. 1134 Code Civil gesetzmäßig zustande gekommenen Verträge haben Gesetzeskraft. Ein Rechtsgeschäft ist gesetzmäßig zustandegekommen, wenn alle allgemeinen und besonderen Wirksamkeitsvoraussetzungen erfüllt sind. Dies setzt zum einen die Erfüllung der allgemeinen Wirksamkeitsvoraussetzungen

---

239 Siehe oben Kap. 2 A I 1.
240 Bénabent, Droit Civil, Rdnr. 140; vgl. oben Kap. 2 A I 1. (a.E.).
241 Siehe unten Kap. 2 B IV.5.
242 Siehe unten Kap. 2 B V.
243 Siehe Kap. 2 A I 2.a.

des Art. 1108 Code Civil, im einzelnen also die Einigung, die Rechts- oder Geschäftsfähigkeit, einen bestimmten Geschäftsgegenstand und einen zulässigen Rechtsgrund, voraus [244].

Bei diesen Voraussetzungen handelt es sich grundsätzlich nicht um Übertragungshindernisse. Ausnahmsweise können diese allgemeinen Wirksamkeitsvoraussetzungen jedoch übertragungshindernd wirken. Dies setzt voraus, daß ihre Wirkung übertragungsspezifisch ist.

2. *Einzelfälle*

Zu diesen Ausnahmen gehört neben der partiellen Rechtsunfähigkeit auch das Verbot, zukünftige Rechte zu übertragen, denn in diesen Fällen soll gerade die Übertragung eines Rechts unterbleiben. Außerdem wirken die Anforderungen des Bestimmtheitsgrundsatzes und der Formzwang im Rahmen der Publikation als Voraussetzung der Drittwirksamkeit übertragungshindernd.

a *Partielle Rechtsunfähigkeit*

Bei der partiellen Rechtsunfähigkeit besteht in bestimmten Fällen ein Verbot für eine bestimmte Person, einen Vertrag zu schließen [245]. Grundlage für die spezialgesetzlichen Anordnungen dieser Art sind Überlegungen zum ordre public [246].
Der Art.1597 Code Civil ordnet an, daß Richter und andere Justizpersonen in ihrer Zuständigkeit nicht Zessionar werden können [247].

Nach dem Wortlaut ("ne peuvent devenir cessionaires") kann die Vorschrift allerdings auch den Veräußerungsverboten zugeordnet werden [248]. Die unentgeltlichen Zuwendungen (libéralités) sind gem. Art. 907 ff. Code Civil an den vormaligen Vormund, an medizinisches Pflegepersonal oder Einrichtungen und gegenüber nichtehelichen Kindern entweder unter bestimmten Voraussetzungen untersagt oder bedürfen einer behördlichen Genehmigung. Im Zessionsrecht wird hiervon insbesondere die unentgeltiche Forderungsübertragung berührt [249].

Ebenso verhält es sich auch mit Kaufverträgen zwischen Rentnern und Altenheimen gem. Art. 1125-1 Code Civil, Maklern und Vormund gem. Art. 1596, 450 Code Civil oder ehemaligen Vorstandsmitgliedern eines insolventen Unternehmens über Unternehmensgegenstände gem. Art. 21, 155 des Insolvenzgesetzes von 1985 [250]. Dies sperrt auch die Forderungsübertragung, die gem. Art. 1689 ff. Code Civil Kaufvertrag ist [251]. Hierher gehört außerdem das frühere Verbot des Art. 1595 a.F. Code Civil, Kaufverträge zwischen Ehepartnern zu schließen, das jedoch inzwischen aufgehoben worden ist [252].

---

244 Siehe oben Kap. 2 A II 2.a.
245 Éd.du Juris-Classeur 1996 –Vente Art. 1689-1695 Code Civil Rnr. 7-9.
246 Siehe oben Kap. 2 A II 2.a.aa.
247 Lebrun, Rép.Civ., Cession de droits litigieux, Rdnr. 9 ff.
248 Siehe unten Kap. 2 B III 1.
249 Bénabent, Droit Civil, Rdnr. 38.
250 Loi Nr. 85-98 du 25 janvier 1985.
251 Bénabent, Droit Civil, Rnr. 38; Bénabent, Contrats Spéciaux, Rdnr. 53 ff.
252 Sonnenberger-Schweinberger, Einführung in das französische Recht, Rdnr. 60.

Schließlich sind Arbeitsverträge und Dienstleitungen zugunsten von Personen untersagt, deren Aufgabe die Kontrolle von Unternehmen ist; Art. 432-12 ff. Code pénal; Art. 107 des Gesetzes vom 24. Juli 1966. Hieraus resultierende Forderungen werden vom Verbot erfaßt und können folglich auch nicht übertragen werden [253]. Neben diesen Fallgruppen gibt es noch das Verbot, bestimmte berufliche Tätigkeiten ohne behördliche Genehmigung auszuüben [254]. Dies ist etwa im Bereich der Bank- und Kreditgeschäfte und damit auch professioneller Forderungsübertragungen der Fall, die nur durch juristische Personen, nicht aber von natürlichen Personen ausgeübt werden dürfen. Ein Teil der Rechtsprechung hält Verträge, die hiergegen verstoßen, für unwirksam [255].

b Verbot der Übertragung zukünftiger Rechte

Die Übertragung künftiger Gegenstände (choses futures) ist nicht immer möglich [256]. Der Gesetzgeber hat dies insbesondere im Bereich der noch nicht angefallenen Erbschaft, für zu errichtende Bauwerke, im Immaterialgüterrecht und an anderen Stellen ausdrücklich geregelt, so daß diese Fälle den gesetzlichen Abtretungsverboten zuzuordnen sind [257]. Über die Fälle der partiellen Rechtsunfähigkeit und des Verbots der Übertragung zukünftiger Rechte hinaus, kann im Einzelfall auch im Rahmen der Wirksamkeitserfordernisse des objet certain (Bestimmtheit) unter den Aspekten Identifikation, Existenz und Verkehrsfähigkeit oder der cause licite (rechtliche Zulässigkeit) im Sinne von Art. 1108 Code Civil ein Übertragungshindernis vorliegen, wenn das Kriterium der Übertragungsspezifik gegeben ist [258]. In diesen Fällen bleibt es allerdings der Rechtsprechung vorbehalten, ein gerichtliches Abtretungsverbot im Wege der rechtskräftigen Entscheidung entstehen zu lassen [259]. Schließlich kann auch bei den übrigen Wirksamkeitsvoraussetzungen ein übertragungsspezifischer Charakter gegeben sein. Dies ist insbesondere bei den gesetzlichen Fällen des Mißverhältnisses der Leistungen (lésion) nicht ausgeschlossen [260].

c Übertragungshindernde Bestimmtheitsanforderungen

Eine im Zusammenhang mit der Bestimmtheitsanforderung des französischen Zivilrechts bedeutsame Einschränkung und Behinderung des Forderungsverkehrs mit allgemeiner und rechtsgebietsübergreifender Wirkung liegt in der Anforderung, daß die Forderung als Gegenstand der Übertragung zum Zeitpunkt der Vereinbarung der cession grundsätzlich bestehen muß. Damit werden alle erst zukünftig bestimmbaren Forderungen außerhalb der bereits genannten speziellen Verbote der Veräußerung und Abtretung künftiger Rechte von der Übertragung und damit vom freien Forderungsverkehr ausgenommen.

---

253 Bénabent, Droit Civil, Rdnr. 38.
254 Vgl. zum Beispiel Art. 1841 Code Civil.
255 Com.19 nov.1991 Bull.IV Nr. 347, Rev.Trim 1992.381 (Mestre);
a.A. Civ. 1er 30 mars 1994, Bull.I. Nr. 125, Rev.trim.dr.civ. 1995.100 (Mestre).
256 Bénabent, Droit Civil, Rnr. 145; vgl. bereits oben Kap. 2 A II 2. a, cc.
257 Siehe unten Kap. 2 B IV 1., 2.
258 Siehe Kap. 2 A II 2.a, cc und dd.
259 Siehe unten Kap. 2 B IV.4.
260 Bénabent, Droit Civil, Rdnr. 168.

Daß insoweit von einem allgemeinen Abtretungsverbot innerhalb des Code Civil gesprochen werden kann, ist m.E. nicht zwingend, da es sich nicht um ein ausdrückliches allgemeines Abtretungsverbot im Sinne einer die Übertragung hindernden Anordnung in Form eines Rechtssatzes handelt. Die zeitliche Anknüpfung an zum Zeitpunkt des Vertragsschlusses bestehende Forderungen ist jedoch ein schuldrechtlicher Grundsatz des Code Civil, dessen mittelbar übertragungshindernde Wirkung aus der dogmatischen Bedeutung des objet certain folgt und den Forderungsverkehr daher vor große Probleme stellt [261].

d Formzwang als Übertragungshindernis

Neben den allgemeinen Wirksamkeitsvoraussetzungen muß das Rechtsgeschäft auch den besonderen Anforderungen der Drittwirksamkeit genügen. Diese Anforderungen richten sich bei der cession nach den Art. 1689 ff. Code Civil. Hier kommt der Publizität eine mittelbar übertragungsspezifische Bedeutung zu. Aufgrund des Konsensprinzips wirkt bereits der zustandegekommene Vertrag rechtsübertragend, wobei allgemeine Formerfordernisse nur die Wirksamkeit des Rechtsgeschäfts selbst betreffen und daher nicht übertragungsspezifischer Natur sind [262]. Für die Drittwirksamkeit (opposabilité aux tiers) der Forderungsübertragung durch cession civile müssen dagegen die Publikationsvoraussetzungen des Art. 1690 Code Civil erfüllt werden [263].

Folge des so geschaffenen Formzwangs ist nicht die Nichtigkeit der aufgrund des Konsensprinzips kraft Einigung rechtsübertragend wirkenden cession. Die Übertragung ist aber ohne Einhaltung der Form nur zwischen Zedent und Zessionar und nicht gegenüber Dritten wirksam. Praktisch wird daher eine Einigung über eine cession nicht zustandekommen, wenn es an der Drittwirksamkeit fehlen wird. Diese mittelbare Folge ist wiederum übertragungsspezifisch, da gesetzgeberisch intendiert. Absicht des Gesetzgebers ist nämlich eine durch den Formzwang geschaffene größtmögliche Rechtssicherheit [264].

Ohne die Einhaltung der Form fehlt die Drittwirksamkeit und diese ist neben der Rechtsübertragung wichtigste Voraussetzung für die Realisierung der bereits übergegangenen Forderung. Der Zessionar hat als zukünftiger Gläubiger daher ein großes Interesse an der Herbeiführung dieser Drittwirksamkeit. Der Art. 1690 Code Civil wirkt insofern wirtschaftlich übertragungsspezifisch, als der Gläubiger von einer Übertragung im Wege der cession civile wegen dieser Anforderungen absieht. Der Art. 1690 CC kann daher durchaus als Übertragungshindernis im weitesten Sinne eingeordnet werden.

II Die Unübertragbarkeiten subjektiver Rechte

Der Unübertragbarkeit subjektiver Rechte entsprechen die Abtretungsverbote im objektiven Recht. Da nicht alle Unübertragbarkeiten subjektiver Rechte von Abtretungsverboten im objektiven Recht erfaßt wurden, gibt es ungeschriebene

---

261 Siehe dazu oben Kap. 2 A II 2.a, cc.
262 Zur Abgrenzung von condition de forme und opposabilité aux tiers s.o. Kap. 2 A II 2.a.
263 Siehe oben Kap. 2 A 2.c.
264 Rieg, Rép.Civ., Cession de créance, Rdnr. 137.

Unübertragbarkeiten, die ihre Wirkung entweder dem Gewohnheitsrecht oder richterlicher Anerkennung verdanken. Ungeschriebene Übertragungshindernisse im französischen Recht sind die Höchstpersönlichkeit (intuitus personae), die Unteilbarkeit (indivisibilité) subjektiver Rechte und die Unselbständigkeit von Nebenrechten (droits accessoires).

1. Höchstpersönlichkeit (intuitus personae)

Die Höchstpersönlichkeit (intuitus personae) kann einem subjektiven Recht seine Übertragbarkeit nehmen, wenn das Recht oder die Forderung als Vermögenswert nicht aus der persönlichen Beziehung der Parteien herausgelöst werden kann. Der Grund hierfür liegt in einer über die Verpflichtung hinausgehenden persönlichen Bindung der Parteien des Schuldverhältnisses [265].

a Zum Begriff der intuitus personae

Der Begriff der intuitus personae beschreibt die Bedeutung der Person des Vertragspartners für das Zustandekommen der Vereinbarung. Kommt es gerade auf diese Person an, steht dies der Übertragung der Forderung entgegen [266]. Exemplarisch beschreibt Art. 1404 Code Civil allerdings in anderem Zusammenhang diesen persönlichen Charakter subjektiver Rechte (caractère personnel des droits exclusivement attachés à la personne). Eine weitere gesetzliche Regelung findet der Begriff der intuitus personae in Art. 1110 Code Civil, wonach der Irrtum über die Person des Vertragspartners dann zur Nichtigkeit führt, wenn es entscheidend auf die Person des Vertragspartners (intention de contracter avec cette personne) ankommt. Dies ist etwa bei Unentgeltlichkeit oder Dienstverträgen der Fall [267].

Grundsätzlich ist daher in diesen Fällen, in denen die Person eines Vertragspartners entscheidend für den Vertrag ist, die auf diese Person bezogene Verpflichtung gerade aufgrund dieser Personenbezogenheit nicht übertragbar. Dem ist der Gesetzgeber teilweise ausdrücklich nachgekommen. Beispiele sind die Regelung in Art. 2003 Code Civil für den Auftrag und Art. 1795 Code Civil für den Unternehmer, bei deren Tod der Vertrag ohne Übergang endet. Im übrigen hängt die Einordnung von der Natur der Forderung ab [268]. Die Unübertragbarkeit aufgrund intuitus personae ist jedoch nicht absolut, sondern kann abweichend geregelt werden. Damit die Höchstpersönlichkeit im Falle des Todes des Vertragspartners nicht den Übergang auf die Erben oder Dritte sperrt, können die Parteien in diesem Fall die Übertragbarkeit ausnahmsweise entgegen des höchstpersönlichen Charakters anordnen. Dies wird etwa in Gesellschaftsverträgen regelmäßig vereinbart [269].

Teilweise wird die Übertragbarkeit auch entgegen der Höchstpersönlichkeit des subjektiven Rechts gesetzlich angeordnet wie etwa im Miet-, Versicherungs- und

---

265 Vgl. zur Abgrenzung Aynès, La cession de contrat, S. 250.
266 Cabrillac, Droit des obligations, Rdnr. 60, 399.
267 Bénabent, Droit Civil, Rdnr. 77.
268 Bénabent, Droit Civil, Rdnrn. 246, 310; Cashin-Ritaine, Les cessions contractuelles, S. 321.
269 Bénabent, Droit Civil, Rdnr. 246.

Arbeitsrecht [270]. Für die nichteheliche Lebensgemeinschaft bestimmt ein Spezialgesetz den Eintritt des nichtehelichen Lebenspartners beim Tod des anderen in das Mietverhältnis [271].

Auch der Insolvenzverwalter kann sich seit der Novellierung des Insolvenzgesetzes von 1985 durch Gesetz von 1994 über die Unübertragbarkeit wegen Höchstpersönlichkeit hinwegsetzen und das unabhängig davon, ob die Höchstpersönlichkeit vertraglich vereinbart oder gesetzlich angeordnet wurde [272].

b Fälle der intuitus personae

Nicht alle Fälle der Höchstpersönlichkeit wurden ausdrücklich kodifiziert oder von Spezialgesetzen erfaßt. Einige der nachstehenden Fälle sind ungeregelt geblieben. Soweit diese Fälle jedoch eine ausdrückliche Regelung gefunden haben, sind sie den gesetzlichen Abtretungsverboten zuzuordnen [273].

Aufgrund der besonderen persönlichen Bindung sind Ruhe- und Invaliditätsbezüge nebst dem Anspruch auf Ehrensold nicht übertragbar [274]. Im Familienrecht ist das elterliche Nutzungsrecht am Kindesvermögen aufgrund des höchstpersönlichen Charakters nicht übertragbar [275]. Nach altem Güterrecht konnte auch die Nutznießung des Ehemanns am Gesamtgut der Gütergemeinschaft und am geschenkten Vermögen nicht übertragen werden [276]. Unübertragbar sind auch die höchstpersönlichen Rechte und Klagen, die den Personenstand betreffen [277].

Ebenfalls nicht übertragen werden können die Unterhaltsrechte, und zwar unabhängig davon, ob sie ihren Grund in einer vertraglichen Vereinbarung oder gerichtlichen Entscheidung finden [278]. Die gesetzlichen Unterhaltspflichten können ohne Ausnahme nicht übertragen werden [279]. Im Erbrecht ist der Anspruch des Erben beim Verkauf des Erbteils an einen Außenstehenden unübertragbar [280].

Im Schadensersatzrecht ist der Anspruch wegen immateriellen Schadens insbesondere auf Schmerzensgeld (dommage moral) wegen Körperverletzung aufgrund der persönlichen Beziehung zwischen Schädiger und Geschädigtem unübertragbar [281].

Im Berufsrecht der freien Berufe ist der Patientenkreis eines Arztes aufgrund des besonderen Vertrauensverhältnisses als höchstpersönlich nicht übertragbar. Anders

---

270 Vgl. z.B. Art. 1717 Code Civil; weitere Bsp.bei Bénabent, Droit Civil, Rdnr. 255; Siehe oben Kap. 2 A vor I.

271 Vgl. Art.14 Loi du 6 juillet 1989.

272 Ferrier, Droit de la distribution, Rdnr. 570; Bénabent, Droit Civil, Rdnr. 255.

273 Vgl. unten Kap. 2 B III-V; weitere Nachweise bei Ferid, Das französische Zivilrecht, Band 1, Rdnr. 1 C 32.

274 Ferid, Das französische Zivilrecht, Band 1, Rdnr. 1 C 32 FN 18, 19.

275 Rieg, Rép.Civ., Cession de créance, Rdnr. 97.

276 Ferid, Das französische Zivilrecht, Band 1, Rdnr. 1 C 32 FN 13.

277 Rieg, Rép.Civ., Cession de créance, Rdnr. 97; Éd.du Juris-Classeur 1996 –Vente Art.1689-1695 Code Civil Rnr. 33.

278 Rieg, Rép.Civ., Cession de créance, Rdnr. 99.

279 Cass. Civ. 11 jan.1927 DP 1927,1, p. 129, note J.Capitant.

280 Ferid, Das französische Zivilrecht, Band 1, Rdnr. 1 C 32 FN 25.

281 Ferid, Das französische Zivilrecht, Band 1, Rdnr. 1 C 32 FN 23, 24.

verhält es sich jedoch mit dem Kundenkreis eines Kaufmanns. Dieser ist nicht höchstpersönlich und daher übertragbar. Bei der Veräußerung einer Arztpraxis behilft man sich jedoch mit der Technik der Empfehlung an den Praxisnachfolger [282]. In Abgrenzung zu den unübertragbaren subjektiven Rechten ist zu beachten, daß es auch höchstpersönliche Einreden gibt, die entgegen Art. 1689 3. Alt. Code Civil aufgrund ihres höchstpersönlichen Charakters ebenfalls nicht auf Dritte übertragen werden können, vgl. Art. 1208, 2012, 2036 Code Civil [283].

Schließlich sind auch die Persönlichkeitsrechte grundsätzlich unübertragbar. Das sind insbesondere die Rechte im Zusammenhang mit der körperlichen und moralischen Unversehrtheit. Grundsätzlich unübertragbar ist vor allem das Recht auf Privatsphäre, also auch das Recht am eigenen Bild [284].

2. *Unteilbarkeit (indivisibilité)*

Grundsätzlich kann auch ein Teil einer Forderung, eines subjektiven Rechts übertragen werden [285]. Anderes gilt jedoch dann, wenn der Übertragungsgegenstand nicht teilbar ist oder nicht teilweise übertragen werden kann. Die Teilübertragung ist dann ausgeschlossen, da die Leistung nur in ihrer Gesamtheit erbracht und verlangt werden kann und der Gläubiger eine Teilleistung jederzeit ablehnen kann [286].

Es gibt zwei Arten der Unteilbarkeit (indivisibilité) einer Forderung. Die Unteilbarkeit kann sich entweder aus der Natur des Gegenstandes der Forderung (Art. 1217 Code Civil) oder aus der Vereinbarung (Art. 1218 Code Civil) ergeben [287]. Beispiele für die natürliche Unteilbarkeit sind Forderungen, die die Lieferung eines lebenden Tieres oder die Garantieverpflichtung eines Mitverkäufers enthalten sowie die meisten Unterlassungsansprüche [288].

Die vereinbarungsgemäße Unteilbarkeit im Sinne des Art. 1218 Code Civil erfaßt die Fälle, in denen die Vertragsparteien die Unteilbarkeit vereinbaren. Dies hat gem. Art. 1222 Code Civil zur Folge, daß nur die gesamte Forderung verlangt oder befriedigt werden kann. Im ersten Fall spricht man von indivisibilité active, im zweiten von indivisibilité passive [289]. So kann jeder Erbe des Gläubigers gem. Art. 1224 Code Civil insgesamt die Ausübung der unteilbaren Verpflichtung verlangen (indivisibilité active) und jeder Mitschuldner haftet gem. Art. 1222 Code Civil für die gesamte Schuld (indivisibilité passive).

Die Unteilbarkeit erlangt neuerdings auch Bedeutung im Bereich von Teilleistungsverträgen (contrats à exécution échelonnée), deren Abwicklung gestaffelt erfolgt, wobei allerdings an den einzelnen Teileinheiten der Abwicklung kein isoliertes Interesse besteht. So kann die Unteilbarkeit auch der Übertragung einer ratenweise geschuldeten Kaufpreisforderung oder einer zeitlich gestaffelten

---

282 Ferid, Das französische Zivilrecht, Band 1, Rdnr. 1 C 32 FN 16.
283 Ferid, Das französische Zivilrecht, Band 1, Rdnr. 1 C 32 a.E.
284 Mercadal-Macqueron, Droit des affaires, Rdnr. 126.
285 Éd.du Juris-Classeur 1996 –Vente Art.1689-1695 Code Civil Rnr. 12.
286 Malaurie-Aynès, Droit Civil, Tome VI, Rdnr. 1141.
287 Cabrillac, Droit des obligations, Rdnrn. 370 ff.
288 Cabrillac, Droit des obligations, Rdnr. 371.
289 Cabrillac, Droit des obligations, Rdnr. 372, 373.

Mietzinsforderung entgegenstehen [290]. Schließlich kann das auch für die Übertragung von Verträge im Rahmen einer cession de contrat gelten, wenn die Verträge in einem untrennbaren Zusammenhang stehen, also ein Kaufvertrag wirtschaftlich nicht ohne einen anderen abgeschlossen worden wäre [291]. Ein wichtiger Fall der unteilbaren Forderung ist der Fall der ins Kontokorrent (compte courant) gestellten Forderung. Hier ist nur das Saldo aber nicht die einzelne Forderung oder Teilforderung übertragbar [292].

3. Unselbständige Rechte

Nebenrechte, unselbständige oder akzessorische Rechte können nicht allein übertragen werden, sondern gehen gem. Art. 1692 Code Civil mit der Übertragung des Hauptrechts auf den Zessionar über. Grund für diese Abhängigkeit vom Hauptrecht ist eine Bindung des Nebenrechts an das Hauptrecht, die aus der Natur des Nebenrechts herrührt. Die Unübertragbarkeit dieser Fälle der Rechtsgebundenheit wird von Art. 1692 Code Civil nicht ausdrücklich angeordnet. Die Vorschrift ordnet lediglich spiegelbildlich den Übergang des Nebenrechts bei Übertragung des Hauptrechts an. Die Unübertragbarkeit kann hieraus gefolgert werden und ist gewohnheitsrechtlich anerkannt [293].

III Die Abtretungsverbote im objektiven Recht

Das französische Zivilrecht unterscheidet terminologisch nicht ausdrücklich zwischen Unübertragbarkeiten und Abtretungsverboten, sondern lediglich zwischen übertragbaren und nicht übertragbaren Forderungen (créances cessibles – incessibles). Außerdem arbeitet der Code Civil und mit ihm die zivilrechtliche Wissenschaft und Praxis mit den Begriffen der cessibilité, der transmissibilité, der aliénabilité und der disponibilité, gleichwohl gibt es Rechtsfolgenanordnungen der Unübertragbarkeit im objektiven Recht [294].

Da solche Anordnungen auf Grund der Rechtsmacht ihrer Rechtsquelle untersagend wirken, können sie begrifflich als Abtretungsverbote aufgefaßt werden. Dies gilt nicht nur für den Bereich gesetzlicher und hoheitlicher Abtretungsverbote, sondern genauso für deren rechtsgeschäftliche Entsprechungen, die nicht nur aufgrund der wirtschaftlichen Verhältnisse zwischen Gläubiger und Schuldner faktisch unumgänglich sein können und daher nicht weniger rigide sind, sondern gem. Art. 1134 Code Civil ausdrücklich Gesetzeskraft haben (Les conventions légalement formées tiennent lieu de loi à ceux qui les ont faites) [295].

Auch wenn der Begriff des Abtretungsverbots (interdiction oder prohibition de cession) in der französischen Rechtsterminologie kaum gebraucht wird [296], sollen im folgenden abgrenzungshalber und der besseren Übersichtlichkeit wegen die

---

[290] Bénabent, Droit Civil, Rdnrn. 21, 399 f.; Moury Rev.trim.dr.civ. 1994.255.
[291] Cabrillac, Droit des obligations, Rdnr. 141; Bénabent, Droit Civil, Rdnr. 189.
[292] Mercadal-Macqueron, Droit des affaires, Rdnrn. 622 ff.
[293] Weill-Terré, Droit Civil, Rdnr. 244, 249.
[294] Rieg, Rép.Civ., Cession de créance, Rdnrn. 83, 84.
[295] Siehe oben Kap. 2 A I 1.
[296] Vgl. zur „clause prohibitive" : Denis D. 1976.269 chronique.

angeordneten Unübertragbarkeiten als Abtretungsverbote bezeichnet werden. Zu unterscheiden sind daran anschließend zunächst die allgemeinen und speziellen Abtretungsverbote. Die allgemeinen Abtretungsverbote lassen sich in zivilrechtliche Veräußerungsverbote und Abtretungsverbote des Zwangsvollstreckungs- und Insolvenzrechts untergliedern.

1. Zivilrechtliche Veräußerungsverbote

Veräußerungsverbote sind Ausfluß der Eigentumsbeschränkungen im objektiven Recht und lassen sich aufgrund der Nähe zur cession im Kaufrecht aufgrund ihrer übertragungshindernden Wirkung als Abtretungsverbote darstellen. Zur Abgrenzung der Begriffe disponibilité und aliénabilité kann man sich zunächst auf Art. 537 Code Civil stützen. Nach Absatz 1 der Vorschrift hat jeder Einzelne die freie Verfügung über die Güter, die ihm gehören. Nach Absatz 2 können die Güter, die niemandem gehören, grundsätzlich nicht veräußert werden. Die freie Verfügbarkeit (disponibilité) wird also durch die Regeln über die Veräußerbarkeit (aliénabilité) entweder gesetzlich, hoheitlich oder vertraglich beschränkt. Mit der Loi Nr. 71-526 du 3 juill. 1971 wurde der neue Art. 900-1 Code Civil eingefügt, der die Unveräußerbarkeitsklauseln (clauses d'inaliénabilité) für Schenkungen (donations) und Testamente (testaments) regelt [297].

Anknüpfungspunkt für die Veräußerungsverbote ist entweder die Person oder das zu veräußernde Gut. Wer nicht veräußern oder erwerben darf, regeln die Art. 1594 ff. Code Civil. Soweit dadurch die Rechtsfähigkeit partiell eingeschränkt wird, gehört dies zum Bereich der übertragungshindernden Wirksamkeitsvoraussetzungen [298].

Knüpften die Veräußerungsverbote dagegen an die zu veräußernden Güter an, so handelt es sich um Eigentumsbeschränkungen. Diese haben Ausnahmecharakter. Zu den grundsätzlich frei verfügbaren Gütern (libre disposition) gehören Forderungen, Eigentumsrechte, dingliche Sicherheiten, Zurückbehaltungsrechte und Immaterialgüterrechte [299].

Die Beschränkung der freien Verfügbarkeit (indisponibilité) entstammt nicht ausschließlich dem Bereich der dinglichen Rechte, also insbesondere dem Eigentum an körperlichen Gütern, denn diese sogenannten Eigentumsbeschränkungen können auch Rechte und Forderungen ergreifen. Dies hängt einmal damit zusammen, daß zwischen Schuld- und Sachenrecht nicht scharf differenziert wird [300]. Zum anderen wird die cession als Übertragung der Rechtsinhaberschaft an der Forderung durchaus verfügend und damit sachenrechtlich als transfert de propriété de la créance aufgefaßt [301]. Die gesetzlichen Veräußerungsverbote sind hauptsächlich auf die Einschränkung der Sachenrechte gerichtet. Lediglich in die Nähe des

---

297 Cass.Civ.1er, 15 juin 1994, D. 1995.342, note Leborgne; Simler D.1971.com. 416-1.; Schütz Rép.Civ., inaliénabilité, Rdnr. 65 ff.

298 Siehe oben Kap. 2 B I 1.a.

299 Malaurie-Aynès, Droit Civil, Tome VIII, Rdnr. 177; Mercadal-Macqueron, Droit des affaires, Rdnrn. 205 ff.

300 Siehe oben Kap. 2 A I 2.

301 Éd.du Juris-Classeur 1996 –Vente Art.1689-1695 Code Civil Rdnr. 10; Hadding-Schneider-Blaise, Die Forderungsabtretung (1.Aufl.), S. 134.

Forderungsverkehrs rücken sie beispielsweise bei den Dienstbarkeiten und Vorkaufsrechten zugunsten der öffentlichen Hand [302].

Den Forderungsverkehr betreffen die kodifizierten Veräußerungsverbote in den Art. 1594 ff. Code Civil. So ist die Veräußerung einer Forderung, die dem Veräußerer nicht gehört, gem. Art. 1599 Code Civil unwirksam. Ein weiteres ausdrückliches Veräußerungsverbot ist in den Art. 1130, 1600 Code Civil für erst zukünftig anfallende Erbschaften enthalten [303]. Für die Gütergemeinschaft beschränkt Art. 1422 Code Civil die Verfügungsfreiheit der Ehegatten über gemeinsame Güter. Die gerichtlichen Veräußerungsverbote erfassen den Bereich der Rechtsprechung zum abus de droit, die auch für den Forderungsverkehr Grenzen aufgestellt hat [304].

Vor allem die vertraglichen Veräußerungsverbote können subjektive Rechte und damit auch Forderungen betreffen. Dies wird insbesondere durch verschiedene Vertragsklauseln realisiert, die die Unveräußerbarkeit, ein Verkaufsverbot, Vorkaufsrechte oder Dienstbarkeiten enthalten [305]. Besonders wichtig ist die Vertragsklausel der Unveräußerbarkeit, die sogenannte clause d'inaliénabilité, die den vertraglichen Abtretungsverboten zuzuordnen ist [306]. Damit die veräußerungshindernde Wirkung der Veräußerungsverbote nicht nur die Übertragung hindert, sondern auch nicht umgangen werden kann, führen die Veräußerungsverbote auch zur Unpfändbarkeit des subjektiven Rechts [307].

2. *Verbote im Zwangsvollstreckungs- und Insolvenzrecht*

Die übertragungshindernden Pfändungsverbote spielen vor allem im Zwangsvollstreckungsrecht eine Rolle. Neben der übertragungshindernden Unpfändbarkeit, die in den jeweiligen Kodifikationen und Spezialgesetzen zu finden ist, gibt es noch die Einzelfälle der Unabtretbarkeit von Zwangsgeldforderungen und den insolvenzrechtlichen Entzug der Verfügungsbefugnis. Die Besonderheit im Insolvenzrecht ist, daß das insolvenzrechtliche Abtretungsverbot nicht aus der klassischen Rechtsfolgenanordnung der Unabtretbarkeit besteht, sondern als Entzug der Verfügungsbefugnis ausgestaltet wurde (indisponibilité).

a Übertragungshindernde Pfändungsverbote

Die Unpfändbarkeit (insaissisabilité) ist mit der Unübertragbarkeit sehr eng verbunden. Forderungen, die unpfändbar sind, sind grundsätzlich auch unübertragbar [308]. In den meisten Fällen wird die Unübertragbarkeit aufgrund der Unpfändbarkeit eines subjektiven Rechts ausdrücklich von gesetzlichen Abtretungsverboten erfaßt [309]. Der Schutz des Vollstreckungsschuldners wird durch

---

302 Mercadal-Macqueron, Droit des affaires, Rdnr. 217.
303 Ferid, Das französische Zivilrecht, Band 1, Rdnr. 1 C 31.
304 Mercadal-Macqueron, Droit des affaires, Rdnr. 219; Siehe unten Kap. 2 B V.
305 Mercadal-Macqueron, Droit des affaires, Rdnr. 218.
306 Siehe unten Kap. 2 B IV.3.
307 Ferid, Das französische Zivilrecht, Band 1, Rdnr. 3 A 161.
308 Rieg, Rép.Civ., Cession de créance, Rdnr. 87; Ferid, Das französische Zivilrecht, Band 2, Rdnr. 2 E 122; Cashin-Ritaine, Les cessions contractuelles, S. 317.
309 Siehe unten Kap. 2 B IV 1., 2.; Ferid 1 C 32.

die Anordnung der Unpfändbarkeit bestimmter Güter gem. Art. 2092-2 Code Civil gewährleistet [310].

Grundsätzlich sind aus sozialstaatlicher Erwägung heraus alle lebensnotwendigen subjektiven Rechte unpfändbar und damit zugleich unabtretbar [311]. Einzelfälle sind Unterhaltsleistungen, Pensionen, Beihilfen und Renten, die kraft Gesetz unpfändbar und damit auch unabtretbar sind [312]. Dies gilt auch für den unpfändbaren Teil des Gehalts [313]. Bei der Leibrente (rente viagère) kann gem. Art. 1981 Code Civil nur im Falle des unentgeltlichen Leibrentenvertrages die Unpfändbarkeit vertraglich bestimmt werden. Die Leibrente aufgrund eines entgeltlichen Vertrages bleibt dagegen pfändbar und somit übertragbar.

In manchen Fällen hängt die Unpfändbarkeit jedoch nicht mit der Lebensgrundlage zusammen. Ein Beispiel hierfür ist die Unpfändbarkeit des Rückforderungsrechts des Schenkers wegen Undanks gem. Art. 953 Code Civil [314].

b Abtretungsverbot für Zwangsgeldforderungen

Die Übertragbarkeit von Zwangsgeldforderungen (cessibilité d'une astreinte) hängt nur mittelbar mit den übertragungshindernden Pfändungsverboten über das Zwangsvollstreckungsrecht zusammen. Die Frage, ob Zwangsgeldforderungen übertragbar sind, ist umstritten [315]. Grundsätzlich kann Gegenstand einer cession jede Forderung, jedes Recht oder jede Klage sein, wenn sie nicht außerhalb des Rechtsverkehrs steht (hors de commerce) oder die Veräußerung spezialgesetzlich untersagt wurde [316]. Überwiegend wird die Übertragbarkeit von Zwangsgeldforderungen jedoch zugelassen, so daß nur mit der Mindermeinung ein Abtretungsverbot für diese Forderungen vertreten wird [317].

c Der insolvenzrechtliche Entzug der Verfügungsbefugnis

Die Entziehung der Verfügungsbefugnis wirkt wie ein Abtretungsverbot, denn sie nimmt dem Zedenten die Möglichkeit, Forderungen zu übertragen. Im Insolvenzrecht ist zunächst zwischen der zivil- und handelsrechtlichen Insolvenz zu unterscheiden [318]. In der zivilrechtlichen Insolvenz wurde der Gläubiger ursprünglich im Wege der Einzelzwangsvollstreckung nach dem 5. Buch des Code de la Procédure Civile (ancien) befriedigt [319].

Mit dem in die Art. L. 331-1 ff. Code de la consommation eingefügten Gesetz gegen die Überschuldung wurde bereits 1989 ein kollektives Verfahren zur

---

310 Sonnenberger-Schweinberger, Einführung in das französische Recht, Rdnr. 141.
311 Cashin-Ritaine, Les cessions contractuelles, S. 317.
312 Vgl. Loi Nr. 91-650 du 9 juill.1991.
313 Hadding-Schneider-Blaise, Die Forderungsabtretung, S. 40.
314 Ferid, Das französische Zivilrecht, Band 1, Rdnr. 1 C 32, insb. dortige FN 12.
315 Malaurie-Aynès, Droit Civil, Tome VI Rdnr. 1221.
316 Éd.du Juris-Classeur 1996 –Vente Art. 1689-1695 Code Civil Rdnr. 11.
317 Cass.Civ.3e, 20 avril 1982, Bull.Civ. III Nr.96; RTD civ.1983.338 note Chabas.
318 Bénabent, Droit Civil, Rdnrn. 866 ff.
319 Bénabent, Droit Civil, Rdnr. 867.

Schuldenbereinigung von Privatpersonen eingeführt [320]. Danach können redliche Schuldner ihre privaten Schulden bereinigen. Dieses Verfahren hat sich in der Praxis bewährt , was der enorme Anstieg der Verfahren belegt [321]. Nach Art. L. 331-5 Code de la consommation kann die Kommission, die die Überschuldung des Schuldners bereinigt, den Insolvenzrichter anrufen, der die vorläufige Aufhebung (suspension provisoire) der Verfügungsbefugnis des Schuldners anordnet. Danach kann der Schuldner nur noch mit Zustimmung des Richters (autorisation du juge) verfügen.

Für die handelsrechtliche Insolvenz gilt ein eigenes Gesetz [322]. Bei Kaufleuten, Handwerkern, Landwirten und juristischen Personen richtet sich die Behandlung der Insolvenz nach dem Insolvenzgesetz von 1985, das mit Gesetz von 1994 geändert und erweitert wurde [323]. In der handelsrechtlichen Insolvenz wird das Unternehmen als wirtschaftliche Einheit von der Person des Inhabers getrennt behandelt. Der Unternehmenskonkurs zerfällt in den Bereich der Sanierung (redressement judiciare) und Insolvenz (liquidation judiciare); davon sind die persönlichen zivil- und strafrechtlichen Folgen der Insolvenz für den Inhaber zu unterscheiden (faillite) [324].

Durch die Insolvenzrechtsreform 1985 wurde das ursprünglich getrennt nach Sanierung, Vergleich und Konkurs durchgeführte Insolvenzverfahren mit dem Schwerpunkt auf Sanierung zusammengefaßt. Nach dem Eröffnungsbeschluß wird gem. Art. 8 des Insolvenzgesetzes 1985 in einer dreimonatige Beobachtungsphase (période suspecte) die Sanierbarkeit des Unternehmens durch den Insolvenzverwalter geprüft [325]. In dieser Zeit führt der Schuldner sein Unternehmen in eigener Verantwortung weiter. Er kann grundsätzlich neue Verträge abschließen, darf aber auf Altverträge nicht leisten. Im übrigen ist er in seinen Befugnissen durch die Kontrolle des Insolvenzverwalters und jederzeit mögliche Interventionen des Insolvenzgerichts beschränkt [326].

In dieser Zeit ruht gem. Art. 47 Insolvenzgesetz 1985 die individuelle Rechtsverfolgung durch die Gläubiger des insolventen Schuldners. Gem. Art. 40 des Insolvenzgesetzes 1985 werden Forderungen, die nach der Verfahrenseröffnung entstanden sind, entweder im Sanierungsfalle im Rahmen des Reorganisationsplans beglichen, oder im Liquidierungsfalle privilegiert berücksichtigt, da mit der Liquidierung auch alle übrigen Forderungen fällig werden [327].

Kommt es zur Liquidierung und Veräußerung des Unternehmens, geht die Verfügungsbefugnis nach der Verfahrenseröffnung auf den Insolvenzverwalter gem. Art. 33 Insolvenzgesetz 1985 über. Vor der Verfahrenseröffnung kann der Schuldner in der Beobachtungsphase unabhängig von den Kontrollorganen nur diejenigen Forderungen und Rechte übertragen, die nicht Gegenstand des

---

320 Loi sur le surendettement, Loi du 31e déc.1989.

321 Chatain-Ferrière D.1996.chron. 39; Chatain-Ferrière D.1996.som.77; Honorat D.1996.Som.81.

322 Sonnenberger-Schweinberger, Einführung in das französische Recht, Rdnr. 95 ff.; Bénabent, Droit Civil, Rdnr. 868.

323 Vgl. Art. 1, 2 Loi 85-98 du 25 janvier 1985.

324 Hübner-Constantinesco, Einführung in das französische Recht, S .203.

325 Balz ZIP 1983, 1156.

326 Sonnenberger-Schweinberger, Einführung in das französische Recht, Rdnr. 97.

327 Hübner-Constantinesco, Einführung in das französische Recht, S. 204, 205; Sonnenberger-Schweinberger, Einführung in das französische Recht, Rdnr. 97.

Untersuchungsauftrages (mission) des Insolvenzverwalters sind, Art. 32 Insolvenzgesetz 1985 [328].

IV Abtretungsverbote im engeren Sinn

Als Abtretungsverbote im engeren Sinn sind die Übertragungshindernisse des objektiven Rechts aufzufassen, die teils in Anerkennung der (ungeschriebenen) Unabtretbarkeit subjektiver Rechte, teils aus anderer Intention heraus die Übertragung entweder durch Gesetz, Hoheitsakt oder Rechtsgeschäft untersagen.

1. Gesetzliche Abtretungsverbote innerhalb der Kodifikation

Die gesetzlichen Abtretungsverbote finden sich sowohl in der Kodifikation als auch außerhalb des Code Civil in zahlreichen Spezialgesetzen. Sie lassen sich in allgemeine und spezielle Abtretungsverbote unterteilen und nach den unterschiedlichen Rechtsgebieten ordnen.

a Allgemeine Abtretungsverbote im Code Civil

Der Code Civil enthält neben den bereits behandelten übertragungshindernden Unwirksamkeitsgründen und den allgemeinen Veräußerungs- und Pfändungsverboten kein ausdrückliches allgemeines Abtretungsverbot [329]. Auch wenn der Rechtsprechung verschiedene allgemeine Grundnormen mit unbestimmten Rechtsbegriffen zur Verfügung stehen, über deren Präzisierung richterliche Abtretungsverbote entstehen können, enthalten diese Normen in ihrer Rechtsfolgenanordnung keine ausdrücklichen Abtretungsverbote im engeren Sinn. Da sie als Abtretungsverbote erst durch die richterliche Präzisierung entstehen und ihre Wirkungen der Rechtskraft richterlicher Entscheidungen verdanken, sind sie den richterlichen Abtretungsverboten zuzuordnen [330].

Allerdings kann man etwa die bereits behandelten allgemeinen zivilrechtlichen Anforderungen an die Bestimmtheit im französischen Recht mit der Anknüpfung an den Zeitpunkt des Vertragsschlusses durchaus als übertragungshindernde Anordnung begreifen. Ihnen fehlt zwar eine originär übertragungshindernde Rechtsfolgenanordnung eines Rechtssatzes mit Normcharakter, aber die übertragungshindernde Wirkung folgt aus der allgemeinen Geltung dieses Bestimmtheitsgrundsatzes [331].

b Spezielle Abtretungsverbote im Code Civil

Im Familienrecht gibt es ein Abtretungsverbot für Vermögenswerte einer Gütergemeinschaft gem. Art. 1404 Code Civil [332]. Auch der Anspruch auf Leibrente gem. Art. 1981 Code Civil und die Unterhaltsansprüche sind gem. Art. 1481 ff. Code

---

328 Cass.Com., 8 juin 1999, Dalloz 1999.352.

329 Siehe oben Kap. 2 B III.

330 Siehe unten Kap. 2 B IV 4.

331 Vgl. dazu bereits oben Kap. 2 A II 2.a, cc.

332 Malaurie-Aynès, Droit Civil, Tome VIII, Rdnr. 645

Civil unabtretbar [333]. Die Übertragbarkeit von Ansprüchen auf Ersatz eines immateriellen Schadens (préjudice morale), etwa bei Schmerzensgeldansprüchen ist dagegen Frage richterlicher Auslegung der Höchstpersönlichkeit (intuitus personae) beispielsweise im Rahmen einer Schadensersatzklage (action en responsabilité).

Während im Sachenrecht der Nießbrauch gem. Art. 595 Code Civil übertragbar ist [334], gilt das nicht für das dingliche Nutzungsrecht und das Wohnrecht, für die die Art. 631, 634 Code Civil jeweils ein Abtretungsverbot vorsehen. Ein Verstoß hiergegen kann zur Aufhebung des Nutzungs- oder Wohnrechts führen [335]. Schließlich folgt auch die Hypothek der Forderung nach und ist insoweit akzessorisch, vgl. Art. 2132 Code Civil. Hierbei handelt es sich jedoch um einen Fall der Rechtsgebundenheit.

Das Mietrecht enthält zwar kein Abtretungsverbot, Art. 1717 Code Civil stellt jedoch klar, daß die grundsätzliche Übertragbarkeit des Mietrechts teilweise oder vollständig vertraglich ausgeschlossen werden kann. Diese vertragliche Regelung wirkt zwingend [336]. Im Gesellschaftsrecht besteht ein modifiziertes Abtretungsverbot für die Übertragung von Gesellschaftsanteilen bei der bürgerlichen Gesellschaft (société civile), die gem. Art. 1861 Code Civil ohne Zustimmung aller Mitgesellschafter ausgeschlossen ist.

Bei der Rechtsgemeinschaft (indivision) besteht gem. Art. 1873-12 Code Civil ebenfalls ein modifiziertes Abtretungsverbot für den Fall der Verletzung der Vorschriften der Art. 815-14, 815-16, 815-18 Code Civil. Danach ist eine Übertragung von Anteilen insbesondere dann unwirksam, wenn das Vorkaufsrecht der übrigen Mitgemeinschafter mißachtet wurde.

2. *Gesetzliche Abtretungsverbote in den Spezialgesetzen*

Während der Code Civil nur einige ausdrückliche Abtretungsverbote enthält, liegt der Schwerpunkt der gesetzlichen Abtretungsverbote bei den Spezialgesetzen und den Einzelkodifikationen.

a *Loi Dailly / sous-traitance*

Bei der Auftragsvergabe zwischen dem Auftraggeber und dem Generalunternehmer wird die Übertragbarkeit der Forderungen des Subunternehmers oder Sublieferanten durch den Hauptunternehmer eingeschränkt [337]. Während der Code Civil in den Art. 1779 ff. den Werkvertrag regelt und innerhalb dieser Vorschriften kein Abtretungsverbot zu Lasten des Unternehmers enthält, wurde im Wege der Einzelgesetzgebung durch die sogenannte Loi Dailly [338] ein Art. 13-1 in das Gesetz

---

333 Ferid, Das französische Zivilrecht, Band 1, Rdnr. 1 C 32.
334 Ferid, Das französische Zivilrecht, Band 1, Rdnr. 1 C 32 FN 20.
335 Cass.Civ. 3e, 16 juill.1974, Bull.civ.III Nr. 305.
336 Siehe dazu auch unten Kap. 2 B IV.2., 3. und 5.
337 Cashin-Ritaine, Les cessions contractuelles, S. 21 ff.; Hadding-Schneider-Blaise, Die Forderungsabtretung, S. 167.
338 Loi Nr. 81-1 du 2 jan.1981, sog.Loi Dailly; Siehe unten Kap. 2 C.

über die Subunternehmerverhältnisse [339] eingefügt. Dies ist ein markantes Beispiel für die Rechtsfortbildung unter Beibehaltung der ursprünglichen Regelung in der Kodifikation des Code Civil [340].

In Art.1 des Gesetzes über die Subunternehmerverhältnisse (sous-traitance) wird dieses Verhältnis definiert. Danach ist das Subunternehmerverhältnis ein Vorgang, durch den ein Hauptunternehmer (entrepreneur principal) einen Subunternehmer (sous-traitant) die Ausführung des Hauptvertrages ganz oder teilweise überträgt. Dabei bleibt der Hauptunternehmer dem Auftraggeber (maître de l'ouvrage) gegenüber verpflichtet. Die Auftragsvergabe kann privat (contrat d'entreprise) oder öffentlich (marché public) sein. Das Gesetz wendet sich vor allem an die Zulieferindustrie [341].

Nach Art. 13-1 des Gesetzes über die Subunternehmerverhältnisse darf der Hauptunternehmer die Forderungen, die sich aus dem Hauptvertrag mit dem Auftraggeber ergeben, weder abtreten oder verpfänden, wenn diese Forderungen den Subunternehmern zustehen. Die Forderungen, die dem Hauptunternehmer unmittelbar selbst zustehen, werden hiervon nicht erfaßt. Seit der Neuregelung 1984 darf der Hauptunternehmer durch den neu eingefügten Absatz 2 des Art. 13-1 des Gesetzes über die Subunternehmerverhältnisse die von diesem Abtretungsverbot erfaßten Forderungen seiner Subunternehmer trotzdem abtreten oder verpfänden, wenn er sich zuvor den Subunternehmern gegenüber durch eine Bürgschaft verpflichtet hat [342].

Die Bürgschaft des Hauptunternehmers muß die Voraussetzungen des Art. 14 des Gesetzes über die Subunternehmerverhältnisse erfüllen. Sie muß insbesondere persönlich und gesamtschuldnerisch sein und durch ein entsprechendes Kreditinstitut erfolgen. Andernfalls ist die Beauftragung des Subunternehmers unwirksam.

b Code des loyers / bail

Das Mietrecht wird nicht nur in den Art. 1708 ff. des Code Civil erfaßt. Über diese Regelung hinaus gibt es etliche Spezialgesetze, die die verschiedenen Arten des Pacht- und Mietrechts und das Miteigentum behandeln. Diese wurden in einem eigenen Gesetzbuch dem sogenannten Code des Loyers et de la copropriété zusammengefaßt. Das einzelne Mietrecht ist gem. Art. 1717 Code Civil grundsätzlich übertragbar. Dieser Grundsatz hat jedoch erheblich an Bedeutung verloren, nicht nur weil Art. 1717 Code Civil selbst Ausnahmen durch die Vereinbarung rechtgeschäftlicher Abtretungsverbote zuläßt, sondern vor allem, weil inzwischen sehr viele spezielle Vorschriften in den unterschiedlichsten Gesetzen zum Miet- und Pachtrecht entstanden sind [343].

Der Mieter kann also sein Mietrecht übertragen und er darf auch untervermieten, es sei denn, es wurde ihm gem. Art. 1717 Absatz 2 Code Civil untersagt. Dieses

---

339 Loi Nr. 75-1334 vom 31 déc.1975 relative à la sous-traitance.
340 Vgl. dazu Kap. 2 A vor I.
341 Siehe im einzelnen unten Kap. 2 C.
342 Loi Nr. 84-46 du 24 jan.1984.
343 Denis D.1976.269 chronique; Malaurie-Aynès, Droit Civil, Tome VIII, Rdnr. 696.

(vertraglich zu vereinbarende) Abtretungsverbot kann auf den gesamten oder einen Teil des Mietgegenstandes bezogen werden und ist immer zwingend, Art. 1717 Absatz 3 Code Civil. Bei diesem Abtretungsverbot, das im Mietrecht des Code Civil vorgesehen ist, handelt es sich um die gesetzliche Anerkennung eines eigentlich rechtsgeschäftlichen Abtretungsverbotes. Die Übertragung des einzelnen Mietrechts ist darüber hinaus streng von der Übertragung des Mietvertrages (cession de contrat) zu unterscheiden [344]. Zu beachten ist, daß diese gem. Art. 1717 Code Civil vereinbarten Abtretungsverbote nur bei zivilrechtlichen Mietverträgen, nicht aber bei handelsrechtlichen Mietverträgen möglich sind. Im Rahmen von Geschäftsraummietverträgen sind diese Abtretungsverbote unwirksam [345].

Soweit ein mietrechtliches Abtretungsverbot möglich ist, kann weiter zwischen zwingenden und modifizierten Abtretungsverboten unterschieden werden. Ist die Abtretung untersagt, handelt es sich um ein zwingendes Verbot (clause prohibitive). Setzt die Übertragung dagegen die Genehmigung (agrément) oder Zustimmung (consentement) des Vermieters oder Verpächters voraus, liegt ein modifiziertes Abtretungsverbot vor (clause restrictive) [346]. Ein weiteres modifiziertes Abtretungsverbot enthält Art. 8 des Gesetzes von 1989 über die Wohnraummiete (bail d'habitation) [347]. Danach darf der Mieter weder den Vertrag abtreten noch die Wohnung untervermieten, es sei denn, er hat die schriftliche Einwilligung des Vermieters, die außerdem den Mietpreis enthalten muß. Dieses Abtretungsverbot bezieht sich auf die Abtretung des Mietvertrages und ist somit der cession de contrat zuzuordnen [348].

In der Insolvenz bestimmt Art. 38-1 des Insolvenzgesetzes 1985, daß im Falle der Mietabtretung eine Bestimmung, die dem Zedenten eine gesamtschuldnerische Haftung zusammen mit dem Zessionar auferlegt, gegenüber dem Insolvenzverwalter nicht einwendungsweise geltend gemacht werden kann [349].

c *Code rural / bail rural*

Dem Mietrecht steht das landwirtschaftliche oder Landpachtrecht (bail rural) sehr nahe. Dort ist grundsätzlich weder das Landpachtrecht noch das Vorkaufsrecht des Landpächters gem. Art. 832, 790 ff Code rural rechtsgeschäftlich übertragbar [350]. Das gilt auch gem. Art. 78 des Landpachtgesetzes von 1948 [351], das dasselbe Verbot für die Pachtrechte enthält, die diesem Gesetz unterliegen. Allerdings kann durch vertragliche Bestimmung die Übertragbarkeit des Pachtrechts vereinbart werden, so daß es sich bei diesem Abtretungsverbot um eine dispositive Bestimmung handelt, die daher als sogenanntes modifiziertes Abtretungsverbot bezeichnet werden kann [352].

---

344 Siehe unten Kap. 2 B IV 5.
345 Denis D.1976.269 chronique.
346 Denis D.1976.269 chronique.
347 Loi Nr. 89-462 du 6e juil.1989.
348 Siehe unten Kap. 2 B IV 5.
349 Loi Nr. 85-98 du 25 jan.1985.
350 Ferid, Das französische Zivilrecht, Band 1, Rdnr. 1 C 32.
351 Loi Nr. 48-1360 du 1er sept.1948.
352 Rieg, Rép.Civ., Cession de créance, Rdnr. 93; Malaurie-Aynès, Droit Civil, Tome VIII, Rdnr. 696.

Auch in einer weiteren Vorschrift aus dem Landpachtrecht ist die Vereinbarung der Übertragbarkeit nur ausnahmsweise gesetzlich zugelassen worden, wobei es sich bei dieser Konstruktion der ausnahmsweise zulässigen Abtretbarkeitsvereinbarung um den umgekehrten Fall eines Abtretungsverbots handelt [353]. Gem. Art. 33 des Gesetzes von 1966 ist die Regelung in Art. 78 des Gesetzes von 1948 jedoch nicht auf Untervermietungen und Mietabtretungen zugunsten gewerblicher Zivilgesellschaften anwendbar [354]. Der Verstoß gegen das Verbot in Art. 832 Code rural hat zur Folge, daß die gleichwohl erfolgte Abtretung oder Untervermietung den Hauptvertrag unwirksam werden läßt [355]. Auch Art. 411-35 Code rural enthält ein solches Abtretungsverbot hinsichtlich der Landpacht [356].

d Code du travail

Das Einkommen darf nur teilweise abgetreten und gepfändet werden. Zur Sicherung des Existenzminimums und zur Entlastung des sozialen Systems muß dem Arbeitnehmer ein Teil seines Einkommens belassen werden. Zu seinem eigenen Schutz darf er daher nur einen Teil seines Einkommens abtreten [357]. Die aktuellen Grenzen der Abtretbarkeit des Einkommens ergeben sich aus der jeweils gültigen Fassung dieser Vorschriften. Diese Grenzen sind stufenweise angeordnet. Die Abtretungs- und Pfändungsverbote sind mit den jeweiligen Grenzen in den Art. L. 145-1 ff., R. 145-1 ff. Code du travail geregelt [358].

Damit diese Grenzen nicht durch mehrere Abtretungen umgangen werden können, müssen die einzelnen Abtretungen am Wohnort des abtretenden Zedenten und Arbeitnehmers beim zuständigen Gerichtsschreiber (secrétariat-greffe) erklärt werden, um anschließend dort registriert zu werden. Der Arbeitgeber darf nur auf Vorlage einer Bestätigung dieser registrierten Erklärung an den Zessionar leisten, Art. L. 145-40 ff., R. 145-40 ff. Code du travail. Für das Arbeitslosengeld gilt das Abtretungsverbot des Art. L. 352-3 des Code du travail.

e Code des assurances

Im privaten Versicherungsrecht ist die Übertragung von Versicherungsverträge grundsätzlich möglich. Gem. Art. 121-10 al. 1 Code des assurances geht die Versicherung im Falle des Todes des Versicherten oder im Falle der Veräußerung des versicherten Gegenstandes von Rechts wegen automatisch (de plein droit et automatiquement) auf den Rechtsnachfolger über [359].

Gem. Art. 121-12 Code des assurances findet ein gesetzlicher Forderungsübergang des Versicherers statt, wenn dieser das Opfer gegenüber dem verantwortlichen Dritten (Schädiger) entschädigt hat [360]. Diese cessio legis in Form der subrogation

---

353 Denis D.1976.269 chronique.
354 Loi Nr. 66-879 du 29 nov.1966.
355 Cass.ch.réun., 7 mars 1960, D.1960.349, note Savatier.
356 Éd.du Juris-Classeur 1996 –Vente Art. 1689-1695 Code Civil Rdnr. 37
357 Lyon-Caen – Pélissier, Droit du travail, S. 617 ff.
358 Loi Nr. 91-650 du 9 juill.1991; Décr.Nr. 92-755 du 31 juill.1992.
359 Lambert-Faivre, Droit des assurances, Rdnr. 569.
360 Éd.du Juris-Classeur 1996 –Vente Art. 1689-1695 Code Civil, Rdnr. 31.

légale kann ausgeschlossen werden. Die hier möglichen Abtretungsverbote können gesetzlicher oder rechtsgeschäftlicher Natur sein [361]. Im übrigen sind für Rentenzahlungen des Versicherers die Abtretungsverbote zu beachten, die für existenzsichernde Rentenzahlungen gelten [362].

f Code de la sécurité sociale

Die Abtretung der Pensionsbezüge aus der Invaliden- und Altersversicherung sowie das Krankentagegeld bei Arbeitsunfällen ist gem. Art. L. 355-2, L. 433-3 Code de la sécurité sociale nur in dem Rahmen zulässig, in dem auch die Abtretung von Einkommensbezügen zulässig ist. Uneingeschränkt unabtretbar sind gem. Art. L. 434-1 Code de la sécurité sociale die Rentenbezüge der Opfer von Arbeitsunfällen oder Berufskrankheiten, die dauernd berufsunfähig sind. Die familienbezogenen Forderungen sind ebenfalls unabtretbar mit Ausnahme der Unterhaltspflichten, die den Haushalt und den Unterhalt von Kindern betreffen, Art. L. 553-4 Code de la sécurité sociale. Das Abtretungsverbot für Wohngeld gem. Art. L. 553-4 Code de la sécurité sociale enthält die gesetzliche Ausnahme der zulässigen Abtretung an den Vermieter. Das Altersgeld, das Arbeiter gem. Art. L. 811-16 Code de la sécurité sociale erhalten können, ist nur in dem Rahmen wie die Abtretung von Einkommensbezügen zulässig [363].

Die Pensionen der Légion d'honneur und der Médaille militaire gem. Art. R. 81, R. 151 Code de la légion d'honneur sowie die Pensionen der ehemaligen Abgeordneten und Senatoren aufgrund der Loi du 9 févr. 1905 sind ebenfalls unabtretbar. Schließlich sind auch die Pensionen und Invalidenrenten der Beamten und staatlichen Angestellten unabtretbar. Ausnahmsweise und nur zugunsten des Staates oder juristischer Personen des öffentlichen Rechts ist die Abtretung im Falle von Unterhaltsforderungen, Haushaltshilfen und weiteren privilegierten Forderungen gestattet, Art. L. 56 Code des pensions et retraites [364].

g Code de la propriété intellectuelle

Im Urheberrecht ist das literarische und künstlerische Urheberrecht (droit moral) sowie das jeweilige Folgerecht (droit de suite) des Urhebers nicht übertragbar. Die Unübertragbarkeit und auch die Unverzichtbarkeit folgt aus Art. 6 al. 2, 3 Loi 57-298, neugefaßt durch die Loi Nr. 92-597 du 1er juill.1991 [365]. Die Ansprüche und Forderungen hinsichtlich der Nutzungsrechte sind dagegen übertragbar [366]. Das gilt auch für den Verlagsvertrag [367]. Für die Übertragung von Autorenrechten existiert ein beschränktes Abtretungsverbot. Unter 5/12 des Wertes der Autorenrechte ist die Übertragung unwirksam gem. Art. L. 131-5 Code de la propriété intellectuelle (vormals Art. 37 Loi Nr. 57-298 du 11 mars 1957) [368]. Im Immaterialgüterrecht ordnet

---

[361] Lambert-Faivre, Droit des assurances, Rdnrn. 600, 608 ff.

[362] Siehe unten Kap. 2 B IV 2.f.

[363] Terré-Simler-Lequette, Droit Civil, Rdnr.1 181.

[364] Éd.du Juris-Classeur 1996 –Vente Art.1689-1695 Code Civil Rnr. 34.

[365] Entspricht Art. 121-1 Code de la propriété littéraire et artistique.

[366] Altenburg, Urheberpersönlichkeitsrecht, S. 86 ff., 103.

[367] Ferid, Das französische Zivilrecht, Band 1, Rdnr. 1 C 32; vgl. Art. 30, 42, 63 Loi du 11 mars 1957.

[368] Bénabent, Droit Civil, Rdnr. 168.

Art. L. 131-1 des Code de la propriété intellectuelle ein Abtretungsverbot für die Globalzession zukünftiger Werke an [369].

h Das französische Insolvenzgesetz von 1985

Das gesetzliche Abtretungsverbot in Art. 28 der Loi Nr. 85-98 du 25 jan.1985 untersagt es den Geschäftsführern und Vorständen, ihre Anteile und Rechte zu übertragen. Die gleichwohl erfolgte Übertragung ist nichtig. Ähnlich sieht es für die Rechtsgeschäfte des Schuldners während der Krise (période suspecte) aus. Hier kann die Abtretung aufgrund der Art. 107, 108 Insolvenzgesetz 1985 unwirksam sein [370]. Bei der Entziehung der Verfügungsbefugnis handelt es sich sowohl in der Verbraucherinsolvenz als auch in der Unternehmensinsolvenz um gerichtliche Abtretungsverbote [371]. Das gilt auch für die zwangsweise Anordnung der Unübertragbarkeit von Aktien, Gesellschaftsanteilen und Stimmrechten nach Art. 23 des Insolvenzgesetzes 1985 [372].

i Code général des impôts / Loi des finances 1999

Art. 91 des Steuergesetzes 1999 (Loi des finances 1999) beschränkt die Abtretung von Steuerguthaben auf die drei Folgejahre nach der Entstehung des Guthabens und auf die Abtretung im Wege der cession Dailly. Im übrigen sind diese Forderungen gegen den Fiskus unveräußerbar und unabtretbar [373].

3. Hoheitliche Abtretungsverbote

Der Bereich der hoheitlichen Abtretungsverbote ist den Grundsätzen der Gewaltenteilung folgend aufgeteilt in verwaltungsrechtliche und gerichtliche Abtretungsverbote.

a Verwaltungsrechtliche Abtretungsverbote

Die Verwaltung handelt im Bereich der Ordnungsverwaltung überwiegend durch Verwaltungsakte (acte d'administration) und in der Leistungsverwaltung überwiegend durch öffentlich rechtliche Verträge (contrat administratif). Davon streng zu unterscheiden ist das privatrechtliche Handeln der Verwaltung, das sich nach allgemeinem Zivilrecht richtet [374]. Verwaltungsrechtliche Abtretungsverbote (incessibilité administrative) können sowohl in Verwaltungsakten oder öffentlichen Verträgen angeordnet als auch privatvertraglich vereinbart werden. Wenn die

---

369 Malaurie-Aynès, Droit Civil, Tome VIII, Rdnr. 303.

370 Siehe oben Kap. 2 A V 3., Kap. 2 B III 2.c, und Kap. 2 C I 2.c, cc.

371 Siehe oben Kap. 2 B III 2.c.

372 Siehe unten Kap. 2 B IV 4.b.

373 Siehe oben Kap. 2 A V 3.

374 Hübner-Constantinesco, Einführung in das französische Recht, S. 77 ff.; Laubadière-Gaudemet-Venezia, Traité de droit administratif, Rdnrn. 950 ff.

Verwaltung rein privatrechtlich handelt, kommen die zivilrechtlichen Abtretungsverbote in Betracht [375].

Vor allem im Bereich der Leistungsverwaltung können Abtretungsverbote in Verwaltungsverträgen bestimmt werden, da die Theorie vom Verwaltungsvertrag auch privatrechtsfremde Bestimmungen zuläßt. Die Verwaltungsverträge kommen besonders häufig bei der Vergabe öffentlicher Bauvorhaben (marché de travaux pubic) [376] und bei Konzessionsverträgen [377] (concession de service pubilc) vor [378]. Verwaltungsrechtliche Genehmigungen und Konzessionen sind immer dann unübertragbar, wenn sie sich ausschließlich an den Inhaber richten. Das ist neben diesem persönlichen Einschlag insbesondere dann der Fall, wenn sie vorläufig oder widerruflich sind. Wenn sie keinen persönlichen Bezug haben, können sie allerdings zusammen mit dem Gegenstand, auf den sie sich beziehen, übertragen werden [379].

b Gerichtliche Abtretungsverbote

Die gerichtlichen Abtretungsverbote (incessibilité judiciaire) kommen vor allem durch richterliche Entscheidungen (jugement) in Betracht. Sie entstehen insbesondere durch die Präzisierung unbestimmter Rechtsbegriffe. Ein bedeutender Bereich ist die Rechtsprechung zur Vertragsgerechtigkeit. Daneben gibt es noch verschiedene Einzelfälle.

aa Präzisierung unbestimmter Rechtsbegriffe

Den größten Beurteilungsspielraum hat die Rechtsprechung im Bereich der unbestimmten Rechtsbegriffe des Vertragsgegenstandes (objet) und des Vertragsgrundes (cause) des Art. 1108 Code Civil [380]. Da die richterlichen Abtretungsverbote letztlich nur über die Rechtskraft (force de la chose jugée) gem. Art. 1351 Code Civil ihre Wirkung entfalten, ist es besonders wichtig, den Umfang dieser Rechtskraft zu beschreiben. Während letztinstanzliche Entscheidungen des Revisionsgerichts, der Cour de Cassation, die untergeordnete Rechtsprechung in Rechtsfragen also auch bezüglich richterlicher Abtretungsverbote binden, wirkt ein Urteil der Instanzgerichte grundsätzlich nur inter partes [381].

Die in Anerkennung der Relativität zivilrechtlicher Rechtsverhältnisse auf die Parteien beschränkte Rechtskraft der Entscheidungen der Instanzgerichte kann allerdings nicht nur von den Parteien des konkreten Prozeßrechtsverhältnisses, sondern ausnahmsweise auch von Dritten im Wege des Rechtsbehelfs der sogenannten tierce opposition beseitigt werden. Bei diesem Rechtsbehelf der tierce opposition wird es Dritten ermöglicht, einen Prozeß neu aufzurollen, um eine dem Dritten gegenüber ungünstige Entscheidung zu ändern. Dabei bleibt zwar die ursprüngliche

---

375 Laubadère-Gaudemet-Venezia, Traité de droit administratif, Rdnrn. 996 ff.
376 Mogenet, Les marchés de l'État, S. 1 ff.
377 Llorens, Contrat d'entreprise et marché public, S. 13 ff.
378 Décret Nr. 64-729; Sonnenberger-Schweinberger, Einführung in das französische Recht, Rdnr. 123.
379 Éd.du Juris-Classeur 1996 –Vente Art.1689-1695 Code Civil Rnr. 38.
380 Siehe oben Kap. 2 A II 2.a.cc, dd.
381 Ferid, Das französische Zivilrecht, Band 1, Rdnr. 1 B 19.

Entscheidung zwischen den alten Parteien soweit möglich erhalten [382]. Über die Rechtskraft dieser neuen Entscheidung kann also wiederum neues Richterrecht entstehen.

bb Vertragsgerechtigkeit

Wichtigstes Einfallstor für die richterlichen Abtretungsverbote (cas jurisprudentiels d'incessibilité) sind die Vorschriften zum wirtschaftlichen Gleichgewicht der Vertragspraxis (équilibre économique). Die richterliche Kontrolle der Vertragsgerechtigkeit setzt eine ausdrückliche Regelung voraus, ohne die der Richter den Vertrag weder anpassen noch für unwirksam erklären kann. Denn gem. Art. 1117 Code Civil ist ein solcher Vertrag nicht per se unwirksam, sondern kann nur im Wege der Klage durch richterliche Entscheidung für nichtig erklärt werden. Insgesamt haben sich die drei Fallgruppen des Mißverhältnisses der vertraglichen Leistungen (lésion) gem. Art. 1118 Code Civil, der rechtsmißbräuchlichen Vertragsklauseln im Verbraucherschutzrecht (clauses abusives) und der sonstigen ungerechtfertigten Klauseln (clauses injustifiées) gebildet [383].

Dabei ist zu beachten, daß es sich in diesen Fällen nur dann um Abtretungsverbote handelt, wenn gerade der Abtretungsvertrag durch richterliche Entscheidung für nichtig erklärt wird. Anders verhält es sich mit dem forderungsbegründenden Schuldverhältnis. Wenn dieses nichtig ist, kommt es entweder nicht zur Abtretung oder es findet die Übertragung eines streitigen Rechts statt, ohne daß dies die Wirksamkeit der Abtretung berühren würde [384]. Einzelfälle der contrôle judiciaire des wirtschaftlichen Gleichgewichts betreffen den Auftrag (mandat), den Unternehmensvertrag (contrat d'entreprise) und die Konkurrenzklausel (engagement de non-concurrence) [385].

cc Honorarabtretung in den freien Berufen

Im Recht der freien Berufe ist insbesondere bei Ärzten und Rechtsanwälten die Frage umstritten, inwieweit sie aufgrund des Berufsgeheimnisses ihre Honorarforderungen abtreten können. Ein ausdrückliches Abtretungsverbot gibt es nicht. Allerdings stellt Art. 226-13 des Nouveau Code pénal den Verstoß gegen das Berufsgeheimnis unter beachtliche Strafe [386].

Während die Literatur aufgrund des Berufsgeheimnisses ein Abtretungsverbot fordert, da die cession zur Konkretisierung der Forderung die genaue Benennung der Daten des Patienten oder Mandanten erfordert, ist die Rechtsprechung uneinheitlich. Die Zivilrechtsprechung läßt die Abtretung ärztlicher Honorarforderungen zu, wenn keine medizinischen Daten weitergegeben werden, da sich das Berufsgeheimnis nur hierauf beziehen würde. Dagegen qualifiziert die strafrechtliche Rechtsprechung die in der Kostenaufstellung enthaltenen Daten als medizinische Daten, mit der

---

382 Hübner-Constantinesco, Einführung in das französische Recht, S. 201.
383 Bénabent, Droit Civil, Rdnr. 165-167.
384 Zur Übertragung streitiger Rechte siehe oben Kap. 2 A III 1.
385 Bénabent, Droit Civil, Rdnr. 169.
386 Siehe oben Kap. 2 A V 2.

Begründung, daß sie Hinweise auf die Dauer und die Art der Behandlungen enthalten. Nach dieser Rechtsprechung werden also strafrechtlich schützenswerte Daten im Sinne des Art. 226-13 des Nouveau Code pénal weitergegeben. Die Verwaltungsrechtsprechung läßt die Abtretung daher nur ohne Nennung des Namens der Patienten zu [387].

Die Literatur begründet ihren abweichende Standpunkt insbesondere hinsichtlich anwaltlicher Honorarforderungen damit, daß es ohne Nennung von Name und Schuldgrund letztlich nicht möglich sei, unter Wahrung des Berufsgeheimnisses die Honorarforderungen zu übertragen [388]. Derzeit gibt es also im Bereich der Übertragung von Honorarforderungen in den freien Berufen kein allgemein anwendbares und zum Richterrecht erstarktes Abtretungsverbot. Für die Ansicht der Literatur spricht jedoch, daß damit mehr Rechtssicherheit für den Einzelnen gewährleistet werden kann, ohne dessen Rechtsposition zu stark einzuschränken. Schließlich kann der Patient jederzeit in die Weitergabe der Daten einwilligen.

dd Erbrechtliche Unübertragbarkeit

In bestimmten Fällen hat die Rechtsprechung entschieden, daß Rechte auch nicht im Wege der Erbfolge übertragen werden können. So wurde entschieden, daß die Unterhaltsverpflichtung des Art. 203 Code Civil nicht erbrechtlich im Wege der Verfügung von Todes wegen übertragbar ist. Der hierfür einschlägige Begriff der erbrechtlichen Unübertragbarkeit (intransmissibilité successorale) stellt dadurch ein erbrechtliches Nachbelastungsverbot sicher, wodurch letztlich dem generellen Verbot der cession de dette auch für die Fälle der Verfügung von Todes wegen Rechnung getragen wird [389].

ee Insolvenzrechtliches Abtretungsverbot

Aufgrund von Art. 23 des französischen Insolvenzgesetzes (Loi Nr. 85-98) kann das Insolvenzgericht die Unübertragbarkeit bezüglich der Aktien, Gesellschaftsanteile und Stimmrechte zwangsweise (incessibilité forcée) anordnen. Die Vorschrift enthält die Rechtsgrundlage für das Insolvenzgericht, ein gerichtliches Abtretungsverbot anzuordnen [390]. Dasselbe gilt auch für die insolvenzrechtliche Entziehung der Verfügungsbefugnis [391].

4. Rechtsgeschäftliche Abtretungsverbote

Bei den rechtsgeschäftlichen Übertragungshindernissen kann zwischen den vertraglichen Abtretungsverboten im engeren Sinn und den vertraglichen Veräußerungsverboten unterschieden werden. Die Analyse der vertraglichen Abtretungsverbote steht vor der Schwierigkeit, daß die Verbreitung vertraglicher

---

[387] Cashin-Ritaine, Les cessions contractuelles, S. 346.

[388] Cashin-Ritaine, Les cessions contractuelles, S. 347.

[389] Civ. 29 mars 1950 D.1950.593, note Carbonnier; Civ.1er, 10 mai 1955, D.1955.484; TGI Bayonne, 2 oct. 1973 JCP 1974.II.17604.

[390] Siehe unten Kap. 2 B IV.4.b.

[391] Siehe oben Kap. 2 B III 2.c.

Abtretungsverbote in der Praxis nur sehr schwer feststellbar ist und es auf der anderen Seite fast keine Untersuchungen dazu in der rechtswissenschaftlichen Literatur gibt [392].

a Vertragliche Abtretungsverbote

Die vertraglichen Abtretungsverbote können grundsätzlich individualvertraglich oder als allgemeine Vertragsbestimmung (condition générale) vereinbart werden. Grundsätzlich ist ein vertragliches Abtretungsverbot im Rahmen der Vertragfreiheit (liberté contractuelle) gem. Art. 1134 Code Civil möglich. Eine besondere Regelung für die Vereinbarung vertraglicher Abtretungsverbote gibt es im Abtretungsrecht der Art. 1689 ff. Code Civil nicht. Allerdings enthält Art. 1717 Code Civil die Regelung, daß im Mietrecht Abtretungsverbote vereinbart werden können, die dann zwingend wirken [393].

Die Auswirkungen einer verbotswidrigen Abtretung sind nicht ausdrücklich geregelt. Es stellt sich daher die entscheidende Frage, ob vertragliche Abtretungsverbote eine absolute (erga omnes) oder nur eine relative Wirkung (inter partes) haben. Für eine absolute Wirkung des vertraglichen Abtretungsverbots spricht, daß die Parteien und von diesen insbesondere der Schuldner als Rechtsfolge die Unwirksamkeit der verbotswidrigen Abtretung gegenüber allen, also auch außerhalb der cession stehenden Dritten wollen.

Da die Übertragung nach französischem Recht aber erst durch die Erfüllung der Voraussetzungen der Drittwirksamkeit gegenüber Dritten wirksam wird, führt eine verbotswidrige Abtretung zunächst nur zu einer relativen Unwirksamkeit der cession inter partes. Ein vertragliches Abtretungsverbot untersagt daher nicht die Herbeiführung der Drittwirksamkeit zwischen Zedent und Zessionar gegenüber dem Schuldner, sondern führt lediglich zur Unwirksamkeit der Übertragung zwischen Zedent und Zessionar. Vertragliche Abtretungsverbote werden üblicherweise erst dann zu einem Problem des Forderungsverkehrs, wenn sie branchenweit zwischen Zedent und Schuldner vereinbart werden. Soweit der Schuldner als ein mit Einschränkungen zu betrachtender Dritter im Verhältnis zu Zedent und Zessionar ist, stellt sich hier daher die Frage, wie die Verbotswirkung des vertraglichen Abtretungsverbots zwischen Schuldner und Zedent auf den Zessionar und andere Dritte erstreckt werden kann [394].

Wenn ein absolut wirkendes Abtretungsverbot die Unwirksamkeit der cession gegenüber Dritten und insbesondere dem Zessionar herbeiführen soll, müßte es beispielsweise zwischen dem Schuldner und dem Zessionar vereinbart werden. Dem Schuldner dürfte jedoch die cession selbst geschweige denn der Zessionar einer beabsichtigten cession bekannt sein. Außerdem hat der Zessionar an einem Abtretungsverbot auch kein Interesse, so daß allenfalls noch eine Konstruktion in Betracht kommt, wonach der Zedent gegenüber dem Schuldner verpflichtet ist, die Publikation zu unterlassen. Das hat aber nur dort Sinn, wo der Zedent die Publikation in der Hand hat. Sobald der Zessionar berechtigt ist, beispielsweise die cession im

392 Goergen, Das Pactum de non cedendo, S.139 mwN.

393 Siehe oben Kap. 2 B IV 1.b.

394 Zu den Einschränkungen des Schuldners als Dritter (tiers) im Sinne von Art. 1690 CC vgl. oben Kap. 2 A III 3.b.

Wege der signification dem Schuldner bekannt zu geben, führt auch diese Konstruktion nicht zu einer absoluten Wirkung des vertraglichen Verbots.

Hinsichtlich der Drittwirksamkeit hat der Schuldner zumindest teilweise selbst die Möglichkeit, deren Herbeiführung zu verhindern. Er ist nicht verpflichtet, an der acceptation gem. Art. 1690 al. 2 CC mitzuwirken. Allerdings kann die Weigerung des Schuldners, Kenntnis von der signification gem. Art. 1690 al. 1 CC zu erlangen, an der er nicht mitwirkt, ggf. treuwidrig sein.

Vertragliche Abtretungsverbote untersagen jedoch regelmäßig nicht das Herbeiführen der Drittwirksamkeit durch Publikation, sondern die Übertragung der Forderung. Deshalb haben sie nur relative Wirkung zwischen Schuldner und Zedent und lösen bei verbotswidriger Forderungsübertragung lediglich einen Schadensersatzanspruch des Schuldners gegenüber dem Zedenten aus. Dies ist Folge des Konsensprinzips und des Publikationsmodells und vom Code Civil gewollte Konsequenz einer hohen Rechtssicherheit. Der Machtkampf der Praxis spielt sich folglich auch nicht in diesem Bereich ab, sondern im Wettbewerb [395].

b Die Entscheidung der Cour de Cassation vom 21. November 2000

Der französische Revisionsgerichtshof hat sich soweit ersichtlich in zwei Entscheidungen mit der Thematik der vertraglich vereinbarten Abtretungsverbote und ihrer rechtlichen Tragweite befaßt. Bei der ersten Entscheidung handelt es sich um ein 150 Jahre zurückliegendes Urteil aus dem Jahre 1853 [396]. In dem zu entscheidenden Fall hatte die Vorinstanz die verbotswidrige Abtretung durch den Zedenten für unwirksam erklärt. Die Cour de Cassation hob diese Entscheidung mit der Begründung auf, daß Verfügungs- und Veräußerungsbeschränkungen dieser Art unzulässig seien [397].

Erst in jüngster Zeit, nämlich am 21. November 2000 hatte die Cour de Cassation wieder Gelegenheit, sich zur Problematik der rechtsgeschäftlichen Abtretungsverbote zu äußern. Diesmal handelte es sich jedoch nicht um eine cession civile nach Art.1689 ff. Code Civil, sondern um die Abtretung einer Forderung nach den Vorschriften der Loi Dailly. Die Vorinstanz, die Cour d'Appel de Paris, hatte zuvor entschieden, daß der Schuldner der abgetretenen Forderung dem Zessionar das vertragliche Abtretungsverbot aus dem forderungsbegründenden Schuldverhältnis zwischen Schuldner und Zedent entgegenhalten könne. Bei dem vertraglichen Abtretungsverbot handelte es sich um ein Verbot der Gläubigerauswechslung (clause d'exception de substitution) [398].

Dieser Auffassung hat sich die Cour de Cassation unter Aufhebung der angefochtenen Entscheidung der Cour d'Appel de Paris entgegengestellt. Der französische Revisionsgerichtshof stützt sich bei seiner Entscheidung auf den Relativitätsgrundsatz (relativité de contrat) und betonte mit eindeutiger Klarheit, daß die relative Wirkung der Verträge überwiegt. Ein vertragliches Abtretungsverbot

---

395 Dazu sogleich nachstehend Kap. 2 B IV 4. c.

396 Cour de Cass. D.1853.1.19f.

397 Goergen, Das Pactum de non cedendo, S.144 mwN.

398 CA Paris 26 jan. 1996, DA 1996, p.352.

könne dem Zessionar nicht entgegengehalten werden, da dieser nicht am forderungsbegründenden Schuldverhältnis beteiligt gewesen sei [399].

c Das Veräußerungsverbot des Art. 900-1 Code Civil

Die sogenannte clause d'inaliénabilité des Art. 900-1 CC greift in den Grundsatz der allgemeinen Verfügungsfreiheit (principe de la libre disposition) über die eigenen Güter ein. Das Veräußerungsverbot bezieht sich auf Güter, die Gegenstand von Verfügungen unter Lebenden oder von Todes wegen sein können. Es ist nur wirksam, wenn es zeitlich beschränkt ist und einem legitimen Interesse entspricht. Neben der vertraglichen Unveräußerbarkeit des Gutes ist weitere wichtige Folge der clause d'inaliénabilité, daß während der Dauer ihrer Vereinbarung das betroffene Gut nicht Gegenstand eines zwangsvollstreckungsrechtlichen Zugriffs sein kann [400].

d Anwendungsbereiche

Zwei wichtige Anwendungsbereiche für vertragliche Abtretungsverbote sind das Vertriebsrecht (droit de la distribution) und die Vergabe von Aufträgen an Subunternehmer (sous-traitance) neben verschiedenen Einzelfällen im bürgerlichen Recht.

aa Vertriebsrecht

Im Vertriebsrecht (droit de la distribution) können Abtretungsverbote individualvertraglich oder als allgemeine Vertragsbestimmung vereinbart werden. Einem etwaigen Mißbrauch könnte vor dem Hintergrund des Mißbrauchs von Marktmacht und wirtschaftlichen Positionen theoretisch auch die Rechtsprechungzum abus de droit oder zum abus de puissance économique neben speziellen Normen als Korrektiv begegnen [401]. Zu einer solchen Entwicklung ist es im französischen Recht indessen nicht gekommen, denn durch das Ausweichen der französischen Rechtspraxis auf alternative Formen der Forderungsübertragung und Finanzierung hat sich die Problematik des Mißbrauchs wirtschaftlicher Machtpositionen auf einen anderen Bereich als den des Forderungsverkehrs verlagert [402].

In diesem Machtkampf um wirtschaftliche Vormachtstellungen geht es um Fragen der Konkurrenz und der Zusammenarbeit zwischen Vertrieb und Lieferanten oder Dienstleistern. Dem Mißbrauch wirtschaftlicher Positionen wird hier einmal durch die Rechtsprechung zum abus de droit begegnet. Zum anderen gibt es unterschiedliche Spezialnormen wie etwa Art. 8 der Ordonnance du 1er déc.1986, wonach der Abbruch von Handelsbeziehungen unzulässig ist, wenn er nur deshalb erfolgt, weil der Partner sich nicht ungerechtfertigten Bedingungen unterwerfen will [403]. Allerdings

---

399 Cass.Com., 21 nov. 2000, D.2001.123, obs. Valérie Avena-Robardet.

400 Cass.Civ 1er, 15 juin 1994, D.1995.342, note Leborgne.

401 Vgl. zu dieser Rechtsprechung unten Kap. 2 B V.

402 Siehe unten Kap. 2 C.

403 Ferrier, Droit de la distribution, Rdnr. 293; André, Les contrats de la grande distribution, Rdnrn. 253 ff.

kann im Vertriebsrecht der Franchisegeber mit dem Franchisenehmer in einem Verhältnis der sous-traitance stehen, so daß die Abtretungsverbote der sous-traitance Anwendung finden [404]. Eine weitere Ausnahme betrifft die cession de contrat und die mit ihr verbundenen Abtretungsverbote, die zum Tragen kommen, wenn es um die Beendigung des Vertragsverhältnisses zwischen Handelsvertreter und Vertriebsunternehmen geht [405].

Im Bereich der unterschiedlichen Vertriebsorganisationen, insbesondere auch des selektiven Vertriebs, kommt es häufig zur Verweigerung des Verkaufs oder der Lieferung (refus de vente) an einen bestimmten Vertrieb. Hier gewinnen Abtretungsverbote in Form der indisponibilité insofern Bedeutung, als nur in Fällen materieller oder rechtlicher indisponibilité die Verweigerung des Verkaufs gestattet ist. Im übrigen ist die Verweigerung unzulässig [406].

bb Subunternehmerverhältnis (sous-traitance)

Im Bereich der Subunternehmerverhältnisse (sous-traitance) kann die Unübertragbarkeit der Forderungen des Subunternehmers oder Vorlieferanten (sous-traitant) durch ein vertragliches Abtretungsverbot vereinbart werden. Dabei spielt es keine Rolle, ob dieses Abtretungsverbot zugleich als allgemeine Vertragsbestimmung vereinbart wurde, da hieraus im gewerblichen Bereich der sous-traitance kein besonderer Schutz über die Klauselkontrolle folgt [407]. Aus den gleichen Gründen wie im Vertriebsrecht haben auch hier vertragliche Abtretungsverbote unter dem Aspekt mißbräuchlicher Verwendung soweit ersichtlich keine weitere Bedeutung erlangt.

cc Sonstige Fälle

Im Gesellschaftsrecht sind die Anteile grundsätzlich übertragbar, Art. 1843-4 Code Civil. Ihre Übertragbarkeit kann jedoch im Gesellschaftsvertrag ausgeschlossen werden. Für die bürgerliche Gesellschaft (société civile) setzt dies gem. Art 1861 Code Civil jedoch die Zustimmung aller Mitgesellschafter voraus. Diese Zustimmung ist als gleichgerichtete Willenserklärung der Gesellschafter letztlich eine vertragliche Vereinbarung im Sinne von Art. 1134 Code Civil [408]. Die vertraglichen Veräußerungsverbote des Sachenrechts fallen nicht unter die rechtsgeschäftlichen Abtretungsverbote. Für Immobilien sind sie nur wirksam, wenn sie nach den Kriterien der Rechtsprechung zulässig sind und im Grundstücksregister publiziert wurden [409]. Soweit es um die rechtsgeschäftliche Untersagung der Übertragung von Mobilien geht, genießen die gutgläubigen Erwerber mit gewissen Einschränkungen den Schutz des Art.2279 Code Civil [410].

---

404 Ferrier, Droit de la distribution, Rdnr. 654; André, Les contrats de la grande distribution, Rdnr 461.

405 Ferrier, Droit de la distribution, Rdnr. 158; André, Les contrats de la grande distribution, Rdnrn. 540 ff.

406 Ferrier, Droit de la distribution, Rdnr. 485.

407 Vgl.im Einzelnen dazu Kap. 2 C.

408 Bénabent, Droit Civil, Rdnrn. 54 ff.

409 Ferid, Das französische Zivilrecht, Band 1, Rdnrn. 1 C 32 b, 3 A 152 ff.

410 Ferid, Das französische Zivilrecht, Band 1, Rdnrn. 1 C 32 b, 3 A 160.

5. *Sonderfall cession de contrat*

Die dogmatische Behandlung hat Vorbildfunktion für die Systematisierung sowohl des Abtretungsrechts als auch des Rechts der Übertragungshindernisse [411]. Auch wenn im folgenden von der Vertragsübertragung gesprochen wird, so ist bei dieser Terminologie zu beachten, daß bei der cession de contrat nicht der Vertrag als solcher, sondern sämtliche einzelnen vertraglichen Rechtsbeziehungen übertragen werden, die in ihrer Gesamtheit den Vertrag ausmachen [412]. Nach der überwiegenden Ansicht wird nicht der Vertrag als solcher übertragen. Vielmehr werden die einzelnen Rechtspositionen eines Vertrages nach Forderungen und Verbindlichkeiten getrennt übertragen. Die Übertragung der Forderungen erfolgt im Wege der cession de créance, während die Verpflichtungen und Verbindlichkeiten mit Hilfe der délégation übertragen werden [413].

Die cession de contrat ist sowohl gesetzlich als auch vertraglich möglich (cession de contrat légale – conventionnelle). In beiden Fällen können gesetzliche oder vertragliche Übertragungshindernisse (incessibilité légale – conventionnelle) der Übertragung des Vertrages entgegenstehen [414]. Die Übertragungshindernisse der cession de contrat können außerdem auf der Rechtsnatur des Vertrages, vor allem auf Höchstpersönlichkeit (intuitus personae) beruhen [415]. In ihrer Wirkung gleichen sich diese Übertragungshindernisse. Sie sperren die cession de contrat. Anders verhält es sich dagegen mit den Zustimmungsklauseln (clause d'agrément), die als modifizierte Abtretungsverbote die Übertragung nur hindern, solange die Zustimmung versagt bleibt [416]. Während die Unübertragbarkeit aufgrund Höchstpersönlichkeit jedoch dem jeweiligen Vertrag immanent ist, erfolgt die Vereinbarung oder gesetzliche Anordnung eines Abtretungsverbots (incessibilité légale – conventionnelle) von außen [417].

Daß nach ständiger Rechtsprechung die Übertragung von Schulden (cession de dette) im Rahmen einer cession de contrat nicht ohne Zustimmung des Gläubigers von statten gehen kann, führt jedoch noch nicht zu einem richterlichen Abtretungsverbot der cession de contrat [418]. Durch dieses Erfordernis der Zustimmung wird erst die für die Konstruktion der cession de contrat notwendige Anerkennung der cession de dette ermöglicht, ohne daß es eines weiteren Vertrages bedarf [419]. Allerdings wird dadurch die cession de dette der délégation stark angenähert. Die wichtigsten Fälle der gesetzlichen Übertragungshindernisse einer cession de contrat sind im Miet- und Pachtrecht in Art. 831, 832 Code rural und Art. 78 Loi du 1er sept.1948 verankert. Mit der Unübertragbarkeit derartiger Pacht- und Mietverträge wird sowohl eine Unteilbarkeit der Verträge auf außerhalb der Vertragsverhältnisse stehende Personen als auch eine Höchstpersönlichkeit im Sinne der intuitus familiae anerkannt [420].

---

411 Siehe oben Kap. 2 A III 1.
412 Aynès, La cession de contrat, S. 8.
413 Bénabent, Droit Civil, Rdnrn. 257, 765; Siehe oben Kap. 2 A III 1.d.
414 Rieg, Rép.Civ., Cession de contrat, Rdnrn.1 ff.
415 Aynès, La cession de contrat, S. 244 ff.
416 Aynès, La cession de contrat, S. 255.
417 Aynès, La cession de contrat, S. 247.
418 Cass.com., 6e mai 1997, Bull. Civ. IV Nr. 117.
419 Aynès D.1998 chronique 25.
420 Aynès, La cession de contrat, S. 244 f.; Vgl. bereits oben Kap. 2 B IV 2.

Von den allgemein möglichen vertraglichen Abtretungsverboten sind die Zustimmungsklauseln (clause d'agrément) abzugrenzen. Durch die fehlerhafte Übertragung also unter Außerachtlassen der Voraussetzungen einer wirksamen cession de contrat wird der Vertrag aufgelöst (résiliation). Grundlage hierfür ist die sogenannte Zustimmungsklausel. Ein Vertrag, der mit einer derartigen Klausel versehen ist, bleibt ohne weiteres übertragbar [421].

V Die Grenzen der Abtretungsverbote

Die Übertragungshindernisse und unter ihnen besonders die Abtretungsverbote sind auch Grenzen unterworfen. Während für die gesetzlichen und hoheitlichen Übertragungshindernisse die Grenzen in der Gesetz- und Rechtmäßigkeit liegen, gibt es für vertragliche Abtretungsverbote unterschiedliche Beschränkungen.

1. Zu den Grenzen der vertraglichen Abtretungsverbote

Die Grenzen der Vertragsfreiheit gelten auch für die privatautonom vereinbarten Abtretungsverbote. Ausdruck dieser Grenzen ist einmal der kodifizierte Grundsatz des ordre public in Art. 6 Code Civil und zum anderen die zahlreichen spezialgesetzlichen Bestimmungen des zwingenden Rechts, die sogenannten lois impératives [422]. Dieselben Grundlagen, die zu richterlichen Abtretungsverboten führen können, stehen auch für die richterliche Kontrolle der Abtretungsverbote selbst zur Verfügung.

Auch Abtretungsverbote können Ausdruck eines vertraglichen Mißverhältnisses sein. Dies gilt insbesondere für den Bereich der rechtsgeschäftlichen Abtretungsverbote, die als Vertragsklauseln Eingang in Verträge gefunden haben. Die vertraglichen Abtretungsverbote müssen wie alle rechtsgeschäftlichen Vereinbarungen den allgemeinen Wirksamkeitsanforderungen der Art. 1101 ff. Code Civil genügen. Besondere Anforderungen können sich daneben aus Spezialgesetzen ergeben. Handelt es sich um allgemeine Vertragsbestimmungen, so sind außerdem die Regeln des Verbrauchergesetzbuches über die Klauselverbote zu beachten.

2. Die Rechtsprechung zum abus de droit

Die Rechtsprechung zum abus de droit hat über den Bereich der Entwicklung des liberalen Zivilrechts des 19. Jahrhunderts hin zu einem sozialverträglichen Zivilrecht heutigen Zuschnitts auch Bedeutung für die Übertragungshindernisse erlangt. Insbesondere im Vertriebsrecht aber auch im Recht der allgemeinen Geschäftsbedingungen hat diese Rechtsprechung unter dem Begriff des Mißbrauchs wirtschaftlicher Machtpositionen (abus de puissance économique / position dominante) [423] und unter dem Begriff der im Verbrauchergesetzbuch zusammengefaßten rechtsmißbräuchlichen Klauseln (clauses abusives) Grenzen etabliert [424].

---

421 Aynès, La cession de contrat, S. 243.
422 Bénabent, Droit Civil, Rdnr. 140.
423 Bénabent, Droit Civil, Rdnrn. 6, 176.
424 Witz-Wolter ZEuP 1995, 35 ff.

In der französischen Rechtsprechung wurde unter dem Aspekt des Mißbrauchs wirtschaftlicher Macht soweit ersichtlich weder ein allgemein verbindlich gewordenes richterliches Abtretungsverbot noch die Einschränkung desselben entwickelt. Das schließt es jedoch nicht aus, die von der Rechtsprechung entwickelten Grenzen wirtschaftlicher Macht auch auf den Forderungsverkehr zu übertragen.

3. Wirksamkeit der clause d'inaliénabilité

Die Veräußerungsbeschränkung in Form einer sogenannten clause d'inaliénabilité betrifft in erster Linie die Übertragung dinglicher Rechte und ist nur zulässig, wenn ein berechtigtes Interesse an ihr besteht, sie zeitlich begrenzt ist und aus Anlaß der Übertragung des Rechts vereinbart wurde. Im Erb- und Schenkungsrecht richtet sich die Wirksamkeit außerdem nach Art. 900-1 Code Civil [425]. Gem. Art. 900 Code Civil gilt jede gesetz- oder sittenwidrige clause d'inaliénabilité als nicht geschrieben und damit unwirksam. Nach Art. 900-8 Code Civil gilt eine Klausel als nicht geschrieben, durch die der Verfügende die Verfügungsfreiheit desjenigen beschränkt, der die Wirksamkeit einer clause d'inaliénabilité einwendet oder die Befugnis zur Veräußerung verlangt [426].

4. Klauselkontrolle nach dem Code de la consommation

Die gerichtliche Kontrolle allgemeiner Geschäftsbestimmungen erfaßt nach ständiger Rechtsprechung der Cour de Cassation ausschließlich die Verwendung von Klauseln gegenüber privaten Vertragspartnern. Gewerbliche Vertragspartner können den Schutz des Verbrauchergesetzbuches grundsätzlich nicht beanspruchen [427]. Die Rechtsprechung hat jedoch Ausnahmen zugelassen. Danach konnten zunächst die Gewerbetreibenden, die zwar gewerblich handeln aber mangels Spezialisierung ihrem Vertragspartner jedenfalls kaufmännisch unterlegen sind, dem Verbraucher angenähert werden. Beispielsweise wurde danach die Einordnung gewerblich Tätiger als Verbraucher für Landwirte anerkannt, dagegen für Versicherungsagenten abgelehnt [428]. Heute stellt die Rechtsprechung für die Anwendbarkeit der verbraucherrechtlichen Klauselkontrolle ganz allgemein auf die direkte oder indirekte Beziehung des Vertrages zur gewerblichen Tätigkeit des Vertragspartners ab.

Abtretungsverbote und sonstige Übertragungshindernisse können unter die Generalklausel des Art. L. 132-1 Code de la consommation fallen und unwirksam sein, wenn sie als allgemeine Vertragsbestimmung den Zweck haben, den Verbraucher zu benachteiligen und in einem deutlichen Mißverhältnis des vertraglichen Rechte- und Pflichtengefüges stehen [429]. Ein konkretes Verbot von Abtretungsverboten enthält der im Annex zu dieser Vorschrift aufgestellte Katalog nicht. Allerdings wird als mißbräuchliche Klausel der Fall angesehen, in dem sich der gewerbliche Verwender die Möglichkeit der cession de contrat vorbehält [430].

---

425 Mercadal-Macqueron, Droit des affaires, Rdnr. 218.
426 Simler D.1971.L. 416-1 ff.
427 Cass.Civ.1er, 24 jan.1995, Bull.Civ., I, Nr. 54, D.1995.327, note Paisant.
428 Cass.Civ.1er, 28 avril 1987, Grands arrêts du droit des affaires Nr. 4, obs. Izorche.
429 Bénabent, Droit Civil, Rdnrn. 171 ff.
430 Annexe au Code de la consommation, clauses visées à l'art. 132-1, lit.p.

5. *Ausblick*

Eine beachtliche Folge dieser komplexen Struktur und Systematik der Übertragungshindernisse, insbesondere der aufwendigen Publikation und der hohen Bestimmtheitsanforderungen, aber auch der Grenzen möglicher vertraglicher Abtretungsverbote ist das Ausweichen der Praxis auf andere Rechtsinstitute außerhalb des klassischen Abtretungsrechts des Code Civil. Allen voran haben die Globalzession aufgrund der Loi Dailly und die subrogation des Code Civil massive Bedeutung im Bereich des gewerblichen Forderungsverkehrs und dort vor allem für das Factoring (affacturage) erlangt. Allerdings gelingt durch dieses Ausweichen nicht die gänzliche Loslösung vom Abtretungsrecht, da manche Übertragungshindernisse auch die Forderungsübertragung im Wege der alternativen Möglichkeiten sperren können [431].

C *Kritische Analyse der alternativen Übertragungsmöglichkeiten*

Die Besonderheit des französischen Abtretungsrechts ist die Vielfalt der normierten Übertragungsmöglichkeiten. Über die klassische cession des Code Civil hinaus gibt es spezielle Rechtsverordnungen und Gesetze sowie andere Rechtsinstitute des Code Civil, die die Forderungsübertragung ermöglichen. Grundsätzlich stehen diese Möglichkeiten für jede Forderungsübertragung zur Verfügung, wenn die Voraussetzungen erfüllt werden können [432].

Das Abtretungsrecht des Code Civil ist den Anforderungen des modernen Forderungsverkehrs vor allem im kaufmännischen und gewerblichen Bereich nicht mehr gerecht geworden. Die Ursache dafür liegt unabhängig von der Einordnung der Formvorschriften als übertragungshindernd nicht ausschließlich bei den Übertragungshindernissen, sondern bei der Konzeption der Art.1689 ff. Code Civil und insbesondere der Notwendigkeit der Publikation [433]. Das Bedürfnis nach Vereinfachung und Beschleunigung machte nicht nur eine Befreiung von den aufwendigen Formvorschriften erforderlich, sondern auch eine Stärkung der Position des Zessionars. Obwohl gerade die Publikationsanforderungen größtmögliche Rechtssicherheit boten, galt die Rechtsposition des Zessionars im Hinblick auf die gesetzliche Garantie des Zedenten und den Einwendungsdurchgriff des Schuldners als unsicher und schwach. Auch diese Nachteile waren also zu überwinden [434].

Die Bedeutung des modernen Forderungsverkehrs liegt außerdem in der Liquidierbarkeit von zukünftigen oder noch nicht fälligen Forderungen. Obwohl in Frankreich die üblichen Zahlungsziele für Lieferungen und Leistungen in 60 bis 90 Tagen abweichend von manchen anderen europäischen Staaten überwiegend eingehalten werden, besteht ein reges wirtschaftliches Interesse an der Liquidierung vor diesen Zahlungszielen [435]. Dabei bereitet die Einordnung der alternativen Übertragungsmöglichkeiten nach ihrer Rechtsnatur Schwierigkeiten. Das hat seinen Grund neben der Vielfalt der Übertragungsmöglichkeiten auch in der traditionellen Nähe der Forderungsübertragung zum Wertpapierrecht und in der inzwischen durch

---

431 Siehe Kap. 2 C.
432 Terré-Simler-Lequette, Droit civil, Rdnr. 1177.
433 Vgl. oben Kap. 2 B I 2.
434 Cabrillac, Droit des obligations, Rdnr. 418.
435 Bénabent, Droit Civil, Rdnr. 723.

die ausdrückliche Regelung in Art. 1-1er Loi Dailly gesetzlich verankerten Sicherungszession (cession à titre de garantie) [436].

Auf der Suche nach Auswegen mußte auch das in den USA entwickelte Factoring (affacturage), das seit 1960 auch in Frankreich praktiziert wurde, Eingang in die französische Rechtsordnung finden. Die wirtschaftliche Bedeutung des Factoring in Frankreich entsprach 1993 einem Umsatz von 100 Mrd. FF mit steigender Tendenz. Problematisch war die rechtliche Umsetzung dieser aus dem anglo-amerikanischen Rechtsraum stammenden Finanzierungsmöglichkeit, die im französischen Recht keine Entsprechung hatte [437]. Die Rechtsfortbildung im französischen Zessionsrecht ist gekennzeichnet von einer stufenweisen, aber letztlich nicht vollständigen Befreiung von den tradierten Formzwängen des Code Civil, die sich zum Beispiel in der Aufrechterhaltung der Listenabtretung (cession par bordereau) zeigen. Insgesamt sind im Zessionsrecht außerhalb der Art. 1689 ff. CC zwei große Linien erkennbar. Zunächst hat der Normgeber außerhalb des Code Civil Spezialnormen erlassen, durch die alternative Übertragungsmöglichkeiten geschaffen wurden. Parallel dazu ist die Rechtspraxis auf andere nicht originär übertragungsspezifische Rechtsinstitute des Code Civil ausgewichen.

Die Kritik an dieser Entwicklung muß daher sowohl an der Konzeption der klassischen cession des Code Civil als auch an den aktuellen Problemen der alternativen Übertragungsmöglichkeiten ansetzen. Klärungsbedürftig ist außerdem, inwieweit die bestehenden Übertragungshindernisse bei den alternativen Übertragungsmöglichkeiten zum Tragen kommen.

I Maßnahmen des Verordnungs- und Gesetzgebers

Der Verordnungsgeber hat bereits 1967 reagiert und die Ordonnance Nr. 67-838 erlassen. Nachdem diese Verordnung von der Praxis nicht angenommen wurde, ist sie durch die Loi Nr. 81-1, die nach ihrem Schöpfer benannte Loi Dailly, abgelöst worden. Der Entwurf dieses Gesetzes stammte von dem Senator Étienne Dailly [438].

Beide Sondernormen sind nur für den speziellen Anwendungsbereich der Übertragung beruflich veranlaßter Forderungen (créances professionnelles) im Massenverkehr mittels Listen (bordereau) geschaffen worden. Während die Ordonnance von 1967 erst eine geringe Loslösung von der cession der Art. 1689 ff. Code Civil darstellt, ging die Regelung in der Loi Dailly von 1981 sogar noch über den Gesetzentwurf hinaus, ohne daß damit die Abtretung von allen Formalitäten befreit worden wäre [439].

1. Die Ordonnance von 1967

Mit dem Erlaß der Ordonnance Nr. 67-838 vom 28.09.1967 stand zum ersten Mal eine normierte Alternative zum herkömmlichen Abtretungsrecht des Code Civil zur Verfügung. Die Ordonnance ist kein Gesetz im formellen Sinn. Das Parlament hat

---

436 Malaurie-Aynès, Droit Civil, Tome VI, Rdnr. 1205.
437 Rives-Lange – Contamine-Raynaud, Droit bancaire, Rdnrn. 581 f.
438 Bertel – Couliboeuf – Saint-Alary, Relations entreprises-banques, Rdnr. 1200.
439 Mezger RIW 1981, 213.

seine Gesetzgebungskompetenz in diesem Fall der Exekutive übertragen, die durch den Erlaß der genannten Ordonnance davon Gebrauch gemacht hat [440]. Von der Ordonnance Nr. 67-838 sind heute nur noch die Art. 25-30 in Kraft, die die Kreditbereitstellung betreffen. Im übrigen wurde sie durch die Loi Dailly und weitere Gesetze außer Kraft gesetzt. Die Ordonnance diente insgesamt der Reform der Kreditvergabe gegenüber Unternehmen [441].

Der Anwendungsbereich der Ordonnance Nr. 67-838 war beschränkt. Sie erfaßt ausschließlich die Abtretung von Rechnungen, die für eine Warenlieferung, Werk- oder Dienstleistung ausgestellt wurden [442]. Im ersten Titel der Ordonnance Nr. 67-838 wurde eine protestable Rechnung (facture protestable) geschaffen. Jede Rechnung konnte nur eine Forderung enthalten. Mehrere Forderungen konnten aber durch Zusammenfassung der entsprechenden Rechnungen in protestablen Listen (bordereaux protestables) übertragen werden [443]. Der Übertragung dieser Rechnungen oder Listen gingen zwei Stufen voraus, die die zu übertragende Rechnung oder Liste erreichen mußte. Zuerst mußte die Forderung in Form der Rechnung oder Liste protestfähig werden (1. Stufe), um danach übertragbar zu werden (2. Stufe) damit anschließend die eigentliche Übertragung im Wege der Übergabe (remise) der Rechnung oder Liste an den Zessionar stattfinden konnte [444].

Die Protestfähigkeit erreichten die Rechnungen oder Listen gem. Art. 1 und Art. 2 der Ordonnance Nr. 67-838 dadurch, daß der Schuldner innerhalb von 14 Tagen weder Widerspruch noch Vorbehalt erklärte. Danach war die Rechnung protestabel (facture protestable), das heißt regreßfähig [445]. Die nunmehr protestable Rechnung oder Liste erlangte ihre Übertragbarkeit (transmissibilité) gem. Art. 5 der Ordonnance Nr. 67-838 jedoch erst durch die Erfüllung weiterer Formalitäten. Die protestablen Rechnungen mußten in zweifacher Ausfertigung erstellt, numeriert und mit einem Übertragungsvermerk (mention de transmissibilité) versehen werden [446].

Damit handelt es sich bei der protestablen Rechnung um eine vereinfachte Form eines (Waren-) Wechsels, der im französischen Recht nicht der Annahme durch den Schuldner bedarf. Wechseltypisch ist neben der Protestfähigkeit insbesondere der Übertragungsvermerk, der dem Indossament sehr nahe kommt; einer wechselrechtlichen Annahme bedurften die protestablen Rechnungen jedoch nicht. Mit der Beschränkung auf bestimmte Forderungen hat die Ordonnance Nr. 67-838 also insgesamt ein handelsrechtliches Wertpapier geschaffen [447].

Der entscheidende Vorteil gegenüber der cession der Art. 1689 ff. Code Civil war neben der Vereinfachung der Formalitäten, daß nun auch mehrere Forderungen statt nur einer Forderung Gegenstand der Übertragung sein konnten. Dennoch hat sich die Übertragung von Forderungen im Wege der protestablen Rechnung nach der Ordonnance Nr. 67-838 nicht durchgesetzt, denn die Formalitäten waren insgesamt weder wesentlich billiger noch wesentlich einfacher und die protestablen

440 Sonnenberger-Schweinberger, Einführung in das französische Recht, Rdnr. 4.
441 Becqué – Cabrillac – Rives-Lange D.1968.chron. 2131.
442 Rieg, Rep.Civ., Cession de créance, Rdnr. 337.
443 Rieg, Rep.Civ., Cession de créance, Rdnrn. 336 ff.
444 Rieg, Rep.Civ., Cession de créance, Rdnr. 338.
445 Rieg, Rep.Civ., Cession de créance, Rdnr. 337.
446 Rieg, Rep.Civ., Cession de créance, Rdnr. 337.
447 Becqué – Cabrillac – Rives-Lange Rév.trim.dr.com.1967.1110 Rnr. 8; Becqué – Cabrillac – Rives-Lange JCP 1968.I.2131.

Rechnungen boten im Vergleich zu Wechseln keine höhere Sicherheit. Der entscheidende Vorteil der Übertragung mehrerer Forderungen gegen einen Schuldner konnte das nicht aufwiegen, so daß die Ordonnance 67-838 praktisch nur selten angewandt wurde [448].

Weitere Nachteile lagen außerdem in der beschränkten Anwendbarkeit der neuen Übertragungsmöglichkeiten. Gem. Art. 6, 7 der Ordonnance Nr. 67-838 konnten nur die eingangs erwähnten Forderungen und diese nur an Banken oder Finanzinstitute (établissements financiers) und insgesamt nur zweimal übertragen werden. Außerdem blieb dem rediskontierenden Institut der Rückgriff gegen das abtretende Kreditinstitut versagt [449].

2. Die Loi Dailly von 1981

Anknüpfungspunkt für die Neuregelung der spezialgesetzlichen Übertragung von Forderungen war die Ordonnance Nr. 67-838, die von der Praxis nicht angenommen wurde. Mit dem Vorstoß, den der Senator Dailly 1980 wagte, sollte nicht nur die Forderungsübertragung sondern auch die Verpfändung von Forderungen weiter vereinfacht werden. Daß neben die Übertragung nun auch die Verpfändung von Forderungen trat, liegt in der besonderen Nähe von Abtretung und Verpfändung im französischen Recht. Die Verpfändung in Art. 2075 Code Civil ist der cession in Art. 1689 Code Civil vor allem im Bereich der Publikation recht verwandt und wurde auch in der Loi Dailly in ebenfalls vereinfachter Form in Art. 1 vorgesehen [450].

Die Loi Dailly ist kurz nach dem Gesetz über den Eigentumsvorbehalt (Loi Nr. 80-335 du 12 mai 1980) verabschiedet worden [451]. Mit diesem Gesetz wurde die Wirksamkeit und damit auch die Konkursfestigkeit des Eigentumsvorbehalts (réserve de propriété) im französischen Recht verankert. Der Eigentumsvorbehalt ist damit im Gegensatz zu bestimmten Vorrechten (privilège), wie etwa die Vorrechte des Verkäufers in den Art. 2102-4, 2103-1, 2108 Code Civil, konkursfest [452].

Beide Gesetze stehen in einem übergeordneten Zusammenhang mit weiteren Gesetze aus den Jahren 1980 und 1981, die insgesamt eine Erneuerung des Handelsrechts bedeuteten [453].

Die Loi Dailly stellte sich insgesamt als eine gelungene Neuregelung dar, mußte allerdings drei Jahre nach ihrem Inkrafttreten durch die Loi bancaire Nr. 84-46 ergänzt werden, durch die insbesondere die Unklarheiten zwischen der Loi Dailly und dem Gesetz über die Subunternehmerschaft (Loi Nr. 75-1334 du 31 déc.1975) beseitigt wurden [454]. Ziel des Gesetzgebers war es in erster Linie, den Unternehmen ein Instrument zur kurzfristigen Liquiditätsbeschaffung an die Hand zu geben,

---

448 Hadding-Schneider-Blaise, Die Forderungsabtretung (1. Aufl.), Tz. 53; Mezger RIW 1981, 213.

449 Rieg Rep.Civ., Cession de créance, Rnr. 338; Hadding-Schneider-Blaise, Die Forderungsabtretung (1. Aufl.), Rdnr. 53.

450 Hadding-Schneider-Blaise, Die Forderungsabtretung (1. Aufl.), Tz. 29 ff.

451 Loi Nr. 81-1 du 1er jan.1981, ergänzt durch das Décret Nr. 81-862 du 9 sept.1981 und ergänzt durch die Loi bancaire Nr. 84-46 du 24 jan.1984 sowie die Loi Nr. 93-1444 du 31 déc.1993.

452 Simler-Delebecque, Droit civil, Rdnrn. 604 ff.; Cass.com. D.1988.330, note Pérochon; vgl. unten Kap. 2 C III 1. c, dd.

453 Mezger ZIP 1980, 406; Terré-Simler-Lequette, Droit Civil, Rdnr. 1205.

454 Périnet-Marquet JCP 1989 I. 3399.

nachdem die kurzfristigen Unternehmenskredite (crédits de mobilisation des créances commerciales, kurz CMCC) nicht den gewünschten Erfolg hatten. Mit der Ergänzung durch die Loi bancaire Nr. 84-98 sollten außerdem Forderungen kleinerer und mittlerer Unternehmen (petites et moyennes entreprises, kurz PME) auch zu Garantiezwecken eingesetzt werden können [455].

Bei der Übertragung nach der Loi Dailly (der sog. cession Dailly) ist das Kreditverhältnis vom Abtretungsverhältnis abzugrenzen. Während die Kreditgewährung sich ausschließlich im Verhältnis des Kreditinstituts zum zedierenden Forderungsinhaber abspielt, erlangt das Kreditinstitut im Abtretungsverhältnis die Gläubigerstellung gegenüber dem Schuldner der Forderung. Kann es diese nicht realisieren, steht ihr der Regreß gegen den Zedenten nur in diesem Abtretungsverhältnis und nicht im Kreditverhältnis zur Verfügung.

Die Begriffe des établissement financier der Ordonnance 67-838 und des établissement de crédit der Loi Dailly hat der französische Gesetzgeber im Wege der Neuordnung des Bank- und Kreditwesens durch die Loi Nr. 84-46 du 24 jan.1984 (sog. Loi bancaire) neu geregelt [456]. Bevor diese Institute ihre Tätigkeit aufnehmen bedürfen sie der staatlichen Zulassung (agrément) gem. Art. 15 der Loi bancaire.

Diese Zulassung wird nur erteilt, wenn das Institut eine juristische Person ist und weitere Mindestanforderungen hinsichtlich der Ausübung des Bankgeschäfts und der Kapitalausstattung erfüllt [457].

a Der Gesetzestext der Loi Dailly – Art. 1-6 der Loi Nr. 81-1 du 2 jan.1981[458]

Art. 1er

(Loi Nr. 84-46 du 24 jan.1984) Dieses Gesetz gilt für jeden Kredit, den ein Kreditinstitut einer juristischen Person des privaten oder öffentlichen Rechts oder einer natürlichen Person im Rahmen ihrer Berufstätigkeit gewährt. Die Kredite werden auf der einzigen Grundlage der Niederlegung einer Forderungsliste (bordereau) zugunsten des Kreditinstituts zum Zwecke der Abtretung oder Verpfändung von Forderungen des Kreditnehmers gewährt. In Betracht kommt jede Forderung des Kreditnehmers gegen einen Dritten, der entweder juristische Person des privaten oder öffentlichen Rechts ist. Dritter kann auch eine natürliche Person im Rahmen ihrer Berufstätigkeit sein.

Abgetreten oder verpfändet werden können alle realisierbaren und fälligen Forderungen, auch wenn sie befristet sind. Gleiches gilt auch für Forderungen, die auf bereits abgeschlossenen oder noch abzuschließenden Rechtsgeschäften beruhen, auch wenn ihr Betrag und ihre Fälligkeit noch nicht bestimmt sind.

---

455 Bertel – Couliboeuf – Saint-Alary, Relations entreprises-banques, Rdnr. 1200.
456 Abdruck und Übersetzung der Loi bancaire bei Führlbeck, Bankrecht in Frankreich, S. 29 – 97.
457 Gavalda-Stoufflet, Droit bancaire, Rdnrn. 42 ff., 55 ff.; Führlbeck, Bankrecht in Frankreich, S.7.
458 Änderungsgesetze in Klammern; die Übersetzung vermeidet jede Interpretation.

Die Forderungsliste muß folgende Angaben enthalten :

1. *Die entsprechende Bezeichnung "Übertragung beruflich veranlaßter Forderungen" oder "Verpfändung beruflich veranlaßter Forderungen";*
2. *Den Hinweis, daß das Rechtsgeschäft den Bestimmungen dieses Gesetzes unterworfen ist,*
3. *Den Namen oder die Firma des Kreditinstituts;*
4. *(Loi Nr. 84-46 du 24 jan.1984) Die Bezeichnung oder Individualisierung der abgetretenen oder verpfändeten Forderungen. Es genügt jedoch, wenn die Umstände benannt werden, aus denen die Bezeichnung oder Individualisierung der Forderungen erfolgen kann, insbesondere ist das die Nennung des Schuldners, der Zahlungsort, der Betrag und der Wert der Forderungen und wenn möglich auch der Zeitpunkt der Fälligkeit;*
5. *aufgehoben durch Loi Nr. 84-46 du 24 jan.1984, Art. 61 III.*

(Loi Nr. 84-46 du 24 jan.1984) Jedesmal wenn die Übertragung der abgetretenen oder verpfändeten Forderungen durch ein Verfahren der elektronischen Datenverarbeitung durchgeführt wird, das es erlauben muß, diese Forderungen zu identifizieren, genügt es, wenn die Forderungsliste die Angaben zu 1., 2. und 3. enthält und außerdem das Mittel der Datenverarbeitung sowie die Anzahl und die Gesamtsumme der Forderungen nennt.

Wird eine dieser Forderungen dem Grunde nach oder ihre Übertragung bestritten, kann der Zessionar mit allen Beweismitteln den Beweis führen, daß die streitige Forderung in der Gesamtsumme der Forderungsliste enthalten ist.

Fehlt einem Titel eine dieser obengenannten Angaben, so stellt er weder eine wirksame Abtretung noch eine wirksame Verpfändung nach diesem Gesetz dar.

Art. 1er-1

(Loi Nr. 84-46 du 24 jan.1984) Auch wenn die Forderungsabtretung nur zum Zwecke der Garantie und ohne Vereinbarung eines Preises erfolgt ist, wird dem Zessionar durch diese Abtretung das Eigentum an der abgetretenen Forderung übertragen.

Wenn nichts anderes vereinbart ist, ist der Unterzeichner einer Abtretung oder Verpfändung gesamtschuldnerischer Garant für die Zahlung der abgetretenen oder verpfändeten Forderungen.
Die Bestimmungen im ersten Absatz des Art. 1er-1 der Loi Nr. 81-1 du 2 jan.1981 hinsichtlich der Vereinfachung der Kreditvergabe an Unternehmen sind auslegungsfähig (Loi Nr. 84-46 du 24 jan.1984, Art. 62).

Art .2

Die Forderungsliste ist vom Zedenten zu unterschreiben. (Loi Nr. 93-1444 du 31 déc.1993) Die Unterschrift kann handschriftlich oder durch jedes Ersatzverfahren erfolgen. Die Forderungsliste kann an Order gestellt werden.
(Loi Nr. 84-46 du 24 jan.1984) Das Datum wird vom Zessionar eingetragen.

Art. 3

Die Forderungsliste kann nur an ein weiteres Kreditsinstitut übertragen werden.

Art . 4

Die Abtretung oder Verpfändung wird zwischen den Parteien und gegenüber Dritten wirksam zum Zeitpunkt des Datums, das auf der Forderungsliste vermerkt ist.

Ab diesem Zeitpunkt kann der Kunde des Kreditinstituts, das Inhaber der Forderungsliste ist, ohne dessen Zustimmung keine Nebenrechte der in der Liste enthaltenen Forderungen mehr verändern.

(Loi Nr. 84-46 du 24 jan.1984) Wenn nichts anderes vereinbart ist, führt die Übergabe der Forderungsliste von Rechts wegen zum Übergang der Sicherheiten, die die übertragenen Forderungen garantieren.

Wird das Datum auf der Forderungsliste bestritten, so kann das Kreditinstitut die Exaktheit des Datums mit allen Mitteln beweisen.

Art. 5

Das Kreditinstitut kann dem Schuldner der abgetretenen oder verpfändeten Forderung mit allen Mitteln untersagen, direkt an den Unterzeichner der Forderungsliste zu zahlen. Ab dem Zeitpunkt dieser Bekanntmachung, deren Form durch Décret des Conseil d' État aufgrund von Art. 13 dieses Gesetzes bestimmt wird, kann sich der Schuldner wirksam nur noch gegenüber dem Kreditinstitut von seiner Verbindlichkeit befreien.

Art. 6

Der Schuldner kann sich auf Verlangen des Inhabers der Forderungsliste verpflichten, unmittelbar an diesen zahlen; diese Verpflichtung muß schriftlich unter der Bezeichnung "Annahmenerklärung der Abtretung oder Verpfändung" erfolgen, andernfalls ist sie nichtig.

In diesem Fall kann der Schuldner keine Einwendungen mehr gegenüber dem Kreditinstitut geltend machen, die ihren Grund in dem persönlichen Schuldverhältnis des Schuldners zum Unterzeichner der Forderungsliste finden, es sei denn das Kreditinstitut hat wissentlich zum Schaden des Schuldners gehandelt, als es die Forderung entgegen genommen hat.

Art. 7 = Art. 13-1 Loi 75-1334 31 déc.1975 betrifft die sous-traitance [459].

Art. 8-12 Loi Nr. 81-1 du 2 jan.1981 betreffen nicht mehr die Forderungsübertragung, sondern die Refinanzierung zwischen den Banken (mobilisation des crédits) [460].

---

459 Übersetzung siehe unten Kap. 2 C I 2.d.

460 Mezger RIW 1981, 213, 216 ff.; Hadding-Schneider-Blaise, Die Forderungsabtretung (1. Aufl.), Rdnrn. 82 ff.; s.u. Kap. 3 C.

Art. 13-16 Loi Nr. 81-1 du 2 jan.1981 enthalten die Verordnungsermächtigung zugunsten des Conseil d'Ètat, das Inkrafttreten, den örtlichen Anwendungsbereich und das Außerkrafttreten der Ordonnance Nr. 67-838.

b Zur Rechtsnatur der cession Dailly

Die Beurteilung der Rechtsnatur der cession Dailly hängt einmal von der Abgrenzung zur cession civile des Code Civil und zum anderen von der dogmatischen Einordnung der nach wie vor erforderlichen wechselrechtähnlichen Formalitäten ab. Die cession Dailly kann sowohl zur Liquidierung von Forderungen (à titre de paiement) als auch als Kreditsicherheit (à titre de garantie) vereinbart werden [461]. Von der cession Dailly à titre de garantie ist die cession fiduciaire abzugrenzen, die als treuhänderische Abtretung (cession fiduciare) auf Grundlage der cession gem. Art. 1689 CC entwickelt wurde und heute allgemein anerkannt ist [462].

Nachdem die Wirtschaft aufgrund der Wechselähnlichkeit der cession Dailly nämlich dazu übergegangen war, die Abtretung gegenüber dem Schuldner anzuzeigen und diesem die Zahlung an den Zedenten zu untersagen, steuerte der Gesetzgeber dem mit der Loi Nr. 84-46 entgegen, indem er den Art. 1er-1 in die Loi Dailly eingefügte. Damit wollte der Gesetzgeber die Rechtsnatur einer von der Kreditgewährung unabhängigen Sicherungsabtretung sicherstellen [463].

In Art. 1er-1 Loi Dailly ist bestimmt, daß die Abtretung immer und auch dann, wenn die Abtretung nur zum Zweck der Kreditgarantie erfolgt ist, die volle Rechtsinhaberschaft an der Forderung überträgt. Damit wird klargestellt, daß auch die nur zur Sicherung eines Kredits vereinbarte Abtretung eine vollständige und echte Forderungsübertragung ist. Neben der ursprünglichen gesetzgeberischen Intention und der späteren Einfügung des Art. 1er-1 Loi Dailly kann sich die Qualifizierung der cession Dailly à titre de garantie als Sicherungsabtretung insbesondere auf den Garantiezweck gem. Art. 5 Loi Dailly stützen. Danach hat der Zessionar nur dann einen Rückgriff aus dem Kreditverhältnis gegen den Zedenten, wenn der Schuldner nicht zahlt oder vor Mitteilung der Abtretung an den Zedenten gezahlt hat [464].

Vor dieser Neuregelung war es fraglich, ob man die Einordnung der cession Dailly als Sicherungszession oder Forderungskauf mit diesen Begriffen erfassen kann, denn die cession Dailly verdankt ihre Entstehung einer dem Wertpapierrecht nahe stehenden Entwicklung der stufenweisen Befreiung von Publikationserfordernissen. Für die Einordnung als Forderungskauf spricht der vollendete Rechtsübergang bei der cession Dailly. Deshalb wurde teilweise nur die ebenfalls in der Loi Dailly vorgesehene Verpfändung als Kreditsicherheit angesehen und folglich nur die cession Dailly als Forderungskauf eingeordnet [465].

---

461 Wolter, Treuhandrecht, S. 77; Mezger RIW 1983, 213, 215.
462 Simler-Delebecque, Droit Civil, Rdnrn. 551 ff.
Hadding-Schneider-Blaise-Desgorces, Die Forderungsabtretung (2. Aufl.), S. 272 f.
463 Wolter, Treuhandrecht, S. 77 f.; Witz, La fiducie, S. 55 ff.
464 Mezger RIW 1981, 213, 215.
465 Stoufflet-Chaput JCP 1981, I, 3044; Cabrillac, Droit des obligations, Rdnr. 421.

Für diese Einordnung sprach auch, daß es an bei dieser Verpfändung an einer Sicherungsabrede fehlt, die die Übertragung der Forderung von dem Eintritt des Sicherungsfalls als Bedingung abhängig macht, denn die Forderung geht gem. Art. 1er-1 Loi Dailly gerade auch im Falle der Kreditgarantie in vollem Umfang auf den Zessionar über. Obwohl das Gesetz ausdrücklich keine Rahmenvereinbarung (convention-cadre) vorsieht, kommt es in der Praxis häufig zu einem solchen Vertrag, der den Rahmen für die einzelnen Abtretungen nach der Loi Dailly absteckt. Liegt eine solche Vereinbarung vor, dann kann zwischen zwei unterschiedlichen Zweckbestimmungen des Vertrages differenziert werden. Der Rahmenvertrag kann zum Zweck eines Diskontgeschäfts der listenweise erfaßten Forderungen (à titre de substitut de l'escompte) oder aber als Kreditsicherheit (à titre de garantie) vereinbart werden [466].

Im Ergebnis und nicht zuletzt aufgrund der Neuregelung gibt es zwei Arten der cession Dailly. In Anbetracht des vollendeten Rechtsübergangs ist sie Forderungskauf, da dem Rechtsübergang die Auszahlung der Valuta gegenübersteht. Als cession à titre de garantie und einer der Sicherungsabrede nahekommenden convention-cadre ist die cession Dailly damit eine weitere Art der Sicherungszession neben der bisherigen cession fiduciaire [467].

Die Nichtrückzahlung der Valuta als Sicherungsfall führt zur Einziehung der Forderungsbeträge durch den Zessionar beim Schuldner, wobei der Zessionar aus eigenem Recht vorgeht, was wiederum für den Forderungskauf spricht. Der Regreßfall bei Nichtbeitreibbarkeit der Forderung beim Schuldner ist kein Sicherungsfall, sondern Realisierung der Garantieverpflichtung des Zedenten, die ebenso dem wechselrechtlichen Protest ähnelt. Die Einordnung als Sicherungszession oder Forderungskauf hat darüberhinaus keine Auswirkungen, da die Bestimmung in Art. 1er-1 Loi Dailly ohnehin zwingend ist.

c Die Voraussetzungen der cession Dailly

Die Voraussetzungen bereiten aufgrund des sprachlich präzisen Gesetzes und seiner flexiblen Anwendbarkeit im Gegensatz zu den Konfliktsituationen der Beteiligten kaum Probleme [468]. Im einzelnen hervorzuheben sind an dieser Stelle der beschränkte Anwendungsbereich, die speziellen Formalitäten und die sonstigen Besonderheiten der cession Dailly.

aa Anwendungsbereich

Der persönliche Anwendungsbereich ist begrenzt. Als Zessionare kommen ausschließlich Kreditinstitute in Betracht [469]. Zedent und Schuldner kann jede natürliche oder juristische Person sein. Für natürliche Personen gilt jedoch die Einschränkung, daß es sich bei der abgetretenen Forderung um eine beruflich veranlaßte Forderung (créance professionnelle) handelt. Bei den juristischen Personen des privaten und öffentlichen Rechts ist es dagegen nicht erforderlich, daß

---

466 Bertel – Couliboeuf – Saint-Alary, Relations entreprises-banques, Rdnr. 1210.
467 Malaurie-Aynès, Droit Civil, Tome VI, Rdnr. 1220.
468 Gavalda D.1981.chron.199.
469 Vgl. zum Begriff des Kreditinstituts Führlbeck, Bankrecht in Frankreich, S. 4 ff, 7.

die Forderung im Rahmen ihrer beruflichen Tätigkeit entstanden ist [470]. Das Kriterium der beruflichen Veranlassung hat keine größere Bedeutung erlangt [471]. Als beruflich veranlaßt werden insbesondere Forderungen angesehen, die aus einer kaufmännischen, industriellen, handwerklichen, landwirtschaftlichen oder freiberuflichen Tätigkeit stammen [472]. Ausgeschlossen, weil nicht beruflich veranlaßt, sind vor allem Forderungen aus Rechtsgeschäften mit Verbrauchern [473].

Während in der ursprünglichen Fassung der Loi Dailly ausschließlich vertraglich begründete Forderungen Gegenstand der cession Dailly sein konnten, wurde der Kreis der nach der Loi Dailly abtretbaren Forderungen mit der Loi Nr. 84-46 auf alle Arten von Forderungen und damit insbesondere auch auf gesetzliche Forderungen erstreckt [474]. Gem. Art. 1er Loi Dailly können alle realisierbaren, fälligen aber auch befristete Forderungen abgetreten werden. Hinzu kommen zukünftige und lediglich bestimmbare Forderungen und sogar Forderungen, die lediglich in ihrem Rechtsgrund angelegt sind. Es genügt, daß die Forderung innerhalb der listenweise übertragenen Forderungen identifizierbar bleibt [475].

bb Formalitäten

Die Abtretung von Forderungen nach der Loi Dailly kann entweder privatschriftlich also insbesondere mit oder ohne Forderungsliste (bordereau) oder auch datentechnisch, jedoch nicht mehr im Wege der abgeschafften protestablen Rechnung (Ordonnance Nr. 67-838) erfolgen [476].

Bei den spezialgesetzlich in der Loi Dailly vorgesehenen Formanforderungen wurde jedoch das zivilrechtliche Bestimmtheitsgebot nicht zugunsten einer erhöhten Verkehrsfähigkeit von Forderungen relativiert. Auch nach der Loi Dailly muß die zu übertragende Forderung zum Zeitpunkt des Vertragsschlusses bestimmbar sein, wobei nicht auf den Abschluß des Rahmenvertrages, sondern auf den Zeitpunkt der konkreten Listenabtretung abzustellen ist [477].

Dabei sind die in Art. 1 Loi Dailly aufgeführten Formalitäten einzuhalten. Diese wurden durch die Loi Nr. 84-46 weiter vereinfacht. Danach genügt bereits die Individualisierbarkeit der zu übertragenden Forderungen. Noch einfacher wurde außerdem die datentechnische Übertragung der Forderungsliste in Art. 1 Abs. 4 Loi Dailly gestaltet [478]. Werden die Formalitäten nicht eingehalten, ist die Übertragung nicht nach der Loi Dailly wirksam. Das ist bereits der Fall, wenn die Angabe fehlt, daß die Forderungen beruflich veranlaßt sind [479], wenn nicht angegeben wird, ob es sich

---

470 Cass.com., 3 jan.1996, Bull.Civ.IV, Nr. 3 : Dalloz 1996.IR.46 : Dalloz Affaires 1996.231; Dumas Dalloz Affaires 1996.251.

471 Piédelièvre, instruments de crédit, Rdnr. 186.

472 Bertel – Couliboeuf – Saint-Alary, Relations entreprises-banques, Rdnr. 1205.

473 Rives-Lange – Contamine-Raynaud, Droit bancaire, Rdnr. 534.

474 Rives-Lange – Contamine-Raynaud, Droit bancaire, Rdnr. 533.

475 Rives-Lange – Contamine-Raynaud, Droit bancaire, Rdnr. 535.

476 Hadding-Schneider-Blaise, Die Forderungsabtretung, Rdnr. 58.

477 Vgl. zur übertragungshindernden Wirkung des französischen Bestimmtheitsgrundsatzes oben Kap .2 II 2.a, cc; Kap. 2 B I 1.b.

478 Bertel – Couliboeuf – Saint-Alary, Relations entreprises-banques, Rdnrn. 1211 ff.

479 Cour d'Appel de Lyon, 7 mai 1992, Bull.inf.C.Cass.1993, Nr. 157.

um eine Abtretung oder Verpfändung handelt [480] oder wenn die Angabe des datentechnischen Verfahrens fehlt [481].

Nach wie vor steht die cession Dailly schon wegen der Übertragung in Form von Listen und als Fortentwicklung der protestablen Rechnung der Ordonnance 67-838 dem Wertpapierrecht sehr nahe, denn die Liste kann außerdem gem. Art. 2 Abs. 1 Loi Dailly an Order gestellt werden, mit der Einschränkung, daß diese wegen Art. 4 Loi Dailly allerdings nur auf ein Kreditinstitut lauten kann [482]. Die Möglichkeit, die handschriftliche Unterzeichnung der Liste durch einen nicht manipulierbaren Vorgang zu ersetzen, wurde zunächst durch die Loi 84-46 abgeschafft, später aber durch die Loi Nr. 93-1444 wieder eingefügt [483].

Neben die nach wie vor erforderliche körperliche Übergabe der Forderungsliste muß die Publikation treten, ohne die auch hier keine Drittwirksamkeit erreicht werden kann. Dafür genügt im Gegensatz zu Art. 1690 Code Civil jedoch die bloße Datierung durch den Zessionar [484]. Ein wichtiges praktisches Problem ist in diesem Zusammenhang die sogenannte Falschdatierung. Gem. Art. 2 Absatz 2 Loi Dailly wird das Datum durch den Zessionar auf die Liste gesetzt mit der Folge, daß dieses Datum den Zeitpunkt der Wirksamkeit der Übertragung zwischen den Parteien und gegenüber Dritten festlegt [485].

Die Manipulation dieses Datums, also insbesondere die Rückdatierung, soll zum einen dadurch verhindert werden, daß nicht der Zedent, sondern der Zessionar datiert. Zum anderen wurde noch in den parlamentarischen Beratungen entschieden, ein maschinelles Verfahren (datographie) vorzusehen, das die Manipulation verhindert [486].

cc Besonderheiten

Besonderheiten gelten hinsichtlich der Schuldnermitteilung, des Zeitpunkts der Übertragung, in der Insolvenz und im Beweisrecht. Mit dem Décret Nr. 81-862 du 9 sept.1981 zur Loi Dailly hat der Verordnungsgeber die Schuldnermitteilung nach der Loi Dailly näher bestimmt. Die staatliche Regulierung geht hier so weit, daß das Formular für die Schuldnermitteilung (notification) im Wortlaut vorgegeben wird. Diese Regelung ist ein Beispiel für die Regelungstiefe staatlichen Eingreifens in den Privatrechtsverkehr [487]. Da die Schuldnermitteilung fakultativ ist, sind zwei Arten der cession Dailly zu unterscheiden. Bei der nicht mitgeteilten cession bleiben dem Schuldner alle Einwendungen erhalten, die er nach der Mitteilung gem. Art. 5 Loi Dailly nicht mehr geltend machen kann [488].

---

480 Cass.com., 8 nov.1994, RJDA 1995 Nr. 320.
481 Cass.com., 21 mars 1995, RJDA 1995 Nr. 1013.
482 Hadding-Schneider-Blaise, Die Forderungsabtretung, Rdnr. 61.
483 Zur Abschaffung Hadding-Schneider-Blaise, Die Forderungsabtretung, Rdnr. 60.
484 Siehe unten Kap. 2 C I 2.c; Hadding-Schneider-Blaise, Die Forderungsabtretung, Rdnrn. 63 ff.
485 Rives-Lange – Contamine-Raynaud, Droit bancaire, Rdnr. 539.
486 Mezger RIW 1981, 213, 215; JO Débats de l'Assemblée Nationale du 11.déc.1980, S. 4848/50.
487 Vgl. oben Kap. 2 B vor I und 2 A I 1.(a.E.).
488 Pérochon-Bonhomme, Entreprises en difficulté, Rdnrn. 769, 771.

Rein zeitlich sind zwei weitere Fälle zu behandeln. Die Abtretung kann zur Sicherung eines bereits vor der Abtretung zustande gekommenen Kreditvertrages erfolgen [489]. In Betracht kommt aber auch die Globalzession hinsichtlich zukünftiger Forderungen, die damit erstmalig ausdrücklich im französischen Recht zugelassen wird [490]. In der Insolvenz kann die cession Dailly außerdem gem. Art. 107, 108 des Insolvenzgesetzes 1985 nichtig sein, wenn sie in den Fällen des Art. 107 nach der Zahlungseinstellung und vor Eröffnung des Insolvenzverfahrens oder gem. Art. 108 bei Kenntnis der Vertragspartner von der drohenden Insolvenz erfolgt ist [491].

In diesem Zusammenhang hat die Cour de Cassation ein Urteil der Cour d'appel de Riom aufgehoben, das die Nichtigkeitsklage eines Schuldners gegen die Abtretung beruflich veranlaßter Forderungen innerhalb der Fristen der Art. 107 f. des Insolvenzgesetzes Nr. 85-98 (période suspecte) als unzulässig abgewiesen hatte. Nach Ansicht der Cour de Cassation hindert die Rechtskraft der Entscheidung des Insolvenzgerichts, eine Schuld nicht als Passiva im Insolvenzverfahren zuzulassen nicht die Nichtigkeitsklage gegen die Abtretung der korrespondierenden Forderung. Die Rechtskraft dieser Entscheidung sperrt nämlich nur die Nichtigkeitsklage gegen die Zahlung auf diese Schuld, da die angegriffene und aufgehobene Entscheidung nur in bezug auf die Schuld Rechtkraft erlangt hat [492]. Darüberhinaus ist die cession Dailly wegen Art. 4 al. 1er Loi Nr. 81-1 auch in der Insolvenz Dritten gegenüber wirksam [493].

Mit Art. 1 Abs. 5 Loi Dailly wird außerdem die dem französischen Recht eigene Beschränkung der Beweismittel in Art. 1341 Code Civil zugunsten des Zessionars und mit Art. 4 Loi Dailly zugunsten des Kreditinstituts aufgehoben. Dies entspricht der allgemeinen Erleichterung der Beweisführung im Handelsrecht wie sie in Art. 109 Code de Commerce im Jahre 1980 eingeführt wurde [494].

d Die Wirkungen der cession Dailly

Zwischen den Parteien wird die cession Dailly nicht schon aufgrund des Konsensprinzips bereits mit der Einigung wirksam. Hinzu kommen muß wegen Art. 1 Loi Dailly die tatsächliche Übergabe des Forderungsverzeichnisses (remise du bordereau) [495]. Im Verhältnis zu Dritten wird die Drittwirksamkeit gem. Art. 4 Loi Dailly durch die bloße Datierung der Liste durch den Zessionar gem. Art. 2 Abs. 2 Loi Dailly herbeigeführt. Das ist der entscheidende Unterschied zur klassischen cession, die für die Drittwirksamkeit grundsätzlich unterschiedslos gegenüber dem Schuldner und Dritten die Erfüllung der strengen Formerfordernisse des Art. 1690 Code Civil voraussetzt [496].

489 Cass.com. 24 avril 1990, Bull.civ.IV Nr. 118, Dalloz 1990 IR 118, RTD com.1990.442, obs. Cabrillac-Teyssier.

490 Witz, La fiducie, S. 55.

491 Loi Nr. 85-98 du 25 jan.1985; D.Schmidt Rev.droit bancaire 1987.83.

492 Cass.com., 8 juin 1999, Dalloz Affaires 1999, Nr.39, S. 352, note Honorat.

493 Terré-Simler-Lequette, Droit civil, Rdnr. 1181.

494 Hübner-Constantinesco, Einführung in das französische Recht, S. 131; Sonnenberger-Schweinberger, Einführung in das französische Recht, Rdnrn. 41, 82.

495 Siehe oben Kap. 2 A II.

496 Siehe oben Kap. 2 A II 3.; Kap. 2 B I 2; zu den Ausnahmen der Rspr. s.o. Kap. 2 A IV.

Gegenüber dem Schuldner kann zusätzlich eine Bekanntgabe erfolgen, die im Vergleich zu Art. 1690 Code Civil durch die Loi Dailly wesentlich vereinfacht wurde und ebenfalls zum Zeitpunkt der Datierung wirkt. Die Bekanntgabe dient dem Zessionar dazu, seine Position gegenüber dem Schuldner zu sichern [497]. Die Bekanntgabe erfolgt entweder im Wege der Anzeige (notification) gem. Art. 5 Loi Dailly oder durch Annahmeerklärung (acte d'acceptation) gem.Art.6 Loi Dailly seitens des Schuldners. In beiden Fällen sind besondere Formvorschriften zu beachten, die jedoch einfacher zu erfüllen sind, als die des Art. 1690 Code Civil.

Für die Annahmeerklärung des Art. 6 Loi Dailly sind lediglich die in diesem Artikel vorgesehenen Voraussetzungen der Schriftform und Bezeichnung einzuhalten. Für die Anzeige verweist Art. 5 Loi Dailly auf die Formervorschriften des hierzu und aufgrund von Art. 5 Loi Dailly ergangenen Décret Nr. 81-862, das den Wortlaut der Anzeige vorgibt [498]. Nach der Anzeige gem. Art. 5 Loi Dailly kann sich der Schuldner nur noch wirksam durch Zahlung an den Zessionar befreien. Mit der Annahmeerklärung gem. Art. 6 Loi Dailly verpflichtet sich der Schuldner, nur an den Zessionar zu zahlen. Er begibt sich damit allerdings auch seiner Einwendungen gegen den Zessionar.

Im übrigen und unabhängig von der Bekanntgabe gegenüber dem Schuldner ist Rechtsfolge des Fehlens eines Formerfordernisses des Art. 1 letzter Absatz Loi Dailly lediglich die Nichtigkeit der cession nach der Loi Dailly. Die cession Dailly kann folglich nicht mehr aufgrund der Loi Dailly ihre Wirkung gegenüber Dritten entfalten. Der Rechtsakt bleibt jedoch zwischen den Parteien wirksam [499]. Damit ist nicht auszuschließen, daß der Rechtsakt nach anderen Vorschriften gegenüber Dritten wirksam werden kann. Hier sind grundsätzlich zwei Möglichkeiten denkbar. Der formnichtigen cession Dailly könnte entweder als cession civile nach den Art. 1689 ff. Code Civil oder als subrogation conventionnelle gem. Art. 1250 Code Civil zur Wirksamkeit gegenüber Dritten verholfen werden.

Die formnichtige cession Dailly könnte als cession civile gem. Art. 1689 Code Civil wirksam zwischen den Parteien zustande gekommen sein. Zu beachten ist jedoch, daß die Drittwirksamkeit sich dann auch nach Art. 1690 Code Civil richtet. Da die Bekanntgabe in Form der Loi Dailly nicht diesen strengeren Anforderungen genügt, die Formerfordernisse des Art. 1690 Code Civil aber jederzeit und damit auch nachträglich erfüllt werden können, müssen die Gläubiger also die Voraussetzungen des Art. 1690 Code Civil schnellstens nachholen, um diese Wirkung zu erzielen.

Inwieweit eine nach der Loi Dailly formnichtige cession Dailly auch als subrogation angesehen werden kann, ist unklar. Grundsätzlich bleibt das Rechtsgeschäft zwischen den Parteien wirksam, denn Rechtsfolge der fehlenden Formerfordernisse ist, daß nur die Loi Dailly nicht eingreift [500]. Wenn der Zessionar die Einziehung der abgetretenen Forderung nicht gem. Art. 5 Loi Dailly selbst übernimmt, zieht der Zedent regelmäßig die Forderung beim Schuldner für Rechnung des Zessionars im

---

[497] Rives-Lange – Contamine-Raynaud, Droit bancaire, Rdnr. 539.

[498] Décret Nr. 81-862 du 9 sept.1981.

[499] CA Rouen 6 mars 1986, Dalloz.1988. Somm. 279, observation Vasseur.

[500] Vgl. zur Abgrenzung cession-subrogation : Cass.Civ.1er 5 avr.1978, Bull.civ.I Nr. 144 (Fall der subrogation légale); T.civ.Pontoise, 23 mai 1951, Dalloz 1952.65 note ESM (Fall der subrogation conventionnelle).

Rahmen eines Auftrags oder des Rahmenvertrages ein, woraus nicht nur im Bereich der sous-traitance verschiedene Konfliktsituationen resultieren [501].

e *Anwendungsfall sous-traitance*

Die Subunternehmerverträge (sous-traitance) werden durch die Loi 75 Nr. 1334 vom 31 déc.1975 geregelt. Durch Art. 7 der Loi Dailly wurde in dieses Gesetz ein neuer Art. 13-1 eingefügt, der die Abtretung speziell im Bereich der Subunternehmerverträge regelt. Mit der Loi 84-46 du 24 jan.1984 wurde außerdem ein zweiter Absatz in diesen Art. 13-1 eingefügt. In engem Zusammenhang mit Art. 13-1 steht auch Art. 14 desselben Gesetzes, der diese Bürgschaft im besonderen betrifft.

aa *Gesetzestext der Art. 13-1, 14 Loi 75-1334* [502]

Art. 13-1

(Loi Nr. 81-1 du 2 jan.1981) Der Hauptunternehmer darf Forderungen weder abtreten noch verpfänden, die aus einem öffentlichen Auftrag oder einem privaten Vertrag mit dem Auftraggeber stammen. Ausgenommen sind die Forderungen, die dem Hauptunternehmer aufgrund von durch ihn selbst durchgeführten Arbeiten geschuldet werden.

(Loi Nr. 84-46 du 31 déc.1984) Der Hauptunternehmer kann dennoch dann die Gesamtheit aller Forderungen aus dem Auftrag abtreten und verpfänden, wenn er zuvor eine schriftliche selbstschuldnerische Bürgschaft nach Art. 14 dieses Gesetzes gegenüber den Subunternehmern übernommen hat.

Art. 14

Die Zahlungen aller Beträge, die der Hauptunternehmer dem Subunternehmer aus dem Subunternehmerverhältnis schuldet, müssen durch den Hauptunternehmer mittels einer selbstschuldnerischen und gesamtschuldnerischen Bürgschaft eines anerkannten Instituts garantiert werden, andernfalls ist das Subunternehmerverhältnis nichtig. Die Anforderungen an diese Bürgschaft werden durch Dekret näher bestimmt. Eine Bürgschaft ist jedoch nicht erforderlich, wenn der Hauptunternehmer eine Schuldübernahme mit dem Auftraggeber zugunsten des Subunternehmers entsprechend den Bestimmungen des Art. 1275 Code Civil vereinbart, mit Ausnahme der Leistungen, die der Subunternehmer selbst ausführt.

Übergangsweise kann die Bürgschaft auch durch ein Institut bestellt werden, das auf der Liste des Dekrets in Anwendung der Loi Nr. 71-584 du 16 juillet 1971 betreffend der vorläufigen Zurückbehaltung von Werklohnteilen bis zur Abnahme des Werkes erfaßt ist.

---

[501] Piédelièvre, Instruments de crédit, Rdnr. 192.

[502] Die Übersetzung vermeidet jede Interpretation.

bb Die Subunternehmerschaft im französischen Recht

In Art. 1 der Loi 75-1334 wird das Subunternehmerverhältnis des französischen Rechts im Sinne dieses Gesetzes definiert als ein Vorgang, durch den ein Generalunternehmer einen Auftrag in eigener Verantwortung ganz oder teilweise an einen Subunternehmer vergibt. Der Auftrag kann gegenüber dem Auftraggeber sowohl als privatrechtlicher Werkvertrag (contrat d'entreprise) oder im Rahmen der Auftragsvergabe der öffentlichen Hand (marché public) erteilt werden.

Die Cour de Cassation hat unter Bestätigung eines Urteils der Cour d'appel de Paris zur Frage der Drittwirksamkeit der cession de créance des Generalunternehmers aus nicht selbst durchgeführten Arbeiten gegenüber dem Subunternehmer Stellung genommen. Mit dieser Entscheidung hat die Cour de Cassation zum ersten Mal die Anwendung des Art. 13-1 Loi 75-1334 auf die verdeckte Subunternehmerschaft präzisiert, bei der das Subunternehmerverhältnis ohne Zustimmung des Auftraggebers vereinbart wurde [503].

Der Entscheidung lag der Sachverhalt zugrunde, daß ein Generalunternehmer im Rahmen der öffentlichen Auftragsvergabe ein Projekt an einen Subunternehmer weiterbeauftragt hatte, ohne daß der öffentliche Auftraggeber dem zugestimmt hatte. Aufgrund der Abtretung der Forderungen aus den Arbeiten des Subunternehmers durch den Generalunternehmer und nach Auszahlung des Kredits, fiel der Generalunternehmer in die Insolvenz. Der Subunternehmer hatte zunächst auf Zahlung gegen den Auftraggeber vor dem Verwaltungsgericht geklagt, der sich jedoch mit Erfolg auf die Abtretung des Generalunternehmers berufen konnte. Die zivile Zahlungsklage des Subunternehmers gegen den Zessionar, den Crédit d'équipement des petites et moyennes entreprises (CEPME), der bereits die Zahlung des Auftraggebers aus abgetretenem Recht des Generalunternehmers erhalten hatte, hatte vor der Cour d'appel de Paris Erfolg, die hiergegen eingelegte Revision wurde von der Cour de Cassation zurückgewiesen.

Zwar hat die Cour d'appel nach Ansicht der Cour de Cassation verkannt, daß die öffentlichrechtliche Beauftragung des Subunternehmers in diesem Fall schon wegen Art. 2-1 Code des marchés publics unzulässig war, da im Rahmen der öffentlichen Vergabe nur Teile nicht aber das gesamte Vorhaben an Subunternehmer weiterbeauftragt werden darf, wenn der Subunternehmer die Bedingungen des Auftraggebers annimmt und der Auftraggeber zustimmt. Soweit die Cour d'appel jedoch den Vertrag über die sous-traitance im Verhältnis des Subunternehmers zum Generalunternehmer für wirksam zustandegekommen betrachtet, trägt diese Begründung die Entscheidung.

Allerdings kann nach Ansicht der Cour de Cassation offenbleiben, ob die Abtretung wegen Art. 13-1 Loi 75-1334 unwirksam war, da der Generalunternehmer die Forderungen aus den Leistungen des Subunternehmers, mangels Bürgschaft zugunsten des Subunternehmers nicht wirksam abtreten konnte. Denn der Subunternehmer hatte vorliegend auch einen Schadensersatzanspruch aus Art. 1382 Code Civil gegen den gutgläubigen Zessionar, der unter Verletzung der Rechte des Subunternehmers die Abtretung angenommen hatte, so daß der Zessionar die Abtretung nicht gegenüber dem Subunternehmer einwenden konnte.

---

[503] Cass.civ.3e, 9 juin 1999, Dalloz Affaires 1999 S. 1396, obs.J.F.

Mit Art. 7 Loi Dailly wurde eine neue Vorschrift in das Gesetz über die Subunternehmerverhältnisse eingefügt. Es handelt sich um Art. 13-1 Loi 75-1334 [504]. Diese Vorschrift enthält ein im folgenden zu besprechendes Abtretungsverbot.

3. Übertragungshindernisse gegenüber der cession Dailly

Grundsätzlich können auch im Wege der cession Dailly nur übertragbare Forderungen abgetreten werden. Die Loi Dailly enthält insoweit keine Bestimmungen, die allgemeine oder spezielle Abtretungsverbote außer Kraft setzen. Die Loi Dailly hat mit Art. 13-1 Loi 75-1334 allerdings ein Übertragungshindernis in das Gesetz über die Subunternehmerverhältnisse eingeführt, das an dieser Stelle Beachtung verdient.

Dieses Abtretungsverbot gilt nicht nur für die Abtretung in Form der cession Dailly, sondern für jede Art der Abtretung im Rahmen eines Subunternehmerverhältnisses. Deshalb wurde diese Vorschrift durch die Loi Dailly in die Loi 75-1334 eingefügt und ist nicht als Art. 7 in der Loi Dailly belassen, denn das hätte zur Folge gehabt, daß dieses Abtretungsverbot nur auf die cession Dailly beschränkt geblieben wäre [505].

Unabhängig von der Frage, wie man die Rechtsnatur der subrogation conventionnelle beurteilt, gilt dieses Abtretungsverbot daher auch für die Übertragung von Forderungen durch subrogation [506]. Eine Forderung muß grundsätzlich im Vermögen (patrimoine) des abtretenden Zedenten stehen, um übertragen werden zu können. Diese Rechtsinhaberschaft (disponibilité), die bei Forderungen aus der Vermögenszugehörigkeit der Forderung erwächst, bedeutet, daß Forderungen, die dem Zedenten nicht zustehen, nicht übertragen werden können [507]. Derartige Forderungen sind nicht im Wege der Abtretung verfügbar (créances indisponibles). Für die sous-traitance etabliert Art. 13-1 Loi 75-1334 somit ein spezielles Abtretungsverbot in Form der indisponibilité, obwohl der Generalunternehmer Forderungsberechtigter (titulaire) bleibt [508].

Aufgrund dieses speziellen Abtretungsverbotes kann der Generalunternehmer Forderungen gegen den Auftraggeber für Leistungen der Subunternehmer nicht abtreten (incessibilité). Ausgenommen davon sind Forderungen für Leistungen des Generalunternehmers, die dieser selbst ausgeführt hat [509]. Allerdings handelt es sich hier um ein Abtretungsverbot, das der Generalunternehmer durchbrechen kann, indem er den Subunternehmern gegenüber eine Bürgschaft erteilt, die den Anforderungen des Art. 14 Loi 75-1334 genügt.

4. Rechtsprechung zu den Interessenkonflikten

In der Entscheidung vom 22. November 1988 hatte die Cour de Cassation entschieden, daß eine Bank, die Zessionarin einer Forderung aus einer

---

504 Siehe oben Kap. 2 C I 2.a.
505 Bertel – Couliboeuf – Saint-Alary, Relations entreprises-banques, Rdnr. 1207.
506 Cashin-Ritaine, Les cessions contractuelles, S. 328 mwN.
507 Vgl. oben Kap. 2 B IV 2.a.
508 Rives-Lange – Contamine-Raynaud, Droit bancaire, Rdnr. 536.
509 Piédelièvre, Instruments de crédit, Rdnr. 187.

privatrechtlichen Auftragsvergabe geworden war, sich nicht gegen die Zahlungsklage des Vorlieferanten durchsetzen konnte [510]. Die Cour de Cassation hatte in dieser Entscheidung den Fall zu entscheiden, in dem der Hauptlieferant seine Forderungen im Wege der cession Dailly gegen den Auftraggeber an einen Factor abgetreten hatte. Bei der Lieferantenkette, die im französischen Recht als Fall der sous-traitance behandelt wird, hat der Vorlieferant aufgrund der Loi 75-1334 immer einen direkten Anspruch gegen den Auftraggeber. Da der Hauptlieferant gegen das Abtretungsverbot des Art. 13-1 Loi 75-1334 verstoßen hatte, bestätigte die Cour de Cassation das angegriffene Urteil der Cour d'appel de Lyon, worin das Berufungsgericht die Ansicht vertrat, daß die Abtretung dem Vorlieferanten gegenüber nicht entgegengehalten werden kann und wies die Revision zurück [511].

In der Entscheidung vom 20. Juni 1989 [512] erweiterte dieselbe Kammer der Cour de Cassation den Anwendungsbereich der ersten Entscheidung. Das Gericht entschied, daß die Kreditinstitute, die durch subrogation Inhaber der auf sie übergegangenen Forderungen des Hauptunternehmers geworden sind, unabhängig vom Prioritätsprinzip (!) nicht über mehr Rechte verfügen können, als die Zedenten und sich folglich nicht gegen das Zahlungsverlangen des Subunternehmers oder Vorlieferanten gegenüber dem Auftraggeber wehren können. Außerdem hob das Gericht die bisherige Unterscheidung zwischen öffentlicher und privater Auftragsvergabe auf, so daß der Direktanspruch nun auch im Rahmen der privaten Auftragsvergabe besteht [513].

II Ausweichen auf das Rechtsinstitut der subrogation

Die Praxis konnte auf verschiedene Rechtsinstitute ausweichen, die dem Recht der Forderungsabtretung insoweit verwandt sind, als jeweils die Person des Gläubigers ausgewechselt wird [514]. Während die novation keine besondere Bedeutung erlangt hat und die délégation nur im Bereich der cession de contrat bei der Frage der Übertragung von Verpflichtungen und Verbindlichkeiten (cession de dette) eine wichtige Rolle spielt [515], hat sich im Massengeschäft die Übertragung beruflich veranlaßter Forderungen (créances professionnelles) durch die subrogation conventionnelle eindeutig durchgesetzt [516]. Im Gegensatz zu novation und délégation begründet die subrogation keine neue Forderung, sondern bewirkt als gläubigerersetzende Zahlung (paiement avec subrogation) die Übertragung der ursprünglichen Forderung (effet translatif) [517].

1. Schuldersetzung (novation)

Die novation ist in den Art. 1271 ff. Code Civil geregelt. Sie stellt eine Art Schuldumwandlung oder Schuldersetzung dar. Sie unterscheidet sich dadurch von

---

510 Bachelot Banque et Droit 1989.155.
511 Cass.com. 22 nov.1988, Rev.jur.com1989.252, obs.Gavalda.
512 Cass.com., 20 juin 1989, Rapport Cour Cass.1989 S. 307.
513 Bachelot Banque et Droit 1989. 155.
514 Rieg, Rep.Civ., Cession de créance, Rdnr. 7.
515 Vgl. oben Kap. 2 A III.1.d und Kap. 2 B IV 4.
516 Bénabent, Droit Civil, Rdnr.724.
517 Malaurie-Aynès, Droit Civil, Tome VI, Rdnrn. 1203, 1206.

der cession de créance, daß durch sie eine neue Forderung entsteht, die an die Stelle der alten Forderung tritt, während bei der cession de créance ein und dieselbe Forderung übertragen wird [518].
Es gibt drei Arten der novation, die in Art. 1271 Code Civil näher beschrieben sind. Die Vorschrift des Art. 1271 Code Civil lautet [519] :

Art. 1271 Die novation findet auf drei Arten statt :

1. *indem der Schuldner mit seinem Gläubiger eine neue Schuld begründet, die die alte Schuld ersetzt, die dann erlischt;*
2. *indem ein neuer Schuldner den bisherigen Schuldner ersetzt, der vom Gläubiger von der Verbindlichkeit befreit wird;*
3. *indem durch die Wirkung einer neuen Verpflichtung der neue Gläubiger den bisherigen ersetzt, gegenüber dem der Schuldner befreit wird.*

Kennzeichnend für jede dieser drei Möglichkeiten der novation ist der sogenannte novatorische Effekt, der in der Entstehung einer neuen Verbindlichkeit liegt. Dies hat zur Folge, daß der Schuldner seine Einwendungen aus dem alten Schuldverhältnis verliert. Außerdem gehen gem. Art. 1278, 1281 Code Civil keine Garantien oder sonstigen Nebenrechte mit in das neue Schuldverhältnis über [520]. Bei den ersten beiden Alternativen liegt eine novatorische Schuldnerersetzung vor, während lediglich die dritte Alternative einen Gläubigerwechsel durch Novation bewirkt. Die Nachteile der novation gegenüber der cession sind neben dem Verlust der Einwendungen für den Schuldner und der fehlenden Garantien für den Gläubiger vor allem die erforderliche Zustimmung des Schuldners bei der novation gem. Art. 1271 alinéa 3 Code Civil [521].

2. Schuldumwandlung (délégation)

Die délégation ist eine Art Schuldübernahme, die durch Vereinbarung zwischen dem ursprünglichen Schuldner (débiteur initial / délégant) und dem Übernehmer der Schuld, dem neuen Schuldner (nouveau débiteur / délégué) gem. Art. 1274 ff. Code Civil zustande kommt. Sie unterscheidet sich wie die novation durch den novatorischen Effekt von der cession, also durch das Hinzutreten eines neuen Schuldverhältnisses. Allerdings ist grundlegend zwischen zwei Arten der délégation zu differenzieren [522].

Bei der délégation parfaite wird der übertragende Schuldner von seiner Verbindlichkeit gegenüber dem Gläubiger (créancier / délégataire) befreit, der sich ausschließlich an den Übernehmer der Schuld halten kann; sogenannte Schuldübernahme mit befreiender Wirkung. Bei der délégation imparfaite bleibt der übertragende Schuldner dagegen grundsätzlich dem Gläubiger neben dem

518 Rieg, Rep.Civ., Cession de créance, Rdnr. 9.
519 Die Übersetzung vermeidet jede Interpretation.
520 Cabrillac, Droit des obligations, Rdnr. 517.
521 Ferid, Das französische Zivilrecht, Band 2, Rdnr. 2 E 115.
522 Rieg, Rep.Civ., Cession de créance, Rdnrn. 10 ff.; Mazaud-Chabas, Droit Civil, Tome 2, Rdnrn. 1233 ff.

Übernehmer der Schuld verpflichtet; sogenannte Schuldübernahme ohne befreiende Wirkung [523].

Die délégation ist in den Art. 1274 – 1276 CC geregelt. Die Vorschriften lauten [524] :

Art. 1274

Die Novation durch Ersetzung des Schuldners mit einem neuen Schuldner kann ohne Mitwirkung des ursprünglichen Schuldners durchgeführt werden.

Art. 1275

Die délégation, durch die ein Schuldner seinem Gläubiger einen anderen Schuldner gibt, der sich gegenüber dem Gläubiger verpflichtet, wirkt nur dann novatorisch, wenn der Gläubiger ausdrücklich erklärt hat, daß er den Schuldner, der die délégation vorgenommen, dadurch befreit hat.

Art. 1276

Der Gläubiger hat, nachdem er den Schuldner befreit hat, der die délégation durchgeführt hat, keinen Rückgriff mehr auf den Schuldner, wenn der délégué insolvent wird, es sei denn, das Rechtsgeschäft enthält einen ausdrücklichen Rückgriffsvorbehalt oder der délégué befand sich bereits zum Zeitpunkt der délégation in einem eröffneten Insolvenzverfahren oder im Zustand der Zahlungsunfähigkeit.

Bei den Konstruktionen der délégation handelt es sich nicht um die Übertragung von Forderungen oder subjektiven Rechten, sondern um Schuldnerwechsel. Die délégation dient somit im Rahmen der alternativen Übertragungstechniken nur der Abgrenzung hinsichtlich der Frage, ob Übertragung oder Umwandlung vereinbart wurde [525].

3. Gläubigereintritt (subrogation)

Das Rechtsinstitut der subrogation ermöglicht im Gegensatz zu den vorgenannten Instituten der novation und der délégation den Eintritt eines neuen Gläubigers [526]. Im Code Civil gibt es also eine doppelte Technik im Recht der Forderungsübertragung durch Abtretung in Form der cession de créance gem. Art. 1689 ff. Code Civil oder im Wege des Gläubigereintritts durch subrogation gem. Art. 1249 ff. Code Civil [527]. Während die subrogation réelle die Übertragung von Sachen betrifft, ist die subrogation personnelle auf die Übertragung von Forderungen gerichtet [528].

---

523 Cabrillac, Droit des obligations, Rdnr. 425; Malaurie-Aynès, Droit Civil, Tome VI, Rdnrn. 1290 ff.

524 Die Übersetzung vermeidet jede Interpretation.

525 Rieg, Rep.civ., Cession de créance, Rdnr. 12.

526 Ferid, Das französische Zivilrecht, Band 2, Rdnr. 2 E 146; Rieg, Rép.Civ., Cession de créance, Rdnr. 8.

527 Bénabent, Droit Civil, Rdnr. 724.

528 Bénabent, Droit Civil, Rdnr. 739.

Aus Art. 1249 Code Civil folgt, daß es zwei Rechtsgrundlagen des Gläubigereintritts (subrogation) gibt. Der Gläubigereintritt kann gesetzlich (subrogation légale) oder vertraglich (subrogation conventionnelle) begründet werden [529]. Standort der Regelung dieses Rechtsinstituts der subrogation ist der dritte Titel des dritten Buches im Code Civil über die Verträge und schuldrechtlichen Verpflichtungen im allgemeinen. Dort findet sich die subrogation im fünften Kapitel über das Erlöschen der Verpflichtungen. Nach der Abhandlung der Zahlung im allgemeinen (paiement) ist die subrogation in § 2 der ersten Sektion über die Zahlung durch subrogation in den Art. 1249-1252 Code Civil geregelt [530].

Anders als bei der Publikation der cession gem. Art. 1690 CC und den Förmlichkeiten der Loi Dailly wird bei der subrogation lediglich eine sogenannte quittance subrogatoire, also eine Quittung über die Gläubigerersetzung ausgestellt, die jedoch für den Übertragungsvorgang selbst ohne Bedeutung ist [531].

Für beide Arten des Gläubigereintritts gilt Art. 1252 Code Civil. Danach wirkt der Gläubigereintritt gegen Bürgen und Schuldner gleichermaßen. Der Gläubigereintritt beeinträchtigt den alten Gläubiger nur, wenn er lediglich teilweise bezahlt wird. Dann kann dieser seine Rechte insbesondere auf Zahlung der Differenz gegenüber demjenigen ausüben, der ihn bereits teilweise bezahlt hat. Es findet also keine anteilige Befriedigung statt, wenn der Schuldner nicht in vollem Umfang zahlungsfähig ist [532]. Im Gegensatz zur cession de créance gem. Art. 1689 CC, die immer nur vertraglich vereinbart werden kann, gibt es die subrogation in beiden Formen, gesetzlich oder vertraglich. Die subrogation bedarf nicht der Formeinhaltung des Art. 1690 Code Civil, ist aber zwingend an die Zahlung gebunden. Deshalb findet der Gläubigereintritt bei einer Teilzahlung auch nur in Höhe dieser Zahlung statt [533].

Das Wesensmerkmal der subrogation ist die Zahlung (paiement) des Dritten. Die Zahlung muß zwingend durch einen Dritten erfolgen. Fehlt die Zahlung oder hat einer der Beteiligten des Schuldverhältnisses gezahlt, so ist keine subrogation möglich. Die Zahlung durch Dritte ist auch grundsätzlich gem. Art. 1236 Code Civil möglich. Die Zahlung muß außerdem gleichzeitig mit der Einigung über die subrogation zusammenfallen. Dieses Erfordernis folgt aus Art. 1250 Code Civil und den weiteren Vorschriften, die die subrogation zulassen, vgl. Art. L.121-12 Code des assurances, Art. 874 und Art. 2029 Code Civil, Art. 381 Code des douanes. Hier liegt die eigentliche praktische Schwierigkeit der subrogation [534].

Grundsätzlich hält auch die Rechtsprechung an dieser Gleichzeitigkeit von Einigung und Zahlung fest [535]. Allerdings wurden auch Ausnahmen zugelassen. Die beiden wichtigsten Ausnahmen lassen die Antizipation der rechtsübertragenden Wirkung des sogenannten effet translatif zu [536]. Sie betreffen den Schädiger-Ausgleich vor einer rechtskräftigen Entscheidung und den Forderungsübergang auf den Staat bei

---

529 Savaux, Rép.Civ., subrogation, Rdnrn. 32 ff.
530 Terré-Simler-Lequette, Droit Civil, Rdnrn. 1267 ff.
531 Gavalda-Stoufflet, Droit bancaire, Rdnr. 432.
532 Bénabent, Droit Civil, Rdnr. 747.
533 Cabrillac, Droit des obligations, Rdnr. 456.
534 Lorvellec, Juris-Classeur, „subrogation", Rdnrn. 8 ff.
535 Cass.com., 14 déc.1965, Gaz.Pal.1966.1.278.
536 Malaurie-Aynès, Droit Civil, Tome VI, Rdnr. 1206.

Sozialleistungen an ein Unfallopfer auf der Grundlage einer Verordnung aus dem Jahre 1959 (Ordonnance du 7 jan 1959) [537].

a Die subrogation légale

Der Gesetzestext über den gesetzlichen Gläubigereintritt lautet [538] :

Art. 1251 Der Gläubigereintritt findet von Rechts wegen statt :

1. *Zugunsten desjenigen, der selbst Gläubiger ist und der einen anderen Gläubiger bezahlt, der ihm gegenüber den Vorrang hinsichtlich der Vorrechte und Hypotheken hat;*
2. *Zugunsten des Erwerbers einer Immobilie, der den Preis für seinen Erwerb verwendet, um die Gläubiger auszuzahlen, zugunsten derer das Grundstück hypothekarisch belastet war.*[539]
3. *Zugunsten desjenigen, der mit anderen oder für andere verpflichtet ist , die Schuld zu tilgen, und der ein Interesse an der Tilgung hat;*
4. *Zugunsten des Vorbehalts- (oder Inventar-) Erben, der mit seinen Mitteln die Schulden der Erbfolge bezahlt hat.*

Die Wirkung des gesetzlichen Gläubigereintritts ist der Übergang der Forderung mit ihren Wesensmerkmalen, wie etwa der Fälligkeit und allen akzessorischen Nebenrechten. Der Schuldner kann dem neuen Gläubiger alle Einwendungen gegen den alten Gläubiger entgegenhalten [540]. Die subrogation légale ist auch in speziellen Vorschriften normiert. Wichtige Beispiele sind Art. L. 121-12 Code des assurances im privaten Versicherungsrecht und Art. 29 Loi du 5 juillet 1985 im Sozialversicherungsrecht [541]. Die subrogation enthält insgesamt aufgrund der gesetzlichen Anordnung des Forderungsübergangs eine Art gesetzlichen Forderungsübergang (cessio legis) [542]. Ein wesentlicher Unterschied zur cession de créance ist, daß die subrogation légale sich auch auf eine virtuelle Schuld (dette virtuelle) beziehen kann [543].

b Die subrogation conventionnelle

Die vertragliche Variante des Gläubigereintritts ist nicht zuletzt aufgrund der verblüffend einfachen Handhabung die dominierende Form der Übertragung beruflich veranlaßter Forderungen im modernen Forderungsverkehr geworden. Dadurch hat sie vor allem im Massengeschäft der Liquiditätsgewinnung eine beachtliche Bedeutung erlangt. Die subrogation wurde allerdings schon zuvor von den Sozialversicherungsträgern und den Privatversicherungen für ihre Abrechnungen im Massenverkehr entdeckt [544].

---

537 Lorvellec, Juris-Classeur „subrogation“, Rdnrn. 19, 20.
538 Die Übersetzung vermeidet jede Interpretation.
539 Der Begriff „héritage“ hat hier nicht die Bedeutung von Erbschaft, sondern von Grundstück.
540 Cabrillac, Droit des obligations, Rdnr. 455.
541 Cabrillac, Droit des obligations, Rdnrn. 454, 349.
542 Siehe oben Kap. 2 A vor I.
543 Malaurie-Aynès, Droit Civil, Tome VI, Rdnr. 1211.
544 Malaurie-Aynès, Droit Civil, Tome VI, Rdnr. 1207.

aa Gesetzestext[545]

Art. 1250 Der Gläubigereintritt ist vertraglich :

1. wenn der (bisherige) Gläubiger, der seine Zahlung von einem Dritten (dem neuen Gläubiger) erhält, diesen Dritten in seinen Rechten, Klagen, Vorrechten und Hypotheken gegenüber dem Schuldner ersetzt : Dieser Gläubigereintritt muß ausdrücklich und zur gleichen Zeit wie die Zahlung erfolgen;

2. wenn der Schuldner ein Darlehen aufnimmt, um seine Schuld zu bezahlen und den Darlehensgeber in die Rechte des (alten, Anm.d.V.) Gläubigers setzt. Damit dieser Gläubigereintritt wirksam ist, müssen das Darlehen und die Quittung vor einem Notar gezeichnet werden; in diesem Darlehensakt muß erklärt werden, daß die Summe für die Zahlung der Schuld aufgenommen wurde und in der Quittung muß erklärt werden, daß das Darlehen durch Auszahlung der Valuta zu diesem Zweck durch den neuen Gläubiger gewährt wurde. Dieser Gläubigereintritt findet ohne die rechtsgeschäftliche Mitwirkung des (alten, Anm.d.V.) Gläubigers statt.

bb Kommentierung

Es gibt zwei Möglichkeiten, den Forderungsübergang nach Art. 1250 Code Civil zu vereinbaren. Häufigster Fall ist die Vereinbarung zwischen dem Gläubiger und dem zahlenden Dritten. Seltener dagegen findet man die ebenfalls vorgesehene Vereinbarung der subrogation zwischen dem Schuldner und dem zahlenden Dritten [546]. Die subrogation des Schuldners wird erst wirksam, wenn der Darlehensvertrag und die Quittung des Gläubigers notariell beglaubigt worden sind [547]. Die subrogation des Gläubigers ist dagegen formfrei. Sie setzt eine ausdrückliche Einigung zur Zeit der Zahlung voraus. Die Zahlung muß außerdem durch einen außerhalb des ursprünglichen Schuldverhältnisses stehenden Dritten erfolgen. Da diese Voraussetzungen beim Factoring (affacturage) insbesondere bei der Verwendung von Listen im Massengeschäft leicht einzuhalten sind, ist dieses Rechtsinstitut Grundlage des Factorings in Frankreich geworden [548].

Um den Nachweis der ausdrücklichen Vereinbarung besser führen zu können, hat sich in der Praxis die Ausstellung einer privatschriftlichen Quittung (quittance subrogative) durchgesetzt. Es wird außerdem zugelassen, daß die Einigung auch schon vor, aber niemals nach der Zahlung zustande kommen kann [549]. Auch hier bleiben dem Schuldner seine Einwendungen gegen den ursprünglichen Gläubiger, auch gegenüber dem neuen Gläubiger, erhalten. Der neue Gläubiger erwirbt die Forderung mit allen Nebenrechten, Klagen und Sicherheiten [550].

Die Rechtsnatur der subrogation auf den Forderungskauf oder die Sicherungszession zu fixieren, fällt ebenso schwer wie bei der cession Dailly. Die

---

545 Anmerkungen des Verfassers in Klammern; die Übersetzung vermeidet jede Interpretation.

546 Cabrillac, Droit des obligations, Rdnr. 451, 452.; Malaurie-Aynès, Droit Civil, Tome VI, Rdnr. 1208.

547 Cabrillac, Droit des obligations, Rdnr. 452; Malaurie-Aynès, Droit Civil, Tome VI, Rdnr. 1209.

548 Cabrillac, Droit des obligations, Rdnr. 451; Malaurie-Aynès, Droit Civil, Tome VI, Rdnr. 1208.

549 Bénabent, Droit Civil, Rdnr. 744; Malaurie-Aynès, Droit Civil, Tome VI, Rdnr. 1208.

550 Bénabent, Droit Civil, Rdnr. 746.

subrogation kann allgemein sowohl eine Kreditfunktion als auch eine Garantiefunktion erfüllen. Während die gesetzliche subrogation dem Gläubiger eine Zahlung etwa im Versicherungsrecht sichert, dient die vertragliche subrogation regelmäßig dem Zedenten dazu, einen Kredit zu erhalten, wobei auch hier die Forderung endgültig in das Vermögen des Zessionars übergeht [551]. Die eigentliche Schwierigkeit bei der subrogation liegt in der Vorstellung, daß die Zahlung eines Dritten nicht zum Erlöschen der Forderung führt, sondern eine übertragende Wirkung auf die Forderung zur Folge hat [552]. Die rechtsübertragende Wirkung der subrogation ist mit der der cession gem. Art. 1689 ff. Code Civil vergleichbar. Der effet translatif erfaßt gem. Art. 1250 Code Civil alle Rechte (droits) und Klagen (actions) sowie sämtliche Nebenrechte der Forderung (accessoires de la créance) [553].

4. Anwendungsfall affacturage

Grundlage des Factorings (affacturage) ist weder das klassische Abtretungsrecht des Code Civil, noch die eigens für die moderne Finanzierung geschaffene Loi Dailly geworden. Das Factoring hat sich in Frankreich anhand der vertraglichen subrogation gem. Art. 1250-1 Code Civil entwickelt [554].

Ein Erklärungsansatz dafür ist die historische Entwicklung. Da das Factoring schon seit 1960 in Frankreich praktiziert wurde, kam die Ordonnance 67-838 und ihr folgend die Loi Dailly als normierte Grundlagen schlicht zu spät. Bis dahin hatte sich die Praxis schon mit der subrogation conventionnelle beholfen. Ein weiterer Grund liegt aber auch in der einfacheren Handhabung der subrogation. Trotz der zunehmenden Beschleunigung und Vereinfachung durch die Ordonnance Nr. 67-838 und der Loi Dailly erreichen diese normierten Übertragungsmöglichkeiten bis heute nicht die Praktikabilität der subrogation [555]. Bei der subrogation erlangt der neue Gläubiger (z.B. der Factor) ohne weitere Formalität die volle Rechtsinhaberstellung an der Forderung, während Loi Dailly und cession civile umfangreiche Formalitäten vorsehen [556].

Der Umfang des Factoring-Geschäfts in Frankreich ist beachtlich. Seit der kürzlichen Fusion der Groupe EULER mit Crédit Lyonnais und den weiteren Factoringunternehmen FEA, CCF und Elysées Factors sowie verschiedenen Minderheitsbeteiligungen zu der größten französischen Factoringgesellschaft EUROFACTOR setzte alleine diese neue Gesellschaft im Jahr 1999 etwa 112 Mrd. FF um; das entspricht etwa 17,1 Mrd. Euro. Damit ist das französische Unternehmen zugleich das größte europäische Factoring – Unternehmen. Der französische Factoringmarkt hat sich 1999 gegenüber dem Vorjahr um insgesamt 17 % verbessert und liegt bei einem Gesamtvolumen von 312,4 Mrd. FF. Im europäischen Vergleich liegt Frankreich nach Großbritannien (28 %) und Italien (26 %) mit 15 % vor Deutschland und den Niederlanden mit jeweils 7 %. Wichtige Entwicklungen der

---

551 Bénabent, Droit Civil, Rdnrn. 739 ff.

552 Terré-Simler-Lequette, Droit civil, Rdnr. 1288.

553 Lorvellec, Juris-Classeur, „subrogation", Rdnrn. 24, 51.

554 Rives-Lange – Contamine-Raynaud, Droit bancaire, Rdnr. 582; Guingand, Banque et Droit 1988 S. 15.

555 Bénabent, Droit Civil, Rdnr. 743; Cabrillac, Droit des obligations, Rdnr. 451; Gavalda-Stoufflet, Droit bancaire, Rdnrn. 431, 432.

556 Malaurie-Aynès, Droit Civil, Tome VI, Rdnr. 1217.

Factoringbranche sind unter anderem auch neue Finanzierungstechniken, unter anderem für die Refinanzierung wie beispielsweise die titrisation [557].

5. Übertragungshindernisse gegenüber der subrogation

Da die subrogation, rechtstechnisch lediglich die Folge der Zahlung auf die Schuld ist, fragt sich, ob die Übertragungshindernisse, die einer cession civile oder einer cession Dailly entgegenstehen, auch den Gläubigerwechsel durch subrogation sperren können [558].

Da die subrogation auch wenn sie vertraglich vereinbart ist, aufgrund der Zahlung die Forderung kraft Gesetz übergehen läßt und die Übertragungshindernisse nur die vertragliche Vereinbarung des Forderungsübergangs in Form einer cession verhindern, dürften die Übertragungshindernisse und insbesondere die Abtretungsverbote einer Forderungsübertragung durch subrogation grundsätzlich nicht entgegenstehen. Durch den effet translatif der subrogation gehen neben der Forderung insbesondere auch alle Sicherheiten auf den neuen Gläubiger über. Einziges unmittelbar anwendbares Übertragungshindernis ist die Unübertragbarkeit wegen Personengebundenheit bzw. Höchstpersönlichkeit einer Forderung (intuitus personae) [559].

Allerdings kennt auch der Forderungsübergang kraft subrogation weitere Grenzen. So kann der neue Gläubiger nicht in Vorrechte (prérogatives) des alten Gläubigers eintreten, die untrennbar mit der Person des alten Gläubigers verbunden sind [560]. Wichtigste Grenze der subrogation ist der Fall der teilweisen Zahlung. Spiegelbildlich zur Unübertragbarkeit einer unteilbaren Forderung durch Teilabtretung entfaltet die subrogation ihre Wirkung nur soweit die Zahlung reicht [561]. Darüberhinaus sind im Einzelfall weitere Verbote zu beachten, die zum Teil von der Rechtsprechung entwickelt wurden. So wirkt der Grundsatz der Gleichzeitigkeit von Zahlung und subrogation wie ein Verbot, auch wenn die Rechtsprechung Ausnahmen zugelassen hat. Daneben kommen auch Verbote bei nachträglicher oder rückwirkender subrogation in Betracht [562].

6. Interessenkollision zwischen subrogation und cession (Dailly)

Bedeutsam wird vor allem die Interessenkollision zwischen einem Gläubiger kraft subrogation, in der Praxis regelmäßig der Factor, und einem Gläubiger kraft cession, wenn der Zedent dieselbe Forderung jeweils über subrogation und cession übertragen hat. Grundsätzlich gilt das Prioritätsprinzip. Derjenige, dessen Titel die gesetzlichen Voraussetzungen zuerst erfüllt, wird Forderungsinhaber. Dadurch ist der Factor, der im Wege der subrogation gegenüber dem Zessionar einer cession civile

---

557 Dossier de presse, Eurofactor, mars 2000.
558 Bénabent, Droit Civil, Rdnr. 740.
559 Malaurie-Aynès, Droit Civil, Tome VI, Rdnr. 1213.
560 Cass.com.12 nov.1985, Bull.civ.IV Nr. 269 : RTD civ.1986, 351 obs. Mestre.
561 Siehe oben Kap.2 C II 3.b.bb; Bénabent, Droit Civil, Rdnr. 747.
562 Savaux, Rép.civ., subrogation, Rdnrn. 41 ff, 46 ff.

gem. Art. 1689 Code Civil oder einer cession Dailly schon aufgrund der schneller und einfacher zu erfüllenden Voraussetzungen privilegiert [563].

Der Konflikt zwischen der Bank, an die der Schuldner bezahlt hat, und dem Factor, an den der Gläubiger seine Forderung gegen den Schuldner abgetreten hat, wurde von der Rechtsprechung zugunsten des Factors entschieden [564]. Im Rahmen von Subunternehmerverhältnissen greift jedoch das Abtretungsverbot in Art. 13-1 der Loi Nr. 75-1334 auch bei der Forderungsübertragung durch subrogation [565].

III Aktuelle Probleme des modernen Forderungsverkehrs

Die Probleme des französischen Abtretungsrechts liegen in der Vielschichtigkeit der Rechtsgrundlagen und Übertragungsmöglichkeiten und in den damit verbundenen strukturellen Schwächen. Durch die Entwicklung alternativer Übertragungsmöglichkeiten wurden einerseits die Probleme des klassischen Zessionsrechts im Code Civil gelöst. Dies bleibt andererseits jedoch auf den gewerblichen Bereich beschränkt.

1. Die Vielschichtigkeit des französischen Abtretungsrechts

Mit der Schaffung neuer Übertragungsmöglichkeiten gehen Abgrenzungsschwierigkeiten unterschiedlicher Abtretungen einher, die nach einer Klärung im Konfliktfall verlangen. Ausgangspunkt ist das Verhältnis der Loi Dailly zum Gesetz über die Subunternehmer und zum Gesetz über den Eigentumsvorbehalt [566].

a Die Loi Dailly und das Subunternehmergesetz von 1975

Schon die Loi Nr. 75-1334 zum Schutz der Nachunternehmer sollte die Subunternehmer vor dem Durchschlagen wirtschaftlicher Schwierigkeiten des Hauptunternehmers bewahren. Mit der Loi Dailly sollte die Stellung des Nachunternehmers (sous-traitant) weiter verbessert werden. Zu diesem Zweck wurde seine Position bei privaten Aufträgen der Stellung bei öffentlichen Aufträgen durch den Art. 13-1 Loi 75-1334 angeglichen. Dieser Artikel, der mit Art. 7 Loi Dailly in das Gesetz zum Schutz der Subunternehmer eingefügt wurde, enthält daher ein Abtretungs- und Verpfändungsverbot zu Lasten des Hauptunternehmers [567].

Teilweise wurde jedoch bezweifelt, ob der Subunternehmer öffentlicher Aufträge durch die Reform inzwischen nicht sogar gegenüber dem privaten Auftragnehmer benachteiligt wird, da die Vorschriften über die öffentlichen Aufträge in der Loi Nr. 75-1334 und dort insbesondere Art. 9 dieses Gesetzes nicht geändert oder angeglichen wurden [568].

---

563 Gavalda, Factoringhandbuch, S. 316.
564 S.Paris 17 jan.1992, JCP 92.IV.1751, obs. Gavalda.
565 Siehe oben Kap. 2 C I 2.e.
566 Weil-Terré-Lequette, Droit Civil, Rdnrn. 1175, 1177 f.
567 Siehe oben Kap. 2 B IV 2.a.
568 Mezger RIW 1981, 213, 217.

Die Loi Nr. 75-1334 unterscheidet grundsätzlich zwischen öffentlicher (titre II der Loi Nr. 75-1334) und privater Auftragsvergabe (titre III der Loi Nr. 75-1334). Während der Subunternehmer vom öffentlichen Auftraggeber gem.Art.6 des Gesetzes direkt zu bezahlen ist (payement direct), soll er bei der privaten Auftragsvergabe vom Hauptunternehmer bezahlt werden. Erst wenn dieser nicht bezahlt hat, steht dem Subunternehmer unter den Voraussetzungen des Art. 12 des Gesetzes die unmittelbare Zahlungsklage (action directe) gegenüber dem Auftraggeber zu. Allerdings wurde diese Unterscheidung zwischen öffentlicher und privater Auftragsvergabe durch die Entscheidung der Cour de Cassation aus dem Jahre 1989 aufgehoben [569].
In Art. 9 Loi 75-1334 wird der Fall geregelt, daß der Hauptunternehmer eines öffentlichen Auftrages Forderungen für Leistungen verpfändet hat, die er erst nach der Verpfändung an einen Nachunternehmer weiter beauftragen will. Danach wird die in Art. 3 des Gesetzes vorgesehene Annahmeerklärung des Auftraggebers, in der er der Beauftragung des Subunternehmers zustimmt, von der entsprechenden Reduzierung der Verpfändung abhängig gemacht. Die Annahmeerklärung des Auftraggebers heilt jedoch nicht die fehlende Reduktion der Verpfändung, so daß in diesem Fall der Subunternehmer leer ausgeht [570].

Da es eine vergleichbare Regelung im Bereich der privaten Auftragsvergabe nicht gibt, besteht tatsächlich eine Schlechterstellung des Subunternehmers eines öffentlichen Auftrages. Allerdings wird dies relativiert, denn der Subunternehmer kann den Vertragsschluß mit dem Hauptunternehmer davon abhängig machen, daß die Voraussetzungen des Art. 9 der Loi Nr. 75-1334 erfüllt werden.

b Die Loi Dailly und das Gesetz über den Eigentumsvorbehalt

Durch die Loi Dailly wurde die Abtretung künftiger Forderungen insoweit erleichtert, als dies ohne Beachtung der Formvorschriften des Art. 1690 Code Civil und damit schon zu einem Zeitpunkt möglich wurde, zu dem die abzutretende Forderung noch nicht Gegenstand einer schriftlichen Erklärung im Sinne von Art. 1690 Code Civil sein konnte. Unklar ist nach den Art. 1 Abs. 2 Nr. 4 Loi Dailly allerdings geblieben, ob zukünftige Forderungen dann auch ausreichend individualisiert sind beziehungsweise welcher Grad an Individualisierbarkeit für die cession Dailly noch ausreichend ist [571].

Im Zusammenhang mit dem Gesetz über den Eigentumsvorbehalt, der Loi Nr. 80-335 vom 12. Mai 1980, ist desweiteren nicht ausdrücklich geregelt worden, ob bei der Übertragung einer Forderung eines Vorbehaltskäufers gegen den Käufer auch das vorbehaltene Eigentum gem. Art. 1 Loi Dailly übertragen oder verpfändet werden kann. Hier kommt es darauf an, ob man das vorbehaltene Eigentum als Sicherheit für die Kaufpreisforderung im Sinne von Art. 1 Abs. 2 Nr. 5 Loi Dailly ansieht [572].

---

569 Siehe oben Kap. 2 C I 4.
570 CE 2 juin 1989, Dalloz 1990.229, note Bénabent.
571 Mezger RIW 1981, 213, 217.
572 Mezger RIW 1981, 213, 217, Mezger ZIP 1980, 406 ff.; Vgl. dazu unten Kap. 2 C III 1.s, dd.

c Kollidierende Übertragungen

Aufgrund der unterschiedlichen Übertragungsmöglichkeiten können sowohl unterschiedliche als auch gleiche Übertragungsmöglichkeiten miteinander und mit weiteren Rechten oder Sicherheiten kollidieren. Die vielfältigen Kollisionsfälle sind Gegenstand einer umfangreichen Rechtsprechung geworden [573].

aa Konflikte zwischen Bank, Factor und Unternehmer

Geht der Nachunternehmer im Wege der Zahlungsklage (action directe) gegen den Auftraggeber vor, kann der Factor (société d'affacturage) dem Nachunternehmer nicht die Übertragung der Forderungen durch subrogation seitens des Hauptunternehmers entgegenhalten, soweit sich die geltend gemachten Forderungen auf Leistungen beziehen, die der Nachunternehmer persönlich erbracht hat. Etwas anderes gilt nur, wenn sich der Hauptunternehmer durch Bürgschaft gem. Art. 13 ff. Loi 75-1334 von dem modifizierten Abtretungsverbot befreit hat [574].

bb Kollidierende Listenabtretungen

Wird dieselbe Forderung durch verschiedene Listenabtretungen übertragen, stellt sich die Frage, welche Abtretung wirksam war und wem die Forderung zusteht. Das gilt für mehrere Listenabtretungen, die nebeneinander durchgeführt worden sind [575].

Grundsätzlich gilt gem. Art. 4 der Loi Dailly, daß die Übertragung zum Zeitpunkt des Datums wirksam wird, das auf die Liste gesetzt wurde. Hieraus folgt zunächst, daß die Listenabtretung wirksam wird, deren Datum das frühere ist. Diese Ansicht der Rechtsprechung wird von der Literatur überwiegend mit dem Argument geteilt, daß jedenfalls vor der Bezahlung der Zedent den Schein der Berechtigung auch zu einer zweiten Listenabtretung für sich beanspruchen kann, denn die Forderung ist zunächst in seinem Vermögen entstanden und die Listenabtretung ist für Dritte mangels Publizität nicht erkennbar [576].

Problematisch ist jedoch der Fall der Zahlung an den zweiten Zessionar, der Inhaber der Liste geworden ist, die das zeitlich spätere Datum trägt. Hier kommt zunächst Art. 1240 Code Civil zur Anwendung, wonach die gutgläubige Zahlung des Schuldners an den zweiten Zessionar zunächst den Schuldner befreit und die Forderung zum Erlöschen bringt. Hier kann sich der erste (berechtigte) Zessionar weder im Wege der ungerechtfertigten Bereicherung noch des Auftragsrechts an den zweiten (unberechtigten) Zessionar halten, da die jeweiligen Voraussetzungen nicht gegeben sind. Gleichwohl hat die Cour de Cassation in einem Fall unter bestimmten Voraussetzungen einen Rückforderungsanspruch des ersten Zessionars über den Schuldner der abgetretenen Forderung bejaht [577].

573 Gavalda in Hagenmüller-Sommer-Brink, Factoringhandbuch, Factoring in Frankreich, aaO.
574 Cass.com., 5 févr.1991, Rev.dr.bancaire 1991.100, obs.Crédot et Gérard; Cass.com., 22 nov.1988, Dalloz 1989.212, note Bénabent.
575 Pérochon-Bonhomme, Entreprises en difficulté, Rdnr. 775.
576 CA Paris, 4 janv.1990, Dalloz 1990.IR.44; Cabrillac Dalloz 1990.chron. 127 f.
577 Cass.com., 28 oct.1986, Dalloz 1986.592, note Vasseur.

cc Verhältnis zwischen cession Dailly und subrogation

Das Prioritätsprinzip gilt nicht nur zwischen Listenabtretungen, sondern auch zwischen den übrigen Abtretungsarten. So ist auch das Verhältnis einer cession Dailly zu einer subrogation im Rahmen des Factorings (affacturage) rein zeitlich zu beurteilen. Hat der Zedent seine Forderungen zuerst über die cession Dailly an eine Bank und danach im Wege der subrogation an einen Factor übertragen, so kann die Bank die aufgrund des Factorings an den Factor gezahlten Beträge zurückverlangen [578].

dd Abtretung und Eigentumsvorbehalt

Die Forderung aus dem Weiterverkauf einer Vorbehaltsware kann zum Konflikt zwischen Vorbehaltsverkäufer und Zessionar führen. Der Verkäufer erlangt durch die Vereinbarung eines Eigentumsvorbehalts ein Recht auf die Kaufpreisforderung aus der Weiterveräußerung ab dem Tag des Weiterverkaufs. Deshalb kann sich der Zessionar nicht im Wege der Rückforderungsklage an den Nacherwerber halten [579].

Hier ist insbesondere das Gesetz über die Wirkungen und die Konkursfestigkeit des Eigentumsvorbehalts zu beachten [580]. In einer Entscheidung aus dem Jahr 1988 hat die Cour de Cassation in diesem Zusammenhang festgestellt, daß es für die Klage auf Rückforderung (action en revendication) einer unter Eigentumsvorbehalt gelieferten Sache nicht darauf ankommt, ob der Verkäufer oder ein Dritter, der durch Gläubigerersetzung im Wege der subrogation an die Stelle des Verkäufers getreten ist, den Rückforderungsanspruch klageweise geltend macht. Dies gilt auch dann, wenn über das Vermögen des beklagten Käufers ein Insolvenzverfahren (procédure collective) eröffnet worden ist. Nach Ansicht der Cour de Cassation geht die réserve de propriété dabei wie eine akzessorisches Nebenrecht mit der Forderung auf den Gläubiger der subrogation über [581].

ee Die action directe des Subunternehmers

Der Hauptunternehmer kann Forderungen gegen den Auftraggeber nur bedingt abtreten. Hält er die Voraussetzungen des Subunternehmergesetzes nicht ein, so ist die Übertragung dem Subunternehmer gegenüber unwirksam und dieser kann im Wege der direkten Zahlungsklage Erfüllung seiner Forderung verlangen [582].

ff Konflikt zwischen Zessionar und Wechselinhaber

Zwischen dem Zessionar einer Abtretung und dem Inhaber einer Tratte (porteur d'une traite) kommt es dann zu einem Konflikt, wenn dieselbe Forderung, die durch den Wechsel verbrieft wurde, gleichzeitig Gegenstand der Abtretung geworden ist.

---

[578] Cass.com., 19 mai 1992, RTD com. 1992.655, obs. Cabrillac et Teyssié.
[579] Cabrillac Dalloz 1988.chron. 255; Martin Dalloz 1986.chron. 323.
[580] Siehe oben Kap. 2 C I 2. vor a.
[581] Vgl. Cass.Com. du 15 avril 1988 D.1988, 330, note Pérochon.
[582] Vgl. oben Kap. 2 C I 2.e; Synvet JCP 1990.I.3425; Peisse Gaz.Pal.1989.1. Doctr.146; Romani Dalloz 1990. chron. 179.

Grundsätzlich kann der Zessionar die Abtretung nur nach Drittwirksamkeit dem Inhaber der Tratte entgegenhalten. Im Konflikt zwischen dem Zessionar der Forderungsabtretung und dem Inhaber der Tratte über dieselbe Forderung setzt sich jedoch der gutgläubige Wechselinhaber gegenüber dem Zessionar unabhängig von der Priorität der Drittwirksamkeit durch [583].

2. *Die strukturellen Schwächen des Abtretungsrechts*

Die strukturellen Schwächen des französischen Abtretungsrechts liegen im Festhalten an den Formzwängen des klassischen Abtretungsrechts, dem beschränkten Anwendungsbereich der alternativen Übertragungsmöglichkeiten und der unübersichtlichen Regelungslage insgesamt.

a *Publikation und Bestimmtheit als Hemmnisse für den freien Forderungsverkehr*

Betrachtet man die Regelung der cession in den Art. 1689 ff. Code Civil isoliert, dann ist festzuhalten, daß der schwerfällige Formalismus die freie Übertragung von Forderungen verhindert. Der Formzwang wirkt letztlich wie ein umfassendes Übertragungshindernis und manifestiert die Nähe des Abtretungsrechts zum Wechselrecht [584]. Die strengen Form- und Zuordnungsregeln der klassischen cession werden zwar teilweise durch die neuere Rechtsprechung zum Gläubiger- und Schuldnerschutz modifiziert. Doch diese Erleichterungen führen nicht zu einer umfassenden Befreiung der Abtretung von den Publikationserfordernissen des Code Civil [585].

Diese Rechtsprechung geht hier allerdings in die richtige Richtung, indem sie die klassische Abtretung von den überkommenen Formvorschriften befreit. Die Erleichterungen treten aber nur im Verhältnis des Schuldners zu den Gläubigern ein, da der Schuldner kein Dritter im engeren Sinn ist. Er ist schließlich den Gläubigern aufgrund des forderungsbegründenden Schuldverhältnisses verbunden. Hat er Kenntnis von der Abtretung oder sonstigen relevanten Umständen, so kann er sich nicht auf die fehlende Einhaltung der Formvorschriften berufen [586].

Festzuhalten ist daher auch, daß die Rechtsprechung den Formzwang als wesentliche Voraussetzung des Publikationsmodells der Forderungsabtretung nicht antastet. Dem Grundsatz nach verbleibt es also bei der Vorschrift des Art. 1690 Code Civil für die bürgerlichrechtliche cession de créance. Auch die Initiativen des Normgebers haben weder mit der Ordonnance 67-838 noch mit der Loi Dailly zu einer endgültigen Loslösung von den Formvorschriften des Publikationskonzepts der Art. 1689 ff. Code Civil geführt. Dabei ist bemerkenswert, daß gerade diese Initiativen wertpapierrechtliche Wesenszüge tragen, obwohl sie die Grundlagen der unverbrieften Forderungsübertragung betreffen. Die Vorteile des verbrieften Forderungsverkehrs werden dadurch allerdings nicht erreicht [587].

---

583 Guillot-Vaugasse Banque 1991.267.
584 Siehe oben Kap. 2 B I 2.
585 Siehe oben Kap. 2 A IV.
586 Siehe oben Kap. 2 A IV 2.
587 Siehe oben Kap. 2 C I.

Eine ähnliche übertragungshindernde Wirkung geht von den hohen Anforderungen an die Bestimmtheit der zu übertragenden Forderung aus. Hier muß die Forderung zum Zeitpunkt des Vertragsschlusses mindestens bestimmbar sein und zukünftige Forderungen sind in Einzelfällen sogar ausdrücklich von der Übertragung ausgeschlossen [588].

b Privilegierung der gewerblichen Forderungsübertragung

Weitere Nachteile der cession Dailly und der subrogation liegen in dem auf gewerbliche Forderungen beschränkten Anwendungsbereich und der damit verbundenen Ungleichbehandlung. Gegenstand der Übertragung können nur beruflich veranlaßte Forderungen und nur eine Mehrzahl von Forderungen Gegenstand der cession Dailly sein. Während sich dies aus der Loi Dailly ausdrücklich ergibt, folgt diese Beschränkung bei der subrogation nicht aus der gesetzlichen Vorschrift sondern aus der faktischen Beschränkung des Factorings auf den Kreis der Zedenten der Loi Dailly.

Die Anforderungen des modernen Forderungsverkehrs verlangen im internationalen Wettbewerb und vor dem Hintergrund der Globalisierung einfache, schnelle und zuverlässige Finanzierungsinstrumente. Dies gilt aber nicht nur für die Wirtschaft, sondern auch für den privaten Haushalt. Außer Frage steht, daß der gewerblichen Wirtschaft moderne Finanzierungsinstrumente an die Hand gegeben werden müssen. Dies ist im französischen Recht durch die Globalzession nach der Loi Dailly und im übrigen auch durch die subrogation gelungen.

Nach der ursprünglichen Konzeption der Kodifikationen sollte das Erfordernis schneller und sicherer Übertragungsformen durch die handelsrechtlichen Wertpapiere (titre négociable du droit commercial) erfüllt werden. Die Schnelligkeit erreichen diese durch Vereinfachung der Form und die Sicherheit durch den Wegfall von Einredemöglichkeiten, das heißt sie sind grundsätzlich einredefrei (inopposabilité) [589]. Die handelsrechtlichen Wertpapiere alleine können aber nicht den gesamten Bedarf an Liquiditätsgewinnung decken. Hinzukommen muß der Einsatz moderner Übertragungstechniken im unverbrieften Forderungsverkehr, durch die auch zukünftige Forderungen liquidiert werden, was bei handelsrechtlichen Wertpapieren nicht möglich ist, wenn man von der Verbriefung von Optionen absieht.

Schließlich ist auch außerhalb der gewerblichen Betätigung von Kaufleuten oder ihnen gleichgestellten Gewerbetreibenden oder Freiberuflern ein Bedarf an Finanzierungsmöglichkeiten festzustellen.

Gerade vor dem Hintergrund der Überschuldung privater Haushalte gewinnt auch deren Finanzierung an Bedeutung. Liquiditätsgewinnung darf natürlich nicht zu Lasten der Gesellschaft gehen. Deshalb müssen die sozialstaatlich intendierten gesetzlichen Abtretungsbeschränkungen und Abtretungsverbote bestehen bleiben. Es ist aber nicht einzusehen, warum den privaten Haushalten die alternativen Übertragungsmöglichkeiten verwehrt bleiben sollen. Diese Ungleichbehandlung hat nicht nur eine abtretungsrechtliche, sondern auch eine insolvenzrechtliche

---

588 Siehe oben Kap. 2 A II 2.a, cc

589 Lambert, Droit civil, 2e livre, S. 379.

Dimension. Auch im Insolvenzrecht wird zwischen gewerblichem und privatem Konkurs differenziert. Zwar gehen die Zahlen der Insolvenzen in Europa zurück. In 1999 gab es in Frankreich je 10.000 Unternehmen immerhin noch 198 Insolvenzen mit einem Gesamtvolumen von 41.800 Mio. ECU. Frankreich stand damit an fünfter Stelle [590].

Der Umstand, daß die neuen Instrumente der Forderungsübertragung ebenso wie die forderungsverbriefenden Papiere nur Gewerbetreibenden, Kaufleuten und Banken für beruflich veranlaßte Forderungen vorbehalten bleiben, wird in der Literatur als heimlich und ständisch beklagt [591].

Die Unterscheidung zwischen beruflich und nicht beruflich veranlaßten Forderungen führt außerdem zu Unschärfen. So ist die vergleichbare Unterscheidung des Verbraucherrechts zwischen Nichtverbrauchern (professionnels/non-consommateurs) und Verbrauchern (consommateurs/non-professionnels) höchst umstritten und die jüngeren Entscheidungen der Rechtsprechung zeigen zumindest eine Tendenz der Angleichung (assimilation) beider Kategorien. Grundlage der anzustrebenden Gleichbehandlung und ein weiterer Grund gegen die Ungleichbehandlung ist schließlich die wirtschaftliche Situation der privaten Haushalte und der Freiberufler sowie aller Rechtssubjekte, die nicht beruflich veranlaßte Forderungen übertragen wollen. Auch in diesem Bereich besteht das Bedürfnis nach praktikablen Übertragungsmöglichkeiten nicht zuletzt vor dem Hintergrund drohender Überschuldung [592].

c Systematik und Transparenz

Die vielfältigen Rechtsquellen im französischen Abtretungsrecht führen nicht nur im Verhältnis unterschiedlicher Übertragungsarten, sondern auch hinsichtlich der Anwendbarkeit der Übertragungshindernisse zu einer nicht mehr in sich geschlossenen und insgesamt unübersichtlichen Rechtslage. Diese Unsicherheiten zeigen sich auch im Bereich der Abtretungsverbote, die sich zwar nach den Kriterien der Übertragungsspezifik leicht systematisieren lassen, jedoch weit verstreut liegen. Der Grundsatz der Rechtssicherheit und Rechtsklarheit erfordert ein durchschaubares Normensystem, das es im Abtretungsrecht nicht mehr gibt. Da gerade Abtretungsverbote einschneidende Wirkung haben, ist die Klärung ihres Anwendungsbereichs eminent wichtig.

Allerdings ist durch die Entwicklung alternativer Übertragungstechniken auch ein differenziertes und gemessen an den Formerfordernissen abgestuftes System der Abtretung entstanden, das ohne den Formzwang aufzugeben, an einem Höchstmaß an Rechtssicherheit für die Beteiligten der Übertragung orientiert ist. Aufgrund der offenen Systematik im französischen Zivilrecht bereitet die dogmatische Behandlung der alternativen Übertragungsmöglichkeiten keine Probleme. Insbesondere ist eine schuld- und sachenrechtliche Qualifizierung mit Ausnahme der Sicherungsabtretung entbehrlich, da die Voraussetzungen und Wirkungen der cession Daillly und der subrogation gesetzlich vorgegeben sind.

---

590 FAZ vom 02.02.2000 (Quelle der Information : Verband der Vereine Creditreform e.V.).

591 Hadding-Schneider-Blaise, Die Forderungsabtretung, S. 135; Gavalda D.1981.chron.199.

592 Vgl. zum Schutz gegen die Überschuldung: Loi 89-1010 du 31 déc. 1989, relative à la protection contre le surendettement.

D Zusammenfassung

Im französische Recht können Forderungen durch Rechtsgeschäft, Gesetz oder Hoheitsakt übertragen werden. Das Abtretungsrecht steht dabei in einem Spannungsverhältnis zwischen Kodifikation und Rechtsfortbildung. Folgt man der traditionellen Betrachtung von objektivem Recht und subjektiven Rechten, zeigt sich eine entscheidende Besonderheit des Abtretungsrechts. Die rechtsgeschäftliche Forderungsübertragung ist nicht auf die cession der Art. 1689 ff. Code Civil beschränkt, sondern findet sich in allen Rechtsquellen des objektiven Rechts, insbesondere in Spezialgesetzen (Loi Dailly) und anderen Rechtsinstituten (subrogation). Die Rechtsfortbildung hat nicht nur weitere Möglichkeiten der Übertragung von Forderungen entwickelt, sondern dadurch auch zu einer weiteren Systematisierung des Zivilrechts geführt.

Eine Kernaussage des objektiven Rechts ist das Einheits- und Konsensprinzip. Danach wirkt die schuldrechtliche Einigung zugleich rechtsübertragend. Die Folge dieses Grundsatzes ist es, daß im objektiven Recht nicht zwischen Schuld- und Sachenrecht unterschieden wurde. Dies zeigt sich insbesondere in der Kodifikation. Der Code Civil kennt keine systemgebende Trennung von Schuld- und Sachenrecht. Dennoch existieren im französischen Recht schuld- und sachenrechtliche Elemente, die sich nicht im objektiven Recht, sondern von den subjektiven Rechten ableiten lassen. Dies ist Ausgangspunkt für die Systematisierung des französischen Zivilrechts durch die Rechtswissenschaft.

Gegenstand der Abtretung sind die subjektiven Rechte, deren Verhältnis zum objektiven Recht in der dualen Betrachtung nach wie vor diskutiert wird. Da der Code Civil keine Abgrenzung der dinglichen Rechte von den subjektiven Rechten vorgibt, haben sich verschiedene Auffassungen zur Systematisierung der subjektiven Rechte gebildet. In schuldrechtlicher Hinsicht wirken subjektive Rechte relativ. Ihre Übertragung kann im Wege sachenrechtlicher Publizität Drittwirksamkeit und damit absolute Wirkung erlangen. Auf diese Weise wurde auch für obligatorische Rechte die grundsätzliche Übertragbarkeit ermöglicht. Trotz der Vermischungen von obligatorischen und dinglichen Elementen bei subjektiven Rechten hat die Systematisierung des französischen Zivilrechts letztlich zur Relativierung des Einheits- und Konsensprinzips geführt.

Vor diesem Hintergrund kann auch die Rechtsnatur der Abtretung der Art. 1689 ff. Code Civil nicht eindeutig bestimmt werden. Nachdem historisch die Übertragung nicht immer möglich war, wurde im Code Civil die Übertragung von Forderungen im Kaufrecht geregelt. Die Einigung über eine cession unterliegt grundsätzlich nur den allgemeinen Wirksamkeitsvoraussetzungen für Rechtsgeschäfte. Anders sieht es dagegen mit der Drittwirksamkeit aus, die die Abtretung gem. Art. 1690 Code Civil nur durch Einhaltung strenger Formvorschriften erlangen kann. Dieses Publizitätsmodell des Code Civil hat die Forderungsübertragung mit größtmöglicher Rechtssicherheit ausgestattet. Den dadurch etablierten Schuldnerschutz hat die Rechtsprechung jedoch mittlerweile insbesondere hinsichtlich des Schuldners relativiert. Er ist nicht Dritter im Sinne von Art. 1690 Code Civil, so daß ihm seine anderweitige Kenntnis von der Abtretung zugerechnet werden kann.

Ein wichtiger Anwendungsfall der Übertragung subjektiver Rechte ist die cession de contrat. Dieses Rechtsinstitut wurde ausgehend von verschiedenen

Einzelregelungen durch Rechtsprechung und Lehre systematisch entwickelt. Die dogmatische Behandlung der cession de contrat mit der Gegenüberstellung der cession de contrat conventionnelle und légale sowie der incessibilité conventionnelle und légale bietet eine gute Basis für die Systematisierung der Übertragungshindernisse. In den verschiedenen Rechtsgebieten gelten für die cession verschiedene Besonderheiten. Im öffentlichen Recht hat sie eine besondere Bedeutung im Bereich der Vergabe öffentlicher Aufträge erfahren. Im Strafrecht kommen Vermögensdelikte und die Verletzung der Geheimhaltungspflicht bei Honorarabtretungen in Betracht. Das Insolvenzrecht setzt die Verfügungsbefugnis des Zedenten voraus. Im Steuerrecht ist die Abtretung nur ausnahmsweise möglich und im Bilanzrecht kommt es vor allem darauf an, in welcher Periode die Forderung übertragen wurde.

Der Forderungsverkehr steht in Frankreich vor den unterschiedlichsten Übertragungshindernissen. Getreu der dualistischen Betrachtung sind hier die Abtretungsverbote des objektiven Rechts und die Unübertragbarkeiten subjektiver Rechte Ausgangspunkt der Untersuchung. Für beide Bereiche erleichtert die offene Systematik des Code Civil die Systematisierung dadurch, daß keine festgelegten Vorgaben zu überwinden sind.

Grundsätzlich enthalten die rechtsgeschäftlichen Wirksamkeitsanforderungen keine Unübertragbarkeiten oder Abtretungsverbote. Aufgrund ihrer übertragungsspezifischen Wirkung können jedoch ausnahmsweise die partielle Rechtsunfähigkeit und das spezielle Verbot der Übertragung zukünftiger Rechte als Übertragungshindernisse angesehen werden. Ähnlich verhält es sich auch mit dem Formzwang des Art. 1690 Code Civil. Da erst mit der Einhaltung der Formvorschriften auch die Drittwirksamkeit gegeben ist, wirkt der Formzwang übertragungsspezifisch. Schließlich hindern auch die hohen Bestimmtheitsanforderungen die cession.

Die Fälle der Unübertragbarkeiten bei Höchstpersönlichkeit (intuitus personae), Unteilbarkeit (indivisibilité) und unselbständigen Rechten (droits accessoires) sind nicht immer auch von Abtretungsverboten erfaßt worden. Soweit sie ungeregelt geblieben sind, bedürfen sie zu ihrer Wirkung der richterlichen oder gewohnheitsrechtlichen Anerkennung. Die Abtretungsverbote gibt es terminologisch nicht als solche im französischen Recht. Zwar gibt es im Einzelfall übertragungsspezifische Verbote (Veräußerungs- oder Pfändungsverbote). Der überwiegende Teil der Übertragungshindernisse des französischen Rechts läuft dagegen unter den Bezeichnungen incessibilité, intransmissibilité, inaliénabilité oder indisponibilité. Abtretungsverbote im weiteren Sinn enthalten die Veräußerungsverbote und die Übertragungshindernisse des Zwangsvollstreckungs- und Insolvenzrechts. Die Abtretungsverbote im engeren Sinn können nach Rechtsgrundlagen und Rechtsgebieten systematisiert werden.

Abtretungsverbote können kraft Gesetz, durch Rechtsgeschäft oder auf der Grundlage eines Hoheitsakts entstehen. Am häufigsten sind die gesetzlichen Abtretungsverbote. Ein allgemeines Abtretungsverbot sieht der Code Civil nicht vor. Spezielle Abtretungsverbote innerhalb der Kodifikation enthalten etwa die Unterhaltsansprüche der Art. 1481 ff. Code Civil. Ein modifiziertes Abtretungsverbot ordnet Art. 1861 Code Civil für die Übertragung von Gesellschaftsanteilen an. Der weitaus überwiegende Teil der speziellen Abtretungsverbote findet sich jedoch außerhalb der Kodifikation in den Spezialgesetzen, beispielsweise zum Arbeitsrecht,

Miet- und Pachtrecht, oder im Privat- und Sozialversicherungsrecht. Ein wirtschaftlich bedeutsames Abtretungsverbot enthält die Loi Dailly in Verbindung mit dem Gesetz über die Subunternehmerschaft, Loi Nr. 75-1334, für die Forderungsübertragung des Hauptunternehmers.

Während verwaltungsrechtliche Abtretungsverbote kaum in Erscheinung treten, hat die Rechtsprechung verschiedene Abtretungsverbote entwickelt. Grundlage dieser Entscheidungen war entweder die Präzisierung unbestimmter Rechtsbegriffe oder die Wiederherstellung der Vertragsgerechtigkeit. Ein weiterer Fall sind die Entscheidungen zur Frage, inwieweit aus dem strafrechtlichen Verstoß gegen die Geheimhaltungspflicht bei Honorarabtretungen ein Abtretungsverbot folgt. Hier ist die Rechtsprechung noch uneinheitlich.

Bei den rechtsgeschäftlichen Abtretungsverboten, für die es keine ausdrückliche Regelung im Code Civil gegeben hat, ist weitgehend ungeklärt, unter welchen Voraussetzungen sie vereinbart werden können und welche Wirkungen sie haben. Sie unterliegen jedenfalls den allgemeinen Anforderungen an Rechtsgeschäfte und haben nur vereinzelt eine spezielle Regelung erfahren, etwa in Art. 900-1 Code Civil. Wichtige Anwendungsbereiche sind das Vertriebsrecht und die sous-traitance. Soweit hier ein Machtmißbrauch der stärkeren Vertragspartei stattfindet, begegnet das französische Recht dem mit der allgemeinen Rechtsprechung zum abus de droit bzw. mit der speziellen Rechtsprechung zum abus de puissance économique aus dem Wettbewerbsrecht.

Schwierigkeiten wirft im französischen Recht die Diversifizierung der rechtlichen Möglichkeiten der Übertragung von Forderungen auf. Im Spannungsverhältnis zwischen Kodifikation und Rechtsfortbildung stehen der cession des Code Civil Maßnahmen des Verordnungs- und Gesetzgebers sowie Entwicklungen der Rechtspraxis gegenüber. Diese verschiedenen Übertragungsmöglichkeiten werfen vielfältige Fragen, insbesondere auch nach der Anwendbarkeit von Übertragungshindernissen auf.

Schon 1967 hat der französische Verordnungsgeber mit der Ordonnance Nr. 67-838 auf das Bedürfnis der Praxis nach Vereinfachung und Beschleunigung im Forderungsverkehr reagiert und eine erste Alternative zur cession des Code Civil geschaffen. Danach konnte die Forderungsübertragung über das Instrument der protestablen Rechnung erfolgen. Diese dem Wertpapierrecht nahestehende Lösung war auch Ausgangspunkt für das aktuelle Gesetz über die Globalzession. Aus dieser Ordonnance Nr. 67-838 entwickelte der französische Gesetzgeber im Jahre 1981 die Loi Nr. 81-1, die sogenannte Loi Dailly, mit der erstmals auch die Sicherungsabtretung geregelt wurde. Dabei ist jedoch zu beachten, daß es sich im Gegensatz zu der Verpfändung nach der Loi Dailly bei der später eingefügten cession à titre de garantie um eine weitere Sicherungszession neben der bisherigen cession fiduciaire handelt.

Mit beiden Maßnahmen kam die Regelung alternativer Abtretungsmöglichkeiten für die Praxis zu spät, die sich bereits seit 1960 dem anglo-amerikanischen Factoring konfrontiert sah. Die Rechtsanwender behalfen sich mit der subrogation conventionnelle gem. Art. 1250 Code Civil, um den Forderungsverkehr in Frankreich um die französische Version des Factoring, dem sogenannten affacturage, zu erweitern. Die Möglichkeiten der Forderungsübertragung durch Auswechslung des

Schuldners haben dagegen keine besondere Bedeutung im Forderungsverkehr erlangt.

Das französische Abtretungsrecht hat die Schwäche der klassischen cession aufgrund der überkommenen Publizität durch ein Ausweichen auf alternative Übertragungsmöglichkeiten überwunden. Diese stehen aber nur den Inhabern beruflich veranlaßter Forderungen zur Verfügung und leiden teilweise an der Nähe zum Wertpapierrecht (cession par bordereau). Problematisch ist auch die fehlende Rechtssicherheit hinsichtlich der Übertragungshindernisse. Diese sind überwiegend an eine der Übertragungsmöglichkeiten rechtlich geknüpft und müssen hinsichtlich der alternativen Übertragungsmöglichkeiten auf ihre Anwendbarkeit geprüft werden. Ähnlich bedeutsam sind auch die Kollisionen unterschiedlicher Forderungsübertragungen, die Gegenstand einer umfangreichen Kasuistik geworden sind.

Drittes Kapitel *Analyse der Länderberichte*

Im dritten Kapitel werden die Länderberichte zum deutschen und französischen Abtretungsrecht rechtsvergleichend gegenübergestellt (A). Ausgehend vom Vergleich des jeweiligen Zessionsrechts (I) folgt die vergleichende Betrachtung der Abtretungsverbote in beiden Rechtsordnungen (II), die zur kritischen Analyse der landesspezifischen Probleme überleitet (III).

Im zweiten Abschnitt (B) werden aus den unterschiedlichen Problemen der jeweiligen Rechtslage Lösungsansätze mit dem Ziel einer weiteren Rechtsvereinheitlichung (I) und weitere alternative Lösungsmöglichkeiten entwickelt (II).

Die das dritte Kapitel beschließende Betrachtung zum internationalen Recht (C) gibt einen Ausblick auf die Behandlung der Abtretungsverbote im internationalen Privatrecht (I) und im internationalen Zivilprozeßrecht (II). Der Abschnitt enthält ergänzend noch die Besprechung zweier deutscher Entscheidungen zum deutsch-französischen Forderungsverkehr (III).

Die wesentlichen Feststellungen und Ergebnisse werden im Anschluß an den dritten Abschnitt zusammengefaßt (D).

Im Anschluß an das dritte und letzte Kapitel werden die Erkenntnisse aus der gesamten Untersuchung in ausführlichen Schlußthesen dargestellt.

A Rechtsvergleichung

Die Zivilrechtsordnungen in Deutschland und Frankreich unterscheiden sich bereits grundlegend in ihrer jeweiligen Kodifikation. Der weitgehend ausdifferenzierten Systematik des jüngeren BGB begegnet der wesentlich ältere Code Civil mit einem für die Rechtsfortbildung offenen und pragmatischen Zivilrecht. Trotz einer lebhaften Rechtsfortbildung haben sich die Bestrebungen in Frankreich nicht durchgesetzt, den Code Civil zu novellieren [1].

Ein zentraler Aspekt dieser unterschiedlichen Entwicklung ist zunächst der historische Ausgangspunkt der jeweiligen Kodifizierung. Im zentralstaatlichen Frankreich wurde schon kurz nach der Revolution zu Beginn des 19. Jahrhunderts der Code Civil neben weiteren Kodifikationen geschaffen. Dagegen beendete das BGB erst rund einhundert Jahre später in Deutschland eine Ära größter Rechtszersplitterung. Diese äußere Ausgangslage hat nicht nur zu deutlichen Unterschieden zwischen den Kodifikationen, sondern auch zu einer anderen Ausgestaltung des Abtretungsrechts und der die Verkehrsfähigkeit von Forderungen beschränkenden Übertragungshindernisse geführt.

In Deutschland stößt die Systematik des Abtretungsrechts mit der Neuregelung in § 354 a HGB an ihre Grenzen. Die schwerfällige und sich teilweise überschneidende Systematik der Übertragungshindernisse steht dabei inmitten des Spannungsverhältnisses zwischen Schuld- und Sachenrecht. In Frankreich hat der pragmatische Umgang mit der Kodifikation und eine massive Rechtsfortbildung zu einem flexiblen und vielfältigen dabei aber nicht konfliktfreien System des Zessionsrechts geführt. Die Grundlagen der Forderungsübertragung stehen hier in einem Spannungsverhältnis zwischen Kodifikation und Rechtsfortbildung [2].

Obwohl beide Länder dieselben historischen Entwicklungen vom Liberalismus über die soziale Marktwirtschaft bis hin zur Bewältigung der Globalisierung und Vernetzung durchlaufen haben, stellen sich in ihren Rechtsordnungen heute aufgrund der unterschiedlichen Ausgestaltung des Abtretungsrechts keine vergleichbaren landesspezifischen Probleme. Während in Deutschland die Abtretung wegen § 399 2. Fall BGB blockiert wird, behindert das Publikationserfordernis in Art. 1690 CC den bürgerlichen Forderungsverkehr in Frankreich. Diese landesspezifischen Probleme wurden in Deutschland mit § 354 a HGB und in Frankreich über die alternativen Übertragungsmöglichkeiten der subrogation und der Loi Dailly gelöst. Bemerkenswert ist an dieser Stelle, daß es bei der jeweiligen Lösung des landesspezifischen Problems zu einer vergleichbaren Privilegierung des gewerblichen und kaufmännischen Forderungsverkehrs gekommen ist und die Möglichkeiten der auf das bürgerliche Recht beschränkten Privaten dahinter zurückstehen [3].

Dieser gemeinsame Ansatzpunkt für die kritische Analyse der jeweiligen Rechtslage in beiden Ländern [4] wird im folgenden zur Grundlage für die Entwicklung zunächst landesspezifischer und darüber hinaus gehender gemeinsamer Lösungsstrategien

---

1 Sonnenberger-Schweinberger, Einführung in das französische Recht, Tz. 30.
2 Kap. 1 D; Kap. 2 D.
3 Kap. 1 C I 3.a, aa; Kap. 2 C III 2.b.
4 Kap. 1 C; Kap. 2 C.

mit dem Ziel der weitgehenden Liberalisierung und Europäisierung des Zessionsrechts [5].

I Vergleich des Abtretungsrechts in Deutschland und Frankreich

Die Unterschiede und Gemeinsamkeiten der beiden großen Kodifikationen des Zivilrechts strahlen über die Zivilrechtsdogmatik beider Länder bis hin ins jeweilige Abtretungsrecht aus. Hauptunterschied ist das in Deutschland im BGB vorgegebene Spannungsverhältnis zwischen Schuld- und Sachenrecht, dessen Systematisierung in Frankreich durch die Wissenschaft erfolgt ist. Hier stehen sich auch das deutsche Abstraktionsprinzip und das französische Konsensprinzip gegenüber. Die Betrachtung des französischen Rechts ist außerdem stärker als in Deutschland vom Dualismus zwischen dem objektiven Recht und den subjektiven Rechten geprägt [6].

1. Grundlagen des Zivil- und Handelsrechts

Die Entwicklung des Zivil- und Handelsrechts ist in beiden Ländern unterschiedlich verlaufen. Auf der gemeinsamen Grundlage des römischen Rechts ist in beiden Ländern zunächst das jeweilige gemeine Recht (droit commun) entstanden, aus dem heraus mit dem preußischen Allgemeinen Landrecht und der coutûme de Paris eine erste Basis für das spätere positive Recht geschaffen wurde. Die differenzierten historischen Rahmenbedingungen im 19. und 20. Jahrhundert haben zu den beiden Kodifikationen Code Civil und BGB geführt, denen unterschiedliche dogmatische Konzeptionen zugrundeliegen.

a Die Kodifikationen

Das französische Zivil- und Handelsrecht wurde etwa 100 Jahre vor dem deutschen Recht kodifiziert. Die grundlegenden Kodifikationen sind in Frankreich der Code Civil und der Code de Commerce von 1804 und 1806 und in Deutschland das BGB und das HGB von 1896 und 1897. Dabei war Frankreich während der wesentlich früher stattfindenden Kodifizierung begünstigt durch seine zentralstaatliche Organisation, im Gegensatz zu einem bis Ende des 19. Jahrhunderts in viele Einzelstaaten zergliederten Deutschland. Leitlinie für den Code Civil war das bürgerlich-individualistische Gedankengut der Aufklärung in einer patriarchalischen Familienstruktur und ausgelegt für eine einfache Wirtschaftsordnung. Grundlage des BGB war dagegen das liberal-konservative Grundmodell der Industriegesellschaft des 19. Jahrhunderts [7].

Der Code Civil ist in die drei Bücher, livre premier des personnes (Recht der Personen), livre deuxième des biens et des differentes modifications de la propriété (Sachen- und Güterrecht), livre troisième des différentes manières dont on acquiert la propriété (Arten des Eigentumserwerbs), aufgeteilt. Das BGB besteht dagegen aus den fünf Büchern, 1. Buch Allgemeiner Teil, 2. Buch Recht der Schuldverhältnisse,

---

5 Zur inhaltlichen Ausrichtung der Lösungsansätze vgl. bereits oben Einleitung vor Kap. 1.

6 Kap. 1 A I; Kap. 2 A I; s.u. Kap. 3 A 1. bb, b.

7 Kap. 1 C I 3.a,aa; Kap. 2 A I 1.a.

3. Buch Sachenrecht, 4. Buch Familienrecht, 5. Buch Erbrecht. Im Gegensatz zum Code Civil, der allgemeine Regelungen in allen Büchern enthält, kennzeichnet das BGB eine durchgehende Systematik vom Allgemeinen zum Besonderen, die sich im Code Civil nur innerhalb vereinzelter Abschnitte findet. Das deutsche Abtretungsrecht wurde im zweiten Buch über das allgemeine Schuldrecht festgeschrieben. Dem höheren Grad an Abstraktion des BGB im Verhältnis zum Code Civil entspricht der stark generalisierende Gesetzesstil. Der Code Civil ist demgegenüber wesentlich konkreter und nicht in eine strenge Terminologie eingebettet. Das französische Zessionsrecht findet sich im dritten Buch des Code Civil und dort im Abschnitt über das Kaufrecht. Während im BGB eine möglichst geschlossene Begriffssystematik angestrebt wurde, genügte den Verfassern des Code Civil eine pragmatische Begrifflichkeit, die allerdings nicht frei von Zweideutigkeiten und Widersprüchen geblieben ist [8].

Diesem scheinbaren Nachteil einer unklaren Terminologie stehen aber auch Vorteile gegenüber. Im Vergleich zum BGB sind die Regeln des Code Civil in einem beweglicheren System und können den sich ändernden Verhältnissen und Wertvorstellungen interessengerecht angepaßt werden. Trotz dieser Unterschiede fällt auf, daß speziell das Abtretungsrecht in beiden Kodifikationen praktisch keine Änderungen im Wortlaut erfahren hat, obwohl beide Kodifikationen tiefgreifenden Veränderungen bis ins beginnende 21. Jahrhundert im Laufe ihres einhundert- bzw. zweihundertjährigen Bestehens ausgesetzt waren [9].

Vergleichbar ist in diesem Zusammenhang auch die Reaktion des jeweiligen Gesetzgebers auf die Nachteile der freien Marktwirtschaft im 20. Jahrhundert. In beiden Ländern kam es zu umfangreichen Maßnahmen zum Schutz des Schwächeren. Beispielhaft ist der von der jeweiligen Rechtsprechung vorbereitete Verbraucherschutz, der später gesetzlich etwa in den Gesetzen über die allgemeinen Geschäftsbestimmungen verankert wurde. Hier kommt es in beiden Ländern zu einem massiven Einschreiten des Staates in den Privatrechtsverkehr, wobei in Frankreich ein stärkerer Dirigismus mit teilweise sogar wörtlichen Vorgaben des Gesetzgebers für vertragliche Vereinbarungen festzustellen ist [10].

Eine in beiden Ländern vergleichbare Entwicklung zeigt auch das klassische Handelsrecht. Beide Handelsgesetzbücher, HGB und Code de Commerce sind sehr starken Änderungen und sogar Auslagerungen ganzer Regelungsabschnitte unterworfen gewesen, so daß hier die Auflösungstendenzen des klassischen Handelsrechts deutlich sichtbar werden [11].

b Die Dogmatik

Der zentrale dogmatische Unterschied zwischen dem deutschen und dem französischen Zivilrecht ist die Trennung von Schuldrecht und Sachenrecht im BGB durch das Trennungs- und Abstraktionsprinzip, während der Code Civil vom Einheits- und Konsensprinzip ausgeht. Der dogmatischen Betrachtung in Deutschland

---

8 Kap. 1 C I 3.a,aa; Kap. 2 A I 4.

9 Kap. 1 A I 2.; Kap. 2 A II 1.

10 Kap. 1 A I 2.b; Kap. 2 C 2. vor I.

11 Karsten Schmidt, Handelsrecht, Einleitung S. 6, 10 ff.; Hübner-Constantinesco, Einführung in das französische Recht, S. 190 f.; Kap. 1 C I 3.a, aa; Kap. 2 A I 1.b.

zwischen dem allgemeinen und besonderen Schuldrecht auf der einen und dem Sachenrecht auf der anderen Seite, steht die klassische französische Differenzierung zwischen objektivem Recht und subjektiven Rechten gegenüber.

aa Schuld- und Sachenrecht

Die Abgrenzung zwischen Schuld- und Sachenrecht im deutschen Recht erfolgt durch das Trennungs- beziehungsweise Abstraktionsprinzip, wonach zwischen Verpflichtungs- und Verfügungsgeschäft unterschieden wird. Das französische Recht kennt diese Abgrenzung dagegen nicht, sondern verleiht bereits dem Verpflichtungsgeschäft aufgrund des Einheits- oder Konsensprinzips unmittelbar verfügende und damit rechtsändernde Wirkung. Das Einheits- und Konsensprinzip ist jedoch nur dogmatische Grundlage der Betrachtungen, da dieses Prinzip ausgehend von der Anerkennung schuld- und sachenrechtlicher Merkmale bei subjektiven Rechten zwischenzeitlich durch Rechtsprechung und Lehre relativiert wurde [12].

Aufgrund der klaren Abgrenzung von Schuld- und Sachenrecht ergibt sich für das BGB das Standortproblem mit der formellen Frage, ob die Abtretung als Verfügung über eine Forderung im zweiten Buch zu regeln war. Weitaus problematischer und bis heute diskutiert wird außerdem die materielle Frage nach der für die Möglichkeit der Übertragung entscheidenden Rechtsnatur der Forderung, die nach heutiger überwiegender Ansicht sowohl Leistungsbeziehung als auch Vermögenswert ist. Mit dieser Diskussion über die Verdinglichung beziehungsweise die Objektivierung von Forderungen stößt das deutsche Recht jedoch an die Grenze der Systematisierung [13]. Allerdings kennt auch das französische Recht schuldrechtliche und sachenrechtliche Elemente subjektiver Rechte. Aus der Erkenntnis der Unterschiede zwischen Forderungsrechten und dinglichen Rechten wird die Systematisierung des französischen Zivilrechts durch die Literatur betrieben, die dabei vor erheblichen Problemen steht, nämlich den Vorgaben von Konsensprinzip und Code Civil [14].

Die fehlende Systematisierung des französischen Zivilrechts erleichtert auf der anderen Seite die Rechtsanwendung und vermeidet die systematischen Schwierigkeiten, mit denen das deutsche Recht konfrontiert wird. Außerdem erkennt das französische Recht damit letztlich auch an, daß spätestens bei der Übertragung von Forderungen eine Ausdifferenzierung nach Schuld- und Sachenrecht begrifflich nicht mehr möglich ist, da Relativität und Subjektivität einer Forderung nicht durch die Absolutheit ihrer Übertragung entfallen können. Tritt somit die Rechtsänderung im deutschen Recht erst mit der Verfügung aufgrund einer Verpflichtung nach außen ein, bedarf das französische Recht aufgrund der verfügenden Wirkung verpflichtender Rechtsgeschäfte der dem deutschen Recht als Grundsatz fremd gebliebenen Drittwirksamkeit. Diese setzt regelmäßig die Einhaltung von Publizitätserfordernissen voraus, um die Rechtsänderung absolut wirksam werden zu lassen [15].

---

12 Kap. 1 A 1.; Kap. 2 A I 2.a.

13 Kap .1 A II.

14 Kap. 2 A I 2.a.

15 Kap. 2 A I 2.a,aa.

In wenigen Ausnahmefällen kennt aber auch das deutsche Recht vergleichbare Schriftformerfordernisse. Neben dem Anzeigenerfordernis in Form der modifizierten Abtretungsverbote in § 46 AO [16] oder in § 411 BGB [17] kennt das deutsche Recht sogar ein Beurkundungserfordernis bei der Übertragung von Postscheckforderungen nach der Postscheckverordnung, wonach die Abtretung einer Forderung durch die Post oder einen Notar beurkundet werden muß [18]. Ein ähnliches Beurkundungserfordernis enthält außerdem noch § 15 GmbHG für die Übertragung des Geschäftsanteils. Sowohl dessen Abtretung als auch die Verpflichtung zur Abtretung bedürfen danach der notariellen Form [19].

Diese Ausnahmen im deutschen Recht sind jedoch nur Einzelfälle, ohne umfassende Bedeutung für den Forderungsverkehr insgesamt. Als Schriftformerfordernisse enthalten sie außerdem im Gegensatz zum französischen Recht nicht die Regelung einer Drittwirksamkeit, sondern die der unmittelbaren (Form-) Wirksamkeit der Abtretung zwischen den Beteiligten und können ihrer Rechtsnatur nach daher teilweise als modifizierte Abtretungsverbote eingestuft werden [20]. Die anderen Formvorschriften des deutschen Rechts haben damit nichts gemeinsam. Sie finden sich vereinzelt etwa in § 312 BGB oder in den Spezialgesetzen und enthalten keine Regelung zur Drittwirksamkeit im Sinne von Art.1690 Code Civil, sondern entscheiden ausschließlich über die Wirksamkeit des Rechtserwerbs zwischen den Beteiligten, vgl. § 125 BGB [21].

Allerdings kennt auch das französische Recht Schriftformerfordernisse als allgemeine Wirksamkeitsvoraussetzungen, wobei sich hier die Unwirksamkeit eines formnichtigen Rechtsgeschäfts nicht ausdrücklich aus einer dem § 125 BGB vergleichbaren Regelung des Code Civil ergibt. Die Nichtigkeit (nullité) ist als ungeschriebene Rechtsfolge eines formnichtigen Rechtsgeschäft allgemein anerkannt, wobei es im Einzelfall darauf ankommt, ob die Unwirksamkeit relativ oder absolut ist [22].

bb Objektives Recht und subjektive Rechte

Dem Spannungsverhältnis zwischen Schuld- und Sachenrecht in Deutschland steht in Frankreich das Spannungsverhältnis zwischen objektivem Recht und subjektiven Rechten gegenüber. Diese klassische Unterscheidung in die klassischen Rechtsquellen des objektiven Rechts und die unterschiedliche Rechtsnatur subjektiver Rechte wirft die zentrale Frage nach dem Verhältnis beider Bereiche zueinander auf. Das französische Abtretungsrecht wird in besonderer Weise von diesem Dualismus berührt [23].

Anders als in Deutschland besteht zwischen der cession gem. Art. 1689 CC, der cession aufgrund der Loi Dailly und der subrogation gem. Art. 1250 CC ein

16 Kap. 1 B III 4.k.
17 Kap. 1 A V 1.; Kap. 1 B III 3.b.
18 Kap. 1 B III 4. n.
19 Kap. 1 B III 4.d.
20 Dazu noch unten Kap. 3 A II 3.
21 Palandt-Heinrichs, BGB, § 125 Rdnr. 10.
22 Kap. 2 II 2.a, Kap. 2 B I 2.d.
23 Kap. 2 A I 1.a.

Spannungsverhältnis zwischen den Rechtsquellen. Hier sind vor allem die Wirkungen der alternativen Übertragungsarten insbesondere auch im Verhältnis zueinander bei der Mehrfachübertragung derselben Forderung unter Einsatz der verschiedenen Übertragungsmöglichkeiten problematisch [24].

Auch im deutschen Recht kennt man die Unterscheidung zwischen objektivem Recht und subjektiven Rechten als formelle Differenzierung; sie hat aber nicht den Einfluß erlangt, wie in Frankreich. Dort durchzieht dieser Dualismus nicht nur das Abtretungsrecht, sondern auch das Recht der Übertragungshindernisse. Für den Bereich der Übertragungshindernisse stellt sich die Ausgangsfrage, ob diese auf den Anordnungen des objektiven Rechts beruhen oder den subjektiven Rechten entstammen, wobei sich dann die Frage stellt, ob es nicht das objektive Recht ist, das die subjektiven Rechte überhaupt gewährt. Für die Systematisierung der Übertragungshindernisse eröffnet die Unterscheidung in objektives Recht und subjektive Rechte jedenfalls die Möglichkeit, Abtretungsverbote aufgrund ihres Rechtssatzcharakters dem objektiven Recht und Unübertragbarkeiten aufgrund ihrer Rechtsnatur den subjektiven Rechten zuzuordnen [25].

Diese Spannungsverhältnisse zwischen Schuld- und Sachenrecht sowie zwischen objektivem Recht und subjektiven Rechten sind kennzeichnend für die unterschiedlichen Rechtsentwicklungen und Rechtsbetrachtungen in beiden Ländern mit der Folge einer unterschiedlichen Ausgestaltung des jeweiligen Abtretungsrecht geworden [26].

2. *Das Abtretungsrecht in Deutschland und Frankreich*

Sowohl das deutsche wie auch das französische Recht kennen Formen der rechtsgeschäftlichen, gesetzlichen und hoheitlichen Übertragung von Rechten und Forderungen. Die rechtsgeschäftliche Abtretung wurde in Deutschland allgemein in den §§ 398 ff. BGB geregelt. Diese Regelungen gelten gem. § 412 BGB auch für die cessio legis und anerkanntermaßen, wenn auch nicht ausdrücklich geregelt, für die hoheitliche Übertragung von Forderungen [27].

In Frankreich gibt es dagegen keine vergleichbare allgemeine Regelung des Rechts der Forderungsübertragung und auch keine dem § 412 BGB entsprechende Verweisung auf das Abtretungsrecht. Im Code Civil enthält das Kaufrecht lediglich die Regelung der als Forderungskauf in den Art. 1689 ff. CC ausgestalteten cession civile. Die cessio legis wird nicht allgemein geregelt, sondern ist lediglich in einzelnen spezialgesetzlichen Tatbeständen enthalten. Einen allgemeineren Fall der cessio legis enthält allerdings Art.1251 Code Civil mit der subrogation légale, die den Forderungsübergang auf den leistenden Dritten ähnlich wie in § 268 III BGB behandelt. Zwei vergleichbare Beispiele für die cessio legis sind der gesetzliche Forderungsübergang auf den Bürgen in § 774 BGB und Art. 2029 CC und der Übergang auf die Versicherung in § 67 VVG und Art. 121-12 Code des assurances. Die hoheitliche Forderungsübertragung kommt in beiden Ländern überwiegend im

---

24 Kap. 2 A I; Kap. 2 C vor I.

25 Kap. 2 B vor I. sowie Kap. 2 B II.

26 Kap. 1 A I; Kap. 2 A I.

27 Kap. 1 A vor I.

Zwangsvollstreckungsrecht bei der Forderungspfändung als sogenannte cessio judicialis vor [28].
Im Gegensatz zum deutschen Recht faßt das französische Recht die der Forderungsübertragung entgegengesetzte Schuldübernahme begrifflich nicht als Übernahme, sondern ebenfalls als Übertragung einer Schuld (cession de dette) auf. Dies wirkt sich auch auf die in beiden Ländern nicht in allgemeiner Form kodifizierte Vertragsübernahme (cession de contrat) aus, die im französischen Recht als Übertragung von Verträgen begriffen wird und für das Abtretungsrecht und die Systematisierung der Übertragungshindernisse in Frankreich einen anderen Stellenwert als in Deutschland erlangt hat [29]. Der Code Civil verstand die cession ursprünglich noch als Übertragung des Eigentums an einer Forderung. Dieses Verständnis lag auch der Abtretung im preußischen Recht zugrunde und wurde im BGB wie auch in der heutigen französischen Auffassung zu einem vom Eigentumsübergang losgelösten Vorgang der Forderungsübertragung entwickelt [30].

a Abtretung und cession

In beiden Ländern unterscheidet sich schon der gesetzliche Standort der normierten Forderungsübertragung. Die deutsche Abtretung ist ausschließlich in den §§ 398 ff. BGB und damit im allgemeinen Schuldrecht geregelt. Die der Abtretung vergleichbare französische cession civile findet sich als Forderungskauf in den Art.1689 ff. CC im dritten Buch des Code Civil. Das französische Recht kennt außerdem noch weitere Formen der Übertragung von Forderungen, die dem deutschen Recht fremd sind. Hierbei handelt es sich einmal um die subrogation conventionnelle der Art.1249 ff. Code Civil und zum anderen um die spezialgesetzlich normierte cession Dailly nach der Loi Nr. 81-1, der sogenannten Loi Dailly, der bereits eine ähnliche Übertragungsmöglichkeit in Form der Ordonnance Nr. 67-838 zugrunde lag. Sowohl in Frankreich als auch in Deutschland zeichnet sich die Mantelzession durch eine auffällige Nähe zum Wertpapierrecht aus, was namentlich mit der Erfassung der Forderungsmehrheiten in Forderungslisten (bordereau) zusammenhängt [31].

Anders als in Frankreich haben sich in Deutschland innerhalb des Abtretungsrechts der §§ 398 ff. BGB durch die Variierung der Voraussetzungen und Wirkungen verschiedene Spielarten der Abtretung gebildet. Bei dem Ausweichen auf die alternativen Übertragungsmöglichkeiten handelt es sich um das spezifische Problem des französischen Abtretungsrechts. Mit der zunehmenden Verwendung dieser alternativen Übertragungsmöglichkeiten geht außerdem ein spürbarer Bedeutungsverlust für die cession civile einher, der insbesondere auch in den schwerfälligen Formvorschriften des Art.1690 CC begründet ist, während die Vorschriften der §§ 398 ff. BGB die Grundlage des deutschen Abtretungsrechts geblieben sind [32].

---

28 Kap. 1 A vor I, Kap. 2 A vor I.
29 Kap. 1 A III 2.b; Kap. 2 A III 1.d.
30 Kap. 1 A I 4.; Kap. 2 A vor I.
31 Kap. 1 A III 1.a, bb; Kap. 2 C I 2.b.
32 Kap .2 C; Kap.3 A III.

b Voraussetzungen und Wirkungen

Die wichtigsten Unterschiede zwischen Abtretung und cession liegen im Bereich der Publizität und der Forderung als dem Gegenstand der Übertragung. Die allgemeinen rechtsgeschäftlichen Wirksamkeitsanforderungen sind überwiegend vergleichbar. In beiden Ländern muß eine Einigung (consentement) vorliegen, die im übrigen wirksam (valide) sein muß [33].

Dies setzt wiederum das Handeln rechts- und geschäftsfähiger Personen voraus (capacité de contracter). Die Regeln dazu sind in BGB und Code Civil unterschiedlich ausgefallen, insbesondere kennt das französische Recht eine im deutschen Recht nicht verankerte partielle Rechts- und Geschäftsfähigkeit. Das französische Recht verlangt außerdem noch ausdrücklich in Art. 1108 CC einen bestimmten Geschäftsgegenstand (objet certain) und einen erlaubten Rechtsgrund (cause licite). Während in Deutschland der Bestimmtheitsgrundsatz nicht konkret geregelt wurde, kommt dem Tatbestandsmerkmal des erlaubten Rechtsgrundes in Art. 1108 Code Civil der Grundsatz von Treu und Glauben in § 242 BGB vergleichbar nahe [34].

Besondere Gewährleistungsvorschriften gibt es im deutschen Abtretungsrecht nicht. Speziell für den Forderungskauf greift das deutsche Recht auf die kaufrechtlichen Vorschriften und dort auf den § 437 BGB zurück, wonach der Verkäufer für den rechtlichen Bestand der veräußerten Forderung haftet. Im französischen Recht enthält Art. 1693 CC eine ausdrückliche Garantiehaftung und sieht die Möglichkeit einer weitergehenden vertraglichen Garantievereinbarung in Art. 1695 CC vor. Im übrigen gelten in beiden Ländern die allgemeinen Regeln für Leistungsstörungen [35].

aa Formfreiheit und Drittwirksamkeit kraft Publizität

Die deutsche Abtretung setzt gem. § 398 BGB lediglich einen Abtretungsvertrag voraus. Die Abtretung kommt also im Rahmen der Privatautonomie insbesondere formfrei zustande. Die übertragende Wirkung tritt kraft § 398 S. 2 BGB in Form des darin angeordneten Gläubigerwechsels ein [36]. Anders verhält es sich bei der cession. Diese kommt zwar auch formfrei und privatautonom durch die bloße Einigung (consentement) zustande, sie wirkt aufgrund des Konsensprinzips aber nur zwischen den Beteiligten rechtsübertragend. Gegenüber Dritten wirkt die cession wegen Art. 1690 Code Civil erst, wenn die darin geforderten Publizitätsvoraussetzungen erfüllt wurden. Dritte (tiers) im Sinne dieser Vorschrift sind nach ständiger Rechtsprechung nur diejenigen Personen, die weder am forderungsbegründenden Schuldverhältnis noch an der Abtretung beteiligt sind [37]. Dieses Auseinanderfallen der Wirkungen zwischen den an der Abtretung Beteiligten und Dritten ist im deutschen Recht nicht bekannt.

---

33 Vgl. §§ 104 ff. BGB; Art. 1108 Code Civil.
34 Kap. 1 A III 1.a; Kap .2 A II 2.
35 Kap. 1 A II 1.b; Kap. 2 A II 3.a.
36 Kap. 1 A III 1.a, b.
37 Kap. 2 A II 3.b.

bb Bestimmbare Forderung und créance certaine

Grundsätzlich sind Forderungen in beiden Ländern frei abtretbar [38]. Dies war jedoch nicht immer so. Historischer Ausgangspunkt war in beiden Ländern das römische Recht, das erst langsam eine Forderungsabtretung entwickelte. Im altdeutschen Recht war die Forderungsübertragung zunächst nicht möglich und wurde erst später über das preußische ALR ins BGB aufgenommen [39]. In Frankreich wurde analog zur Übergabe bei der Übertragung des Eigentums dinglicher Sachen die Publizität als dingliches Element bei der Forderungsübertragung entwickelt, die Grundlage der Regelung im Code Civil wurde [40]. Sowohl die Abtretung als auch die cession setzen Übertragbarkeit und Bestimmtheit der Forderung beziehungsweise der créance voraus. Im einzelnen gibt es aber auch hier Unterschiede.

Für die deutsche Abtretung genügt beispielsweise jede zukünftige nicht entstandene Forderung, wenn sie nur bestimmbar ist. Die französische cession setzt dagegen den Entstehungstatbestand der Forderung voraus und kennt mit Art. 1130, 1600 Code Civil sogar ein ausdrückliches Verbot der Übertragung zukünftiger Rechte [41]. Zwar ist auch im deutschen Recht ein Vertrag über den Nachlaß eines noch lebenden Dritten gem. § 312 BGB unwirksam. Dabei handelt es sich jedoch um eine allgemeine Wirksamkeitsvoraussetzung, die zudem das Verpflichtungs- und nicht das Verfügungsgeschäft betrifft [42]. Im Falle der Kollision mehrerer Übertragungen gilt in beiden Ländern wieder der Prioritätsgrundsatz (principe d'antériorité) und damit die grundsätzliche Wirksamkeit der zeitlich vorgehenden Übertragung [43].

In beiden Ländern fallen die Anforderungen an die Bestimmtheit wiederum auseinander. Während in Deutschland die Bestimmtheit als ungeschriebener Grundsatz existiert, folgt die Bestimmtheit in Frankreich ausdrücklich aus dem sogenannten objet certain in Art. 1109 CC. In Deutschland genügt die Bestimmbarkeit einer nicht zwingend schon entstandenen Forderung, wogegen in Frankreich bestimmte zukünftige Forderungen ausdrücklich von der Übertragung ausgeschlossen werden und im übrigen zur Zeit des Vertragsschlusses über die Abtretung die Forderung bestimmt sein muß [44].

c Vergleichbare Arten der Forderungsübertragung

Beide Rechtsordnungen kennen die Sicherungszession, obwohl diese ursprünglich in keinem der beiden Länder eine ausdrückliche Regelung erfahren hat. In Deutschland wurde das Institut der Sicherungszession durch die deutsche Lehre und Rechtsprechung konkreter erfaßt und präzisiert, ohne ausdrücklich gesetzlich normiert zu werden. In Frankreich waren ihre dogmatischen Grundlagen lange umstritten. Heute ist sie anerkannt und wird entweder als cession fiduciaire auf Grundlage der Art. 1689 ff. CC oder als cession à titre de garantie gem. Art. 1-1er CC

---

38 Kap. 1 A II 2.a; Kap. 2 A I 2.b.
39 Kap. 1 A I 4.; Kap. 2 A I 2.b.
40 Kap. 2 A I 2.b.
41 Kap. 1 A III 1.a, bb; Kap. 2 B I 1.b.
42 Palandt-Heinrichs, BGB, § 312 Rdnr. 2.
43 Kap. 1 A III 1.a, bb.; Kap. 2 A II 2.b.
44 Kap. 1 A II 2.b; Kap. 2 A II 2.a, cc.

angewandt. Letztere darf jedoch nicht mit der Garantiehaftung des Zedenten in den Art. 1693, 1695 CC verwechselt werden. Anders als in Deutschland hat die Sicherungszession in Frankreich mit der Regelung in Art. 1er-1 der Loi Dailly eine ausdrückliche Rechtsgrundlage erhalten [45].

Die Sicherungszession spielt in beiden Ländern als bedeutendes Sicherungsmittel eine große Rolle. In Deutschland entsteht sie über die Konstruktion einer Sicherungsabrede, durch die der Zessionar zunächst Forderungsinhaber wird und die Forderung als Sicherungsgegenstand entweder im Sicherungsfall endgültig beim Zessionar verbleibt oder bei Wegfall des Sicherungsgrundes an den Zedenten zurückgeht. In Frankreich kann die Sicherungszession (cession fiduciaire) entweder ähnlich der deutschen Konstruktion auch als cession fiduciaire nach den allgemeinen Regeln der Art. 1689 ff. Code Civil vereinbart werden. Es ist aber auch möglich, die Sicherungszession gem. Art. 1er-1 Loi Dailly als sogenannte Garantieabtretung (cession à titre de garantie) im Rahmen der Listenabtretung beruflich veranlaßter Forderungen zu vereinbaren [46].

In Anbetracht der Förmlichkeiten erscheinen vor allem die französischen Möglichkeiten der Sicherungszession von einer für den deutschen Betrachter auffälligen traditionellen Nähe zum Wechselrecht geprägt, die das deutsche Recht allerdings auch beschränkt auf den Bereich der Mantelzession kennt [47].

Zwei wichtige Anwendungsfälle der Abtretung sind in beiden Ländern das Factoring und der Forderungsverkehr im Rahmen der Subunternehmerverhältnisse. Das Factoring (affacturage) ist in beiden Ländern Anfang der sechziger Jahre aus dem anglo-amerikanischen Recht importiert und daher nicht ausdrücklich in die Kodifikationen vorgesehen gewesen. In Deutschland wird das Factoring als Forderungskauf nach den Vorschriften über den Kauf und die Abtretung durchgeführt und im einzelnen privatautonom vereinbart. In Frankreich stehen mit der Loi Dailly und der subrogation gleich mehrere ausdrücklich geregelte Möglichkeiten zur Verfügung. In der französischen Praxis überwiegt allerdings das Factoring im Wege der subrogation, wobei dieses Rechtsinstitut ursprünglich zur Bezahlung von Schulden geschaffen wurde und von der Rechtspraxis an die Anforderungen des Factorings angepaßt wurde [48].

Das Recht der Subunternehmerverhältnisse (sous-traitance) wurde nur in Frankreich umfassend spezialgesetzlich in der Loi 75-1334 geregelt, während es in Deutschland nur einzelne Vorschriften, etwa in der VOB/B, gibt. In Deutschland kann der Generalunternehmer Forderungen wegen des modifizierten Abtretungsverbots in § 16 VOB/B nur mit Zustimmung des Schuldners abtreten. In Frankreich muß der Generalunternehmer gem. Art. 13 ff. Loi Nr. 75-1334 dagegen eine Bürgschaft vorlegen, wenn er Forderungen gegenüber dem Bauherrn für Leistungen, die der Subunternehmer erbracht hat, übertragen will [49].

In beiden Ländern ist die Abtretung im Prozeß dagegen keine besondere Art der Übertragung, da das Prozeßrecht grundsätzlich keine Auswirkungen auf das

45 Kap .1 A II 2.a.; Kap .2 C I 2.
46 Kap. 1 A III 2.a; Kap. 2 A II vor 1. und Kap. 2 C I 2.b.
47 Kap. 1 A III 1.a, bb (a.E.); Kap. 2 C I 2.b.
48 Kap. 1 A III 2.a; Kap. 2 C II 4.
49 Kap. 1 B V 3.b; Kap. 2 C I 2.e.

materielle Recht hat, sondern nur der Durchsetzung materieller Rechte dient. Während dies für die Abtretung im Prozeß in Deutschland in den §§ 265, 323 ZPO komplex geregelt wurde, enthält der Code Civil für die Übertragung streitiger Rechte (cession de droits litigieux) in Art. 1699 CC lediglich einige einfache Sonderbestimmungen [50].
Ganz anders als im deutschen Recht, in dem der Sonderfall der Vertragsübernahme keine Rolle für das Abtretungsrecht spielt, hat die französische Vertragsübertragung (cession de contrat) und ihre dogmatische Durchdringung für den Bereich der Übertragungshindernisse eine größere Bedeutung erlangt. Dies gilt insbesondere für die Systematisierung der Übertragungshindernisse, aber auch für die Abgrenzung der Unübertragbarkeiten sowie der vertraglichen und gesetzlichen Abtretungsverbote (incessibilité) [51].

3. Gläubiger- und Schuldnerschutz im Abtretungsrecht beider Länder

Der Gläubiger- und Schuldnerschutzmechanismus ist in beiden Rechtsordnungen der Ausgleich für die grundsätzliche Übertragbarkeit von Forderungen und damit rechtspolitische Grundlage der Freiheit des Forderungsverkehrs. Dabei soll der Gläubiger im Vertrauen auf den Wert seiner Forderung und der Schuldner in seiner rechtlichen Position als Schuldner geschützt werden. Während sich der normierte Gläubiger- und Schuldnerschutz im französischen Recht auf die Publizitätsvorschriften des Art. 1690 Code Civil beschränkt, hat er im deutschen Recht eine ausgeprägte Regelung erfahren, die auf einem ausgefeilten Normkomplex der §§ 401 ff. BGB beruht, der exakt zwischen Schuldnerschutz und Gläubigerschutz unterscheidet.

Die französische Rechtsprechung hat den starren Gläubiger- und Schuldnerschutz des Art. 1690 CC zwischenzeitlich jedoch deutlich aufgeweicht. Dieser Rechtsprechung liegen Differenzierungen insbesondere unter Einbeziehung der verschiedenen Möglichkeiten des Schuldners zur Kenntnisnahme von der Abtretung in den unterschiedlichen Zeitpunkten zugrunde. Insgesamt geht die französische Rechtsprechung in die Richtung dessen, was auch in den §§ 401 ff. BGB geregelt wurde. So kann sich der Schuldner ab Kenntnis von der cession nicht mehr auf Art. 1690 CC gegenüber den Gläubigern berufen. Dies gilt allerdings und in Abgrenzung zum deutschen Recht nicht gegenüber Dritten, die außerhalb der Beteiligten der Abtretung stehen; für die Drittwirksamkeit verbleibt es diesen Dritten gegenüber ohne Einschränkungen bei Art. 1690 CC [52].

4. Zur Abtretung in den unterschiedlichen Rechtsgebieten

In den ausgewählten Rechtsgebieten überwiegen die Gemeinsamkeiten der Forderungsübertragung. Im öffentlichen Recht gibt es zwei unterschiedliche Schwerpunkte, während im Strafrecht die Honorarübertragung in beiden Ländern ähnlich behandelt wird.

---

50 Kap. 1 A III 3.; Kap. 2 A III 1.a.
51 Kap. 1 A III 2.b; Kap. 2 A III 1.d.
52 Kap. 1 A IV; Kap. 2 A IV.

a Öffentliches Recht und droit public

Im allgemeinen Verwaltungsrecht können Forderungen in beiden Ländern auf vergleichbare Weise übertragen werden. Beide Länder kennen auch das privatrechtliche Handeln hoheitlicher Rechtsträger und deren Möglichkeiten, Verwaltungsverträge zu vereinbaren. Im besonderen Verwaltungsrecht gibt es zwei unterschiedliche Einsatzgebiete der Forderungsübertragung. In Deutschland wurde die Überleitung von Forderungen durch Verwaltungsakt für das Sozialrecht differenziert geregelt. In Frankreich spielt der Forderungsverkehr in der öffentlich rechtlichen Auftragsvergabe eine besondere Rolle [53].

b Strafrecht und droit pénal

Im Strafrecht gestaltet sich in beiden Ländern die Übertragung von Honoraransprüchen gleichermaßen schwierig, da sowohl in § 203 StGB als auch in Art. 226-13 Nouveau Code pénal die Verletzung der Verschwiegenheitspflicht bestimmter Berufsgruppen unter Strafe steht und die Verletzung eines gesetzlichen Verbots wegen § 134 BGB beziehungsweise Art. 1134 Code Civil zur Unwirksamkeit der Abtretung oder cession führen kann. Wegen der besonderen Publizitätsanforderungen der cession erlangen die Fälschungsdelikte im Rahmen der Schuldnermitteilungen und insbesondere bei der Listenabtretung in Form der cession Dailly beziehungsweise der subrogation conventionnelle eine besondere Bedeutung im französischen Recht, die in Deutschland keinen Vergleich kennt [54].

c Insolvenzrecht und droit de la faillite

In beiden Ländern wird zwischen Schuldner- und Gläubigerinsolvenz unterschieden. Eine besondere Bedeutung für die Übertragung von Forderungen hat die Entziehung der Verfügungsbefugnis nach den jeweiligen Insolvenzgesetzen. Dabei ist zu beachten, daß das französische Recht die handelsrechtliche Insolvenz streng von der privatrechtlichen trennt. Beiden Ländern ist jedoch die getrennte Regelung von Verbraucher- und Unternehmensinsolvenz grundsätzlich gemeinsam [55]. Allerdings gibt es im französischen Recht in der Unternehmensinsolvenz während der Unternehmenskrise eine Beobachtungsphase (période suspecte), die das deutsche Insolvenzgesetz nicht kennt. Während dieser Phase bleibt der Gemeinschuldner verfügungsbefugt. Forderungen aus dieser Zeit werden bei Eröffnung des Verfahrens privilegiert berücksichtigt [56].

d Steuerrecht und droit fiscal

Während das deutsche Steuerrecht den Steuererstattungsanspruch des Steuerschuldners gegen den Staat kennt, gibt es in Frankreich lediglich ein Steuerguthaben (crédit d'impôt). Der deutsche Steuererstattungsanspruch ist

---

53 Kap. 1 A V 1.; Kap. 2 A V 1.
54 Kap. 1 A V 2.; Kap. 2 A V 2.
55 Kap. 1 A V 3.; Kap. 2 A V 3.
56 Kap. 2 B III 2.c.

grundsätzlich übertragbar. Er kann aber nur im Rahmen des § 46 AO unter Einhaltung der darin bestimmten Voraussetzungen, insbesondere der vorherigen Anzeige an das Finanzamt abgetreten werden. Diese Ausnahmebestimmung ähnelt der Publizitätsanforderung in Art. 1690 Code Civil jedoch nur tatbestandlich hinsichtlich des Anzeigeerfordernisses. Im übrigen ist die steuerliche Behandlung abgetretener Ansprüche vergleichbar [57].

e *Bilanzrecht und droit de comptabilité*

Im Bilanzrecht entscheidet in beiden Ländern grundsätzlich die materiellrechtliche Bewertung der Forderung über die bilanzielle Behandlung, die jeweils periodenbezogen stattfindet, wobei auch hier im Einzelfall Besonderheiten gelten [58].

II *Vergleich der Abtretungsverbote in Deutschland und Frankreich*

Obwohl das Abtretungsrecht in Deutschland und Frankreich auf unterschiedliche historische Entwicklungen und dogmatische Ansätze, insbesondere die verschiedenen Spannungsverhältnisse zurückgeht, lassen sich die Übertragungshindernisse in einer vergleichbaren Systematik darstellen. Gemeinsamkeiten gibt es zunächst hinsichtlich der Rechtsgrundlagen der Übertragungshindernisse. Von den Unübertragbarkeiten können die Abtretungsverbote abgegrenzt werden. Letztere lassen sich nach Rechtsgrundlagen und Rechtsgebieten in gesetzliche, hoheitliche und rechtsgeschäftliche Abtretungsverbote gruppieren. Die Unterschiede liegen hier nicht nur in den Einzelheiten der vielfältigen Übertragungshindernisse, sondern auch in den Grundlagen ihrer Systematisierung.

Im deutschen Recht lassen sich die allgemeinen Wirksamkeitsvoraussetzungen aufgrund der Systematik des BGB von den besonderen Übertragungshindernissen ohne weiteres abgrenzen, während es im französischen Recht Überschneidungen zwischen normierten Wirksamkeitsvoraussetzungen und sonstigen Verboten des allgemeinen Rechts gibt. Hier müssen allgemeine Verbote anhand der Übertragungsspezifik als Übertragungshindernisse qualifiziert und von allgemeinen Vorschriften abgegrenzt werden. Dies gilt insbesondere für den Formzwang in Art. 1690 Code Civil, die partielle Rechtsunfähigkeit, das spezielle Verbot der Übertragung zukünftiger Rechte sowie verschiedene Veräußerungsverbote [59].

1. *Systematisierungsansätze*

Die Systematisierung des Rechts der Übertragungshindernisse in beiden Länderberichten stand vor dem Problem, daß keine der Rechtsordnungen unmittelbar eine bestimmte Systematik vorgibt. Beide Rechtsordnungen stehen auf unterschiedlichen Konzepten und so mußte die jeweilige Systematik erst grundlegend erarbeitet werden. Dabei hat sich die systematische Untersuchung der

---

57 Kap .1 A V 4.; Kap. 2 A V 4.
58 Kap. 1 A V 5.; Kap. 2 A V 5.
59 Kap. 2 B I 1., 2.; Kap. 2 B III.

einen Rechtsordnung als fruchtbar für die Entwicklung der Systematik in der jeweils anderen Rechtsordnung herausgestellt.

Ausgangspunkt der Systematisierung war zunächst der Befund, daß die überwiegend kommentierenden Darstellungen in Deutschland den Blick auf die übergeordnete Systematik der Abtretungsverbote und Unübertragbarkeiten versperren, während sich in Frankreich die Systematisierung aufgrund des Dualismus nach Abtretungsverboten des objektiven Rechts und Unübertragbarkeiten der subjektiven Rechte anbot. Diese Unterscheidung ließ sich insofern auf die Abgrenzung im deutschen Recht übertragen, als die Abtretungsverbote ihren Grund in ihrer jeweiligen Rechtsgrundlage finden und die Unübertragbarkeiten aus der Rechtsnatur des forderungsbegründenden Schuldverhältnisses folgen.

Die Schwierigkeit in Frankreich lag dagegen zunächst in der Überwindung der uneinheitlichen Terminologie (intransmissibilité, incessibilité, indisponibilité und inaliénabilité). Demgegenüber handelt es sich bei den uneinheitlich benutzten deutschen Begriffen Abtretungsverbot und Abtretungsausschluß um ein rein formelles terminologisches Problem. Das weitere Problem im französischen Recht galt der Ermittlung der übertragungshindernden Rechtssätze aus der Gesamtheit der normierten Verbote, während im deutschen Recht die Übertragungshindernisse der zivilrechtlichen Systematik des BGB folgend ohne weiteres auf Überschneidungsbereiche (Kongruenz) und Anwendungsbereiche (Konkurrenz) untersucht werden konnten. Diese Erkenntnisse waren wiederum bei der Identifikation der französischen Übertragungshindernisse hilfreich. Im Ergebnis folgt die Systematik der Übertragungshindernisse in beiden Ländern jedoch der Aufteilung nach Rechtsgrundlagen und der Ordnung nach Rechtsgebieten [60].

Weder in Deutschland noch in Frankreich hat es eine deckungsgleiche Erfassung der Unübertragbarkeiten durch Abtretungsverbote gegeben. Dies ist im deutschen Recht insofern problematisch, als die beabsichtigte lückenlose Systematik des Abtretungsrechts gerade mit der Regelung des § 399 BGB nicht erreicht wurde. In Frankreich besteht ein derartiger Widerspruch nicht, da eine vergleichbare Systematik im Code Civil fehlt [61]. Im deutschen Recht hat die inhaltliche Systematisierung der Inhaltsänderung des § 399 1. Fall BGB die Rechtsprechung und Lehre vor vielfältige Schwierigkeiten gestellt. Da ein großer Teil der Abtretungsverbote unter die Inhaltsänderung subsumiert werden kann, stellt sich auch die Frage nach der Anwendbarkeit des § 399 1. Fall BGB. Außerdem ist das Verhältnis der Norm zu Abtretungsverboten und Unübertragbarkeiten in besonderem Maße klärungsbedürftig [62].

Dagegen lassen sich im französischen Recht die Übertragungshindernisse aufgrund der offenen Systematik des Code Civil leichter nach Rechtsgrundlagen systematisieren. Hier führt erst die Vielzahl der anwendbaren Abtretungsmöglichkeiten zu weiteren Problemen [63]. Allerdings kommt es im französischen Recht zu nicht unproblematischen Überschneidungen von Wirksamkeitsvorschriften und Abtretungsverboten, die im deutschen Recht aufgrund der abstrahierend-generalisierenden Systematik vermieden wurden. Aufgrund dieses

---

[60] Kap. 1 B I; Kap. 2 B I.
[61] Kap. 1 B vor I; Kap. 2 B vor I.
[62] Kap. 1 B I 4.
[63] Kap. 2 C; Kap. 3 A III.

Unterschieds können die übertragungsspezifischen Wirksamkeitsvoraussetzungen im französischen Recht teilweise als Übertragungshindernisse dargestellt werden. Hierbei handelt es sich um die Publizität und die validité im rechtsgeschäftlichen Sinn, letztere in Form der partiellen Rechtsunfähigkeit und des Verbots der Veräußerung zukünftiger Rechte [64].

Dieses Phänomen taucht in Deutschland wesentlich seltener als in Frankreich auf. Wichtige Beispiele für die Veräußerungsbeschränkungen des deutschen Rechts sind etwa die §§ 12, 13 WEG, in § 135 BGB oder § 98 VVG, die originär übertragungshindernde Wirkung haben [65]. Insbesondere das Veräußerungsverbot des § 135 BGB ist daher ausdrücklich als Verfügungsverbot zu verstehen [66].

2. *Unübertragbarkeiten*

Zunächst können im deutschen Recht die Unwirksamkeitsgründe der Rechtsgeschäftelehre unproblematisch von den Übertragungshindernissen abgegrenzt werden, da eine unwirksame Übertragung jederzeit durch eine wirksame Abtretung nachgeholt werden kann. In Frankreich gibt es dagegen verschiedene Unwirksamkeitsgründe, die sich aufgrund ihrer Übertragungsspezifik als Übertragungshindernisse darstellen lassen. Hierzu gehören neben der Bestimmtheit auch die Formanforderungen der Drittwirksamkeit und beispielsweise auch spezielle Fälle der Geschäftsfähigkeit [67].

Beide Länder kennen die Unübertragbarkeit einer Forderung aufgrund der besonderen persönlichen Bindung, bei Unteilbarkeit und bei Rechtsgebundenheit. Eine auffällige Gemeinsamkeit liegt bei den unselbständigen Rechte, die im deutschen und im französischen Recht nur spiegelbildlich in den Vorschriften erwähnt werden, die ihren Übergang bei der Übertragung des Hauptrechts anordnen, § 401 BGB, Art. 1692 CC. Die Unübertragbarkeit ergibt sich in diesen Fällen jedoch weder in Deutschland noch in Frankreich ausdrücklich aus dem positiven Recht [68].

Im deutschen Recht wurde die Unabtretbarkeit aufgrund der besonderen persönlichen Bindung als Unterfall der Inhaltsänderung im Sinne des § 399 1. Fall BGB, der sogenannten Personengebundenheit, aufgefaßt. Die Höchstpersönlichkeit einer Forderung entspringt in diesem Fall zwar der Natur des forderungsbegründenden Schuldverhältnisses, sie fällt aber zugleich in den Anwendungsfall des allgemeinen Abtretungsverbots des § 399 1. Fall BGB [69]. Anders als im BGB hat der Code Civil die besondere persönliche Bindung (intuitus personae) nicht ausdrücklich in Form eines allgemeinen Abtretungsverbots erfaßt. Die Unübertragbarkeit wird jedoch aus der Rechtsnatur gefolgert oder ergibt sich aus verschiedenen Spezialgesetzen [70].

---

64 Kap. 2 B I.
65 Kap. 1 B III 4. h, m.
66 Palandt-Heinrichs, BGB, §§ 135, 136 Rdnr. 1.
67 Kap. 1 B vor I; Kap. 2 A II 2.a und Kap. 2 B I.
68 Kap. 2 B II 3.
69 Kap. 1 B III 1.a.
70 Kap. 2 B II 1.

Beiden Rechtsordnungen gemeinsam ist die Unübertragbarkeit bei Unteilbarkeit, wobei sich die Unübertragbarkeit immer nur auf die Teilübertragung einer nicht teilbaren Forderung bezieht. Während das französische Recht ausdrücklich zwischen gesetzlicher und vereinbarter Unteilbarkeit unterscheidet, wird die Unteilbarkeit im deutschen Recht rein gewohnheitsrechtlich behandelt [71].

3. *Gesetzliche Abtretungsverbote*

Deutliche Unterschiede sind hinsichtlich der allgemeinen Abtretungsverbote festzustellen, denen im französischen Recht lediglich allgemeinere Veräußerungs- und sonstige Übertragungshindernisse gegenüberstehen. Im Bereich der speziellen Abtretungsverbote innerhalb und außerhalb der jeweiligen Kodifikationen gibt es dafür umso mehr Gemeinsamkeiten.

a *Allgemeine Verbote*

Während das deutsche Recht getreu der Systematik vom allgemeinen zum besonderen mit den §§ 399, 400 BGB allgemeine Abtretungsverbote kennt, gibt es im Code Civil keine vergleichbaren allgemeinen Abtretungsverbote. Eine den allgemeinen deutschen Abtretungsverboten ähnliche Rolle spielen jedoch die zivilrechtlichen Veräußerungsverbote des französischen Rechts. Diese haben regelmäßig und wegen der fehlenden Abgrenzung von Schuld- und Sachenrecht auch eine übertragungsspezifische Natur [72].

Im französischen Recht gibt es außerdem noch die Übertragungshindernisse des Zwangsvollstreckungs- und Insolvenzrechts, die allgemeiner Natur sind. Allerdings wird der Grundsatz, daß unpfändbare Forderungen auch unabtretbar sind, ausdrücklich nur in § 400 BGB ausgesprochen. Eine dem § 400 BGB vergleichbare ausdrückliche Vorschrift gibt es im französischen Recht nicht, dennoch gilt dieser Grundsatz auch hier. Beispielsweise nehmen verschiedene Einzelvorschriften auf diesen Grundsatz Bezug [73].

b *Spezielle Verbote*

Bei den besonderen Abtretungsverboten ist beiden Rechtsordnungen gemeinsam, daß sie sowohl innerhalb als auch außerhalb der jeweiligen Kodifikation in fast allen Rechtsgebieten zu finden sind.

aa *Abtretungsverbote in BGB und Code Civil*

Während das BGB einige spezielle Abtretungsverbote abgeschafft hat, ist eine vergleichbare Entwicklung im Code Civil nicht zu erkennen, zumal die meisten

---

[71] Kap. 1 B I 2., II 2.; Kap. 2 B I 2.

[72] Kap. 2 B III 1.

[73] Kap.1 B III 2.; Kap.2 B III 2.

Abtretungsverbote des französischen Rechts ohnehin in den Spezialgesetzen außerhalb der Kodifikation zu finden sind [74].

Gem. § 38 BGB ist die Mitgliedschaft im Verein nicht übertragbar. Das Vereinsrecht ist in Frankreich außerhalb des Code Civil in der Loi du 1er juill.1901 geregelt, die kein ausdrückliches Abtretungsverbot enthält [75]. Gem. § 514 BGB ist das schuldrechtliche Vorkaufsrecht nicht übertragbar. Der Code Civil kennt nur spezielle Vorkaufsrechte (droit de préemption), bei denen es hinsichtlich der Übertragbarkeit darauf ankommt, wessen Vorkaufsrecht übertragen werden soll. Beispielsweise enthält Art. 815-14 Code Civil ein modifiziertes Abtretungsverbot für den Teilhaber einer Bruchteilsgemeinschaft (indivision) [76].

Nach § 549 BGB ist die Gebrauchsüberlassung im Miet- und Pachtrecht nicht ohne Zustimmung übertragbar. Ein Abtretungsverbot im Miet- und Pachtrecht findet sich im französischen Recht nicht im Code Civil, sondern in den Spezialgesetzen. Allerdings stellt Art. 1717 Code Civil klar, daß das Mietrecht grundsätzlich übertragbar ist; ein Abtretungsverbot kann jedoch vereinbart werden [77]. Gem. § 613 BGB ist der Anspruch auf Dienstleistung unübertragbar. Das gilt auch für die Vollübertragung beim Auftrag gem. § 664 BGB. Vergleichbare Regelungen enthält der Code Civil nicht. Hier kann sich die Unübertragbarkeit jedoch aus der Personengebundenheit (intuitus personae) ergeben [78].

Gem. § 717 BGB ist die Mitgliedschaft in der BGB-Gesellschaft unübertragbar. Nach Art. 1861 Code Civil gilt das für die société civile nur, wenn die Mitgesellschafter nicht zugestimmt haben. Dieses modifizierte Abtretungsverbot enthält zudem noch Publikationserfordernisse [79]. Die Anteile an einer französischen Rechtsgemeinschaft (indivision) können in bestimmten Fällen nach Art. 1873-12 Code Civil unübertragbar sein. In Deutschland kann jeder Teilhaber über seinen Anteil verfügen, gem. § 747 BGB ist die Verfügung über den Gegenstand im ganzen jedoch nur durch alle Teilhaber gemeinsam möglich.

Der § 847 a. F. BGB enthielt noch ein mittlerweile aufgehobenes Abtretungsverbot für den Anspruch auf Schmerzensgeld. Dieser Anspruch (indemnité pour préjudice moral) fällt unter den allgemeinen Schadensersatzanspruch gem. Art. 1382 ff. Code Civil und ist heute wie auch in § 847 n. F. BGB vererblich und übertragbar [80]. Der Nießbrauch ist gem. § 1059 BGB ein unübertragbares Recht, wogegen er in Frankreich gem. Art. 595 Code Civil übertragbar geblieben ist [81].

Die Hypothek ist als rechtsgebundenes akzessorisches Recht gem. § 1153 BGB nicht selbständig übertragbar. Ähnliches gilt auch für die Hypothek des französischen Rechts in Art. 2132 Code Civil [82]. Im deutschen wie französischen Familienrecht schließlich sind Vermögenswerte der Gütergemeinschaft, Leibrentenansprüche und

---

74 Kap. 1 B II 3.; Kap. 2 B IV 1., 2.
75 Kap. 1 B III 3.b.
76 Kap. 2 B IV 1.b.
77 Kap. 1 B III 3.b; Kap. 2 B IV 1.b.
78 Kap. 2 B II 1.b.
79 Kap. 1 B III 3.b; Kap. 2 B IV 1.b.
80 Kap. 1 B III 3.b.
81 Kap. 1 B III 3.b; Kap. 2 B IV 1.b und Kap. 2 B II 1.b.
82 Kap. 1 B III 3.b; Kap. 2 B II 1.b und Kap. 2 B IV 1.b.

Unterhaltsansprüche nicht übertragbar, wobei hier mehrere BGB-Abtretungsverbote zwischenzeitlich aufgehoben wurden [83].

bb Spezialgesetzliche Abtretungsverbote

Die spezialgesetzlichen Abtretungsverbote haben in beiden Rechtsordnungen den mit Abstand größten Umfang. Viele dieser Abtretungsverbote sind vergleichbar, manche gibt es aufgrund der Besonderheiten der jeweils anderen Rechtsordnung nur in einem der beiden Länder. So kennt das französische Recht aufgrund der zentralstaatlichen Struktur Frankreichs keine landesrechtlichen Abtretungsverbote, die sich in Deutschland allerdings auf den beamtenrechtlichen Bereich beschränken [84].

Im Arbeitsrecht werden in beiden Ländern aus denselben sozialstaatlichen Erwägungen heraus Teile des Arbeitseinkommens geschützt. In Deutschland ist das Arbeitseinkommen gem. § 400 BGB iVm. §§ 850 ff. ZPO insoweit unübertragbar, als es unpfändbar ist. In Frankreich wird die Unübertragbarkeit dagegen unmittelbar in den Art. L. 145-1ff, Art. R. 145-1 ff. Code de travail spezialgesetzlich angeordnet [85]. Ähnlichkeiten bestehen auch im Beamtenrecht und im Sozialrecht beider Länder. Entsprechend den arbeitsrechtlichen Bestimmungen sind auch hier bestimmte existentielle Bezüge und Renten unübertragbar [86].

Im Immaterialgüterrecht ist im Gegensatz zum Nutzungsrecht das deutsche wie das französische Urheberrecht grundsätzlich nicht übertragbar, während die Autorenrechte in beiden Ländern nur beschränkt übertragen werden können, vgl. §§ 28 ff. UrhG, Art. L. 131-5 Code de la propriété intellectuelle [87]. Während das Miet- und Pachtrecht in Deutschland innerhalb des BGB geregelt wurde, finden sich miet- und pachtrechtliche Abtretungsverbote in französischen Spezialgesetzen, die im Code des Loyers zusammengefaßt wurden. Die darin vorgesehenen Abtretungsverbote gehen über die deutsche Regelung in § 549 BGB deutlich hinaus [88]. Das spezialgesetzliche Veräußerungsverbot im WEG gibt es wiederum nur in Deutschland [89].

In beiden Ländern sind die spezialgesetzlichen Abtretungsverbote des Privatversicherungsrechts im VVG und im Code des assurances vergleichbar. Die speziellen Abtretungsverbote der Versicherungsgesetze beider Länder enthalten insbesondere vergleichbare Regelungen hinsichtlich der Unabtretbarkeit von Regreßforderungen [90].

Im Steuerrecht gibt es erhebliche Unterschiede. Eine dem § 46 AO vergleichbare Regelung gibt es in Frankreich nicht. Dafür enthält das französische Jahressteuergesetz (Loi des finances) 1999 eine Regelung, die dem deutschen

---

83 Kap. 2 B IV 1.b.
84 Kap. 1 B III 4.g.
85 Kap. 1 B III 4.a; Kap. 2 B IV 2.d.
86 Kap. 1 B III 4.c; Kap. 2 B IV 2.f.
87 Kap. 1 B III 4.e; Kap. 2 B IV 2.g.
88 Kap. 1 B III 3.b.; Kap. 2 B IV 2.b.
89 Kap. 1 B III 4.h.
90 Kap. 1 B III 4.m; Kap. 2 B IV 2.e.

Steuerrecht fremd ist. Darin wird die Abtretung von Steuerguthaben zeitlich auf die drei Folgejahre beschränkt und ist darüberhinaus unabtretbar [91].

In beiden Ländern gibt es außerdem noch eine Beschränkung der Abtretung zugunsten von Kreditinstituten. Gem. § 46 AO und gem. Art. 1 Loi Dailly kann die Abtretung nur an ein Kreditinstitut erfolgen. Dabei handelt es sich zwar um verschiedene Fälle der Forderungsabtretung, aber zugleich um dieselbe Beschränkung hinsichtlich des Zessionars [92].

Vergleichbare Regeln über den Entzug der Verfügungsbefugnis enthalten die Insolvenzgesetze beider Länder, InsO und Loi 85-98. Die Möglichkeit der Beobachtungsphase gem. Art. 8 Loi Nr. 85-98 und der Privilegierung von Gläubigern in dieser Phase gibt es in der deutschen Insolvenzordnung dagegen nicht [93].

Im Recht der Subunternehmerverträge existiert mit Art. 13 Loi Nr. 75-1334 ein Abtretungsverbot zugunsten des Subunternehmers, das der Hauptunternehmer nur im Wege der selbstschuldnerischen Bürgschaft für die Übertragung der dem Subunternehmer zustehenden Forderungen überwinden kann. Ganz anders dagegen verlangt § 16 VOB in vergleichbaren Fällen statt einer Bürgschaft die Zustimmung des Schuldners, der regelmäßig der Bauherr ist [94].

4. Hoheitliche Abtretungsverbote

Deutschland und Frankreich kennen verwaltungsrechtliche wie richterliche Abtretungsverbote. Grundsätzliche Unterschiede sind hier nicht erkennbar. Soweit die Verwaltung privatrechtlich handelt, gibt es auch hinsichtlich der Anwendbarkeit von Abtretungsverboten keine Besonderheiten. In beiden Rechtsordnungen kann die Verwaltung Abtretungsverbote aber auch hoheitlich durch Verwaltungsakt oder Verwaltungsverträge anordnen [95].

Grundlage richterlicher Abtretungsverbote sind in beiden Ländern die Generalklauseln sowie die Präzisierung unbestimmter Rechtsbegriffe. In Deutschland bilden dafür die §§ 134, 242 BGB die Basis, in Frankreich Art. 1117, 1118 Code Civil. Die Rechtsprechung beider Länder hat derartige Abtretungsverbote insbesondere für die Abtretung von Honorarforderungen von Ärzten und Anwälten in Verbindung mit der strafrechtlichen Verschwiegenheitspflicht entstehen lassen [96]. In Frankreich gibt es außerdem noch zwei kraft richterlicher Entscheidung entstandene Abtretungsverbote, die das deutsche Recht nicht kennt. Einmal handelt es sich dabei um die erbrechtlich nicht übertragbare Unterhaltsverpflichtung (incessibilité successorale) und zum anderen um die insolvenzrechtliche Zwangsanordnung eines Abtretungsverbots (incessibilité forcée) [97].

---

91 Kap. 1 B III 4.k; Kap. 2 B IV 2.i.
92 Kap. 1 A V 4.a; Kap. 2 C I 2.c, aa.
93 Kap. 1 A V 3.; Kap. 1 B III 4.f; Kap. 2 A V 3.; Kap. 2 B III 2.c, IV 2.h.
94 Kap. 1 B V 3.b; Kap. 2 B IV 2.a.
95 Kap. 1 B IV 2.; Kap. 2 B IV 3.a.
96 Kap. 1 B IV 1.; Kap. 2 B IV 3.b.
97 Kap. 2 B IV 3.b, dd, ee.

Inwieweit Richterrecht als Rechtsquelle anzusehen ist, ist in beiden Ländern umstritten [98]. Die Urteile der Rechtsprechung wirken jedenfalls grundsätzlich nur zwischen den Parteien. Im Unterschied zu deutschen Zivilurteilen können in Frankreich Zivilurteile im Wege der tierce opposition von Dritten hinsichtlich der rechtlichen Feststellungen angegriffen werden [99]. Die Entscheidungen des Bundesverfassungsgerichts können gem. § 32 BVerfGG Gesetzeskraft haben. Anders verhält es sich beim französischen Verfassungsrat, dem Conseil constitutionnel, der ausschließlich die Gesetze auf ihre Verfassungsmäßigkeit prüft und nicht wie das Bundesverfassungsgericht über die Verfassungsbeschwerde des Art.93 GG letztlich eine weitere Instanz über der ordentlichen Gerichtsbarkeit darstellt [100].

5. *Rechtsgeschäftliche Abtretungsverbote*

Ein wichtiger und grundlegender Unterschied im Recht der Übertragungshindernisse ist der, daß das allgemeine rechtsgeschäftliche Abtretungsverbot nur in Deutschland ausdrücklich und zwar in § 399 2. Fall BGB geregelt wurde. Eine vergleichbare Regelung der vertraglichen Abtretungsverbote gibt es im französischen Recht nicht. Die dogmatischen Grundlagen vertraglicher Abtretungsverbote, die bisher weder in der Praxis noch in der Literatur eine große Rolle spielen, müssen erst noch erarbeitet werden. Hier stellt sich insbesondere die Frage, wie diese Verbote ausgestaltet werden müssen (z.B. Unterbinden der Drittwirksamkeit) und welche Wirkungen (relativ oder absolut) sie haben [101].

Dennoch können auch im französischen Recht Abtretungsverbote vereinbart werden. Ausdrücklich sieht das etwa Art. 1717 Code Civil vor. Grundlage für rechtsgeschäftliche Abtretungsverbote ist die allgemeine Regelung in Art. 1134 Code Civil [102]. In beiden Rechtsordnungen hat die Rechtsprechung auch die stillschweigende Vereinbarung von Abtretungsverboten zugelassen. Dabei ist die Unübertragbarkeit einzelner Forderungen durch die Vereinbarung eines Kontokorrents (compte courante) richtigerweise nicht als rechtsgeschäftliches Abtretungsverbot, sondern als tatsächliche Folge des Kontokorrents (Lähmung) anzusehen [103].

Anders als in Deutschland ist im französischen Recht die Systematisierung des Rechtsinstituts der cession de contrat und ihrer verschiedenen Abtretungsverbote richtungsweisend für die rechtsquellenorientierte systematische Erfassung der Abtretungsverbote [104]. In beiden Rechtsordnungen gibt es Grenzen für die Vereinbarung von rechtsgeschäftlichen Abtretungsverboten. Eine gemeinsame Beschränkung neben den allgemeinen Wirksamkeitsanforderungen und Gesetzen sind die jeweiligen Klauselkontrollen für die Verwendung vorformulierter Abtretungsverbote. Für den Spezialfall der erbrechtlichen clause d'inaliénabilité sieht Art. 900-1 Code Civil bestimmte Anforderungen vor, die es im BGB nicht gibt. Im

---

98 Sonnenberger-Schweinberger, Einführung in das französische Recht, Tz. 4.
99 Kap. 1 B IV 1.; Kap. 2 B IV 3.b.
100 Burdeau-Hamon-Troper, Droit constitutionnel, S. 810 ff.
101 Kap. 2 B IV 4.
102 Kap. 1 B V; Kap. 2 B IV 4.
103 Kap. 1 B V; Kap. 2 B IV 4.
104 Kap. 2 B IV 5.

übrigen ist die Rechtsprechung zum Rechtsmißbrauch beziehungsweise zum abus de droit weitgehend vergleichbar [105].

Obwohl in beiden Ländern die rechtsgeschäftliche Abtretung wie das rechtsgeschäftliche Abtretungsverbot privatautonom vereinbart werden kann, hat dieser Umstand nur in Deutschland zu einer rechtspolitischen Konfliktsituation geführt. Hier wurde das rechtsgeschäftliche Abtretungsverbot zum existentiellen Finanzproblem für den Mittelstand, während in Frankreich vergleichbare Mißstände aufgrund der alternativen Übertragungsmöglichkeiten gar nicht erst aufgetreten sind oder von der Rechtsprechung unter dem Aspekt des Machtmißbrauchs auf einer anderen Ebene, nämlich dem Wettbewerbsrecht (droit de la concurrence/abus de puissance économique) begrenzt wurden [106]. Hinsichtlich spezieller rechtsgeschäftlicher Veräußerungsverbote (clause d'inaliénabilité) gibt es spezielle Wirksamkeitsanforderungen in Art. 900-1 ff. Code Civil, die im BGB keine Entsprechung gefunden haben [107]. Zentrales Anwendungsgebiet der rechtsgeschäftlichen Abtretungsverbote ist in Deutschland die Finanzierung der Zulieferindustrie insbesondere durch Factoring und in Frankreich der Vertrieb (distribution) und die Auftragsvergabe (sous-traitance) [108].

III Kritische Analyse der Rechtslage in Deutschland und Frankreich

Das gemeinsame Grundproblem in Deutschland und Frankreich trotz aller gesetzlichen und dogmatischen Unterschiede ist die massive Beschränkung der Verkehrsfähigkeit von Forderungen durch Übertragungshindernisse. In beiden Ländern hat es unterschiedliche Bestrebungen gegeben, den Forderungsverkehr von Übertragungshindernissen zu befreien. Das deutsche Problem lag in der ursprünglich uneingeschränkten Verwendung rechtsgeschäftlicher Abtretungsverbote. Eine Problematik, die es im französischen Recht nicht gegeben hat und die mittels der Neuregelung des § 354 a HGB gelöst werden sollte [109]. Das französische Problem liegt in der Vielfalt alternativer Übertragungsmöglichkeiten und dem Verhältnis dieser Übertragungen zueinander sowie der Anwendbarkeit der unterschiedlichen Übertragungshindernisse auf diese alternativen Übertragungsmöglichkeiten [110]. Ein Vergleich dieser beiden nationalen Probleme ist aufgrund der strukturellen Verschiedenheit nicht möglich. Gemeinsam ist beiden Rechtsordnungen aber die Bevorzugung des gewerblichen und kaufmännischen Forderungsverkehrs im Rahmen der jeweils beschrittenen Lösungswege.

1. Die Neuregelung des § 354 a HGB in Deutschland

Mit der Neuregelung des § 354 a HGB sollte die Schieflage im Kräfteverhältnis zwischen den Beteiligten der Abtretung wiederhergestellt werden. Dies ist jedoch nur insoweit gelungen, als die verbotswidrige Abtretung entgegen § 399 2. Fall BGB nunmehr wirksam ist. Im übrigen enthält die Neuregelung alles andere als eine

105 Kap. 1 B V; Kap. 2 B V.
106 Kap. 1 B V 4.; Kap. 2 B IV 4.c; Kap. 2 B V 5.
107 Kap. 2 B IV 4.b.
108 Kap. 1 C I; Kap. 2 B IV 4.c; Kap. 2 C I 2.e.
109 Kap. 1 C vor I; Bette FLF 1993, 138, 142.
110 Kap. 2 C vor I.

konsequente Begünstigung des Zessionars. Diesem wird stattdessen durch das Wahlrecht des Schuldners und die Empfangszuständigkeit des Zedenten das Insolvenz- und Regreßrisiko gem. § 354 a S. 2 HGB aufgebürdet [111]. Das Ziel, die Verkehrsfähigkeit von Forderungen weitgehend von der Beschränkung durch § 399 2. Fall BGB zu befreien, hat der deutsche Gesetzgeber mit § 354 a HGB nicht erreicht, zumal die Vorschrift nur im Anwendungsbereich des HGB gilt.

Beide Probleme der Neuregelung, unverhältnismäßiger Schuldnerschutz und privilegierter Handelsstand, können jedoch gelöst werden. Der einfachste Weg wäre die schon vom 51. Deutschen Juristentag 1976 vorgeschlagene Aufhebung des § 399 2. Fall BGB gewesen. Hierdurch wären auch die vielfältigen aktuellen Probleme der Neuregelung zu vermeiden gewesen, die in Folge des Eingriffs in das empfindliche Gefüge des Schuld- und Sachenrechts nun entstanden sind [112]. Um den Zessionar weiter zu stärken, kommt als nationaler Lösungsvorschlag alternativ die Einschränkung des Schuldnerschutzes in § 354 a S. 2 HGB in Betracht. Die ungerechtfertigte Privilegierung des Handelsstandes kann durch eine Erweiterung des Anwendungsbereichs des § 354 a HGB erreicht werden, etwa indem diese Bestimmung in das Abtretungsrecht des BGB aufgenommen wird.

2. Die alternativen Übertragungsmöglichkeiten in Frankreich

In Frankreich wurde sehr intensiv auf die Bedürfnisse im modernen Forderungsverkehr reagiert. In den verschiedenen Möglichkeiten der Abtretung, cession gem. Art. 1689 ff. Code Civil, Loi Dailly, subrogation conventionnelle gem. Art. 1249 ff. Code Civil, liegt jedoch zugleich die Schwäche des französischen Abtretungsrechts [113]. Die Schwerfälligkeit der Regelung des klassischen Abtretungsrechts in den Art. 1689 ff. Code Civil hat die Praxis allerdings durch frühzeitiges Ausweichen auf die subrogation gem. Art. 1249 ff. Code Civil selbst überwunden, als das Factoring Anfang der sechziger Jahre Einzug in die französische Finanzwirtschaft hielt. Insofern kam der Gesetzgeber mit der in anderen Bereichen durchaus angewandten Loi Dailly 1981 und ihrem Vorgänger, der Ordonnance Nr. 67-838 zu spät [114]. Nicht nur die Art. 1689 ff. Code Civil auch die Loi Dailly verlangen außerdem immer noch die Einhaltung mehr oder weniger schwerfälliger Formalitäten. Insofern wäre hier eine Loslösung von diesen Formvorschriften in traditioneller Nähe zum Wechselrecht im Interesse eines freien Forderungsverkehrs und transparenten Abtretungsrechts eine echte Weiterentwicklung gewesen.

Ein zentrales Folgeproblem liegt in dem weithin ungeklärten Verhältnis der alternativen Übertragungstechniken zueinander und der Anwendbarkeit der Übertragungshindernisse auf die unterschiedlichen Übertragungen. Hier hätte eigentlich nur die Bereinigung der Art. 1689 ff. Code Civil durch ein einheitliches Abtretungsrecht genutzt [115]. Keine dieser Lösungen hatte bislang Aussicht auf Erfolg. Ähnlich wie in Deutschland sind außerdem die Techniken der Listenabtretung mittels subrogation und die cession Dailly dem gewerblichen und kaufmännischen

---

111 Kap. 1 C I 3.
112 Kap. 1 C III; Bette WM 1994, 1909 ff.
113 Kap. 2 C III.
114 Kap. 2 C III 2.
115 Kap. 2 C III 1.

Forderungsverkehr im weiteren Sinne durch die Anknüpfung an beruflich veranlaßte Forderungen vorbehalten geblieben. Auch für diese Privilegierung im französischen Recht gibt es keinen Grund [116].
Beachtlicherweise ist Belgien den Weg gegangen, sich von den Publikationsanforderungen des Art. 1690 CC zu lösen. Die Kodifikation in Belgien steht dem französischen Code Civil sehr nahe. Die Befreiung von den Publikationsanforderungen steht dabei in einer langen Tradition normierter Erleichterungen von den Förmlichkeiten der Vorschrift [117]. Das Gesetz, das die Erleichterung für die Drittwirksamkeit statuiert, ist 1994 in Kraft getreten und stützt sich auf Gesetze aus den Jahren 1919 und 1958 [118]. In Art. 16 III dieses ursprünglichen Gesetzes von 1919 wurde zunächst das sogenannte Rechnungsindossament entwickelt (l'endossement de la facture). Seit 1994 kann aufgrund dieses Gesetzes in Verbindung mit Art. 1690 CC belg. (n.F.) auf die Benachrichtigung des Schuldners verzichtet werden, wenn der Schuldner Kenntnis von der Abtretung hat. Die alternativ mögliche Benachrichtigung kann außerdem formlos erfolgen [119]. Das französische Recht kommt dem nur bedingt durch die Rechtsprechung hinsichtlich des Gläubiger- und Schuldnerschutzes nahe [120].

3. *Das binationale Problem der Bevorzugung von Handel und Gewerbe*

Bemerkenswert ist die vergleichbare Bevorzugung gewerblicher und handelsrechtlicher Forderungen durch die Lösung unterschiedlicher Probleme in beiden Ländern. Diese Bevorzugung steht jedoch in keinem Verhältnis zu den tatsächlichen Bedürfnissen der interessierten Teilnehmer des Forderungsverkehrs. Gerade im privaten Bereich und bei Freiberuflern besteht ein deutliches Bedürfnis nach Liquidierung von Forderungen und Schutz vor stärkeren Schuldnern [121].

Ein weiterer Unterschied lag bisher auch in der unterschiedlichen Zahlungsmoral. Während die Zahlungsziele von 60 bis 90 Tagen in Frankreich überwiegend eingehalten werden und das Interesse hier auf eine Liquidierung vor Fälligkeit gerichtet ist, ist die aktuelle Zahlungsmoral in Deutschland ein Problem [122]. Allerdings werden zukünftig durch ein neues Gesetz zur Beschleunigung fälliger Zahlungen in Deutschland Forderungen des Mittelstandes und des Handwerks mit 5 % über dem variablen Basiszinssatz für Kredite verzinst, wenn die Zahlung nach 30 Tagen noch nicht erfolgt ist, so daß sich ein Hinauszögern der Zahlung nicht mehr rechnen kann. Hierdurch wird in Deutschland eine weitere Privilegierung für Handel und Gewerbe geschaffen, die in die richtige Richtung geht, aber eben nicht alle berücksichtigt [123].

---

116 Kap. 2 C III 2.
117 Hadding-Schneider-Foriers, Die Forderungsabtretung (1. Aufl.), S. 25.
118 Loi du 25e déc. 1919 idF vom 31e mars 1958 nun geändert durch Loi du 6e juill. 1994.
119 Hoffmann, Belgisches Recht, Rdnrn. 119 ff, 121; Hadding-Schneider-Foriers-Grégoire, Die Forderungsabtretung (2. Aufl.), S. 138 ff.
120 Kap. 2 A IV.
121 Kap. 1 C I 3.; Kap. 2 C III.
122 Kap. 1 C vor I; Kap. 2 C vor I.
123 Hegerbekermeier BB 2000, 786.

4. Realisierungschancen der nationalen Lösungsmöglichkeiten

Für eine Abschaffung von § 399 2. Fall BGB in Deutschland und die Vereinfachung der Art. 1689 ff.Code Civil unter Vereinheitlichung des Abtretungsrechts fehlt es derzeit an einer erkennbaren politischen Willensbildung in beiden Ländern. Der Vorteil der nationalen Lösung gegenüber einer europaweiten Harmonisierung liegt in der einfacheren Durchsetzbarkeit. Dies ist jedoch zugleich ihr Nachteil. Während eine Änderung der Rechtslage im nationalen Alleingang gesetzgeberisch auf einfacherem Wege zu haben ist, fehlt ihr jede harmonisierende Wirkung; das hat vor allem die mit der Neuregelung des § 354 a HGB in Deutschland verpaßte Harmonisierung gezeigt. Ziel sollte es vor dem Hintergrund der aufgeworfenen Probleme sein, die Verkehrsfähigkeit von Forderungen bei mehr Transparenz insgesamt zu verbessern. Bei der globalen Dimension des Forderungsverkehrs hilft daher nur eine harmonisierende Lösung wirklich weiter.

B Lösungsansätze

In Betracht kommen zwei grundlegend unterschiedliche Arten von Lösungen, um die beschränkte Verkehrsfähigkeit von Forderungen und Rechten zu verbessern. Auf der staatlichen Ebene gibt es die Möglichkeit der Rechtsvereinheitlichung. Bis es dazu kommen wird, kann den Problemen durch ein wirksames Forderungsmanagement vornehmlich im wirtschaftlichen Bereich Rechnung getragen werden. Ausgangspunkt ist die Frage nach dem kleinsten gemeinsamen Nenner des jeweiligen Abtretungsrechts und der Übertragungshindernisse, da eine Harmonisierung nicht alle landesspezifischen Probleme, insbesondere die gezeigten Spannungsverhältnisse auflösen kann. Am ehesten kann der immer wieder beklagten abnehmenden Qualität moderner Gesetze sowie den modernen Entwicklungen mit eindeutigen und transparenten Regeln erfolgversprechend begegnet werden.

I Rechtsvereinheitlichung

Zunächst ist bei der Suche nach einer Rechtsvereinheitlichung nach der grundlegenden Richtung zu fragen. Damit ist nicht nur die Liberalisierung der Verkehrsfähigkeit von Forderungen gemeint. Da eine Rechtsvereinheitlichung notwendigerweise den kleinsten gemeinsamen Nenner beider Rechtsordnungen erfassen muß, ist der Spielraum nicht allzu groß. Zu fragen ist jedoch danach, ob ein systematisierender Ansatz, wie es dem deutschen BGB entspricht, oder ein pragmatischer Ansatz im Sinne der coutûme und dem Umgang mit einer Kodifikation wie dem Code Civil, der dem Rechtsanwender größeren Spielraum in der Anpassung an gewandelte Werteordnungen und Rechtswirklichkeiten gibt, vorzuziehen ist.

Diese Frage beantwortet sich mit der Entscheidung darüber, inwieweit im vorliegenden Fall die vom deutschen Recht vorgegebene Trennung von Schuld- und Sachenrecht zum Tragen kommen kann. Vor dem Hintergrund der weltweiten Rechtswirklichkeit im globalisierten Forderungsverkehr ist jedoch auch für den deutsch-französischen Bereich eine pragmatische Lösung anzustreben, die auch der weltweiten anglo-amerikanischen Dominanz des commen law gerecht wird. Dort wird die Frage losgelöst von einer in sich geschlossenen Systematik durch eine am

Einzelfall ausgerichteten Entscheidung beantwortet. Die dabei betonte Einzelfallgerechtigkeit geht auf Kosten einer klaren und eindeutigen Systematik, die im Interesse der Vorhersehbarkeit juristischer Entscheidungen dem Rechtsstaatsprinzip unter dem Aspekt der Rechtssicherheit und Rechtsklarheit dient [124]. Ein ähnliches Phänomen läßt sich aber auch im französischen Recht erkennen, denn der Code Civil ist im Vergleich zum BGB frei von einer in sich geschlossenen Systematik, die in dem festen dogmatischen Gefüge des Abtretungsrechts und verwandter Bereiche zwischen Schuld- und Sachenrecht praktisch keine Änderungen mehr zuläßt [125].

Im Gegensatz zu einer ausgeprägten Begriffssystematik, wie sie für die deutsche Kodifikation prägend wurde [126], tendieren die meisten Harmonisierungen innerhalb der EU zu pragmatischen Lösungen. Diese sind nicht zu verwechseln mit der inhaltlichen Strenge, die einer harmonisierten Rechtsnorm gleichwohl innewohnen kann. Auch im common law und dem weniger systematisierenden französischen Recht gibt es Rechtsnormen, die gegenüber dem deutschen Recht rigideren Inhalts sind; so etwa die Rechnungslegung bei Jahresabschlüssen oder Veröffentlichungspflicht im GmbH-Recht [127].

1. Schuld- oder allgemeine Zivilrechtsvereinheitlichung

Die Standortfrage wird im folgenden bewußt offen gelassen, da sich im Hinblick auf die verschiedenen Möglichkeiten derzeit keine realisierbare Grundlage für eine Harmonisierung des Abtretungsrechts außerhalb der noch zu besprechenden internationalen Abkommen erkennen läßt. Gleichwohl bleibt eine Harmonisierung weiterhin wünschenswert.

Ein idealer Standort für eine Vereinheitlichung des Abtretungsrechts im Sinne der Europäisierung des Privatrechts wäre in der Tat ein europäisches Zivilgesetzbuch [128]. Dies läge nicht nur im langfristigen, aber auch immer wieder bestrittenen Interesse des vereinten Europa, sondern hätte gegenüber den derzeitigen Bestrebungen im Rahmen der internationalen Abkommen und des UN-Kaufrechts den Vorteil europaweiter Verbindlichkeit. Bei dieser Lösung ließe sich europaweit außerdem die unternehmerische und kaufmännische Privilegierung der internationalen Abkommen zugunsten der Gleichbehandlung des privaten Forderungsverkehrs abschaffen. Diesen historischen Schritt ist Europa noch nicht gegangen. Weniger schwer durchzusetzen als ein Europäisches Zivilgesetzbuch wäre dagegen eine einfache Schuldrechtsvereinheitlichung im Rahmen der allgemeinen europäischen Harmonisierungsmaßnahmen, etwa in Form einer Richtlinie. Aber auch derartige Bestrebungen sind zur Zeit nicht erkennbar [129].

---

124 Vgl. Art. 20 GG.
125 Kap. 2 A I 1.a.
126 Larenz, Methodenlehre, S. 437.
127 Kap. 1 C I 1.
128 Repgen, Europäisierung des Privatrechts, S. 9 ff.
129 Pfeiffer NJW 1999, 3674.

2. *Harmonisierungsvorschlag*

Faßt man die nationalen Lösungsvorschläge [130] zu einem einheitlichen Vorschlag zusammen, dann muß ein einheitlicher Harmonisierungsvorschlag zwei Aufgaben bewältigen. Er muß einerseits die Probleme der jeweiligen Rechtsordnung lösen und andererseits den Besonderheiten der jeweiligen Rechtsordnung Rechnung tragen. Die besondere Schwierigkeit liegt darin, daß weder die Probleme noch die Besonderheiten in beiden Rechtsordnungen kongruent sind. Das bedeutet, daß die Anwendung des § 354 a HGB mit seinen Folgeproblemen in Deutschland und die Normvielfalt mit ihren Schnittstellen in Frankreich geklärt werden müssen. Bestehen bleiben muß dagegen die Normierung staatlicher Abtretungsverbote, soweit diese auf staatlichen Besonderheiten beruhen. Diese liegen vor allem im Arbeits- und Sozialrecht und allgemein beim Schutz von Schwächeren. Zu unterscheiden ist also zwischen privatautonomen und staatlichen Abtretungsverboten und außerdem zwischen bürgerlichem und kaufmännischen Forderungsverkehr.

a *Rahmenbedingungen*

Nationale Besonderheiten in Form anzuerkennender Schutzbedürfnisse bleiben aufgrund des Vorrangs der speziellen nationalen Regelungen erhalten. Dies betrifft insbesondere die gesetzlichen Abtretungsverbote des Arbeits- und Sozialrechts, bei denen es hinsichtlich der Sicherung des Existenzminimums ohnehin keine grundlegenden Unterschiede in beiden Rechtsordnungen gibt. Insgesamt besteht jedoch ein überwiegendes Interesse an einem privatautonomen Umgang mit Forderungen und damit einem weitgehend unbeschränkten Forderungsverkehr. Hintergrund des Bedürfnisses nach Liquidität im privaten und im gewerblichen Bereich sind die Überschuldung der Privathaushalte und die Liquiditätsrisiken insbesondere in der mittelständischen Wirtschaft. Beide Bereiche müssen im Interesse einer gesunden Volkswirtschaft gleichermaßen begünstigt werden. Diese Liberalisierung des Forderungsverkehrs setzt die Verhinderung privatautonomer Abtretungsausschlüsse und die Befreiung des Abtretungsrechts von Publizitätserfordernissen ohne Bevorzugung der gewerblichen Wirtschaft gegenüber den privaten Haushalten voraus. Zur Steigerung der Transparenz und Eindeutigkeit empfiehlt sich außerdem eine Vereinfachung des Gläubiger- und Schuldnerschutzes.

b *Inhaltliche Ausgestaltungen*

Die Gestaltungsmöglichkeiten einer anzustrebenden Harmonisierung sind vielfältiger Natur und reichen von einem gänzlich liberalen Ansatz mit dem Grundsatz uneingeschränkter freier Übertragbarkeit von Forderungen über abgeschwächte Alternativen. In Betracht kommt beispielsweise ein schon in den sechziger Jahren diskutierter pfandrechtlicher Ansatz, die nicht verfügbaren Forderungen in einem Forderungsregister zu erfassen, um die Transparenz für den Forderungsverkehr durch die Erkennbarkeit "gesperrter" Forderungen sicherzustellen [131]. Die

---

130 Vgl. oben Kap. 3 A III 3. und 4.

131 Vgl. dazu Drobnig Gutachten F 51.DJT; Art. 2073 Code Civil und Décr. Nr. 53-968.

Handhabung einer Registrierung wäre jedoch zu schwerfällig und kostenintensiv, so daß andere Alternativen vorzuziehen sind.

Denkbar sind auch wertpapierrechtliche beziehungsweise garantierechtliche Ansätze. So könnte eine Verbriefung von Forderungen oder die Ergänzung der Forderungsabtretung mit Abtretungsgarantien für den Fall der Sperrung durch Abtretungsverbote die Verkehrsfähigkeit sicherstellen. Die systematische Konstruktion des hier favorisierten liberalen Ansatzes wäre die Etablierung des Grundsatzes der freien Übertragbarkeit bei nur ausnahmsweise möglichem Ausschluß durch Abtretungsverbote. Dieser Ansatz ist systematisch betrachtet die spiegelbildliche Konstruktion des historischen Ansatzes, der von der grundsätzlichen Unübertragbarkeit von Forderungen ausgegangen ist [132]. Der nachstehende Vorschlag enthält neben dem Grundsatz der freien Übertragbarkeit auch Ausnahmen, die der Anerkennung der gewachsenen Struktur des Rechts der Übertragungshindernisse in beiden Ländern gerecht werden und damit auch der rechtspolitischen Durchsetzbarkeit dienen.

Deshalb sind die bestehenden Übertragungshindernisse des jeweiligen positiven Rechts zunächst zu respektieren und langfristig abzubauen, indem neue Übertragungshindernisse nach Möglichkeit verhindert und bisherige Verbote aufgehoben werden. Die vertraglichen Abtretungsverbote sollen ähnlich wie in den internationalen Abkommen UNIDROIT und UNCITRAL vollständig ohne Wirkung bleiben. Abschließend wird der Vorschlag noch durch Übergangsbestimmungen ergänzt und vervollständigt. Die rechtspolitische Durchsetzung wird bewußt offen gelassen, da an dieser Stelle vom Verfasser keine Festlegung der offenen Entwicklung beabsichtigt wird.

c Ausformulierter Vorschlag

Der Vorschlag für eine liberale Harmonisierung lautet :

§ 1 Grundsatz der freien Übertragbarkeit

Forderungen sind frei übertragbar. Die Übertragung setzt ausschließlich die Vereinbarung zwischen den Parteien und die Bestimmtheit der Forderung voraus. Der Schuldner ist erst ab Kenntnis von der Abtretung berechtigt und verpflichtet, an den neuen Gläubiger zu leisten. Diese Kenntnis kann durch jede Form der Abtretungsanzeige eines der Gläubiger an den Schuldner erfolgen. Der Schuldner kann seine Einwendungen nur dem jeweiligen Gläubiger entgegenhalten, dem gegenüber er berechtigt und verpflichtet ist.

§ 2 Ausnahmen zum Ausschluß der Übertragbarkeit

I Gesetzliche Abtretungsverbote

Gesetzliche Abtretungsverbote, die nach Inkrafttreten der Harmonisierung erlassen werden, sind nur dann wirksam, wenn sie einen qualifizierten Zweck haben und dies gegenüber dem Bedürfnis nach freier Übertragbarkeit der Forderung überwiegt.

---

[132] Kap. 1 A I 4.; Kap. 2 A I 2.b.

II Rechtsgeschäftliche Abtretungsverbote

Rechtsgeschäftliche Abtretungsverbote sind nur zulässig, wenn das wirtschaftliche Gleichgewicht zwischen den Vertragspartnern gewährleistet ist. Es genügt nicht, wenn dieses Gleichgewicht durch die gesetzliche Regelung unterstellt wird. Hierbei ist auf die tatsächlichen wirtschaftlichen Verhältnisse abzustellen. Das wirtschaftliche Gleichgewicht ist bei der Vereinbarung rechtsgeschäftlicher Abtretungsverbote dann nicht gewahrt, wenn die Vertragsbedingungen einseitig festgelegt werden.

III Hoheitliche Abtretungsverbote

Hoheitliche Abtretungsverbote sind nur im Rahmen der möglichen gesetzlichen oder rechtsgeschäftlichen Abtretungsverbote zulässig.

§ 3 Regelbeispiele

Ein qualifizierter Zweck im Sinne von § 2 I liegt vor, wenn

> *ein sozialpolitisch motivierter Schutzzweck insbesondere zur Sicherung des Existenzminimums vorliegt oder*
>
> *die Forderung an eine bestimmte öffentlich rechtlich vorgegebene Verwendung oder an die öffentlich rechtlich vorgegebene Person des Forderungsinhabers, insbesondere des Leistungsempfängers im Subventionsrecht gebunden wurde.*

§ 4 Übergangsregelung

Die bisher in den Vertragsstaaten geltenden gesetzlichen und hoheitlichen Abtretungsverbote bleiben in Kraft. Die Vertragsstaaten verpflichten sich, die Abtretungsverbote, die keinen qualifizierten Zweck verfolgen, bis zum Ablauf des Übergangszeitraums außer Kraft zu setzen.

d Probleme der Realisierung

Der Durchsetzung dieses Vorschlags stehen jedoch verschiedene Hindernisse entgegen. Neben der fehlenden politischen Willensbildung bereitet auch die Überwindung der Unterschiede in beiden Rechtsordnungen Schwierigkeiten. Für die Praxis des gewerblichen Forderungsverkehrs kommen daher als Alternativen das UNIDROIT-Abkommen und die modernen Finanzierungsinstrumente in Betracht.

II Alternative Finanzierung und Liquiditätsgewinnung

Bis es zu einer Gesetzesänderung oder einer Harmonisierung kommt, stehen den Unternehmen mehrere Möglichkeiten der Finanzierung und Gewinnung von Liquidität zur Verfügung. Im binationalen Forderungsverkehr kann zunächst die Anwendbarkeit des UNIDROIT-Abkommens zum internationalen Factoring, der sogenannten Konvention von Ottawa, vereinbart werden. Der zur Zeit noch in Vorbereitung befindliche UNCITRAL-Entwurf sieht eine weitergehende Liberalisierung noch über die Regelungen des UNIDROIT-Abkommens hinaus vor.

Daneben stehen diverse Finanzierungsmöglichkeiten zur Verfügung, die vorrangig im Bereich der Refinanzierung entwickelt wurden. Bei ihnen handelt es sich um die anglo-amerikanische Securitisation, die österreichische Vinkulierung und die französische titrisation. Insgesamt kann ein Unternehmen seine Finanzierung und Liquidität auch im Wege des Kreditmanagements effizient steuern. Diesem liegt eine komplexe Steuerungsstruktur zugrunde, die es dem Unternehmen ermöglicht, Finanzierungsrisiken und Liquiditätspotential zu erkennen und mittels adäquater Finanzierungstechniken abzudecken. Die genannten Handlungsalternativen bleiben jedoch auf Unternehmen beschränkt und stehen dem bürgerlichen Gläubigern in der Regel entweder mangels Anwendbarkeit oder mangels Finanzierungsvolumen nicht zur Verfügung.

1. Die UNIDROIT-Konvention [133]

Die UNIDROIT-Konvention von Ottawa wurde am 28.05.1988 in Kanada verabschiedet und vom deutschen Bundestag mit Gesetz vom 25.02.1998 mit Wirkung zum 05.03.1998 ratifiziert. Die Ratifikationsurkunde wurde am 20.05.1998 gem. Art. 13 der Konvention hinterlegt, so daß die Konvention gem. Art. 14 am 01.12.1998 in Kraft getreten ist [134]. In Frankreich wurde die Convention d'Ottawa drei Jahre früher als in Deutschland mit Décret Nr. 95-846 du 18 juill.1995 veröffentlicht und zum 01. Mai 1995 in Kraft gesetzt [135].

Unidroit steht für das internationale Institut für die Rechtsvereinheitlichung des Privatrechts und geht auf eine Gründung des Völkerbundes in den zwanziger Jahren des letzten Jahrhunderts zurück. Seit 1957 besteht das Institut als unabhängige Organisation von heute insgesamt 56 Mitgliedstaaten. Neben der Konvention von Ottawa zum internationalen Factoring (affacturage) hat das Institut unter anderem auch ein Abkommen über das internationale Leasing (crédit-bail) hervorgebracht, die beide auch von Frankreich ratifiziert worden sind [136].

a Die Bestimmungen des Abkommens

Mit dem UNIDROIT-Abkommen sollte der wachsenden Bedeutung des internationalen Factorings Rechnung getragen werden. Das Abkommen besteht aus vier Kapiteln mit folgender Gliederung :

Präambel	
Kapitel I	*Anwendungsbereich und allgemeine Bestimmungen*
Kapitel II	*Rechte und Pflichten der Parteien*
Kapitel III	*Nachfolgende Abtretungen*
Kapitel IV	*Schlußbestimmungen*

---

133 Weitere Informationen vgl. Verzeichnis der Internetadressen.
134 BGBl.1998 II, Nr. 5, S.172 ff.; Rinze-Cornelius BB 1998, 1697, 1702.
135 Vgl. JO du 25 juill.1995.
136 Bérando JCP 1995.3842 doctr. p. 189 ss.

Gem. Art. 1 (1) der Konvention regelt dieses Abkommen die in Kapitel I beschriebenen Factoringverträge und Forderungsabtretungen. Gem. Art. 1 (2) der Konvention müssen sich die Verträge auf Forderungen aus dem gewerblichen Warenhandel und Dienstleistungen beziehen. Die Konvention ist gem. Art. 2 anwendbar, wenn die Parteien und der Factor ihren Sitz in verschiedenen Vertragsstaaten haben oder dem Recht dieser Staaten unterliegen [137]. Hieraus wurde bereits für die Zeit vor der Ratifizierung der Konvention in Deutschland deren Anwendbarkeit in Verbindung mit den Art. 27 ff. EGBGB gefolgert [138].
Das materielle Abtretungsrecht ist in den Art. 5 – 11 der Konvention geregelt. Nach Art. 5 der Konvention ist die Abtretung zukünftiger Forderungen zulässig. Der Art. 6 enthält die Behandlung von Abtretungsverboten. Die Rechtswirkungen der Abtretung sind in Art. 7 beschrieben. Der Art. 8 enthält das Erfordernis einer Abtretungsanzeige an den Schuldner. Art. 9 bestimmt, welche Einwendungen und Aufrechnungsmöglichkeiten der Schuldner hat und von Art. 10 wird der Grundsatz der Unabhängigkeit des forderungsbegründenden Rechtsgeschäft vom Factoring oder der Forderungsabtretung aufgestellt. Nach Art. 11 unterliegen nachfolgende Abtretungen den Bestimmungen des Abkommens, wenn dieses bereits im vorausgegangenen Factoringvertrag vereinbart wurde, es sein denn dies wurde im Factoringvertrag gem. Art. 12 der Konvention ausgeschlossen.

Die zentralen Bestimmungen über die Behandlung der Abtretungsverbote lauten :

Art. 6

(1) Die Abtretung einer Forderung durch den Lieferanten an den Factor ist auch dann wirksam, wenn zwischen dem Lieferanten und dem Schuldner eine Vereinbarung besteht, die eine derartige Abtretung verbietet.
(2) Diese Abtretung ist jedoch dem Schuldner gegenüber unwirksam, wenn dieser im Zeitpunkt des Abschlusses des Warenkaufvertrages seine Niederlassung in einem Vertragsstaat hat, der eine Erklärung nach Art. 18 abgegeben hat.
(3) Absatz (1) läßt eine Verpflichtung nach Treu und Glauben, die der Lieferant gegenüber dem Schuldner hat, sowie die Haftung des Lieferanten gegenüber dem Schuldner wegen einer vertragswidrigen Abtretung unberührt.

Art. 18

Ein Vertragsstaat kann jederzeit in Übereinstimmung mit Artikel 6 (2) erklären, daß eine Abtretung nach Art. 6 (1) dem Schuldner gegenüber unwirksam sein soll, wenn dieser im Zeitpunkt des Abschlusses des Warenkaufvertrages seine Niederlassung in diesem Staat hat.

Im Gegensatz zu Deutschland hat Frankreich von der Möglichkeit in Art. 18 des UNIDROIT-Abkommens Gebrauch gemacht und die darin vorgesehene Erklärung abgegeben, so daß eine Abtretung nach Art. 6 der Konvention dem Schuldner gegenüber unwirksam ist, wenn dieser seinen Sitz in Frankreich hat.

---

137 Pfeiffer NJW 1999, 3674, 3681.
138 Zaccaria IPRax 1995, 279 f.

b Behandlung der Abtretungsverbote nach Unidroit

Gem. Art. 6 (1) der Konvention haben Abtretungsverbote keine Auswirkung auf die Abtretung. Die verbotswidrige Forderungsübertragung bleibt danach wirksam [139]. Die Konvention unterscheidet nicht ausdrücklich zwischen relativ und absolut wirkenden Abtretungsverboten. Nach einer Ansicht soll die Konvention in erster Linie auf die Rechtsordnungen abstellen, die nur obligatorisch wirkende Abtretungsverbote kennen [140]. Hieraus kann jedoch nicht allgemein gefolgert werden, daß nur obligatorisch wirkende Abtretungsverbote erfaßt werden sollten, denn Zweck des Abkommens ist die Vereinfachung des internationalen Forderungsverkehrs und dies kann nur effektiv erreicht werden, wenn auch absolut wirkende Abtretungsverbote erfaßt werden.

Hinzu kommt, daß Art. 6 (3) der Konvention für die Verpflichtung und Haftung des Lieferanten gegenüber dem Schuldner nicht auf schuld- oder sachenrechtliche Kriterien abstellt sondern auf Treu und Glauben. Schließlich kann ein Vertragsstaat jederzeit gem. Art. 18 der Konvention erklären, daß Art. 6 (1) nicht gelten soll und damit die Wirkung seiner Abtretungsverbote sichern. Auch hier wird wieder nicht zwischen relativen und absoluten Wirkungen differenziert. Im Ergebnis wird daher diese Differenzierung abzulehnen und Art. 6 der Konvention auf alle Abtretungsverbote anzuwenden sein. Diese Auffassung hat ferner den Vorteil, daß sie sich ohne Widerspruch zu § 354 a HGB verhält. Denn nach § 354 a HGB sind die absolut wirkenden Abtretungsverbote im Sinne des § 399 2. Fall BGB relativ, das heißt gegenüber dem Schuldner unwirksam [141].

Anders als Deutschland hat Frankreich die Erklärung gem. Art. 18 des UNIDROIT-Abkommens mit der Folge abgegeben, daß rechtsgeschäftlich vereinbarte Abtretungsverbote wirksam bleiben. Als weiterer Verbesserungsvorschlag zugunsten der Liberalisierung des Forderungsverkehrs in Frankreich käme eine Rücknahme dieser Erklärung in Betracht. Als internationale Maßnahme einer weiteren Optimierung wäre darüberhinaus eine Änderung des UNIDROIT-Abkommens denkbar, wonach die Regelung in Art. 6 des UNIDROIT-Abkommens ohne Vorbehalt nach Art. 18 UNIDROIT-Abkommen gilt.

Voraussichtlich wird es jedoch nicht mehr zu einer Änderung des UNIDROIT-Abkommens kommen, da die Vereinten Nationen bereits ein umfassenderes Projekt auf den Weg bringen. Dabei handelt es sich um das nachstehende, derzeit noch in Vorbereitung befindliche UNCITRAL-Entwurf.

2. Der UNCITRAL – Entwurf [142]

Die bisher anwendbare UNIDROIT-Konvention von Ottawa regelt die Forderungsabtretung beim grenzüberschreitenden Factoring und hat damit auch Bedeutung für die Finanzierung durch Forderungsübertragung gewonnen. Aufgrund der bestehengebliebenen Formvorschriften in verschiedenen Ländern kann die

---

139 Bette WM 1994, 1909, 1915; Zaccaria IPRax 1995, 279, 284 f.

140 Zaccaria IPRax 1995, 279, 284.

141 Kap. 1 C III 1.

142 UNCITRAL : United Nations Commission on International Trade Law; weitere Informationen vgl. Verzeichnis der Internetadressen.

sogenannte offene Abtretung dennoch nicht immer durchgeführt werden. Viele Fragen sind in der Konvention von Ottawa auch offen geblieben, da das Abkommen nur Regelungen über grundsätzliche Fragen enthält. Insoweit kommen wieder die unterschiedlichen Lösungen der anwendbaren Rechtsordnungen zum Tragen. Um an dieser Stelle einen weiteren Schritt zur Rechtsvereinheitlichung zu gehen, hat die zu diesem Zweck eingerichtete Arbeitsgruppe der Vereinten Nationen den sogenannten UNCITRAL-Entwurf vorgelegt [143]. Zu der für dieses Jahr erwarteten Verabschiedung ist es aufgrund von Änderungsvorschlägen bislang jedoch noch nicht gekommen [144].

Der Entwurf besteht aus einer Präambel und sechs Kapiteln. Das erste Kapitel enthält den Anwendungsbereich, das zweite Kapitel die allgemeinen Bestimmungen. Die Wirkungen der Abtretung werden im dritten Kapitel beschrieben und die Rechte, Pflichten und Einwendungen bzw. Ausnahmen sind im vierten Kapitel nach den beteiligten Gläubigern, Schuldnern und Dritten geordnet. Das fünfte Kapitel enthält die Regelungen über das anwendbare Recht, während das sechste Kapitel mit den Schlußbestimmungen schließt [145].

Zwei Regelungen sind bemerkenswert. Zum einen sollen nach Art. 3 und Art. 4 des Entwurfs die UNCITRAL-Regelungen nur auf internationale Handelsforderungen (créances internationales) und nicht auf bürgerlich-rechtliche Forderungsübertragungen (cessions effectuées à des fins personnelles, familiales ou domestiques) Anwendung finden. Damit wird die bisher schon kritisierte Privilegierung des gewerblichen Forderungsverkehrs aufrecht erhalten. Zum anderen kann gem. Art. 10 des Entwurfs eine vertragliche Beschränkung die Abtretung nicht (mehr) hindern. Die Vorschrift lautet :

Article 10 Limitations contractuelles à la cession [146]

1) *La cession d'une créance prend effet nonobstant toute convention entre le cédant initial ou tout cédant subséquent et le débiteur ou tout cessionnaire subséquent, limitant d'une quelconque manière le droit du cédant de céder ses créances.*
2) *Aucune disposition du présent article n'a d'incidences sur les obligations ou la responsabilité du cédant découlant de la violation d'une telle convention. Une personne qui n'est pas partie à une telle convention n'est pas responsable en vertu de ladite convention du chef de sa violation.*

Artikel 10 Vertragliche Beschränkungen der Abtretung

1) *Die Übertragung einer Forderung wird unabhängig davon wirksam, ob eine Vereinbarung zwischen dem ursprünglichen Gläubiger oder jedem nachfolgenden Zedenten und dem Schuldner oder jedem nachfolgenden Zessionar besteht, durch die das Recht des Zedenten eingeschränkt wird, seine Forderung abzutreten.*

---

143 Jahresbericht 1998 des DFV, S. 18, 19.

144 Projet de Convention sur la cession de créance à des fins de financement, Nations Unies, Assemblée générale du 11-22 novembre 2000, pages 1, 2.

145 Projet de Convention sur la cession de créance à des fins de financement, Nations Unies, Assemblée générale du 16 juillet 1999, table de matières, page 2.

146 Projet de Convention sur la cession de créance à des fins de financement, Nations Unies, Assemblée générale du 16 juillet 1999, introduction, page 20.

2) *Die Bestimmungen dieses Artikels haben keine Auswirkungen auf die Verpflichtungen oder die Haftung des Zedenten, die aus der Verletzung einer solchen Vereinbarung folgen. Eine Person, die nicht Partei einer solchen Vereinbarung ist, haftet nicht für die Verletzung der Vereinbarung.*

Die Vorschrift ordnet die Wirksamkeit einer verbotswidrigen Abtretung an. Im Gegensatz zur Rechtslage bei der UNIDROIT-Konvention von Ottawa können sich die Mitgliedsstaaten keine Ausnahme hierzu mehr vorbehalten. Allerdings bezieht sich die Wirksamkeit nur auf den Forderungsübergang und nicht auf die Verpflichtung, eine Forderung nicht abzutreten. Da insoweit eine Haftung für die Verletzung des rechtsgeschäftlichen Abtretungsverbots ausgelöst werden kann, haben die Abtretungsverbote eine mittelbare wirtschaftliche Wirkung behalten, denn was nützt dem Zedenten die Abtretbarkeit, wenn durch die Abtretung die Haftung für eine Vertragsverletzung ausgelöst wird. Diese Haftung bleibt allerdings auf diejenigen Zedenten beschränkt, die Partei eines vertraglichen Abtretungsverbots sind. Bei Mehrfachabtretungen wird das Abtretungsverbot also nicht mit der Forderung weiterübertragen [147].

3. *Refinanzierung*

Die Refinanzierung von Unternehmen kann auf vielfältige Weise am Kapitalmarkt erfolgen. In besonderer Nähe zur Forderungsabtretung stehen dabei drei Verfahrensmöglichkeiten.

a *Securitisation*

Unter Securitisation versteht man eine Kombination des Factorings mit Refinanzierungsmöglichkeiten des Kapitalmarktes durch Forderungsverbriefung. Dabei werden Forderungen an eine Zweckgesellschaft veräußert und übertragen, die die Forderungen auf einen Emittenten weiter überträgt, der daraufhin Wertpapiere begibt [148]. Diese Refinanzierungstechniken stammen wie das Factoring aus dem anglo-amerikanischen Bereich. Die mit Vermögenswerten (Forderungen oder sonstige Aktiva) hinterlegten Wertpapiere werden Asset-Backed-Securities (ABS) genannt. Dieser Finanzierungsmarkt hatte 1998 in den USA bereits einen Umfang von 400 Mrd. USD und in Deutschland von 8,7 Mrd. USD. Die Nachfrage in Deutschland zieht inzwischen ebenfalls stark an und erreicht in einzelnen Firmen ein Volumen von bis zu 500 Mio. USD pro Jahr [149]. Der Mechanismus der Securitisation wird auf zwei Seiten abgesichert. Das veräußernde Unternehmen überträgt die veräußerten Forderungen zugleich zur Sicherheit an den Treuhänder der Emittenten, der, wie die Zweckgesellschaft, einen Inkassoauftrag gegen das veräußernde Unternehmen hat. Auf der anderen Seite bestehen externe Bonitäts- und Liquiditätsmechanismen des veräußernden Unternehmens zugunsten der Zweckgesellschaft und der Emittenten [150].

---

147 Hadding-Schneider-Bazinas, Die Forderungsabtretung (2. Aufl.), S. 110 ff.
148 Rinze-Cornelius BB 1998, 1697-1699.
149 Walter, Steigende Nachfrage nach Kreditalternativen, Handelsblatt vom 09.08.1999.
150 Rinze-Cornelius BB 1998, 1697 ff.

Hauptunterschied zum Factoring ist, daß sich die Zweckgesellschaft anders als der Factor über den Kapitalmarkt refinanziert. Da die Zweckgesellschaft im Gegensatz zum Factor keinen Gewinn erzielt, erhält der Forderungsverkäufer einen meist günstigeren Zugang zum Kapitalmarkt als beim Factoring [151]. Die Übertragung der Forderungen folgt den allgemeinen Regeln des Abtretungsrechts, in Deutschland also den §§ 398 ff. BGB, § 354 a HGB. Da die handelsrechtliche Norm des § 354 a HGB auf Geldforderungen beschränkt wurde, besteht ein Hindernis darin, daß regelmäßig mitabgetretene selbständige Nebenrechte, insbesondere Gestaltungsrechte von einem Abtretungsverbot, im Gegensatz zur Forderung gesperrt bleiben [152].

b Vinkulierung (österr.)

Die Vinkulierung wurde im österreichischen Versicherungsrecht neben der klassischen Verpfändung, Sicherungszession und Bezugsberechtigung von Versicherungsforderungen entwickelt. Sie kommt vor allem in der Feuer-, Kasko- und Lebensversicherung vor und soll die Ausfall- und Verzögerungsrisiken bei der Regulierung von Versicherungsforderungen ausgleichen [153].

Das bislang ungeregelte Rechtsinstitut der Vinkulierung ist dogmatisch noch nicht abschließend geklärt. In der Praxis besteht die Vinkulierung regelmäßig aus dem Versicherungsverhältnis und dem Kreditverhältnis, die beide mittels des Vinkularverhältnisses verknüpft werden. Dabei wird für den Eintritt des Versicherungsfalls die Forderung des Versicherungsnehmers aus dem Versicherungsverhältnis gegen den Versicherungsgeber auf den Kreditgeber in der Art bezogen, daß dieser der Auszahlung entweder zustimmen muß oder Empfänger der Bezahlung wird. Dadurch wird der Kredit des Kreditgebers an den Kreditnehmer, der mit dem Versicherungsnehmer identisch ist, gesichert oder gegebenenfalls auch getilgt [154].

Problematisch ist bei der Vinkulierung vor allen Dingen die Auswirkung der Vinkulierung und insbesondere die darin enthaltene Zahlungssperre auf andere Gläubiger des Versicherungs- und Kreditnehmers. Der OGH behandelt dies als Sperre des Versicherungsvertrages zugunsten des vinkulierungsbegünstigten Gläubigers des Versicherungs- und Kreditnehmers. Insoweit behandelt der OGH die Vinkulierung als aliud im Verhältnis zur Sicherungszession und Verpfändung [155]. Die Vinkulierung findet im deutschen Recht keine Entsprechung und ist in den Einzelheiten weithin umstritten. Neben der Frage der Eigenständigkeit dieses Rechtsinstituts wird die Auswirkung der Vinkulierung auf andere Gläubiger und bestehende Rechte Dritter sowie die Frage der Unanfechtbarkeit des Versicherungsverhältnisses diskutiert. Ungeachtet dieser dogmatischen Debatte erfreut sich die Vinkulierung einer breiten Anwendung [156].

---

151 Rinze-Cornelius BB 1998, 1697, 1701.
152 Wagner WM 1996 Sonderbeilage Nr. 1, S.7; Rinze-Cornelius BB 1998, 1697, 1702.
153 Fenyves ÖBA (Österreichisches Bankarchiv) 1991, S. 13-27 Ziff.1.1.
154 Fenyves ÖBA (Österreichisches Bankarchiv) 1991 S. 13-27 Ziff. 1.2.
155 Österreichischer OGH VersR 1989, 418.
156 Fenyves ÖBA (Österreichisches Bankarchiv) 1991 S. 13-27 Ziff. 2.1, 3-6.

c titrisation (frz.)

Die titrisation ist die französische Form der Asset-Backed-Securities (ABS). Auch bei ihr werden vermögensunterlegte Wertpapiere zur Finanzierung eingesetzt. Im Gegensatz zu Deutschland wurde in Frankreich dieses Finanzierungsinstrument ausdrücklich gesetzlich geregelt. Das Volumen dieser Finanzierungsart belief sich 1996 auf 50 Mrd. FF [157]. In der Praxis wird im Rahmen einer titrisation die Forderung vom Gläubiger auf einen Fonds übertragen, der dafür Wertpapiere emittiert, die Einnahmen hieraus an den Gläubiger auszahlt und am Ende der Laufzeit den Erlös der Forderungsrealisierung an die Anteilseigner des Fonds ausschüttet [158].

Das französische Gesetz über die titrisation ist das Gesetz Nr. 88-1201 vom 23. Dezember 1988. Es überwindet neben den umständlichen Formalitäten das Problem, daß im französischen Recht Forderungen nicht auf einen Fonds übertragen werden konnten, der kein Kreditinstitut ist [159]. Die Forderungsübertragung gestaltet sich im wesentlichen nach den Mechanismen, die aus der Loi Dailly bekannt sind und die das Gesetz über die titrisation übernommen hat. Dabei handelt es sich insbesondere um die Listenabtretung mittels bordereaux. Die Anteilseigner am fonds commun de créance sind in einer copropriété vereinigt [160].

4. Kreditmanagement

Als Steuerungs- und Optimierungsprozeß besteht das Kreditmanagement aus den Bestandteilen des Risikomanagements und des Forderungsmanagements. Ziel des Kreditmanagements ist es, die Finanzierung und Liquidität des Unternehmens zu optimieren, indem zunächst die Finanzierungs- und Liquiditätsrisiken des Unternehmens dargestellt werden. Diese Risiken müssen dann auf eine kosten – und ertragsoptimale Finanzierung überprüft werden. In einer solchen Finanzierung können die unterschiedlichen Finanzierungstechniken eingesetzt werden und neben dadurch gewonnener Liquidität auch zu teilweise erheblichen Kosteneinsparungen führen. So entfallen beim Factoring beispielsweise die Kosten für Forderungseinzug, Mahnwesen und Administration [161].

C IPR und IZPR

Der binationale Forderungsverkehr ist in der Praxis von großer Bedeutung. Ausgangspunkt ist dabei die Frage nach dem anwendbaren Recht. Die Entscheidung hierüber richtet sich nach den Regeln des internationalen Privatrechts. Daneben sind die internationalen Rechtsquellen des Verfahrens- und Vollstreckungsrechts zu beachten [162].

---

157 Wolter, Treuhandrecht im Umbruch, S. 79; Flaven u.a., Dossier titrisation, Banque Nr. 581, 1997, S. 19.

158 Goyet RJ com.1990, 241.

159 Loi Nr. 88-1201 du 23 déc.1988 (JO 31 déc.1988), geändert durch Loi Nr. 93-6 du 4 jan.1993 (JO 5 jan.1993) ; Décret Nr. 89-158 du 9 mars 1989 (JO 5 jan.1989), geändert durch Décret Nr. 93-589 du 27 mars 1993 (JO 28 mars 1993).

160 Wolter, Treuhandrecht im Umbruch, S. 82 ff.; Malaurie-Aynès, Droit Civil, Tome VI Rdnr. 1253.

161 Mayer BB 1998 Sonderbeilage Nr. 5, S. 21 f.

162 Palandt-Heldrich, EGBGB, Einl. v. Art. 3 Rdnr. 1, 5.

Die eigentliche Schwierigkeit für die international-rechtliche Behandlung des Zessionsrechts ist, daß die forderungsbegründenden Schuldverträge bzw. die schuldrechtlich zustande gekommenen Abtretungsverträge keinen organisatorischen Mittelpunkt als Anknüpfungspunkt für die Frage nach dem anwendbaren Recht haben [163].

Bei Verträgen kann daher idealerweise nur an die Wirkungen und damit an die Rechte und Pflichten des Schuldvertrages angeknüpft werden. Entscheidend ist dabei die verpflichtende Wirkung der sogenannten „loi contractuelle“ [164].

I Abtretungsverbote im internationalen Privatrecht

Neben einer Entscheidung der Parteien über die Anwendbarkeit des deutschen oder französischen Rechts kommt auch die Vereinbarung in Betracht, die Forderungsübertragung dem UNIDROIT-Abommen zum internationalen Factoring zu unterwerfen [165]. Im übrigen kann das EWG-Übereinkommen über das auf vertragliche Schuldverhältnisse anzuwendende Recht (EVÜ), auch Rom-Übereinkommen von 1980, in Betracht kommen [166].

1. Zur Rechtslage in Deutschland

Mit dem Gesetz zum Internationalen Privatrecht wurde in Deutschland ein großer Teil des internationalen Privatrechts zusammenfassend geregelt. Dieses Gesetz erfaßt jedoch nur das außervertragliche Schuldrecht und Sachenrecht [167]. Für das Abtretungsrecht verbleibt es daher bei den allgemeinen Regelungen des deutschen internationalen Privatrechts der Art. 3-38 EGBGB. Danach kann das anzuwendende Recht entweder frei vereinbart oder objektiv bestimmt werden.

In Art. 27 EGBGB ist der Grundsatz der freien Rechtswahl verankert; sogenannter Grundsatz der Parteiautonomie. Danach können die Parteien selbst eine Entscheidung über das anzuwendende Recht treffen und verbindlich vereinbaren [168]. Die Rechtswahl kann auch stillschweigend erfolgen, wenn sich das anzuwendende Recht eindeutig aus den Umständen oder der Vereinbarung ergibt. Hier gilt bereits die Verwendung der deutschen Sprache im Vertrag als Indiz für die Rechtswahl zugunsten des deutschen Rechts [169]. Haben die Parteien keine Entscheidung über das anzuwendende Recht getroffen, so unterliegt der Vertrag gem. Art. 28 Abs. 1 EGBGB dem Recht des Staates, zu dem er die engste Verbindung aufweist. Eine gesetzliche Vermutung für diese Verbindung enthält Art. 28 Abs. 2 EGBGB. Danach ist das Recht des Staates anzuwenden, in dem die Person, die die charakteristische Leistung des Vertrages zu erbringen hat, ihren Aufenthalt oder Sitz hat [170].

---

163 Kegel-Schurig, Internationales Privatrecht, S. 564.
164 Loussouarn-Bonnel, Droit international privé, Rdnr. 381.
165 Vgl. oben Kap. 3 B II 1.
166 Kegel-Schurig, Internationales Privatrecht, S. 653 f.
167 Spickhoff NJW 1999, 2209.
168 Koch-Magnus-v.Mohrenfels, IPR und Rechtsvergleichung, § 5 III 1.; Kegel-Schurig, Internationales Privatrecht, S. 569.
169 Pfeiffer NJW 1999, 3674, 3683.
170 Hadding-Schneider-Hoffmann, Die Forderungsabtretung (2. Aufl.), S. 4, 9; Einsele, ZVglRWiss 90 (1991) 1-24, 3 ff.

Für die Übertragung von Forderungen bestimmt Art. 33 EGBGB :

(1) *Bei Abtretung einer Forderung ist für die Verpflichtungen zwischen dem bisherigen und dem neuen Gläubiger das Recht maßgebend, dem der Vertrag zwischen ihnen unterliegt.*
(2) *Das Recht, dem die übertragene Forderung unterliegt, bestimmt ihre Übertragbarkeit, das Verhältnis zwischen neuem Gläubiger und Schuldner, die Voraussetzungen, unter denen die Übertragung dem Schuldner entgegengehalten werden kann, und die befreiende Wirkung einer Leistung durch den Schuldner.*
(3) *Hat ein Dritter die Verpflichtung, den Gläubiger einer Forderung zu befriedigen, so bestimmt das für die Verpflichtung des Dritten maßgebende Recht, ob er die Forderung des Gläubigers gegen den Schuldner gemäß den für deren Beziehungen maßgebenden Recht ganz oder zu einem Teil geltend zu machen berechtigt ist. Dies gilt auch, wenn mehrere Personen dieselbe Forderung zu erfüllen haben und der Gläubiger von einer dieser Personen befriedigt worden ist.*

Während die kausale Rechtsbeziehung zwischen den übertragenden Gläubigern gem. Art. 33 Abs. 1 EGBGB dem für den Abtretungsvertrag maßgeblichen Vertragsstatut unterliegen, gilt das nicht für den Übertragungsvorgang selbst. Hier unterliegen die Elemente der Übertragung gem. Art. 33 Abs. 2 EGBGB dem Recht, dem die übertragene Forderung unterliegt [171]. Für die Übertragungshindernisse ist daher zu unterscheiden, ob sie die kausale Rechtsbeziehung zwischen Zedent und Zessionar verhindern oder ob sie den Übertragungsvorgang selbst sperren. So unterliegen allgemeine Veräußerungsverbote, die das Kausalgeschäft der beiden Gläubiger hindern, der Regelung in Art. 33 Abs. 1 EGBGB.

Dagegen sind die Übertragungshindernisse, die am Übertragungsvorgang anknüpfen, wie die Unübertragbarkeiten und die Abtretungsverbote nach dem Schuldstatut des forderungsbegründenden Rechtsverhältnisses zu beurteilen[172]. Dies gilt auch für Publizitätsvorschriften, die nicht die Formwirksamkeit im Sinne des Art. 11 EGBGB, sondern die Übertragbarkeit betreffen. Dies ist etwa bei der Schuldnerbenachrichtigung des französischen Rechts, der signification gem. Art. 1690 Code Civil, der Fall [173]. Diese Grundsätze gelten nicht nur für die Abtretung, sondern auch für andere Formen der Übertragung, etwa die subrogation [174].

Der Regelung im deutschen EGBGB liegt die Regelung des Art. 12 EVÜ zugrunde, das in die Neufassung des Art. 33 EGBGB übernommen wurde. Dies gilt insbesondere für die Regelungen hinsichtlich des Forderungsübergangs in Art. 33 II EGBGB, der mit Art. 12 II EVÜ übereinstimmt [175].

---

171 Palandt-Heldrich, EGBGB, Art. 33 Rdnr. 2.
172 OLG Düsseldorf RIW 1995, 509; Bette WM 1994, 1909, 1913.
173 Aubin FS Neumeyer 1985, 44; OLG Hamm WiB 1996, 857;a.A. Koziol DZWir 1993, 356.
174 Sonnenberger IPRax 1987, 221 f.
175 Kegel-Schurig, Internationales Privatrecht, S. 654.

2. *Zur Rechtslage in Frankreich*

Ausgangspunkt des französischen internationalen Privatrechts (Droit international privé, kurz: DIP) war ursprünglich das in Art. 3 Code Civil verankerte Territorialitätsprinzip und das Personalitätsprinzip [176]. Bei Rechtsgeschäften war grundsätzlich an die Privatautonomie anzuknüpfen [177]. Hinzu kommen die von der Rechtsprechung entwickelten Grundsätze des französischen internationalen Privatrechts. Für die Vereinbarung einer Übertragung von Forderungen ist Anknüpfungspunkt die Vereinbarung zwischen den Gläubigern. Hinsichtlich der übertragenen Forderung entscheidet jedoch das Recht des Staates, in dem die Forderung des Schuldners entstanden ist [178]. Erst seit 1988 muß das Gericht dabei von Amts wegen wie in Deutschland das anwendbare Recht bestimmen, davor konnte ausländisches Recht nur auf Antrag einer Partei berücksichtigt werden [179].

Im französischen internationalen Privatrecht bestimmen sich die einzuhaltenden Publizitätsanforderungen daher nach dem Recht des Staates des Schuldners der Forderung. Ist dieser Franzose, so setzt die Drittwirksamkeit der Übertragung voraus, daß die Anforderungen des Art. 1690 Code Civil oder der Loi Dailly erfüllt wurden [180]. Im übrigen ist auch hier das EVÜ anwendbar, so daß auch in Frankreich praktisch dieselben Regeln wie in Deutschland gelten. Allerdings gilt dies nicht ohne Ausnahme. Im französischen Recht wird nämlich zwischen Abtretungsvertrag und Drittwirksamkeit unterschieden. Während daher für den Vertrag und das forderungsbegründende Rechtsgeschäft Art. 12 EVÜ anwendbar ist, gelten für die Drittwirksamkeit eigene Regeln, denn im Gegensatz zu Deutschland hat Frankreich das EVÜ nicht in eigenes Recht umgesetzt [181].

Für die Drittwirksamkeit wird in Frankreich an das Gesetz des Landes angeknüpft, in dem der Schuldner seinen Sitz hat. Daraus folgt, daß die Voraussetzungen des Art.1690 CC oder der Loi Dailly dann einzuhalten sind, wenn der Schuldner der abgetretenen Forderung seinen Sitz in Frankreich hat [182]. Das Abkommen findet außerdem keine Anwendung auf Verpflichtungen aus übertragbaren Wertpapieren (sog. „instruments négociables"). Hier stellt sich die Frage, ob dadurch möglicherweise die Listenabtretung im Wege der Globalzession nach der Loi Dailly von der Anwendbarkeit des EVÜ ausgeschlossen ist. Dies wird überwiegend bejaht [183].

Subrogation und cession werden im französischen internationalen Privatrecht gleich behandelt. Problematisch ist demgegenüber die Einordnung der cession Dailly. Stellt man darauf ab, daß die Loi Dailly im wesentlichen die Publizität der Abtretung regelt, dann ist der Schuldnerwohnsitz maßgeblich und die cession Dailly wie die klassische cession und die subrogation zu behandeln [184]. Stellt man dagegen auf die kredit- und

---

176 Buffelan-lanore, Droit Civil 1, Rdnr. 33.

177 Sonnenberger-Ferid, Das französische Zivilrecht Band 1/1, Rdnr. 1 B 248.

178 Cour d'appel de Paris, 11 févr.1969, Dalloz 1970.522 note Larroumet.

179 Sonnenberger, Französisches Handels- und Wirtschaftsrecht, VIII 8.

180 Weill-Terré, Droit Civil, Introduction Générale, Rdnrn. 54, 120; Hadding-Schneider-Blaise Die Forderungsabtretung, Rdnr. 22.

181 Sonnenberger-Ferid, Das französische Zivilrecht, Band 1/1, Rdnr. 1 B 246.

182 Hadding-Schneider-Blaise-Desgorces, Die Forderungsabtretung (2. Aufl.), S. 258 ff.

183 Hadding-Schneider-Blaise-Desgorces, Die Forderungsabtretung (2. Aufl.), S. 260 mwN.

184 Sonnenberger IPRax 1987, 221, 224.

währungspolitische Zielsetzung der Loi Dailly ab, kann man dieses Gesetz auch als loi d'application immédiate ansehen. Hierfür würde auch der Umstand sprechen, daß die Loi Dailly nicht auf den Ursprung der Forderung abstellt und der Gesetzgeber auch die Abtretung von Forderungen gegen ausländische Schuldner durch die Regelungen der Loi Dailly vereinfachen wollte [185].

II Anmerkungen zum internationalen Verfahrensrecht

Da die Abtretung auf den Prozeß keine Auswirkungen hat, verbleibt es grundsätzlich bei dem jeweils anwendbaren Prozeßrecht in Deutschland oder Frankreich. Der Anwendung des jeweiligen Prozeßrechts vorgelagert ist jedoch die Frage der Zuständigkeit [186]. Gem. Art. 31 EVÜ kommt es wie bei Art. 33 EGBGB für die Anwendbarkeit des jeweiligen Forderungsstatuts entscheidend auf die zutreffende Anknüpfung der Abtretung an [187].

1. Internationale Zuständigkeitsregeln

Im deutschen wie im französischen Recht gibt es die Möglichkeit, internationale Zuständigkeiten (compétence internationale) zu vereinbaren. Als Zuständigkeitsvereinbarungen (clause d'attribution de compétence) des französischen Rechts richten sie sich nach Art.33-41 Nouveau Code de procédure civile. Im deutschen Recht sind Gerichtsstandsvereinbarungen gem. § 38 ZPO möglich; sogenannte Prorogation. Die Vereinbarung richtet sich vorbehaltlich zwingender Vorschriften des Prozeßrechts nach den Regeln des materiellen Rechts [188].

Die Zuständigkeitsvereinbarungen sind auch im Anwendungsbereich des EuGVÜ unter den Voraussetzungen des Art. 17 EuGVÜ möglich und können eine ausschließliche Zuständigkeit begründen, so daß die übrigen Vertragsstaaten international unzuständig werden; sog. Grundsatz der Prorogationsfreiheit [189].

Im deutsch-französischen Forderungsverkehr kann sich die Zuständigkeit daher nach dem von Deutschland und Frankreich ratifizierten und in Kraft getretenen Brüsseler Übereinkommen der Europäischen Gemeinschaft über die gerichtliche Zuständigkeit und die Vollstreckung gerichtlicher Entscheidungen in Zivil- und Handelssachen (EuGVÜ) richten [190]. Liegt keine Zuständigkeitsvereinbarung vor, so richtet sich die internationale Zuständigkeit nach den Art. 2 ff. EuGVÜ. Danach ist grundsätzlich der Staat international zuständig, in dem der Beklagte seinen Wohnsitz oder Sitz hat. Dies gilt ohne Rücksicht darauf, wo der Streitgegenstand zu lokalisieren ist; Art. 2 I,

---

185 Gavalda Dalloz 1981.Chr.202; Sonnenberger IPRax 1987, 221, 223; Loussouarn-Bourel, Droit international privé, Rdnrn. 362 ff.; Mayer, Droit international privé, Rdnrn. 669 ff.; v.Bernstorff RIW 1994, 542.

186 Kap. 1 A III 3.; Kap. 2 A II 1.a; Aubin-Becker JuS 1985, 126.

187 Pfeiffer NJW 1999, 3674, 3683; Basedow ZEuP 1997, 615, 623; Bette WM 1997, 797; Hakenberg RiW 1998, 906, 909; Peltzer RiW 1997, 893; Kieninger RabelsZ 62 (1998) 678; Martiny ZEuP 1999, 246, 265.

188 Koch-Magnus-v.Mohrenfels, IPR und Rechtsvergleichung, § 5 V 3.; Zöller-Vollkommer, ZPO, § 38 Rdnr. 5.

189 Zöller-Geimer, ZPO, Anhang I GVÜ Art. 17 Rdnr. 14.

190 Zöller-Geimer, ZPO, Anhang I GVÜ Art. 1 Rdnr. 3; Witz-Bopp, Vertragsrecht, S. 14 ff.

52, 53 EuGVÜ [191]. Im übrigen greifen in Frankreich die Art. 14, 15 Code Civil [192]. In Deutschland gelten grundsätzlich Zuständigkeitsregeln der ZPO [193].

2. *Internationales Vollstreckungs- und Schiedsverfahrensrecht*

Urteile eines Vertragsstaates können ebenfalls auf Grundlage des EuGVÜ auch in einem anderen Vertragsstaat vollstreckt werden. In Deutschland kann daher ein in Frankreich erwirkter Titel gem. Art. 31 ff. EuGVÜ vollstreckt werden und umgekehrt. In Frankreich ist für den Antrag auf Vollstreckbarkeitserklärung des französischen Titels der Präsident des Tribunal de Grande Instance (TGI) zuständig, wogegen in Deutschland der Antrag an den Vorsitzenden einer Kammer eines Landgerichts (LG) ausreichend ist [194].

Im Schiedsverfahrensrecht sind neben der Neuregelung der §§ 10, 25 ff. ZPO die nichtstaatlichen Normwerke, die UNIDROIT Principles of International Commercial Contracts sowie die UNIDROIT Principles of European Contract Law zu erwähnen [195]. Im internationalen Verfahrensrecht ist schließlich noch die Änderung des EGV durch den Vertrag von Amsterdam zu nennen, wonach die Verbesserung und Vereinfachung der Vollstreckung gerichtlicher Entscheidungen in Zivil- und Handelssachen nun in Art. 65 EGV verankert wurde [196].

Im Zusammenhang mit den Schiedsklauseln stellt sich im grenzüberschreitenden Forderungsverkehr das Problem, ob eine derartige Klausel und insbesondere die darin zwischen Zedent und Schuldner vereinbarte Bindungswirkung auf den Zessionar übergeht. Eine einheitliche Behandlung ist hier (noch) nicht erkennbar. Einerseits kann der Zessionar verpflichtet sein, das Schiedsverfahren gegenüber dem Schuldner zu betreiben. Andererseits ist der Zessionar grundsätzlich nicht an die Schiedsklausel gebunden, es ei denn er hat sich ausdrücklich mit ihr einverstanden erklärt [197].

III Entscheidungen zum deutsch-französischen Forderungsverkehr

Zum deutsch-französischen Forderungsverkehr gibt es zwei wesentliche Entscheidungen der deutschen Rechtsprechung. Einmal handelt es sich dabei um die Frage der Bestimmtheitsanforderungen bei übertragenen Forderungen und bei der anderen Entscheidung um die anwendbare Rechtsordnung und abweichende Vereinbarungen der Rechtswahl.

---

191 Zöller-Geimer, ZPO, Anhang I GVÜ Art. 2 Rdnr. 19 ff.
192 Loussouarn-Bourel, Droit international privé, Rdnr. 441 ff.
193 Zöller-Geimer, IZPR, Rdnrn. 1 ff.
194 Siggemann FLF 1995, 97 ff.; Zöller-Geimer, ZPO, Anhang I GVÜ Art. 31 Rdnr. 1 ff.
195 Pfeiffer NJW 1999, 3674, 3678.
196 Pfeiffer NJW 1999, 3674.
197 Jarvin-Günther, BB 1998, Beil. Nr. 9, S. 12.

1. Die Entscheidung LG Kiel vom 18.01.1984

Der Entscheidung des LG Kiel lag der Sachverhalt zugrunde, daß ein französischer Exporteur im Wege einer Globalzession nach deutschem Recht einem Factoringinstitut mit Sitz in Frankreich alle gegenwärtigen und zukünftigen Forderungen unter anderem auch gegen einen Kunden mit Sitz in Deutschland übertragen hatte. Die Forderungen waren in einer sogenannten quittance subrogative (Quittung über die Bezahlung des Kaufpreises der Forderung im Rahmen der subrogation) näher bezeichnet [198].

Das LG entschied, daß das klagende Factoringinstitut durch die Übersendung des Forderungsverzeichnisses und die spätere quittance subrogative Inhaberin der Forderungen geworden sei, denn die Parteien hatten im Factoringvertrag vereinbart, daß für die Bestimmtheit der übertragenen Forderungen im Rahmen der Globalzession die nähere Bezeichnung der Forderungen ausreichend sein soll. Nach Ansicht des Gerichts genügte für die Bestimmtheit der Forderungsabtretung die Bezeichnung der Forderungen nach Datum, Nummer, Betrag und Schuldner [199]. In der Literatur wurde diese Entscheidung unter dem Aspekt der Kumulation von Elementen des französischen mit denen des deutschen Abtretungsrechts behandelt. Nach einer Ansicht schied die Behandlung des Forderungsübergang nach Art. 1689 Code Civil deshalb aus, weil die schwerfälligen Formalitäten des Art. 1690 Code Civil nicht eingehalten waren [200].

Dem wird zu Recht entgegengehalten, daß die verschiedenen Möglichkeiten des französischen Abtretungsrechts nicht im Verhältnis der Spezialität zueinander stehen, wonach die cession der Art. 1689 ff. Code Civil mit den schwierigsten Publizitätsanforderungen der cession Dailly vorgehen würde, gefolgt von der noch einfacher durchzuführenden subrogation. Die Möglichkeiten stehen vielmehr gleichberechtigt nebeneinander. Bei der Prüfung einer cession der Art. 1689 ff. Code Civil muß außerdem berücksichtigt werden, daß es durch Rechtsprechung und Lehre zu einer Differenzierung der zu erfüllenden Publizitätsanforderungen des Art. 1690 Code Civil gekommen ist [201].

2. Die Entscheidung OLG Köln vom 26.06.1986

In der Entscheidung des OLG Köln klagte eine Aktiengesellschaft französischen Rechts (société anonyme) aus abgetretenem Recht auf der Grundlage eines Inkassoabtretungsvertrages, der in französischer Sprache formuliert war, gegen die Beklagte, ein deutsches Unternehmen. Die Klägerin vertrat die Ansicht, daß die Forderung dem deutschen Abtretungsrecht unterstellt wurde, um dadurch die Publizitätsanforderungen des Art. 1690 Code Civil zu vermeiden [202].

Dieser Ansicht folgte das OLG Kön nicht. Nach Ansicht des Gericht wird die Abtretung nach derjenigen Rechtsordnung behandelt, der die abgetretene Forderung

198 Urteil vom 18.01.1984, Az : 15 O 415/82.
199 LG Kiel IPRax 1985, 35, 36.
200 Böhner IPRax 1985, 15.
201 Sonnenberger IPRax 1987, 221, 225.
202 Urteil vom 26.06.1986, Az: 1 U 12/86.

unterliegt. Der Altgläubiger und der Neugläubiger könnten ohne Zustimmung des Schuldners weder bei der Abtretung noch nachträglich eine hiervon abweichende Rechtswahl vereinbaren [203]. Diese Ansicht ist abzulehnen, da das Zessionsstatut richtigerweise nicht aus Art. 11 EGBGB, sondern Art. 33 EGBGB folgte. Denn die Publizitätsvorschrift des Art. 1690 Code Civil ist keine Formvorschrift im Sinne von Art. 11 EGBGB, die die Wirksamkeit von Rechtsgeschäften betrifft. Den Gläubigern stand aufgrund der objektiven Anknüpfung in Art. 33 EGBGB daher die Möglichkeit offen, etwas anderes zu vereinbaren [204].

D Schlußthesen

Das Abtretungsrecht in Deutschland und Frankreich kann in einem übergeordneten Gegensatz zwischen Naturrecht und Positivismus gesehen werden [205]. Die abstrakt-generalisierende Systematik des BGB wird in der schuld- und sachenrechtlichen Dogmatik des deutschen Abtretungsrechts fortgeführt und weiter entwickelt, bis hin zu einer Begriffsjurisprudenz, die mit § 354 a HGB an ihre Grenze stößt. Das französische Abtretungsrecht basiert demgegenüber auf dem wesentlich älteren, dafür konkret-pragmatischen Code Civil mit offener Terminologie [206]. Die hierdurch begünstigte Rechtsfortbildung und die weitere Systematisierung des Zivilrechts hat interessenjurisprudentiellen Charakter [207].

Beide Rechtsordnungen weichen nicht nur in den Einzelheiten des Zessionsrechts deutlich voneinander ab. Sowohl die Grundlagen der Forderungsübertragung als auch die Systematisierung der Übertragungshindernisse zeigen, wie verschieden beide Länder auf die geschichtlichen Entwicklungen etwa der Industrialisierung im 19. Jahrhundert und der Globalisierung und Vernetzung im 20. Jahrhundert reagiert haben. Die unterschiedlichen Konzeptionen des Rechts der Forderungsübertragung haben daher in der Folge in beiden Ländern auch zu völlig verschiedenen Problemen geführt [208].

Die Probleme des deutschen Abtretungsrechts liegen in der absoluten Wirkung rechtsgeschäftlicher Abtretungsverbote und der sie betreffenden Neuregelung des § 354 a HGB. Ein vergleichbares Problem gibt es in Frankreich nicht. Die nationale Problematik im französischen Abtretungsrecht liegt in der dem deutschen Recht fremden Vielzahl von Übertragungsmöglichkeiten und deren Verhältnis zueinander. Diese Unterschiede erschweren vor allem den binationalen Forderungsverkehr und machen daher eine europäische Rechtsvereinheitlichung erstrebenswert.

Erstes Kapitel

1. Im deutschen Recht können Forderungen rechtsgeschäftlich (Abtretung), gesetzlich (cessio legis) oder kraft Hoheitsakt (behördlich oder gerichtlich)

---

203 OLG Köln IPRax 1987, 239, 240.

204 Sonnenberger IPRax 1987, 221, 222.

205 Vgl. zu den Begriffen Larenz, Methodenlehre, S. 36 f.

206 Kap. 1 C I 3.a,aa; Kap. 2 A I 2.a mit jeweils weiteren Nachweisen.

207 Vgl. zu den Begriffen Larenz, Methodenlehre, S. 19 f, 49 f.

208 Kap. 1 C vor I; Kap. 1 C I 3.a, aa; Kap. 2 A vor I; Kap. 2 A I 2.b mit jeweils weiteren Nachweisen.

übertragen werden. Grundlage des deutschen Abtretungsrechts sind die Regelungen in den §§ 398 ff. BGB. Während Forderungen historisch nicht immer übertragbar waren, gilt heute der Grundsatz der freien Übertragbarkeit.

2. Der BGB-Gesetzgeber hat mit dem Abstraktions- und Trennungsprinzip die wirtschaftlich einheitlichen Vorgänge der Güterbewegung in schuldrechtliche Verpflichtungs- und sachenrechtliche Verfügungsgeschäfte zerlegt und dadurch ein gesetzliches und dogmatisches Spannungsfeld zwischen Relativität, Subjektivität und Privatautonomie auf der einen Seite und Absolutheit, Objektivierung und Prinzipienstrenge auf der anderen Seite erzeugt, das auch die Abtretung berührt.
3. Als Verfügung unterliegt die Abtretung dem Sachenrecht, obwohl sie gesetzlich im Schuldrecht des BGB geregelt wurde. Sie ist im Verhältnis zu den ihr zugrundeliegenden schuldrechtlichen Kausalgeschäften (z.B. Forderungskauf) abstrakt. Die abgetretene Forderung als Gegenstand der Übertragung ist sowohl obligatorische Leistungsbeziehung als auch dinglicher Vermögensgegenstand. In Anbetracht der Übertragung von Forderungen sind die Begriffe der Verdinglichung und der Objektivierung geprägt worden.

4. Durch die Abwandlung der Anforderungen insbesondere an die Bestimmtheit und die Formerfordernisse der Abtretung sind unterschiedliche Abtretungstypen, wie die Blankozession, die stille Zession, die Vorausabtretung, die Teilabtretung und die Abtretung von Forderungsmehrheiten sowie die Mantelzession entstanden. Große wirtschaftliche Bedeutung haben die Abtretungsarten der Sicherungszession und des Factorings sowie der Forfaitierung erlangt.
5. Für die Abtretung im Prozeß gilt der Grundsatz der Unabhängigkeit des materiellen Rechts vom Prozeßrecht, das dem Zessionar lediglich den Parteiwechsel ermöglicht und den Grundsatz der subjektiven Begrenzung der Rechtskraft auf die Beteiligten einer Abtretung erstreckt.

6. Die Gläubiger- und Schuldnerschutzmechanismen haben unterschiedliche Schutzrichtungen, sie dienen einmal dem Interesse des Gläubigers an der Werterhaltung seiner Forderung und zum anderen dem Interesse des Schuldners an der Erhaltung seiner Einwendungen und Aufrechnungsmöglichkeiten.

7. Die Übertragung öffentlich rechtlicher Forderungen ist im Rahmen der Verfahrens- und Zuständigkeitsordnung zulässig und führt dazu, daß sich die abgetretene Forderung in eine privatrechtliche Forderung umwandelt. Besonders häufig ist die sogenannte Überleitung von Forderungen im Sozialrecht. Im Strafrecht kann die Abtretung Tathandlung eines Vermögensdelikts oder die abtretungsbedingte Auskunft nach § 402 BGB zur Verwirklichung des § 203 StGB führen. Seit dem 01.01.1999 bestimmt die neue Insolvenzordnung das Schicksal der Forderung in der Insolvenz. Im Steuerrecht regelt § 46 AO die Abtretung von Steueransprüchen, während sich die steuerliche und bilanzielle Behandlung von abgetretenen Ansprüchen nach den Einzelsteuergesetzen bzw. den Bilanzvorschriften richtet.

8. Oberbegriff nicht abtretbarer Forderungen ist der der Übertragungshindernisse. In Durchbrechung der traditionellen Darstellungen anhand der Fallgruppen der Inhaltsänderung des § 399 1. Fall BGB fallen unter die Übertragungshindernisse die Unübertragbarkeiten und die Abtretungsverbote, die sich jedoch nicht

vollständig überschneiden. Die inkongruenten Fälle der Unübertragbarkeiten sind die Unteilbarkeit und die Rechtsgebundenheit, die ihre Wirkung entweder dem Gewohnheitsrecht oder allgemeiner Abtretungsverbote verdanken.

9. Die Abtretungsverbote können nach Rechtsgrundlagen und Rechtsgebieten systematisiert werden. Dabei ist jeweils zwischen speziellen und allgemeinen sowie Abtretungsverboten ieS und modifizierten Abtretungsverboten iwS mit entweder relativer oder absoluter Wirkung zu unterscheiden.

10. Die gesetzlichen Abtretungsverbote lassen sich nach allgemeinen und speziellen Abtretungsverboten innerhalb und außerhalb des BGB untergliedern, wobei es für die Wirkung eines spezialgesetzlichen Abtretungsverbots nicht der zusätzlichen Einordnung unter ein allgemeines Abtretungsverbot bedarf. Dies erleichtert allenfalls die Ermittlung des Regelungszwecks des speziellen Verbots. Zahlenmäßig bilden die kaum übersehbaren gesetzlichen Abtretungsverbote die bedeutendste Gruppe.

11. Die hoheitlichen Abtretungsverbote sind eher selten und entweder administrativen oder judikativen Ursprungs. Erstere ergehen als Verwaltungsakt, Allgemeinverfügung oder in Form eines Verwaltungsvertrages, der vom rein privatrechtlichen Handeln der Verwaltung abzugrenzen ist. Die richterlichen Abtretungsverbote ergehen in Form richterlicher Entscheidungen und wirken aufgrund ihrer Rechtskraft.

12. Die rechtsgeschäftlichen Abtretungsverbote iSv § 399 2. Fall BGB, auch pactum de non cedendo genannt, sind als Gegenstand der Neuregelung in § 354 a HGB vorliegend von besonderem Interesse. Während vor der Neuregelung der Schuldner dem Gläubiger die Abtretung seiner Forderung untersagen konnte, ist die verbotswidrige Abtretung gem. § 354 a HGB inzwischen absolut wirksam.

13. Die flächendeckende Ausnutzung der rechtsgeschäftlichen Abtretungsverbote durch übermächtige Schuldner konnte durch die vielfältigen Lösungsansätze der Literatur nicht beseitigt werden. Der BGH hat keinen dieser Ansätze übernommen und nur in wenigen nicht verallgemeinerungsfähigen Einzelfällen einem vertraglichen Abtretungsverbot die Wirkung versagt.

14. Die Neuregelung des § 354 a HGB ist systemwidrig als sozialstaatliche Lenkungsnorm in das von den kaufmännischen Prinzipien dominierte HGB eingefügt worden. Durch die Neuregelung wird der Handelsstand ohne jede Rechtfertigung privilegiert. Die Besserstellung setzt sich ausgehend vom materiellen Recht, über das Prozeßrecht bis hin zur Einzelzwangsvollstreckung und Insolvenz fort.

15. Im Hinblick auf das UNIDROIT-Abkommen hat der Gesetzgeber mit seinem Schnellschuß außerdem eine Chance zur möglichen Rechtsvereinheitlichung versäumt.

16. Als einzige Regelung des deutschen Abtretungsrechts außerhalb der in sich geschlossenen §§ 398-413 BGB führt die Neuregelung des § 354 a HGB zu unnötiger Rechtsunsicherheit. Sie ist schließlich auch nicht in sich schlüssig, denn die schuldnerschützende Liberationsmöglichkeit in Form des Wahlrechts

des Schuldners und der korrespondierenden Empfangszuständigkeit des Zedenten in Satz 2 verhalten sich zur Wirksamkeit der verbotswidrigen Abtretung in Satz 1 der Neuregelung exakt antiproportional.

17. Problematisch ist auch die Beschränkung des Anwendungsbereichs des § 354 a HGB in zeitlicher und persönlicher Hinsicht bei antizipierten Abtretungsverboten oder nachträglichem Wegfall der Kaufmannseigenschaft. Die offenen Fragen bezüglich der Ausübung des Wahlrechts und der Empfangszuständigkeit führen zu materiellen Unsicherheiten und damit verbundenen Risiken im Erkenntnis-, Vollstreckungs- und Insolvenzverfahren. Neben den materiellen Risiken werden dem Zessionar dadurch Kostenrisiken und das Realisierungsrisiko aufgebürdet.

Zweites Kapitel

18. Im französischen Recht (Kap. 2) können Forderungen durch Rechtsgeschäft, Gesetz oder Hoheitsakt übertragen werden. Grundmodell der rechtsgeschäftlichen Forderungsübertragung ist die cession civile in Art. 1689 ff. Code Civil. Die Abtretung steht in Frankreich in einem Spannungsverhältnis zwischen Kodifikation und Rechtsfortbildung, aus dem heraus weitere Rechtsgrundlagen für die Übertragung von Forderungen entwickelt wurden.

19. In Frankreich wird das Zivilrecht vom Konsens- und Einheitsprinzip beherrscht, wonach bereits die Einigung rechtsübertragend wirkt. Dieses Prinzip wurde jedoch im Laufe der Zeit u.a. durch die Bemühungen der Wissenschaft im Rahmen der Systematisierung des Zivilrechts unter Verwendung schuld- und sachenrechtlicher Kategorien sowie durch die Rechtsprechung etwa zur Vereinbarung des späteren Übergangs eines Rechts relativiert.

20. Die Unterscheidung von Vertragsvoraussetzungen und Vertragswirkungen ist das Verdienst der Vertragslehre. Davon ist die Wirksamkeit eines Rechtsgeschäfts gegenüber Dritten zu trennen. Diese sogenannte Drittwirksamkeit (opposabilité aux tiers), die nichts mit der Drittanfechtung (tierce-opposition) eines Urteils zu tun hat, verleiht einem Rechtsübergang die absolute Wirkung erga omnes.

21. Markantes Kennzeichen der cession civile ist die sogenannte publication als Voraussetzung der Drittwirksamkeit in Art. 1690 CC. Danach erlangt die im Innenverhältnis zwischen Zedent und Zessionar bereits mit der Einigung wirksam zustandegekommene cession im Außenverhältnis zu Dritten erst durch die signification oder die beurkundungspflichtige acceptation ihre absolute Wirkung, die sog. Drittwirksamkeit.

22. Hinsichtlich des Schuldners hat die Rechtsprechung aber zwischenzeitlich die Anforderungen abgeschwächt und dessen Kenntnis in bestimmten Fällen für die Drittwirksamkeit der cession ihm gegenüber ausreichen lassen und auf diese Weise den wegen der publication im französischen Zessionsrecht ursprünglich stark ausgeprägten Schuldnerschutz maßgeblich modifiziert.

23. Die cession civile wurde im Code Civil als Forderungskauf ausgestaltet und findet sich daher auch im Kaufrecht. Sie ist dennoch auch unentgeltlich möglich und

kann außerdem entweder zu Zahlungszwecken (cession de créance-paiement) oder zu Sicherungszwecken (cession fiduciaire) eingesetzt werden. Ausdrücklich behandelt der Code Civil die Übertragung streitiger Rechte in Art. 1700 CC und die Übertragung von Rechten aus einer Erbschaft in den Art. 1696 ff. CC.

24. Die Übertragung von Forderungen wird im öffentlichen Recht vor allem im öffentlichen Auftrags- und Vergabewesen relevant. Im Strafrecht kann die Geheimhaltungspflicht gem. Art. 226-13 Nouveau Code Pénal einer cession entgegenstehen. Im Insolvenzrecht ist das Insolvenzgesetz aus dem Jahre 1985 mit seinen aktuellen Änderungen zu beachten. Steuerrechtliche Ansprüche gegen den Staat sind idR nicht veräußerbar. Für nicht mehr realisierbare Forderungen gelten steuerlich wie bilanziell verschiedene Besonderheiten.

25. Typisch für das französische Recht ist die klassische duale Betrachtung der subjektiven Rechte und des objektiven Rechts, aus der heraus sich auch die Systematik der Übertragungshindernisse entwickeln läßt. Danach entstammen die Abtretungsverbote als Rechtssätze dem objektiven Recht und die Unübertragbarkeiten der Rechtsnatur der subjektiven Rechte selbst.

26. Die Übertragbarkeit subjektiver Rechte hängt damit maßgeblich von ihrer Rechtsnatur ab. Zur Einordnung subjektiver Rechte gibt es unterschiedliche Auffassungen und Klassifizierungen, die letztlich alle mit Hilfe schuld- und sachenrechtlicher Kriterien den Grundsatz der freien Übertragbarkeit von Forderungen anerkennen.

27. Die französische Rechtsterminologie kennt im objektiven Recht keinen dem deutschsprachigen Abtretungsverbot vergleichbaren Ausdruck. Stattdessen werden die Begriffe der intransmissibilité, der incessibilité, der indisponibilité und der inaliénabilité, die sich auch teilweise überschneiden, gebraucht. Die Abtretungsverbote können daher aus dem allgemeinen Kreis der Verbote und Unwirksamkeitsgründe nur im Wege der Übertragungsspezifik ermittelt werden.

28. Die wissenschaftliche Behandlung der cession de contrat, die keine allgemeine Regelung gefunden hat, ist für die Systematisierung der Abtretungsverbote insofern wegweisend, als die Übertragungshindernisse nach Rechtsgrundlagen und Rechtsnatur abgegrenzt werden. Die weitere Darstellung nach Rechtsgebieten bietet sich aus praktischen Erwägungen an.

29. Aufgrund ihrer übertragungsspezifischen Wirkung können vertragliche Voraussetzungen oder Anforderungen der Drittwirksamkeit z.B. der Formzwang, wie ein Abtretungsverbot wirken. Fälle der Unübertragbarkeit subjektiver Rechte sind die Höchstpersönlichkeit, die Unteilbarkeit und die Unselbständigkeit von Rechten. Die Veräußerungs-, Verfügungs- und Abtretungsverbote finden sich in allen Rechtsquellen des objektiven Rechts.

30. Rechtsgeschäftliche Abtretungsverbote sind ausdrücklich nicht vorgesehen, können aber aufgrund der Privatautonomie grundsätzlich vereinbart werden. Unklar ist, welche Wirkung rechtsgeschäftliche Abtretungsverbote entfalten und innerhalb welcher Grenzen sie anwendbar sind. Es spricht manches dafür, diesen Abtretungsverboten mit der jüngsten Entscheidung der Cour de Cassation vom 21. November 2000 nur relative Wirkung zuzusprechen.

31. Das französische Recht hat nach Einführung des Factorings zunächst die protestable Rechnung mit Ordonnance von 1967 eingeführt, aus der später die cession Dailly aufgrund der Loi 81-1 entwickelt wurde. Die Praxis hat jedoch nicht auf diese Maßnahmen gewartet, sondern sich insbesondere für die Durchführung des Factorings bereits zuvor mit der Anwendung der subrogation gem. Art. 1250 Code Civil beholfen, die ursprünglich nur zu Zahlungszwecken gedacht war.

32. Diese alternativen Übertragungsmöglichkeiten im französischen Recht zeichnen sich aufgrund der Forderungslisten (bordereau) und der Formalitäten (z.B. Datierung und Unterschrift) durch eine gewollte Nähe zum Wertpapierrecht aus. Problematisch ist insbesondere ihr Verhältnis zueinander im Fall mehrfacher Übertragung derselben Forderung. Außerdem stellt sich die Frage, ob Abtretungsverbote, die die cession Dailly verhindern wollen, auch auf die subrogation anwendbar sind und umgekehrt.

33. Inmitten dieser Kollisionen steht vor allem die Subunternehmerschaft (sous-traitance), für die mit der Loi Dailly ein spezielles Abtretungsverbot in Art. 13 des Gesetzes über die Subunternehmer (Loi 75-1334) eingefügt wurde. Im Bereich des Factorings spielt die Rechtsprechung zu den Konflikten mit dem Eigentumsvorbehalt und anderen Übertragungsmöglichkeiten eine große Rolle.

34. Insgesamt kennzeichnet das französische Zessionsrecht eine Vielfalt von Übertragungsmöglichkeiten und die damit verbundene Rechtsunsicherheit bei kollidierenden Übertragungen sowie bei der erweiterten Anwendbarkeit, speziell auf eine Übertragungsart gerichteter Übertragungshindernisse, woraus sich eine umfangreiche Kasuistik entwickelt hat.

Drittes Kapitel

35. Das deutsche wie das französische Abtretungsrecht kennen die ursprüngliche Unübertragbarkeit von Forderungen und die Entwicklung ihrer Übertragbarkeit aus dem römischen Recht. Die allgemeine Geltung dieses jus commune wurde in Deutschland über das preußische ALR ins BGB und in Frankreich über die Coutume de Paris in den Code Civil übernommen. In beiden Kodifikationen gilt heute der Grundsatz der freien Übertragbarkeit von Forderungen.

36. Die deutsche Abtretung gem. § 398 BGB und die französische cession gem. Art. 1689 Code Civil setzen jeweils eine vertragliche Einigung im Rahmen eines Abtretungsvertrages (consentement) und eine zu übertragende Forderung (créance) als Gegenstand der Abtretung voraus. Dabei unterscheiden sich die allgemeinen Wirksamkeitsvoraussetzungen kaum.

37. Vor dem Hintergrund des Trennungs- und Abstraktionsprinzips in Deutschland und dem Einheits- und Konsensprinzip in Frankreich unterscheidet sich vor allem das Publizitätsmodell des Art. 1690 Code Civil von der formfreien Konzeption der Abtretung in § 398 BGB in Deutschland. Dabei zielen die Formanforderungen der französischen cession nicht auf die Wirksamkeit der Abtretung zwischen Zedent und Zessionar, sondern auf die Drittwirksamkeit gegenüber dem Schuldner und Dritten.

38. Die Systematisierung der deutschen Übertragungshindernisse muß die überkommene Fallgruppensystematik des § 399 1. Fall BGB aufbrechen und an dem übergeordneten Verhältnis von Unübertragbarkeiten und Abtretungsverboten ansetzen, während im französischen Recht die Übertragungshindernisse, ausgehend vom Dualismus zwischen objektivem Recht und subjektiven Rechten anhand der Übertragungsspezifik der allgemeinen und terminologisch nicht einheitlich bezeichneten Verbote identifiziert werden müssen.

39. In beiden Rechtsordnungen können die auf diese Weise systematisierten Übertragungshindernisse danach sowohl nach Rechtsgrundlagen als auch nach Rechtsgebieten geordnet werden.

40. Die Sperrwirkung rechtsgeschäftlicher Abtretungsverbote hat sich nur in Deutschland zu einem volkswirtschaftlich relevanten Problem aufgebaut, während in Frankreich zwar auch rechtsgeschäftliche Abtretungsverbote möglich sind, der Mißbrauch von Marktmacht im Zessionsrecht aber keine Rolle spielt und stattdessen über die Mechanismen des Wettbewerbsrechts gelöst werden kann.

41. Das landesspezifische Problem des Abtretungsrechts in Deutschland liegt in der Neuregelung des § 354 a HGB, mit der die Sperrwirkung der rechtsgeschäftlichen Abtretungsverbote durchbrochen werden sollte. Hier zeigt sich, daß die Systematisierung des deutschen Zivilrechts zwischen Schuld- und Sachenrecht an ihre Grenzen stößt. Die Neuregelung wirft mehr Probleme auf, als sie löst.

42. Das landesspezifische Problem in Frankreich liegt dagegen in der Vielfalt der Übertragungsmöglichkeiten neben der cession des Code Civil, insbesondere der Loi Dailly und der subrogation gem. Art. 1249 ff. Code Civil sowie dem Verhältnis der unterschiedlichen Übertragungen zueinander und der Anwendbarkeit speziell auf eine Übertragungsart zugeschnittener Übertragungshindernisse auf andere Übertragungen.

43. Beide Länder kennen in der jeweiligen Lösung ihrer unterschiedlichen Ausgangsproblematik eine Bevorzugung des gewerblichen Forderungsverkehrs, für die es keine Rechtfertigung gibt. Beide landesspezifischen Problemlagen lassen sich unter Aufhebung dieser Privilegierung im Sinne eines freien und damit liberalen Forderungsverkehrs lösen oder wenigstens verbessern.

44. Für Deutschland käme die Aufhebung des § 399 2. Fall BGB oder die Übernahme der Neuregelung des § 354 a HGB ins BGB in Betracht. In Frankreich wäre sowohl die die einheitliche Regelung des Abtretungsrechts etwa im Code Civil, als auch die Aufhebung der Publikationserfordernisse in Art. 1690 CC nach belgischem Vorbild wünschenswert.

45. Im Interesse einer weiteren Europäisierung des Zivilrechts ist den nationalen Lösungen eine supranationale Harmonisierung vorzuziehen. Da ein europäisches Zivilgesetzbuch zwar ideal wäre aber derzeit nicht in Sicht ist, kommt eine einfache Harmonisierungsmaßnahme in Form einer EU-Richtlinie in Betracht.

46. Der Harmonisierungsvorschlag lehnt sich inhaltlich an die Konstruktion des UNIDROIT-Abkommens von Ottawa an und sieht eine weitgehende

Liberalisierung des Forderungsverkehrs von Übertragungshindernissen vor, wobei für die bestehenden gesetzlichen und hoheitlichen Abtretungsverbote ein nationaler Vorbehalt und Übergangsregelungen vorgesehen sind.

47. Bis es zu einer derartigen Harmonisierung kommt, können insbesondere Unternehmen alternativ ein differenziertes Finanz- und Kreditmanagement betreiben und sich moderner Finanzierungs- oder Refinanzierungsinstrumente wie der anglo-amerikanischen Securitisation, der französischen titrisation oder der österreichischen Vinkulierung bedienen.

48. Im Rahmen des IPR bzw. des IZPR kommen sich beide Länder in der Behandlung der Abtretung und der Übertragungshindernisse wieder sehr nahe, wobei den Parteien sowohl die Rechtswahl als auch die Zuständigkeitsvereinbarung weitgehend offensteht.

Saarbrücker Studien zum Privat- und Wirtschaftsrecht

Herausgeber:
Johann Paul Bauer, Michael Martinek und Helmut Rüßmann

Band 1 Susanne Jaschinski: Die Haftung von Schwestergesellschaften im GmbH-Unterordnungskonzern. Ein Beitrag zum Konzernverfassungsrecht. 1997.

Band 2 Roman Sascha Ahnert: Die *actio individualis*. Ein Beitrag zur verfassungsrechtlichen Fundierung der Aktionärsklage bei sogenannten Aktien-Interessenverbänden. 1997.

Band 3 Torsten Peters: Der Cateringvertrag. Rechtstatsachen, Rechtsnatur und Rechtsprobleme eines modernen Dienstleistungsvertrags. 1998.

Band 4 Michael Meissner: Persönlichkeitsschutz juristischer Personen im deutschen und US-amerikanischen Recht. Eine rechtsvergleichende Untersuchung des allgemeinen Persönlichkeitsrechts juristischer Personen. 1998.

Band 5 Thomas Tegen: Joint Venture-Vertrag und Projektträgergesellschaft im amerikanischen und deutschen Recht. 1998.

Band 6 Gerhard Wolter: Treuhandrecht im Umbruch? Ein Blick nach Frankreich, Luxemburg, in die Schweiz und in den Libanon sowie auf das Haager Trust-Übereinkommen. 1999.

Band 7 Thomas Dehlfing: Das Recht der irreführenden Werbung in Deutschland, Großbritannien und Frankreich. 1999.

Band 8 Hanno Dornseifer: Börsentermingeschäfte und Börsentermingeschäftsfähigkeit. Zur börsengesetzlichen Behandlung von finanzwirtschaftlichen Festgeschäften, Options- und Optionsscheingeschäften. 1999.

Band 9 Patrick Lenz: Absatzförderung durch *zinssubventionierte* Darlehen. Eine wettbewerbs- und kartellrechtliche Studie zur Zulässigkeit von Niedrigzins-Kreditangeboten unter besonderer Berücksichtigung des Automobilmarktes. 1999.

Band 10 Mansur Pour Rafsendjani: Der Goodwill-Ausgleichsanspruch des Franchisenehmers. Ein Vergleich des deutschen, französischen und US-amerikanischen Franchiserechts. 1999.

Band 11 Jörg Hartmann: Juristische und ökonomische Regelungsprobleme des Insiderhandels. Eine rechtsvergleichende Darstellung USA – Deutschland. 1999.

Band 12 David Altmeier: Rückstellungsbilanzierung in Deutschland und Frankreich. Eine vergleichende Untersuchung der französischen Rückstellungsbilanzierung aus der Perspektive des deutschen Bilanzrechts. 1999.

Band 13 Barbara Günther: Aktivische Bilanzierungshilfen im deutschen und französischen Bilanzrecht. 1999.

Band 14 Bernhard Glasow: Vertikale Preisbindung, Wettbewerbstheorie und Wettbewerbsrecht in den USA, Deutschland und Europa. Bestandsaufnahmen, Kritik und Zukunftsperspektiven. 2000.

Band 15 Dorota Nowak-James: Der Börsenzugang für Anleger in Deutschland und Polen. Eine rechtsvergleichende Untersuchung zum deutschen Finanzkommissionsgeschäft und zum polnischen Brokerauftragsvertrag. 2000.

Band 16 Mathias Queck: Der Nießbrauch am Anteil einer offenen Handelsgesellschaft. Eine Form der (un-)mittelbaren Unternehmensbeteiligung. 2000.

Band 17 Ina Roth: Umweltbezogene Unternehmenskommunikation im deutschen und europäischen Wettbewerbsrecht. 2000.

Band 18 Jörg Preiss: Die Anwendung des markenrechtlichen Erschöpfungsgrundsatzes auf Dienstleistungsmarken. 2000.

Band 19 Kevin M. McDonald: Der Begriff der Dienstleistung im europäischen Binnemarkt und WTO-System (GATS). 2001.

Band 20 Carolin Opgenhoff: Die europäische Fusionskontrolle zwischen Wettbewerbsrecht und Industriepolitik. 2001.

Band 21 Susanne Schäfer: Die Deliktsfähigkeit juristischer Personen. Eine rechtsvergleichende Untersuchung zur Übertragbarkeit des englischen Modells. 2001.

Band 22 Kay Diedrich: Die Interventionswirkung – Ausprägung eines einheitlichen Konzepts zivilprozessualer Bindungswirkung. 2001.

Band 23 Michael Fröhlich: Zentrale Institutionen des deutschen Urheberrechts und des französischen Droit d'auteur auf dem Prüfstand der elektronischen Netzwerke. 2001.

Band 24 Joël Benjamin Münch: Abtretungsverbote im deutschen und französischen Recht. Rechtsvergleichende Untersuchung der Übertragungshindernisse im deutschen und französischen Forderungsverkehr als Beitrag zu einer weiteren Schuldrechtsvereinheitlichung in Europa. 2001.

Michael Fröhlich

Zentrale Institutionen des deutschen Urheberrechts und des französischen Droit d'auteur auf dem Prüfstand der elektronischen Netzwerke

Frankfurt/M., Berlin, Bern, Bruxelles, New York, Oxford, Wien, 2001.
XVIII, 281 S., 14 Abb., 1 Tab.
Saarbrücker Studien zum Privat- und Wirtschaftsrecht.
Herausgegeben von Johann Paul Bauer, Michael Martinek und
Helmut Rüßmann. Bd. 23
ISBN 3-631-37538-7 · br. DM 89.–*

Das Urheberrecht hat sich in den letzten Jahren zu einem wirtschaftlich höchst bedeutsamen und schnell wachsenden Rechtsgebiet entwickelt. Auch im anbrechenden Informationszeitalter spielt das Urheberrecht eine Schlüsselrolle, wenn es darum geht, bei Inhalten Kreativität zu fördern und damit den elektronischen Geschäftsverkehr in den globalen Datennetzen erst möglich zu machen. Bei dem Urheberrecht handelt es sich daher um einen tragenden Stützpfeiler der Informationsgesellschaft. Die Arbeit gibt in übersichtlicher Darstellung eine umfassende Betrachtung der zentralen Institutionen des Urheberrechts im Hinblick auf die Besonderheiten der elektronischen Netzwerke wieder. Der Verfasser erläutert hierbei insbesondere die Probleme der Digitalisierung und die urheberrechtliche Einordnung der Webseiten sowie die Frage der ephemeren Vervielfältigungen und der verwertungsrechtlichen Erfassung der Online-Werknutzung. Besondere Berücksichtigung finden darüber hinaus auch das Spannungsverhältnis des Urheberpersönlichkeitsrechts im Informationszeitalter, die Hyperlinks und Frames, die Privilegierung der Vervielfältigung zum privaten und sonstigen Gebrauch sowie die Fragen des anwendbaren Rechts und der internationalen Zuständigkeit.

FSC
www.fsc.org
MIX
Papier | Fördert gute Waldnutzung
FSC® C083411

Kolibri 360 GmbH
Ferdinand-Jühlke-Straße 7
99095 Erfurt, Deutschland
produktsicherheit@kolibri360.de

Druck:
CPI Druckdienstleistungen GmbH
im Auftrag der
Kolibri 360 GmbH
Ferdinand-Jühlke-Str. 7
99095 Erfurt